ARMIN HETZER / ZUZANA FINGER

Lehrbuch der vereinheitlichten albanischen Schriftsprache

ARMIN HETZER
ZUZANA FINGER

Lehrbuch der vereinheitlichten albanischen Schriftsprache

HELMUT BUSKE VERLAG
HAMBURG

1. Auflage 1978 mit einem deutsch–albanischen Wörterbuch.
2., unveränderte Auflage 1987.
3., vollständig überarbeitete Auflage 1989 mit Übungen und Lösungen.
4., verbesserte Auflage 1991 mit Übungen und Lösungen.
5., unveränderte Auflage 1993.

Das in den ersten beiden Auflagen enthaltene deutsch–albanische Wörterbuch wurde 1990 um einen albanisch–deutschen Teil ergänzt, völlig neu bearbeitet und getrennt vom Lehrbuch als Taschenwörterbuch herausgegeben.
ISBN 3-87118-946-4

Für die dritte, vollständig überarbeitete Auflage 1989 und die folgenden sind zwei Tonkassetten lieferbar mit den Redewendungen und Lesestücken.
ISBN 3-87118-917-0

Die Deutsche Bibliothek – CIP-Einheitsaufnahme

Hetzer, Armin: Lehrbuch der vereinheitlichten albanischen Schriftsprache / Armin Hetzer ; Zuzana Finger. – Hamburg : Buske.
Literaturangaben
NE: Finger, Zuzana:

[Hauptw.]. – 5., unveränd. Aufl. – 1993
ISBN 3-87548-074-0

VORWORT

Im Herbst 1978 erschien die erste Auflage des "Lehrbuchs der vereinheitlichten albanischen Schriftsprache". Es war eine Pionierleistung, insofern die Vereinheitlichung des Albanischen erst 1974 festgelegt worden war. Besagter Sprachnorm haben sich inzwischen nicht nur die Albaner in Albanien und in Jugoslawien angeschlossen, sondern auch diejenigen in Süditalien und die meisten in Übersee. Der Dualismus von einerseits gegischer, andererseits toskischer Literatur, wie er bis dahin charakteristisch war, muß seither als überwunden gelten. Die heutige Norm stellt auf der Grundlage der Morphonologie des Nordtoskischen einen Sprachkompromiß dar, welcher auch Elemente anderer Mundarten, vor allem der älteren nordgegischen Schriftsprache, in sich aufgenommen hat. Damit hat ein Prozeß seinen Abschluß gefunden, den die besten Vertreter der albanischen Publizistik und Belletristik seit der Zeit der Nationalen Wiedergeburt im 19. Jahrhundert getragen und gefördert haben. Auch nach den seit 1989 eingetretenen politischen Veränderungen ist nicht erkennbar, daß der einmal gewonnene sprachliche Standard wieder in Frage gestellt würde.

Die erste Auflage des vorliegenden Lehrbuchs wies einige Mängel auf, die in der 2. Auflage (1986) noch nicht behoben werden konnten. Nunmehr liegen drei Werke abgeschlossen vor, die die Abfassung der gründlich überarbeiteten 3. Auflage für das zur Zeit einzige Lehrbuch der modernen albanischen Schriftsprache ermöglicht haben: erstens die in Tirana herausgegebene Akademie-Grammatik (1976-1983), zweitens der dreibändige an der Universität Tirana erarbeitete Lehrgang 'Gjuha shqipe' (1975-1981) und drittens die bei der Akademie der Wissenschaften der DDR erschienene wissenschaftliche Grammatik der albanischen Sprache von O. Buchholz und W. Fiedler (1987).

Angesichts dieses neuen Standes der Forschung konnte seinerzeit die Neubearbeitung des Lehrbuchs zuversichtlich in Angriff genommen werden. Dank der Mitarbeit von Zuzana Finger (Berlin) wurde ein im Aufbau völlig neues Lehrbuch entworfen und in den einzelnen Lernschritten realisiert. Der frühere zweite Teil, eine systematische Übersicht über die Grammatik, wurde auf den Stoff der einzelnen Lektionen aufgeteilt und in deren Erläuterungen integriert. Dadurch gewinnt das Lehrbuch einen einheitlichen Aufbau. Auch dem Anliegen, die Anfangslektionen weniger mit Stoff zu überfrachten, wurde in der Weise Rechnung getragen, daß statt der früheren fünf ersten Lektionen jetzt fünfzehn völlig neue entwickelt wurden. Sie lehnen sich in den Lernschritten und in den Übungen eng an *Gjuha shqipe, Bd. 1* an, so daß man parallel zum vorliegenden Lehrbuch auch noch ergänzend die Lesestücke aus dem Lehrgang aus Albanien wird heranziehen können. Mit Rücksicht auf den beschränkten Umfang war es nicht möglich, den Stoff aller drei Bände aus Tirana für das deutschsprachige Publikum in *einem* Band darzustellen, gleichzeitig aber die Lesestücke und Übungen in den Anforderungen auf *Gjuha shqipe* abzustimmen.

Die 30 Lektionen des Lehrbuchs umfassen jeweils folgende Abschnitte: (1) Praktische Redewendungen, (2) neuen Wortschatz, (3) ein zusammenhängendes Lesestück, (4) grammatische Erläuterungen sowie (5) Übungen. Vor allem auf die Übungen wurde viel Sorgfalt verwendet, so daß der Anfänger im Selbststudium oder Gruppenunterricht den neu erlernten Stoff praktisch anwenden und seine erworbenen Fertigkeiten wird testen können. Dem Hauptteil vorangestellt wurde eine Einführung in Schreibweise und Aussprache des Albanischen. Die darin vermittelten Vokabeln werden bei den folgenden Lektionen nicht als bekannt vorausgesetzt, so daß der Lernende sich ganz auf die phonetischen Erscheinungen der für den Mitteleuropäer etwas fremd klingenden albanischen Sprache konzentrieren kann. Zu den 'Praktischen Redewendungen' und den Lesestücken werden zwei Tonkassetten angeboten, die von Frau Isak-Krüger (Berlin) gesprochen wurden. Da die 'Praktischen Redewendungen' mit deutscher Übersetzung aufgenommen wurden, sind sie unabhängig vom gedruckten Lehrbuch benutzbar, was sich beispielsweise auf Reisen als eine willkommene Erleichterung erweisen wird. - Der Anhang bietet neben morphologischen Tabellen und Schlusseln zu den Lesestücken und Übungen auch eine Chrestomathie zu älteren Zuständen der albanischen Schriftsprache. Darin wurden sowohl gegische, als auch toskische Sprachdenkmäler aufgenommen. Der leitende Gesichtspunkt bei der Auswahl war, solche Texte möglichst diplomgetreu wiederzugeben, die im Original schwer zugänglich sind, weil sie in einer vom heutigen Alphabet abweichenden Schreibweise oder in einer älteren Rechtschreibung veröffentlicht wurden. Die angefügte Bibliographie berücksichtigt vor allem die 1978-1988 hinzugekommene Fachliteratur. Der im Anhang zur 1. und 2. Auflage enthaltene Wörterbuchteil wurde auf Wunsch des Verlegers ausgegliedert. An seiner Stelle wurde separat ein handliches albanisch-deutsches und deutsch-albanisches Wörterbuch im Umfang von 12.000 Eintragungen erstellt, das sich seit der 1. Auflage (1990) in der Praxis bewährt hat und auf regen Zuspruch gestoßen ist. Daneben soll ein "Handwörterbuch" mit erweitertem Umfang treten, das deutschen ebenso wie albanischen Benutzern das notwendige Vokabular für Lektüre und Alltag zur Verfügung stellen kann.

Es sei allen denen gedankt, die durch ihre Vorarbeiten die Fertigstellung der 3. Auflage des Lehrbuchs der vereinheitlichten albanischen Schriftsprache ermöglicht haben. Dies gilt in erster Linie für die albanischen Wissenschaftler und Sprachlehrer, die seit dem Ende der siebziger Jahre eine Fülle großartiger Werke herausgebracht haben. Es ist zu wünschen, daß das vorliegende Lehrbuch auch in Zukunft dem Lernenden nützliche Dienste leisten und die freundschaftlichen Beziehungen zwischen dem deutschen und dem albanischen Volk vertiefen möge. Seitdem in Albanien die Diktatur beseitigt wurde und aus freien Wahlen hervorgegangene neue politische Kräfte das öffentliche Leben bestimmen, sind die Möglichkeiten des Austauschs viel reger und informeller geworden, als dies noch im Jahre 1988 absehbar war. Daher wird das Lehrbuch auch in der vorliegenden Fassung über kurz oder lang eine grundlegende Revision erfahren müssen, die den Inhalt der Lesestücke und die vermittelten landeskundlichen Informationen betrifft. Dies konnte im Moment noch nicht geleistet werden; weil das Buch in sprachwissenschaftlicher Hinsicht keine gravierenden Mängel aufweist, wird der Benutzer hoffentlich über solche Reminiszenzen vergangener Zustände großzügig hinwegsehen können.

Bremen und Berlin

Im September 1993

INHALTSVERZEICHNIS

ALBANISCHSPRACHIGE ORTSCHAFTEN IN ITALIEN

ALBANIEN UND DIE ANGRENZENDEN LANDSCHAFTEN

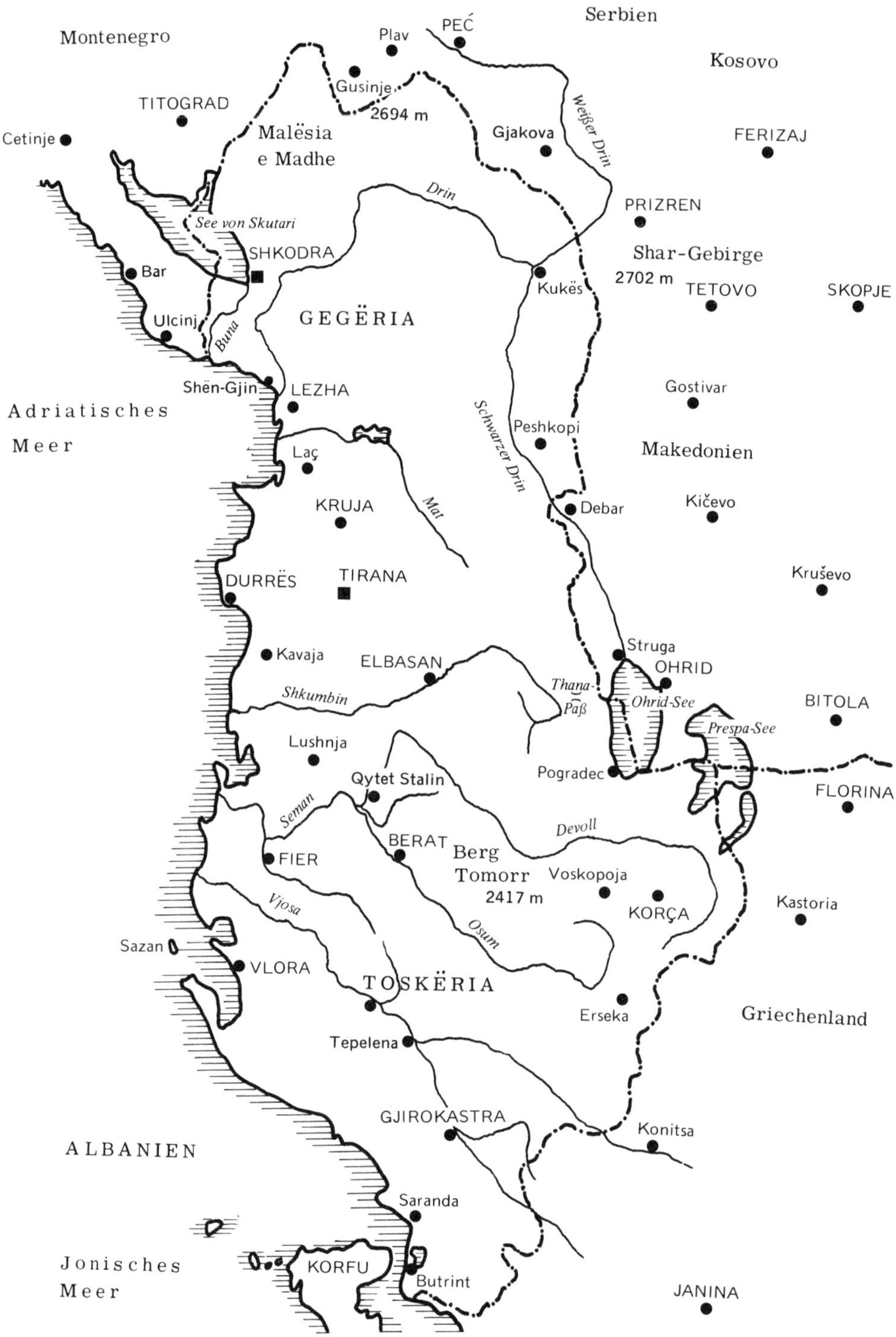

DIE ALBANER IM KREISE IHRER SÜDOSTEUROPÄISCHEN NACHBARN

(Mit freundlicher Genehmigung des Verlages Walter de Gruyter Berlin dem Band "Wörterbücher Dictionaries Dictionnaires" Hrsgegeben von Franz-Josef Hausmann, Oskar Reichmann, Herbert Ernst Wiegand und Ladislav Zgusta (Handbücher zur Sprach- und Kommunikationswissenschaft, Band 5.2). 1990. In Vorbereitung, entnommen.

VERWENDETE ABKÜRZUNGEN

A	Akkusativ
Abb.	Abbildungen
Abl.	Ablativ
act.	Aktiv
Adj.	Adjektiv
adv.	Adverb
Akk.	Akkusativ
Akt.	Aktiv
AO	Akkusativ-Objekt
Aor.	Aorist
Bd.	Band
conj.	Konjunktiv
D	Dativ
d. h.	das heißt
Dat.	Dativ
det.	determiniert
DO	Dativ-Objekt
f.	folgende
f.	feminin
fpl.	feminin Plural
fsg.	feminin Singular
G	Genitiv
geg.	gegisch
Gen.	Genitiv
ggf.	gegebenenfalls
H.	Heft
hrsg.	herausgegeben
i. K.	in Kommission
Impf.	Imperfekt
Ind.	Indikativ
indet.	indeterminiert
Konj.	Konjunktion
L.	Lektion
m.	maskulin
mpl.	maskulin Plural
msg.	maskulin Singular
N	Nominativ
N. F.	Neue Folge
Neg.	Negation, Verneinung
Nom.	Nominativ
O	Objekt
Opt.	Optativ
P	Prädikat
P.	Person
pass.	Passiv
Pl.	Plural
Plqpf.	Plusquamperfekt
Pr.	Präsens
Präs.	Präsens
Ps.	Psalm
pt. pf.	Partizip Perfekt
Red.	Redaktion
S	Subjekt
S.	Seite
Sg.	Singular
tosk.	toskisch
u.	und
v. H.	von Hundert, %
vgl.	vergleiche
z. B.	zum Beispiel
ZfB	Zeitschrift für Balkanologie

ZUR EINFÜHRUNG

1. Die albanische Sprache wird vornehmlich auf der Balkanhalbinsel als Umgangs- und Amtssprache benutzt, und zwar in der Republik Albanien und in den angrenzenden Gebieten des ehemaligen Jugoslawien: in Serbien (Autonome Region *Kosóva*), Makedonien und Montenegro. Angesichts des rasch verlaufenden Bevölkerungswachstums ist es schwierig, eine annähernd präzise Zahl der *native speakers* des Albanischen anzugeben. Knapp drei Millionen Menschen lebten zu Beginn der achtziger Jahre in Albanien, knapp zwei Millionen Albaner in Kosova und den angrenzenden Gebieten Montenegros, Serbiens und Makedoniens.

Ferner gibt es albanische Siedlungen in Griechenland (Attika mit den Inseln Salamis, Hydra und Spetsai, ferner in Epirus und auf Euböa) sowie in Süditalien. Diese "Kolonien" sind alt; ihre Entstehung geht auf das Mittelalter und die frühe Neuzeit zurück. Die Albaner Süditaliens sind zum Teil zuerst in Griechenland seßhaft gewesen und von dort aus vor den Türken geflohen. Sprachlich gehören die Italo-Albaner und die Gräko-Albaner zusammen; sie bezeichnen sich selbst auch nicht als Skipetaren, sondern als Arvaniten oder Arbereschen. Dies weist auf eine frühe Lösung vom Mutterland und eine relativ eigenständige sprachliche Weiterentwicklung hin. Man hat die albanischen Dialekte Griechenlands und Süditaliens unter der Sammelbezeichnung Alttoskisch zusammenzufassen versucht und stellt sie den gegischen und toskischen Mundarten des Mutterlandes als dritte Gruppe gegenüber.

Vereinzelte Ortschaften in Bulgarien (*Màndrica*) und am Asowschen Meer (Ukraine) haben in der Neuzeit albanischen Siedlern eine neue Heimat geboten. Weitaus größere Flüchtlings- oder Auswandererströme ergossen sich aber in die Türkei, nach Syrien und Ägypten. Vorwiegend Italo-Albaner sind in Argentinien seßhaft geworden, während Menschen aus dem Mutterland sich in den USA zu Beginn unseres Jahrhunderts eine neue Existenz aufbauten. Besonders die Niederlassung der toskischen Orthodoxen in und um Boston in den Bundesstaaten Massachusetts und New Hampshire spielten eine bedeutende Rolle durch ihre Einwirkung auf die Geschicke ihrer Heimat. Auch heute noch sind diese Fäden nicht abgerissen, zumal die Albaner auch in angelsächsischer Umwelt die Liturgie noch in der toskischen Übersetzung *Fan S. Nolis* feiern. Andere Zentren albanischen Lebens in den USA sind in New York (Bronx) sowie bei Detroit. Neuerdings versucht man, durch einen bei der *City University of New York* begründeten Lehrstuhl die Pflege der albanischen Sprache und Kultur zu fördern.

Insgesamt gesehen ist das sprachliche Schicksal der Auswanderer sowohl in den orientalischen, als auch in den westlichen Ländern sehr prekär. Angesichts der Erfordernisse des Erwerbslebens ist die Übernahme der Sprache des Gastlandes als Erstsprache vorgezeichnet. In ähnlicher Weise wirkt sich der wirtschaftliche Fortschritt auf die alten "Kolonien" in den Mittelmeerländern aus. Die Verstädterung gefährdet dort die sprachliche Identität stärker, als irgendwelche gezielten Unterdrückungsmaßnahmen es vermöchten. Auch die seit 1991 in großer Zahl ins westliche Ausland gelangten albanischen Flüchtlinge werden um ihre kulturelle Identität ringen müssen.

2. In Albanien gibt es nur in geringem Umfang Angehörige anderer Völker. Im Südwesten leben etwa 40.000 Griechen. Ihre Siedlungszentren sind Saranda, Delvina und Gjirokastra, ohne daß dies bedeutet, die gesamte Bevölkerung dieser Städte bestehe aus Griechen. In den letzten Jahren erlebte diese Minderheit durch die Wiederbesinnung auf die orthodoxe Kirche neuen Auftrieb.

Keinen offiziellen Minderheitenstatus genießen die Angehörigen der anderen Völker. Es gibt im Raum Kortscha und Fieri noch Aromunen (sogenannte 'Walachen' *vlleh*). Ihre Sprache wird im Volksmund *çobançe* 'Hirtensprache' genannt, was über den sozialen Status der Angehörigen dieses Volkstums vor dem 2. Weltkrieg Auskunft gibt. - Östlich von Kortscha gibt es auch noch einige Dörfer mit makedonischer Bevölkerung. Hierbei handelt es sich um Slawen, für die auch Elementarschulbücher gedruckt werden. Ihr kulturelles Leben läßt sich jedoch nicht mit demjenigen der Griechen um Saranda vergleichen. - Die sogenannten 'Serben' in Albanien sind eigentlich Bosniaken, die um 1878 ins damals noch türkische Albanien geflohen sind. Damals nannte man sie *muhâcir* 'Flüchtlinge', und sie bekannten sich zum Islam, was in der alten Gesellschaft ihre gesellschaftliche Integration und sprachliche Assimilation sehr begünstigte.

Vor dem 2. Weltkrieg gehörten die Albaner nämlich drei Konfessionen an: mehrheitlich dem Islam (70 %), eine beträchtliche Minderheit im Süden war orthodox (20 %) und rund 10 % bekannten sich zum römisch-katholischen Glauben. Da Albanien damals rd. eine Million Einwohner hatte, lassen sich diese Vorkriegsangaben rasch in absolute Zahlen umrechnen: es gab nur etwa 100.000 Katholiken, und ihr Zentrum war Shkodra. Südöstlich davon liegt die Landschaft *Mirdita* mit rein katholischer Bevölkerung, während im Großen Bergland (*Malësia e Madhe*) nur noch wenige 'Stämme' sich zum alten Glauben bekannten. Seit dem Beginn des 18. Jahrhunderts hatte bereits die Hälfte der Albaner den Islam angenommen, weil sie sich im Osmanischen Reich davon bessere soziale Bedingungen versprachen. Wie sich die Konfessionszugehörigkeit der Albaner zur Zeit darstellt, läßt sich schwer beurteilen, da vieles im Fluß ist. Vereinzelt werden Fälle der Hinwendung zum Katholizismus auch in solchen Familien verzeichnet, die sich früher zum Islam bekannten; es kann jedoch weder von Rekatholisierung gesprochen werden noch davon, daß der albanische Islam eine politische Dynamik entfaltete.

3. Die Albaner sind ein altes Balkanvolk in dem Sinne, daß ihre Vorfahren seit der Bronzezeit auf der Balkanhalbinsel gewohnt haben. Ungefähr zur selben Zeit wie die Griechen müssen sie von Norden eingewandert sein. Die heute vorherrschende Lehrmeinung besagt, daß die Albaner Nachkommen der alten Illyrer seien. Zwischen dieser spärlich dokumentierten Sprache des Altertums und dem erst seit dem 15. Jahrhundert in schriftlichen Zeugnissen belegten Albanischen gibt es jedoch gravierende Unterschiede, die auf eine einschneidende Umgestaltung und Veränderung im Laufe von drei Jahrtausenden schließen lassen. Nur mit den Mitteln der vergleichenden Sprachwissenschaft läßt sich daher die Geschichte der albanischen Sprache rekonstruieren.

Albanisch ist eine indogermanische Sprache des Satem-Zweigs. Das bedeutet, daß die ursprünglichen Palatale **k', g'** zu *s, z* geworden seien. Tatsächlich aber sind die betreffenden Konsonanten im Albanischen durch *th* bzw. *dh, d* vertreten. Es hat also noch eine weitere Entwicklung der Sibilanten zu Spiranten stattgefunden, wie sich im Beispiel *dhëmb-i* 'Zahn' zeigt. Es entspricht dt. 'Kamm'. Die alten Labiovelare vor *e, i* sind im alb. durch *s, z* vertreten, z. B. *pesë* 'fünf' < **penque*. Ursprüngliches idg. *s* hat sogar je nach Stellung sechs Entsprechungen, z. B. *gjash-të* 'sechs'.

Bereits bei dieser Zuordnung zeigt sich also, daß mit der Definition als Satem-Sprache keineswegs eine hinreichende Charakterisierung erfolgen kann. Ähnlich problematisch ist es, wenn im Rahmen einer anderen Forschungsrichtung, die die Konvergenzerscheinungen in der Entwicklung der Balkansprachen untersucht, Albanisch mit Bulgarisch und Rumänisch zu einer typologisch gemeinsame Merkmale aufweisenden Gruppe zusammengefaßt wird. Als Besonderheit dieser drei Sprachen gelten vor allem: 1. der nachgestellte Artikel, 2. der Verlust des Infinitivs. Wenn wir aber die Gemeinsamkeiten gegenüber den Unterschieden abwägen, dann ergibt sich, daß Albanisch einen eigenen Weg der Entwicklung eingeschlagen hat, der zu Beginn der Neuzeit, als die schriftliche Überlieferung längerer Quellentexte einsetzt, bereits abgeschlossen war.

Dazu rechnen wir vor allem eine Erscheinung, die man als sekundären Synthetismus bezeichnen könnte. Dies besagt, daß aus ursprünglich getrennten lexikalischen Einheiten neue Wortformen gebildet wurden. Auf diese Weise werden Pronomen zu Deklinations- und Hilfsverben zu Konjugationsmorphemen. Im Rahmen dieser Entwicklungslinie hat das Albanische Kategorien entwickelt, die es von den anderen sogenannten Balkansprachen deutlich unterscheiden, und zwar die Deklination am Wortanfang bei bestimmten Wortarten, das synthetische Mediopassiv sowie die Modi Optativ und Admirativ.

4. Das albanische Sprachareal ist außerordentlich stark nach Mundarten gegliedert. Im allgemeinen geht man von zwei Großdialekten aus: Gegisch im Norden und Toskisch im Süden. Die Grenze bildet ungefähr der Fluß *Shkumbin-i*, der das Land von Ost nach West durchquerend in zwei nahezu gleich große Hälften teilt. Da aber die in Jugoslawien lebenden Albaner fast sämtlich Gegen sind, ergibt sich insgesamt bezüglich der Kopfzahl der Sprecher albanischer Mundarten ein Verhältnis von ungefähr zwei Gegen auf einen Tosken.

Zu den alten Merkmalen, die Gegisch und Toskisch unterscheiden gehört: in den toskischen Mundarten wurde (a) intervokalisches *n* zu *r*, z. B. geg. *venë*, tosk. *verë* 'Wein'; (b) altes nasales *â* wurde zu *ë*, z. B. geg. *âshtë*, tosk. *është* 'ist'. In einer frühen Entwicklungszeit hat sich das Toskische also durch einige Neuerungen vom Gemeinalbanischen wegentwickelt. In neuerer Zeit hingegen hat das Gegische einige Neuerungen durchgeführt, z. B. den Schwund von fast allen unbetonten *ë*-Lauten.

Heute unterscheiden sich Gegisch und Toskisch durch einige grundlegende Erscheinungen, die nicht nur den Lautstand, sondern auch die Formenlehre und die Syntax betreffen. Gegenüber dem Toskischen verfügt das Gegische über einige sprachliche Kategorien, die zu den Innovationen gezählt werden: (1) Bildung des Imperfekts Aktiv mit dem Formans *-sh-*, (2) zwei Partizipien des Perfekts (*kalue, i kaluem* 'vergangen'), (3) einen mit *me* + *pt.pf.* gebildeten Infinitiv (*me kalue* 'vergehen, hinübergehen'), (4) ein mit *kam* 'haben' + Infinitiv gebildetes Futur. Manche Autoren behaupten, es gebe auch im Toskischen einen Infinitiv. Sie beziehen sich dabei auf Formen wie *për të shikuar* 'um zu schauen' oder *pushon së shikuari* '(er) hört auf zu schauen'. Dabei handelt es sich aber um Deklinationsformen des substantivischen Infinitivs *të shikuarit* 'das Schauen', der eigentlich ein Verbalsubstantiv darstellt. Die abhängige Verbalphrase, die in der Person mit dem übergeordneten Prädikat übereinstimmt, wird im Toskischen wie im Neugriechischen durch den Konjunktiv ausgedrückt, z. B. *ay fillon të shikojë* 'er beginnt hinzuschauen'. Auf Gegisch hieße dies *Aj fillon me shikjue*.

Abgesehen von Unterschieden im Wortschatz kann ein gegischer Text im allgemeinen durch die Anwendung einiger morphonologischer Regeln rasch ins Toskische "übersetzt" werden; das umgekehrte Vorgehen ist aber schwieriger, weil die sprachlichen Kategorien des Gegischen vielfältiger sind als diejenigen des Toskischen. Auf keinen Fall aber darf man so weit gehen zu behaupten, die Unterschiede zwischen den beiden Großdialekten des Albanischen seien so gravierend wie zwei verschiedenen Sprachen. Vor allen Dingen gibt es keine scharfe Trennungslinie; vielmehr liegt südlich von Elbasan ein Übergangsareal, in dem sich Merkmale beider Mundartgruppen mischen.

5. Solange die Albaner nur ein Schrifttum religiösen Inhalts hatten, bestand keine Notwendigkeit, eine überdialektale Schriftsprache zu entwickeln. Etwa seit dem zweiten Drittel des 19. Jahrhunderts verspürten sie aber das Bedürfnis, ihre nationale Einheit durch die Entwicklung einer nationalen Schrift und einer Literatursprache zu dokumentieren, die in allen Landesteilen verstanden werden konnte. Es waren vielfältige Irrwege und Kompromisse erforderlich, bis sie sich im Jahre 1908 auf zwei Alphabete gleichzeitig einigen konnten: das sogenannte Stambuler Alphabet, das am Prinzip der Darstellung jedes Phonems durch einen einzigen Buchstaben festhielt, und das heute noch übliche Lateinalphabet. In den ersten Jahren der nationalen Unabhängigkeit (nach 1912) wurde noch in beiden Alphabeten gedruckt, aber ohne administrative Verfügung kam das Stambuler Alphabet aus rein praktischen Erwägungen außer Gebrauch. Es beruhte nämlich auf der Mischung von lateinischen und griechischen Buchstaben, während das *Alphabet von Manastir* sich am Zeichenvorrat der französischen Tastatur orientierte. Wer telegraphieren wollte, konnte dies nur in einem international üblichen Zeichensatz; ähnlich verhielt es sich mit dem Gebrauch von Schreibmaschinen: Sonderanfertigungen wären unerschwinglich gewesen.

Während der österreichischen Besetzung beschloß eine Kommission von Sprachwissenschaftlern und Persönlichkeiten des öffentlichen Lebens im Jahre 1916, den Elbasaner Dialekt zur Grundlage der Schriftsprache zu machen. Diese Empfehlung wurde während der 20 Jahre zwischen den beiden Weltkriegen jedoch nur unvollkommen befolgt. Praktisch schrieb jeder, wie es ihm am schönsten dünkte. Und weil die eigene Mundart einem immer am nächsten steht, überwog diese auch jeweils in den Veröffentlichungen der Publizisten. Die Schulbücher wurden "zweisprachig" herausgegeben, d. h in toskischen Schulen wurde auch das Gegische gelehrt und umgekehrt. Dieser Zustand hielt bis in die ersten Jahre nach dem 2. Weltkrieg an; von 1954 bis 1974 erstreckte sich eine Phase der Vereinheitlichung in dem Sinne, daß auf Grundlage des Toskischen ein Sprachkompromiß erarbeitet wurde, der alle Bereiche des Sprachsystems umfassen sollte.

Orthographie, Formenlehre und Fachterminologie wurden systematisch überprüft und schließlich in Regelwerken kodifiziert. Rundfunk und Bühne sorgen für eine Vereinheitlichung der Aussprache, und da die Jugend heute zu nahezu 100 % die Schule besucht, ist die neue Schriftsprache inzwischen in Albanien auch im gegischen Landesteil fest verankert. Aus spezifischen Gründen, die mit der sozialen Lage der Bevölkerung zu tun haben, kann dies nicht in gleicher Weise für die in Jugoslawien lebenden Albaner behauptet werden. Sie bedienen sich noch immer ihrer Mundart - nicht nur im häuslichen Kreise, sondern auch in der Öffentlichkeit und gegenüber Fremden. Dies erschwert dem Ausländer die mündliche Kommunikation, obwohl für die Massenmedien auch in Kosova längst die vereinheitlichte Schriftsprache verbindlich ist.

Aus diesem recht praktischen Grunde erweist es sich als zweckmäßig, auch in einem Lehrbuch der neuen Standardsprache auf häufig vorkommende mundartliche Eigenheiten einzugehen. Ihre Kenntnis erleichtert einerseits die Lektüre von Schriften, die vor 1974 veröffentlicht wurden, und andererseits ist sie unabdingbar, um den jedem Anfänger bevorstehenden Schock der ersten Sprachanwendung zu mildern. In Albanien wird seit 1991 auch wieder Gegisch gedruckt, aber es handelt sich dabei um vereinzelte Erscheinungen. Um zum Gegischen in einer literarisch anspruchsvollen Form zurückzukehren, müßte erst eine ganze Generation wieder systematisch auf eine neue Norm trainiert werden. Dazu fehlen aber die infrastrukturellen Voraussetzungen, so daß dem, was wir das *Moderne Standard-Albanisch* (MSA) nennen, auf absehbare Zeit keine alternative Varietät wird zur Seite gestellt werden können.

SCHREIBWEISE UND AUSSPRACHE

0.1. Das Alphabet

Das albanische Alphabet umfaßt 36 Zeichen, die zum Teil aus zwei Buchstaben zusammengesetzt sind. Jedes dieser Zeichen entspricht einem Phonem, so daß sich eine Übereinstimmung von Schrift und Aussprache erwarten läßt, sofern man die Leseregeln für das Alphabet erlernt hat.

1	A a	**a**	[a]
2	B b	**b**	[b]
3	C c	(**z, ts**)	[ts]
4	Ç ç	**tsch**	[tʃ]
5	D d	**d**	[d]
6	Dh dh	(stimmhaftes **th**)	[ð]
7	E e	**e**, (ä)	[ɛ]
8	Ë ë	**e**, (ö)	[ə]
9	F f	**f**	[f]
10	G g	**g**	[g]
11	Gj gj	(**gj, dj**)	[g'], [ɟ]
12	H h	**h**, (ch)	[h]
13	I i	**i**	[i]
14	J j	**j**	[j]
15	K k	**k**	[k]
16	L l	**l**	[l]
17	Ll ll	(**l**)	[L]
18	M m	**m**	[m]
19	N n	**n**	[n]
20	Nj nj	**nj**, (**ñ**)	[ɲ]
21	O o	**o**	[o]
22	P p	**p**	[p]
23	Q q	(**kj, tj**)	[k'], [c]
24	R r	**r**	[r]
25	Rr rr	(**rr**)	[R]
26	S s	**s**, (**ß**)	[s]
27	Sh sh	**sch**	[ʃ]
28	T t	**t**	[t]
29	Th th	**th** (stimmlos, gelispelt)	[θ]
30	U u	**u**	[u]
31	V v	**w**	[v]
32	X x	(**ds**)	[dz]
33	Xh xh	(**dsch**)	[dʒ]
34	Y y	(**ü**)	[y]
35	Z z	**s**	[z]
36	Zh zh	(stimmhaftes **sch**)	[ʒ]

In der vierten Spalte von links stehen die deutschen Äquivalente, und sofern es keine exakten Entsprechungen gibt, sind die Werte in Klammern gesetzt. Die fünfte Spalte bietet in eckigen Klammern die Umschrift des Internationalen Phonetischen Alphabets. In einigen Fällen führt dieses Vorhaben aber zu typographischen Schwierigkeiten. Wenn im folgenden nichts zu einem Zeichen verlautet, dann wird es mehr oder weniger wie im Deutschen ausgesprochen. Die Buchstaben **w** und **ß** sowie die Buchstabenverbindungen **ch, sch, tz** kommen im Albanischen nicht vor.

C wird ungeachtet der Stellung im Wort immer wie dt. *z* ausgesprochen. *Ç* ist deutschem *tsch* in 'Peitsche' gleich. *Dh* und *th* stehen für gelispelte Zahnreibelaute; das erste steht für stimmhaftes, das zweite für stimmloses englisches *th*. Albanisches *e* wird zumeist wie deutsches **ä** ausgesprochen; auf keinen Fall darf man es wie den deutschen Murmellaut artikulieren, der in unbetonten Silben vorkommt. Dafür haben die Albaner nmämlich ein eigenes Zeichen: *ë*. Es kommt fast in jedem längeren Wort vor, allerdings auch in betonter Stellung. Man sollte es nicht wie gerundetes deutsches **ö** aussprechen, aber um es vom normalen alb. *e* zu unterscheiden, kann man sich auch als Umschrift **ö** merken. *Gj* und *q* sind Laute, die für die albanische Sprache sehr spezifisch sind. Es handelt sich um palatales **g** und **k**; die Aussprache klingt für unsere Ohren gewöhnlich wie *dj, tj*. In den albanischen Mundarten entfällt [h] häufig, und entsprechend wird der Laut in der Umgangssprache auch schlaff artikuliert. Die Bühnensprache bzw. die Aussprache geschulter Rundfunksprecher sieht hingegen vor, daß **h** sehr intensiv gehaucht wird, so daß wir es als **ch** (wie in 'ach') wahrnehmen. Das doppelt geschriebene *ll* ist stark velarisiert, d. h. es klingt dumpf. Es ist sehr ähnlich dem *l* deutscher Mundarten, z. B. dem sogenannten 'dicken l' der Kölner. *Nj* ist ein palataler Konsonant, keine Verbindung aus zwei Lauten. Es darf daher beim Zeilenumbruch nie getrennt werden. Die Schreibweisen *gn* bzw. *ñ* einiger romanischer Sprachen vertreten denselben Laut. Die Albaner kennen zwei r-Laute: eins mit einem Schlag der Zungenspitze gerollt, das zweite mit mindestens zwei Schlägen. In der Umgangssprache aber hört man in bestimmten Gegenden, besonders in Mittelalbanien um Durrës und Tirana, daß die jungen Leute das einfache *r* retroflex artikulieren wie die Amerikaner. Andererseits wird in bestimmten Gegenden, z. B. um Kortscha, kein Unterschied zwischen den beiden *r* gemacht. Es kommt daher oft zu Rechtschreibungsfehlern bei den Einheimischen. *S* wird immer stimmlos wie deutsches **ß**, *z* hingegen immer stimmhaft wie deutsches **s** in 'Rose' gesprochen. *X* und *xh* sind die stimmhaften Gegenstücke zu *c* und *ç*; *zh* ist das stimmhafte Gegenstück zu *sh*.

Y wird immer als Vokal (wie **ü**) gesprochen, auch wenn es vor anderen Vokalen steht. Albanisches *o* klingt offener als deutsches **o**; es ist in jeder Stellung wie in deutsch 'noch' oder 'Locke' auszusprechen (nicht wie in 'Rose'). *V* darf man auf keinen Fall wie deutsches **f** aussprechen; das Zäpfchen-*r* ist den Albanern fremd. Der Knacklaut im vokalischen Silbenanfang, der im Deutschen zur korrekten Aussprache gehört, ist im Albanischen zulässig, aber nicht vorgeschrieben. Man darf also **trü'äsa** für *tryéza* sagen. Die Verschlußlaute *p, t, k* darf man im Albanischen nicht behaucht (aspiriert) aussprechen.

Die Vokalfolgen *ue, ye* werden nach der Normaussprache zweisilbig artikuliert. Weil sie jedoch im Gegischen gewöhnlich zu [u:], [y:] kontrahiert sind, muß man mit dieser Aussprache auch im mündlichen Umgang mit Albanern rechnen. Dies betrifft insbesondere die Wortbildungssuffixe des Nomen agentis *-ues, -yes*, z. B. *mësúes* 'Lehrer', *përkthyes* 'Dolmetscher, Übersetzer'. Die Normaussprache ist in beiden Fällen dreisilbig, aber es kommt auch [msu:s] 'Lehrer' einsilbig vor. Dieses Suffix gehört zu den gegischen Elementen der vereinheitlichten Schriftsprache, und daher liegt es nahe, es mit der gegischen Aussprache in den Standard zu übernehmen. Das toskische Gegenstück ist *-njës*, z. B. *mësónjës*.

Der Wortakzent ruht im Albanischen auf der vorletzten Silbe, sofern das Wort auf einen Vokal (einschließlich ë) endet, auf der letzten Silbe, sofern es auf einen Konsonanten (einschließlich *j*) endet. Dies gilt für die Wörterbuch-Formen, d. h. die indet. Form Sg. bzw. die erste Person Sg. Pr. der Verben. Bei Pronomen, Adverbien usw. gibt es viele Ausnahmen in dem Sinne, daß Auslautvokale betont werden, z. B. *atá* 'sie', *këtú* 'hier' und ähnliche. Es wird daher gut sein, zu Beginn des Lehrgangs die Wörter mit einem Akzent zu versehen, obwohl die albanische Orthographie diese nicht vorsieht.

Der Akzent ist im Albanischen fest, d. h. er bleibt - von einigen Ausnahmen abgesehen - immer auf demselben Vokal, ganz gleich wieviel Endungen noch angefügt werden, z. B. *muratór, muratóri, muratórëve*.

0.2. Die Phoneme

Jede Sprache weist mehr Laute als Phoneme auf. So werden beispielsweise im Albanischen /a/ und /ë/ sehr unterschiedlich artikuliert je nach Landesteil und Sprecher. Langes /a/ ist besonders in den nordostgegischen Dialektgebieten stark labialisiert, so daß es wie [o] klingt. Dies macht **eine** Besonderheit der Aussprache von Kosovaren aus Jugoslawien aus. Umgekehrt kann betontes /ë/ wie [e] (ä) oder [o] klingen. In einigen Fällen wird es durch [i] ersetzt. Trotzdem handelt es sich dann immer um das Phonem /ë/, und um beides, den Laut und das Phonem, in der Schrift zu unterscheiden, bedient man sich entweder eckiger Klammern für den **Laut** oder der Schrägstriche für das **Phonem**. Während wir im Zusammenhang mit dem Alphabet die Laute der Sprache kurz charakterisiert haben, soll im folgenden von der Phonemstruktur die Rede sein.

In der vereinheitlichten albanischen Schriftsprache unterscheidet man 36 Phoneme, davon sind **7 Vokale** und **28 Konsonanten**. Als Halbvokal steht /j/ zwischen beiden Gruppen. Die Vokale werden nach der Artikulationsstelle in vordere, mittlere und hintere unterteilt. Als **vordere Vokale** gelten: **i, y, e**, als **mittlere: ë, a** , als **hintere: u, o**. Es gibt im Albanischen recht viele Diphthonge und Triphthonge; sie werden jedoch als Phonemfolgen, nicht als eigene Phoneme aufgefaßt.

ua	uaj
ue	
ye	yej
ie (je)	iej (jej)

Je nachdem ob der Akzent auf dem ersten oder zweiten Vokal dieser Vokalgruppen ruht, spricht man von steigenden oder fallenden Diphthongen. Dies schlägt sich zum Teil in der Orthographie dadurch nieder, daß *ié* als **je**, *iéj* als **jej** geschrieben wird. Da es im Albanischen keinen Halbvokal /w/ gibt, kann man mit *úa/uá* nicht ähnlich verfahren: Es gibt keinen Wechsel zwischen *ua* und **va*.

Die Konsonanten werden unterteilt in: Okklusive (Verschlußlaute), Frikative (Reibelaute), Affrikate, Liquide und Nasale. Nach den Merkmalen **stimmhaft/stimmlos, palatal/velar** werden diese wieder vielfältig untergliedert, so daß sich **Oppositionspaare** ergeben. So können wir folgende Paare bilden:

/k/ : /g/	stimmlos/stimmhaft, beide sind velar
/q/ : /gj/	stimmlos/stimmhaft, beide sind palatal
/k/ : /q/	velar/palatal, beide sind stimmlos
/g/ : /gj/	velar/palatal, beide sind stimmhaft

Dies läßt sich verkürzt in einer kleinen Matrix ausdrücken:

	stimmlos	stimmhaft
velar	**k**	**g**
palatal	**q**	**gj**

Auf diese Weise läßt sich der gesamte Konsonantenbestand in einer Tabelle zusammenfassen. Man kann an einer solchen systematischen Übersicht aber auch ablesen, welche Systemstellen nicht besetzt sind. Sie wurden mit **0** bezeichnet. Demnach "fehlt" im Albanischen ein frikatives **g** [ɤ] als stimmhaftes Gegenstück zum stimmlosen /h/.

p	f	t	c	th	s	sh	k	q	ç	h
b	v	d	x	dh	z	zh	g	gj	xh	0
m	0	n	0	0	0	0	0	0	0	0

Die Laterale /**l**/ : /**ll**/ bilden eine Opposition nach dem Merkmal *palatal : velar*; die Liquide /**r**/ : /**rr**/ nach dem Merkmal *vibrant : polyvibrant*.

Die Konsonantengruppen **mb, nd, ng** bilden keine eigenen Phoneme; sie stehen in Wechselbeziehung zu **b, d, g** und **p, t, k**. Es gibt häufig Wortformen, die mit **mb** oder **p** anlauten, z. B. *mbjell* 'besäen, bepflanzen', *pjell* 'gebären'. Heute sind die beiden Verben in der Schriftsprache semantisch differenziert; ursprünglich aber handelt es sich um dasselbe Wort. Ferner gibt es für 'langsam' den adverbialen Ausdruck *kadalë* neben *ngadalë*, wobei die erste Form der nordgegischen Mundart entstammt. In gegischen Mundarten wird **mb** als einfaches *m*, **nd** als ein besonderes Phonem, das früher *nn* geschrieben wurde, artikuliert. So liest man in mundartlich gefärbten Dialogen der Schriftsprache häufig *myll* 'schließen' statt **mbyll**, *myt* 'totschlagen' statt **mbyt**, *vênn* statt **vend** 'Ort, Land'. Im Umgang mit Albanern muß man damit rechnen, daß solche mundartlichen Aussprachegewohnheiten auch in die Schriftsprache übertragen werden.

Im Nordostgegischen ist der Gegensatz zwischen /q/ : /ç/ einerseits, /gj/ : /xh/ andererseits aufgehoben. Wenn man daher Verkehr mit Kosovaren pflegt, muß man einerseits mit Rechtschreibefehlern rechnen, die auf diese Erscheinung zurückgehen, andererseits kann es zu Verständigungsschwierigkeiten kommen.

Gegische Mundarten kennen als besondere Phoneme **Langvokale** und **Nasalvokale**. Da die nordtoskischen Mundarten, auf denen die Schriftsprache beruht, keine Quantitäten unterscheiden, entfällt dieses Merkmal auch für die heutige Standardsprache. Allerdings werden betonte Vokale etwas länger ausgesprochen als unbetonte. Der auf Quantität beruhende Gegensatz zwischen *dhé* 'Erde' und *dhe* 'und' bzw. zwischen *më* (lang) 'mehr' und *më* (kurz) 'mir' wirkt in der Schriftsprache nicht mehr als Unterscheidungsmerkmal. Außerdem wurde die Nasalität als phonologisches Strukturelement nicht in die Schriftsprache übernommen. Ein im Gegischen mögliches Oppositonspaar wie *mâ* 'mehr' und *ma* 'mir es' (Krasis < *më* + *e*) ist in der Standardsprache nicht zulässig. Manche Wissenschaftler behaupten, daß im Gegischen, obwohl die Nasalvokale in jeder Silbe eines Wortes erscheinen können, sowieso nur diejenigen am Wortende (wie bei *mâ : ma*) phonematisch seien.

Eine Besonderheit der nordtoskischen Dialekte, auf deren morphonologischem System die heutige Schriftsprache beruht, ist die **Auslautneutralisierung**. Dies besagt, daß am Ende des Sprechtakts und sogar der Silbe Verschlußlaute, Affrikate und Spiranten stimmlos werden. Früher drückte sich dies auch in der Orthographie aus, so daß man *zok, zoq, mbleth, mblithni, vënt* als Wortformen statt *zog, zogj, mbledh, mblidhni, vend* antreffen kann. Die meisten Albaner bewahren in der Mundart jedoch die Auslaute stimmhaft, und so darf man davon ausgehen, daß diese Artikulationsart auch in den Standard übernommen wird. Eng verknüpft mit dieser Frage ist diejenige nach der qualitativen Angleichung der Verschlußlaute, Spiranten und Affrikate. Anders als wir im Deutschen kennen die Albaner die **regressive Assimilation**. Bei der Aussprache von **p, t, k, ç, th vor stimmhaften Okklusiven** wird die Stimmhaftigkeit auf den vorangehenden Laut übertragen. Zum Beispiel *hap dritaren !* 'Öffne das Fenster !' spricht man [habdri'taren] aus, *çdo* als [dʒdo]. Daher kommt es auch zur falschen Schreibweise « *xhdo* ». Auf **progressiver** Assimilation beruht die Erscheinung, daß es im Gegischen *nândë* 'neun' (statt *nëntë*) heißt.

0.3. Einiges zur Rechtschreibung

Das 1908 festgelegte "Alphabet von Manastir" sah gemäßigte Kleinschreibung vor und lehnte sich in bezug auf die Interpunktion an die Praxis der Franzosen und Italiener an. Dies besagt in erster Linie, daß man (**a**) nur am Satzanfang und Eigennamen groß schreibt, (**b**) daß das Komma nur dann gesetzt wird, wenn eine wirkliche Sprechpause gemacht wird. Adverbiale Bestimmungen, besonders wenn sie länger sind, können durch Komma abgetrennt werden (im Deutschen nicht); Relativsätze hingegen werden, anders als im Deutschen, nicht in jedem Falle zwischen Kommata gesetzt. Wir müssen also damit rechnen, daß die albanische Interpunktion ein wenig von der deutschen abweicht.

Die seither erfolgten sogenannten Rechtschreibungsreformen hatten mehr mit dem Dialektausgleich und der Schaffung einer vereinheitlichten Schriftsprache als mit der Zeichensetzung oder der Orthographie im engeren Sinne zu tun. Eine einschneidende Veränderung ergab sich aber in bezug auf den **Apostroph**. Er wurde früher viel häufiger gesetzt, und wie wir wissen, in vielen Fällen sinnwidrig. So schrieb man früher die Krasisformen des Personalpronomens (**ma, ta**) ferner **ia, iu** mit Apostroph: *m'a, t'a, j'a, j'u*. Das mit dem Personalpronomen 'dir' (*të*) gleichlautende Zeichen des Konjuktivs wurde früher auch vor vokalisch anlautenden Verbalformen apostrophiert, z. B. *duhet t'ikësh* 'Du mußt fliehen'. Diese Schreibweise kommt der wirklichen Aussprache viel näher, denn das Phonem /ë/ wird, wenn es unbetont am Wortende steht, nicht ausgesprochen. Die Sprachwissenschaftler nennen es daher auch ein **Phantomphonem**. [1]

Wir können nun auf das Problem zurückkommen, ob Albanisch so ausgesprochen wird, wie man es schreibt. Die Frage läßt sich nicht einfach mit ja oder nein beantworten, und dies hängt damit zusammen, daß die Schriftsprache auch in der Orthographie einen Kompromiß darstellt, der in möglichst vielen Landesteilen verstanden werden soll. Andererseits nimmt die Schreibweise aber auch auf grammatische oder historische Belange Rücksicht, und all dies betrifft in erster Linie oben genanntes Phantomphonem.

Wenn wir alte Skutariner Drucke betrachten, dann müssen wir feststellen, daß sie in weitaus größerem Maße als die heutige Schriftsprache von der realen Aussprache ausgingen. Sie enthalten daher auch so gut wie gar keine Zeichen für [ë]. Im toskischen Mundartbereich sind die Wörter zwar grundsätzlich etwas länger als im gegischen, aber nicht jedes geschriebene **ë** wird auch gesprochen. In Fällen wie *fejésë* 'Verlöbnis' wird das Auslaut-**ë** nicht gesprochen; das Wort ist, phonetisch betrachtet, zweisilbig. Das Auslaut-*ë* gibt aber erstens an, daß der Akzent auf der "vorletzten" Silbe ruht [fe'jes] und daß es sich um ein Femininum mit dem Suffix *-esë* handelt. Die Skutariner hätten in solchen Fällen *fejés* geschrieben. Die wirkliche umgangssprachliche Aussprache von *Duhet të ikësh* wäre [due'tiksh], also dreisilbig. Das Schriftbild gibt vor, daß wir es mit einem fünfsilbigen Satzsegment zu tun hätten.

---

[1] Am Satzanfang, in Versalien bzw. Kapitälchen kann großes ë typographische Schwierigkeiten verursachen. Daher findet man in solchen Fällen, z. B. auf Buchtiteln oder Transparenten häufig e statt ë geschrieben. Dies tangiert jedoch nicht die Aussprache !

0.4. Übungen zur Aussprache

0.4.1 Die Vokale

a, i, o, u, y
Die obigen Vokale werden mehr oder weniger genauso wie im Deutschen ausgesprochen. Betonte Vokale sind im Albanischen etwas länger als unbetonte.

alfabeti, mali, drita, ora, topi, telefoni, zogu, shoku, zhurma, miu, ky, aty, yt.

Mit Ausnahme von *aty* 'dort', das endbetont ist, werden obige Wortformen auf dem vorletzten Vokal betont.

e, ë
Der Vokal *e* wird in unbetonter und betonter Stellung gleich ausgesprochen, d. h. er unterliegt keiner Reduktion und darf am Wortende nicht gemurmelt werden. Hingegen muß man bei *ë* streng unterscheiden, ob es betont oder unbetont ist. In manchen Wortformen kommen mehrere *ë* vor, und dann kann natürlich nur eines davon den Akzent tragen. Die folgenden Wortformen *është* 'ist' und *bërë* 'gemacht' sind bei normalem Sprechtempo einsilbig, und das Auslaut-*ë* wird nicht gesprochen. Die Aussprache ist ungefähr *öscht, böhr,* wenn wir es mit den Mitteln der deutschen Rechtschreibung ausdrücken wollen.

emri, telefoni, studenti, mace, shtëpia, një, është, bërë.

stummes ë
Unbetontes *ë* am Wortende und *ë* im Wortinnern vor dem betonten Vokal sind bei normalem Sprechtempo stumm, so daß viele Wörter phonetisch einsilbig sind, obwohl das Schriftbild vorgibt, es handele sich um zweisilbige Wörter mit der Betonung auf dem vorletzten Vokal.

punë, punëtóri, fjalë, ditë, pesë, orë.

Vokalfolgen
Bei den Vokalen *ua, ue, ye, ie, au, eu* trägt gewöhnlich der erste die Betonung. Deutsche müssen sich hüten, *ie* und *eu* wie im Deutschen auszusprechen, d.h. als [i:] bzw. [oi]. Auch sollte man keinen Kehlkopfverschluß <Knacklaut> zwischen die Vokale schieben.

shkúar, duar, dyer, pyetje, tryéza, qíelli, bíe, krye, kréu, grúaja, luaj, inxhiniér, Téuta `['tä-uta]`, **kau** `['ka-u]`, **kroi** `['kro-i]`.

0.4.2 Die Konsonanten

Die **Verschlusslaute** p, t, k, b, d, g
Bei *p, t, k* sollen Deutsche sich vor der starken Aspiration, die im Hochdeutschen üblich ist, hüten; und *b, d, g* sollen wirklich stimmhaft artikuliert werden.

pesë, tetë, kátër, dy, dymbëdhjétë, búalli, karríge, grúa, krúa, zogu, gramatika.

Die **Reibelaute** h, f, v
Man kann orthographisches *h* auslassen, weil dies auch der nachlässigen Aussprache der Albaner entspricht. Korrekt ist es aber, es viel schärfer als deutsches *h* zu hauchen, so daß es für uns wie *ch* <Ach-Laut> klingt. *V* ist immer deutsches **w**.

kóhë, koha, njoh, shoh, njihem, shihem, njóhur, njóhje, fjala, vala, fotografia, familja, filloj, flas, fshati, vajza, i vógël, televizori, vëllái, revista.

Die **palatalen Verschlusslaute** müssen einerseits von den Affrikaten <Verschlußreibelauten>, andererseits von den mit [j] gebildeten Konsonantengruppen unterschieden werden. Die albanische Orthographie behilft sich im letztgenannten Falle mit den Schreibweisen *gi, ni* , weil *gj, nj* für zwei Palatale reserviert sind. In Zusammenhängen der Formenlehre kommen auch Palatal + j vor.

çélësi, çánta, biçiklléta, qeni, qyteti, xhepi, valixhja, gjuha, inxhiniéri, gjumi, mëngjési, i gjélbër, i gjatë, kjo, shoqja, faqja, gjashtë, karrígia, njoh, rënie, ndenjje, thënie.

Die **stimmhaften Affrikate und Frikative** sh : zh, ç: xh

shumë, zhurmë, kuzhina, shpejt, vazhdoj, shkolla, shkrúaj, xhepi, çantë, bashkë, shamia, xhamia, xhámi.

Die **Spiranten** th, dh
Die an den Schneidezähnen gebildeten Spiranten [θ], [δ] werden von Deutschen oft mit *s, z* verwechselt; Albaner hingegen haben Probleme, *dh* von *ll* zu unterscheiden. [2]

udhë, yll, mollë, i madh, të mëdhá, zëri, zogu, lëviz, gaz, gëzim, thika, sekonda, sirena, them, mesnatë, thashë, dhashë, djath, dhoma, i bardhë.

Der **Polyvibrant [R]** und das **velare [L]**
Die Konsonanten *rr* und *ll* gelten als jeweils **ein** Phonem und dürfen bei der Worttrennung am Zeilenumbruch nicht getrennt werden. Es gibt also Silben, die mit rr- oder ll- beginnen. Betonte Vokale sind *vor j, rr, ll* länger als in anderen Positionen, also [ma:R], [ma:Li]. Dies muß deshalb beachtet werden, weil genau umgekehrt im Deutschen die Verdopplung eines Konsonanten die Kürze des vorangehenden Vokals bezeichnet.

njerí, ora, sharra, gur, burr, guri, burri, revista, rrethi, rrathë, libri, rrugë, i lartë, rrobat, oborri, karrigia, mali, malli, malet, mallrat, gjella, mbyll, lulja, llulla, llafi, lapsi, llagëm, llapë, llamba, llogaris, llokúm.

[2] In einigen aus fremden Sprachen übernommenen albanischen Eigennamen sind *th, dh* getrennt zu artikulieren, z. B. *Et'hem, Mit'hat.*

ERSTE LEKTION - Mësimi i parë

1.1. Praktische Redewendungen

BEGRÜSSUNG UND ABSCHIED

Mirëdita	Guten Tag
Tungjatjeta	Grüß Gott
Mirëmëngjés	Guten Morgen
Mirëmbrëma	Guten Abend
Natën e mirë	Gute Nacht
Mirupáfshim	Auf Wiedersehen
Mirë se érdhët	Willkommen
Lamtumirë	Lebwohl

Die Begrüßungsformel *Tungjatjeta* hat einen informellen Ton, und der Ausländer sollte sie nicht gegenüber Fremden benutzen. Eigentlich bedeutet der Ausdruck "Dein Leben sei lang".

1.2. Neuer Wortschatz

<table>
<tr><td>çant|ë, -a</td><td>Tasche, Mappe</td></tr>
<tr><td>fotografi-a</td><td>Foto, Photographie</td></tr>
<tr><td>lul|e, -ja</td><td>Blume</td></tr>
<tr><td>mac|e, -ja</td><td>Katze</td></tr>
<tr><td>mal-i</td><td>Berg; Gebirge</td></tr>
<tr><td>mi-u</td><td>Maus</td></tr>
<tr><td>mjek-u</td><td>Arzt</td></tr>
<tr><td>mjek|e, -ja</td><td>Ärztin</td></tr>
<tr><td>peshk-u</td><td>Fisch</td></tr>
<tr><td>punëtor-i</td><td>Arbeiter</td></tr>
<tr><td>punëtor|e, -ja</td><td>Arbeiterin</td></tr>
<tr><td>qen-i</td><td>Hund</td></tr>
<tr><td>shok-u</td><td>Genosse, Freund</td></tr>
<tr><td>shoq|e, -ja</td><td>Genossin, Freundin</td></tr>
<tr><td>shtëpi-a</td><td>Haus</td></tr>
<tr><td>top-i</td><td>Ball; Kanone</td></tr>
<tr><td>Ver|ë, -a</td><td><Frauenname></td></tr>
<tr><td>zog-u</td><td>Vogel</td></tr>
</table>

1.3. Lesestück

Kush është ky ? Ky është Agimi. Ku është Agimi ? Agimi është këtu. Ç'është Agimi ? Agimi është mësues.

Kush është kjo ? Kjo është Drita. Ku është Drita ? Drita është atje. Ç'është Drita ? Drita është mësuese.

Ç'është ky ? Ky është telefon. Ku është telefoni ? Telefoni është këtu.

Ç'është kjo ? Kjo është orë. Ku është ora ? Ora është atje.

1.4. Grammatische Erklärungen

1.4.1 DAS GRAMMATISCHE GESCHLECHT

Bei den Substantiven kennt die albanische Sprache drei grammatische Geschlechter; bei den Adjektiven und Pronomina nur zwei: Maskulinum und Femininum. Da das Neutrum auf einige spezielle Fälle begrenzt vorkommt, werden wir es später behandeln.
Die meisten maskulinen Substantive enden in der unbestimmten Form auf konsonantischen Auslaut, die Feminina gewöhnlich auf einen Vokal: *-ë, -e, -i* oder *-a*. Zum Beispiel:

mëngjes	**Morgen**	**maskulin**
ditë	**Tag**	**feminin**
natë	**Nacht**	**feminin.**

1.4.2 DER ARTIKEL

1.4.2.1 Wir unterscheiden im Deutschen zwischen **ein Tag** und **der Tag**. Die Albaner unterscheiden auch in ähnlicher Weise zwischen bestimmten und unbestimmten Gegenständen, sie drücken es aber sprachlich etwas anders aus. Der unbestimmte Artikel *një* wird seinem Beziehungswort vorangestellt: *një mëngjes* ein Morgen, *një ditë* ein Tag. Der unbestimmte Artikel hat dieselbe Form für Maskulina und Feminina und wird außerdem auch - wie im Deutschen - als Zahlwort benutzt.

Der bestimmte Artikel wird durch eine Endung ausgedrückt, die den Substantiven angefügt wird. Wir nennen dies die **determinierte Form** oder den nachgestellten Artikel. Für die Maskulina lautet die determinierte Form zumeist *-i*, für die Feminina zumeist *-a*. Zum Beispiel:

mëngjes-i	**der Morgen**
dit-a	**der Tag**
nat-a	**die Nacht.**

Das *-i* des nachgestellten Artikels wird dem maskulinen Substantiv einfach angefügt; das *-a* der Feminina ersetzt den Auslaut *-ë*. In der Orthographie erscheinen die Bindestriche natürlich nicht wie in obigen Beispielen.

1.4.2.2 Der nachgestellte Artikel bzw. die determinierte Form unterscheiden sich nicht nur nach grammatischem Geschlecht, sondern innerhalb der Genera erhalten sie auch noch unterschiedliche Ausformungen je nach vorhergehendem Phonem. Bei den maskulinen Substantiven überwiegt *-i*, aber nach **g, k, h; i, e** steht *-u*. z. B.

zog-u	**Vogel, der Vogel**
shok-u	**Genosse, der Genosse**
ah-u	**Buche, die Buche**
mi-u	**Maus, die Maus**
krye, kre-u	**Kapitel, das Kapitel.**

1.4.2.3 Die vorherrschende Endung der Feminina in der indet. Form des Nominativs Singular ist *-ë*; es kommt nur unbetont vor. Es gibt auch Feminina auf betontes *-á* oder *-í* sowie auf unbetontes oder betontes *-e*. Bei ihnen wird die Endung *-a* in jeweils etwas anderer Weise angefügt. z. B.

kalá-ja	**Festung, die Festung**
shtëpí-a	**Haus, das Haus**
mace, macja	**Katze, die Katze**
folé-ja	**Nest, das Nest.**

1.4.2.4 Auch Eigennamen müssen in die determinierte Form gesetzt werden, wenn der Satzzusammenhang dies erfordert. Daher kennen wir manche albanischen Ortsnamen in zwei Formen:

Tiranë	**Tirana**	**Tirana**
Korçë	**Korça**	**Kortscha**
Dúrrës	**Dúrrësi**	**Durres, Durazzo.**

Die maskulinen Orts- oder Personennamen der Albaner gebrauchen wir gewöhnlich in der indeterminierten (d. h. unbestimmten) Form; die femininen in der determinierten (auf *-a*).

Man kann sagen *një mëngjes* **ein Morgen**, aber nicht: **një Durrës* **ein Durres** ! Die indeterminierte Form verlangt also nicht automatisch den unbestimmten (d.h. vorangestellten) Artikel bei sich, sondern es gibt viele Fälle, in denen die indeterminierte Form mit *një* sogar falsch wäre.

1.5. Übungen

1.5.1 GENUS

Setzen Sie *ky* oder *kjo* ein:

... është mjek. ... është punëtore. ... është orë. ... është telefon. ... është fotografi. ... është punëtor. ... është Agimi. ... është shtëpi. ... është mi. ... është qen. ... është lule. ... është çantë. ... është Vera. ... është mësuese. ... është mal. ... është mace. ... është mësues. ... është mjeke. ... është top. ... është shok. ... është zog.

1.5.2 DETERMINIERTE FORM

Ergänzen Sie in der Frage *Ku është... ?* die determinierte Form der folgenden Substantive und bilden Sie Antworten auf die Frage, indem Sie albanisch 'wo' durch 'hier' oder 'da' ersetzen.

Ku është... ?	orë, shtëpi, mjeke, peshk,	këtu,
	lule, shok, punëtore, mal,	atje
	mjek, mace, çantë, mësuese,	
	telefon, top, qen, punëtor,	
	fotografi, shoqe, mësues	

ZWEITE LEKTION - Mësimi i dytë

2.1. Praktische Redewendungen

ANREDE

zoti,	Herr
zotërí, zotní	
zotróte	
zonjë	Frau, Dame
zonjúshë	Fräulein
zónja dhe zotërínj	meine Damen und Herren !
shok, shóqe	Genosse, Genossin

Zoti ist die normale Anrede, die ein Albaner gegenüber einem Ausländer anwendet, sie bedeutet Herr. Es handelt sich um die determinierte Form des Wortes *zot-i*, das sonst Gott bedeutet. *Zoti Myler* wäre demnach ein 'Herr Müller'. *Zotëri* und das gegische *zotní* bedeuten auch Herr, sind aber seit dem 2. Weltkrieg in Albanien außer Gebrauch gekommen. *Zotrote* ist eine altertümliche Anrede, deren Bedeutung zwischen 'Sie' und 'Du' liegt. Wenn der Satz ein Prädikat enthält, steht dieses nach *zotrote* in der 2. Person Singular. Eigentlich ist es zusammengezogen aus *zotëría jote* 'Euer Herrschaft'.

Die Albaner sprechen sich untereinander nur mit *shoku, shoqja* in der determinierten Form an, was auf Deutsch gewöhnlich mit 'Genosse' wiedergegeben wird. Das Wort hat nicht ausschließlich die spezielle Bedeutung 'Parteigenosse' wie bei uns; man kann es vielleicht mit 'Kollege', 'Freund', 'Kamerad', 'Kumpel' übersetzen. *Shoqe* hat sogar die Nebenbedeutung 'Ehefrau'. *Zoti* und *shoku* werden in bezug auf die Verwendung der det. Form gleich behandelt: *zoti Myler* 'Herr Müller', *shoku Enver* 'Genosse Enver'. Der Vor- oder Familienname erhält in diesem Falle keine Endung und wird nicht dekliniert.

2.2. Neuer Wortschatz

afër <adv.>	nahe
Fatos-i	<Männername>
flámur-i	Fahne, Banner
inxhiniér-i	Ingenieur
kalendar-i	Kalender
larg <adv.>	weit, entfernt
murator-i	Maurer
student-i	Student

2.3. Lesestück

Këtu është një punëtor. Ky është Besniku. Edhe atje është një punëtor. Ai është Sokoli. Besniku dhe Sokoli janë punëtorë. Ky është Agimi. Agimi nuk është punëtor. Ai është mësues. Besniku, Sokoli dhe Agimi janë shokë.

Ç'janë këta ? Këta janë çelësa. Sa çelësa janë këtu ? Këtu janë gjashtë çelësa. Ku janë çelësat ? Çelësat janë këtu.

Stilografë janë këta ? Jo, këta nuk janë stilografë, këta janë topa.

2.4. Grammatische Erklärungen

2.4.1 DER PLURAL (1): DIE MASKULINA

Die determinierte Form wird im Albanischen für beide Geschlechter gleich durch den nachgestellten Artikel *-t(ë)* ausgedrückt. Wenn der vorangehende Vokal betont ist, wird *-të* geschrieben, sonst *-t*.
Die Bildung der Pluralformen ist hingegen äußerst vielgestaltig. Es gibt keine Möglichkeit, von der Singularendung zweifelsfrei auf die Pluralendung zu schließen. Daher ist es am zweckmäßigsten, wenn man sich die indeterminierte Form des Plurals zusammen mit den Vokabeln einprägt. z. B.

student-i	**(der) Student**
studentë-t	**(die) Studenten.**

Bei diesem Beispiel soll der Bindestrich besagen, daß *student* die indet. Form des Singulars ist, *studenti* die det. Form. Sg. Ent-sprechend ist *studentë* der indet. Nominativ Plural, *studentët* die det. Form. Da das *-ë* am Wortende gewöhnlich nicht gesprochen wird, sind die indet. Formen in solchen Fällen in der Aussprache gleich !

Neben *-ë* sind *-a, -e* geläufige Pluralendungen für Maskulina. z.B.

çélës-i	**Schlüssel**	**Pl. çélësa-t**
murator-i	**Maurer**	**Pl. muratorë-t.**

2.4.2 DIE KOPULA

Ein einfacher Satz besteht aus Subjekt und Prädikat. Im Beispiel *Gjoni është murator* 'Hans ist Maurer' ist 'Hans' Subjekt, 'Maurer' Prädikatsnomen. Sätze mit einem solchen **Nominalprädikat** bedürfen im Deutschen wie auch im Albanischen eines Hilfsverbs, das wir **Kopula** nennen. Die Präsensformen des Hilfsverbs 'sein' lauten im Albanischen:

jam	**ich bin**	**jemi**	**wir sind**
je	**du bist**	**jeni**	**ihr seid**
është	**er,sie,es ist**	**janë**	**sie sind.**

Anders als im Deutschen wird im Albanischen das Personalpronomen nur dann vor die Kopula gestellt, wenn es betont werden soll. Man kann also sagen *Jam murator* 'Ich bin Maurer.' Man beachte, daß in obigem Beispiel *Gjoni është murator* das Subjekt **Gjoni** in der det. Form steht, das Prädikatsnomen in der indet. Form.

Auch Adverbien, besonders solche des Ortes, können als Prädikatsnomen auftreten, z. B. 'Josef ist hier' - *Zefi është këtu.*

2.4.3 DIE VERNEINUNG BEIM INDIKATIV

Indikativsätze werden im Albanischen mit *nuk* oder *s'* verneint. Daher würde man 'Ich bin kein Maurer, Ali ist (es)' auf Albanisch ausdrücken können: *Unë nuk jam murator, Aliu është.*

2.4.4 DAS PERSONALPRONOMEN (1): DER NOMINATIV

Personalpronomen können als Subjekt oder Prädikatsnomen im Satz auftreten; in beiden Fällen stehen sie im Nominativ. Für die Personalpronomen gilt nicht der Unterschied zwischen determinierter und indeterminierter Form, sie unterscheiden aber in der dritten

Person des Singulars und des Plurals das grammatische Geschlecht. Die Nominativformen lauten wie folgt:

unë	**ich**	**ne**	**wir**
ti	**du**	**ju**	**ihr, Sie**
aí	**er**	**atá**	**sie (m.)**
ajó	**sie**	**ató**	**sie (f.)**

Die Akzente sind willkürlich auf die Auslautvokale gesetzt und entsprechen nicht der albanischen Rechtschreibung. Mundartlich wird *aí* auch *áj* ausgesprochen.

2.4.5 DIE GRUNDZAHLEN

Die Zahlen 1 - 10 lauten im Albanischen wie folgt:

1	një	6	gjashtë
2	dy	7	shtatë
3	tre (**m.**), tri (**f.**)	8	tetë
4	kátër	9	nëntë
5	pesë	10	dhjetë

Wenn die Grundzahlen als Attribut verwendet werden, stehen sie vor ihrem Beziehungswort. Die Zahl 'drei' unterscheidet nach dem Genus des Beziehungswortes. Die Grundzahlen werden, wenn sie beim Beziehungswort stehen, nicht dekliniert.

Für **Null** haben die Albaner das Wort *zéro* übernommen. Von den anderen Zahlen sind nur **katër** 'vier', **qind** 'hundert' und **mijë** 'tausend' **alte** Lehnwörter.

2.5. Übungen

2.5.1 DIE KOPULA

Bilden Sie aus den folgenden Spalten Sätze mit der entsprechenden Form der Kopula 'sein' und setzen Sie, wo nötig, das Prädikatsnomen in den Plural. Bilden Sie dieselben Sätze in verneinter Form.

unë		atje
Agimi		shok
ju		afër
ata		larg
çelësat		mësues
ti	[jam]	murator
ai		punëtor
ne		mjek
Sokoli dhe Fatosi		student
stilografët		inxhinier
topat		këtu

z. B. **Ne jemi studentë. Agimi është këtu.**

2.5.2 GRUNDZAHLEN, PLURAL DER MASKULINA

Schreiben Sie in folgenden Sätzen die Ziffern aus und bilden Sie zu den eingeklammerten Wörtern die entsprechenden determinierten oder indeterminierten Pluralformen. Das Prädikatsnomen steht nur in der indet. Form !

Këtu janë 8 (stilograf). Ku janë 2 (çelës) ? Këta janë 3 (mal). Atje janë 5 (kalendar). Këta janë 6 (top). 4 (flamur) janë afër. 10 (punëtor) nuk janë këtu. 7 (shok) janë larg. Ju jeni (student). Ne jemi (shok). Ata janë (mësues). Këta janë (inxhinier). 9 (top) nuk janë atje. Sa (telefon) janë këtu ? (mjek) janë këta?

DRITTE LEKTION - Mësimi i tretë

3.1. Praktische Redewendungen

DANK UND BITTE

si jeni ?	wie geht es Ihnen ?
shumë mirë	sehr gut
ju lútem	ich bitte Sie; bitte
gëzóhem	mit Vergnügen; ich bin erfreut
më fálni	Entschuldigung, verzeihen Sie mir
s'ka gjë	bitte sehr; macht nichts; keine Ursache
falemndérit,	
fàlemindérit	Danke sehr
në rrégull	in Ordnung, bestens
po	ja
jo	nein

Die Albaner siezen nur Ausländer, daher haben Formen der 2. Person Singular mit Du eine größere Verbreitung im täglichen Umgang als bei uns. Der Anfänger ist aber gut beraten, wenn er im Umgang mit Albanern nicht sofort die vertraulichere Anrede als selbstverständlich voraussetzt.

Die Formel für *Danke* kommt in zwei Varianten vor; die fünfsilbige Form ist eigentlich ein Plural ('wir'). Das Verb dazu ist dasselbe wie in Entschuldigung (*më falni*). Als feste Redewendung ist 'Danke' aber nicht mehr konjugierbar.

Um durch Gesten Bejahung oder Verneinung auszudrücken, hat das Nicken und Kopfschütteln bei den Albanern die umgekehrte Bedeutung wie bei uns: Nicken bedeutet nein (*jo*), den Kopf zur Seite Schütteln bedeutet ja (*po*).

3.2. Neuer Wortschatz

dhom|ë, -a	Zimmer
ja	da ist, da sind
mur-i	Mauer, Wand
tavan-i	Decke
dysheme-ja	Fußboden
lart <adv.>	oben
poshtë <adv.>	unten
karrig|e, -ja	Stuhl
dy	zwei
tryéz|ë, -a	Tisch
ky	dieser
kjo	diese <f. sg.>
shtrat-i, pl. shtrétër	Bett
dollap-i	Schrank
majtas <adv.>	links
djathtas <adv.>	rechts
dritar|e, -ja	Fenster
der|ë, -a, pl. dyer-t	Tür

3.3. Lesestück

Dhoma

Kjo është dhomë. Ja muret, tavani dhe dyshemeja. Tavani është lart, dyshemeja është poshtë.

Karrige janë këto ? Po, ato janë karrige. Sa karrige janë këtu ? Këtu janë dy karrige. Tryezë është ajo ? Po, ajo është tryezë. Ç'është ky ? Ky është shtrat. Ku është dollapi ? Dollapi është majtas. Ç'është djathtas ? Djathtas janë dy dritare.

Derë është ajo ? Po, ajo është derë. Sa dyer janë këtu ? Këtu është një derë.

3.4. Grammatische Erklärungen

3.4.1 DER PLURAL (2): DIE FEMININA

Die in der indet. Form Sg. auf *-ë* auslautenden Substantive bilden zum Teil den Nom.Pl.indet. gleich dem Nom. Sg. indet. Gewöhnlich aber wird bei dieser Klasse das auslautende *-ë* des Singulars im Plural in *-a* verwandelt. z. B.

ditë-a	**Tag, der Tag**	**ditë-t**	**(die) Tage**
orë-a	**Stunde, die Stunde**	**orë-t**	**(die) Stunden**
tryezë-a	**Tisch, der Tisch**	**tryéza-t**	**(die) Tische.**

Ein großer Teil der übrigen Feminina bildet den Plural gleich dem Singular. Dies betrifft die vokalisch auslautenden Stämme; dabei ist auf den Akzent zu achten, weil die nachgestellte Form des Artikels je nach Wortbetonung anders geschrieben wird. z. B.

lúle, lulja	**Blume, die Blume**	**lule-t**	**(die) Blumen**
karrige, karrígia	**Stuhl, der Stuhl**	**karrige-t**	**(die) Stühle**
folé-ja	**Nest, das Nest**	**folé-të**	**(die) Nester**
kalá-ja	**Burg, die Burg**	**kalá-të**	**(die) Burgen**
shtëpí-a	**Haus, das Haus**	**shtëpi-të**	**(die) Häuser.**

3.4.2 BESONDERHEITEN DER DETERMINIERTEN FORM

Bei den in der indet. Form Sg. auf *-e* endenden Feminina muß man beim Anfügen der Endung für die det. Form auf den Akzent achten. Wörter nach dem Typ *mace, macja* '(die) Katze', *lule, lulja* '(die) Blume' wird das auslautende unbetonte *-e* in *-j-* verwandelt, damit der Wortakzent nicht auf die drittletzte Silbe rutscht. Mund-artlich und in älteren Texten kann man noch *máceja* 'die Katze', *luleja* 'die Blume' antreffen.

Bei den auf *-e* auslautenden Feminina muß man darauf achten, ob in der indet. Form Sg. dem *-e* ein **g** oder **n** vorangeht. In solchen Fällen schreibt man in der det. Form Sg. *-ia* statt *-ja*. Die Buchstabenkombinationen **gj, nj** stehen nämlich für besondere Phoneme der albanischen Sprache (palatale Konsonanten). Um die getrennte Aussprache **g-j, n-j** zu gewährleisten, schreibt man daher *-gi-, -ni-*.

Der nachgestellte Artikel lautet im Plural für beide Geschlechter gleich. Wenn der Akzent auf dem Vokal vor dem *-t* der Endung ruht, wird orthographisch ein *-ë* angefügt, so daß sich anscheinend zwei verschiedene Artikelformen ergeben: *-t* und *-të*. Historisch gesehen lauteten aber beide Formen gleich, nämlich *-të*. Später hat man das Artikel-*ë* in der Schrift unterdrückt, wenn der Akzent auf der vorletzten Silbe der indet. Form ruht. In Mundarttexten kann man noch *lúletë* 'die Blumen' lesen.

3.5. Übungen

3.5.0 Zusätzlicher Wortschatz

biçiklet|ë, -a	Fahrrad
disá	einige
këpuc|ë, -a, pl. -ë-t	Schuh
kutí-a	Schachtel, Dose, Kiste, Karton
makin|ë, -a	Maschine; Automobil
pem|ë, -a	Obstbaum, Baum
përpara <adv.>	vorne
prapa <adv.>	hinten; zurück
student|e, -ja	Studentin
shumë <adv.>	viel, sehr

3.5.1 Plural der Feminina

Bilden Sie zu den in Klammern stehenden Substantiven den Plural

Ku janë (këpuca) ? (Këpuca) janë atje. Sa (tryezë) janë këtu ? Këtu janë tri (tryezë). (Dritare) janë këto ? Jo, këto nuk janë (dritare), këto janë (derë). (dora) janë këtu. Prapa janë dy (mësuese). (Mësuesja) janë (shoqe). Përpara janë katër (shtëpi). (Shtëpia) janë larg. (Studente) janë ato ? Po, ato janë (studente). Si janë (studentja) ? Djathtas janë (çantë), majtas janë (orë). Sa (mace) janë këtu ? Këtu janë pesë (mace). Atje janë disa (pemë). Këtu nuk janë shumë (makinë). Majtas janë disa (biçikletë). Afër janë shumë (lule). Këto janë (karrige). Sa (kuti) janë këtu ? Ja (dhoma).

3.5.2 Der einfache Satz

Bilden Sie mit 'wo ?' und der Kopula Fragen unter Verwendung der ersten Spalte und die entsprechenden Antworten mit den Adverbien der zweiten Spalte.

Zum Beispiel:

'Wo ist der Schrank ?	*Ku është dollapi ?*
'Der Schrank ist rechts'	*Dollapi është djathtas.*

Ku [jam] ... ?

dyshemeja		afër
tavani		larg
dollapi		majtas
këpucët		djathtas
karriget		këtu
tryezat	[jam]	atje
dera		lart

dyert		poshtë
mjeku	[jam]	prapa
dhomat		përpara
shtëpia		
kutitë		
çelësat		

VIERTE LEKTION - Mësimi i katërt

4.1. Praktische Redewendungen

AN DER GRENZE

Pasaportën, ju lutem.	den Paß bitte.
Urdhëroni.	Bitte schön.
Dokuméntet e mia, ju lutem.	Meine Papiere, bitte schön.
Unë i përkás grupit të udhëtárëve (turistëve).	Ich gehöre zu der Touristengruppe.
A keni gjë për të zhdoganúar?	Haben Sie etwas zu verzollen ?
Më falni, nuk ju kuptoj.	Entschuldigung, ich verstehe Sie nicht.
Flet ndonjeri gjermanisht (shqip) këtú ?	Spricht hier jemand Deutsch (Albanisch) ?
Sa do të qendroni ?	Wie lange bleiben Sie ?
Vetëm dy (tri) javë, një múaj.	Nur zwei (drei) Wochen, einen Monat.

Für *Bitte* gibt es im Albanischen zwei Wörter, die zum Teil in derselben Situation angewendet werden können. *Urdhëroni* bedeutet wörtlich 'Befehlen Sie', und man verwendet den Ausdruck, wenn man jemand seine Dienste anbietet oder einer Aufforderung nachkommt. Wenn man, wie in obiger Gesprächssituation, jemand einen Gegenstand hinreicht, kann man auch *ju lutem* sagen, obwohl man nicht ausdrücklich um einen Gefallen bittet.

4.2. Neuer Wortschatz

mësoj	lernen, studieren
francez-i	Franzose
quhet	(er, sie, es) heißt
Zhan-i	Jean <lautlich umschrieben>
flet	(er, sie, es) spricht
frëngjisht <adv.>	französisch
gjermanisht <adv.>	deutsch
quhem	(ich) heiße
anglisht <adv.>	englisch
bashkë <adv.>	zusammen, gemeinsam
shqip <adv.>	albanisch
lexoj	(ich) lese
shpejt <adv.>	rasch, schnell
ngadalë <adv.>	langsam
kuptoj	(ich) verstehe
mirë <adv.>	gut

4.3. Lesestück

Ne mësojmë shqip.

Ky është student. Ai është francez dhe quhet Zhan. Ai flet frëngjisht dhe gjermanisht.

Unë quhem Hans. Unë nuk jam student. Unë jam inxhinier. Unë flas gjermanisht dhe anglisht.

Zhani dhe unë jemi shokë. Ne mësojmë bashkë shqip. Zhani lexon tani dhe unë dëgjoj. Zhani nuk lexon shpejt, ai lexon ngadalë. Unë kuptoj shumë mirë.

4.4. Grammatische Erklärungen

4.4.1 DIE KONJUGATION DER VOLLVERBEN

Da es im Albanischen keinen Infinitiv gibt, werden die Verben im Wörterbuch unter einer finiten Form angeführt. Zumeist nimmt man dazu die 1. Person Sg. Präs. act., z. B. *punoj* 'arbeiten', obwohl es eigentlich 'ich arbeite' bedeutet. Nun kann man nicht von allen Verben eine sinnvolle 1. P.Sg. bilden, z.B. von Witterungserscheinungen. *Ngryset* bedeutet 'es dämmert'; 'ich dämmere' wäre eine sehr übertragene Bedeutung. Daher führt das Wörterbuch von *Buchholz/Fiedler/Uhlisch* (Leipzig 1977) grundsätzlich die Verben in der 3. P. Sg. Präs. an.

Dagegen gibt es allerdings Einwände, die einerseits mit gewissen Gewohnheiten, andererseits aber auch mit der Struktur der alba-nischen Verben zusammenhängen. Es ist sicher einfacher, von der Form *përkás* 'ich gehöre' zu *përkét* 'es gehört' zu gelangen als umgekehrt. Mit anderen Worten, die Verbalklassen lassen sich von der 1. P. Sg. Pr. act. bequemer definieren als von der 3. Person aus. Wir unterscheiden im folgenden drei Konjugationen, die sich wie folgt erkennen lassen:

1. Konjugation: endet auf Vokal + **j**, z. B. *punoj* 'arbeiten'
2. Konjugation: endet auf Konsonant, z. B. *hap* 'öffnen'
3. Konjugation: endet auf Vokal, z. B. *pi* 'trinken'.

Zu diesen drei Klassen lassen sich Unterklassen definieren. Weil aber beispielsweise zur dritten Konjugation die Unterklassen sehr wenig gefüllt sind, geht das Lehrbuch **Gjuha shqipe** (Tirana) von nur zwei Klassen aus und behandelt die übrigen einzeln als "unregelmäßige" Verben. *Buchholz/Fiedler* wiederum unterscheiden in ihrer Grammatik (Berlin, DDR, 1987, S. 71 f.) **sechs** Klassen, von denen die sechste tatsächlich nur **ein** Verb umfaßt (*vete* 'gehen'). Wir beschreiten im folgenden einen mittleren Weg, indem wir die alten athematischen Verben (*jam, kam, them*), die konsonantischen mit altem **nj**-Suffix (*eci, hipi*), *vete* und einige andere als außerhalb der Paradigmen stehend behandeln, die dritte Klasse aber als Kategorie beibehalten.

4.4.2 DAS PRÄSENS DER 1. KONJUGATION

Die meisten Verben, die zu dieser Klasse gehören, enden in der 1.P.Sg. auf **-oj, -ej**. Es kommen ferner vor: *-aj, -ëj, -ij, -yj,-uaj, -yej*. Den dem Paradigma zugrundeliegenden Stamm erhält man, wenn man das **-j** der ersten Person abstreicht, z. B. *puno*-j.

An den übrigbleibenden Stamm **puno-** werden dann folgende Endungen angefügt: *-j, -n-, -n, -jmë, -ni, -jnë*. Mit Ausnahme einiger unregelmäßiger Verben ist bei allen alb. Zeitwörtern die 2. P. Sg. Pr. act. gleich der 3. Person.

unë punoj	**ich arbeite**	**ne punojmë**	**wir arbeiten**
ti punon	**du arbeitest**	**ju punoni**	**ihr arbeitet**
ai punon	**er arbeitet**	**ata punojnë**	**sie arbeiten.**

Die Verneinung wird gebildet, indem man **nuk** oder **s'** vor die betreffende Verbform setzt, z. B. *ai s'punon* oder *ai nuk punon* 'er arbeitet nicht'. Wie **punoj** werden auch *kursej* 'sparen', *blej* 'kaufen' behandelt.

4.4.3 DAS PRÄSENS VON *flas* 'SPRECHEN'

An sich gehört dieses Verb zur 2. Konjugation und weist das Suffix **-as** auf. Wenn man aber dieses Wortbildungselement abstreicht, bleibt nur **fl-** als Stamm übrig; daher wird es zu den unregelmäßigen gezählt. Weil es für den Alltagswortschatz von zentraler Bedeutung ist, wird es hier mit allen seinen Präsensformen aufgeführt.

unë flas	**ich spreche**	**ne flasim**	**wir sprechen**
ti flet	**du sprichst**	**ju flisni**	**ihr sprecht**
ai flet	**er spricht**	**ata flasin**	**sie sprechen.**

4.4.4 DIE SCHREIBWEISE AUSLÄNDISCHER EIGENNAMEN

Ausländische geographische Namen haben im Albanischen häufig eingebürgerte Formen, z. B. *Mosk|ë, -a* 'Moskau', *Vjen|ë, -a* 'Wien'. Auch Vor- und Familiennamen von Ausländern werden in der SVR Albanien ungefähr nach der albanischen Aussprache und Rechtschreibung geschrieben, z. B. *Gëte* 'Goethe', *Shekspir-i* 'Shakespeare', *Volter-i* 'Voltaire'. Dasselbe gilt für Personennamen der Gegenwart, z. B. *Myler* 'Müller'. Daher ist der Vorname 'Jean' im Lesestück zu *Zhan-i* verändert worden.

Die Albaner in Jugoslawien verfahren in ihren Publikationen anders, indem sie eine internationale Regelung berücksichtigen, die Originalorthographie der Ausgangssprache beizubehalten, also *Voltaire-i* , *Jean-i, Rousseau-ja* u. ä. An der Aussprache ändert sich in diesem Falle nichts, und dekliniert werden können diese Namen genauso, wie wenn man *Rusoja*, Gen. *i, e Rusosë* oder *Rusoi, Rusoit* schreibt.

4.5. Übungen

4.5.0 ZUSÄTZLICHER WORTSCHATZ

Agron-i	Agron <Männername>
bëj	machen
italisht <adv.>	italienisch
laj	waschen
lúaj	spielen
nxënës-i	Schüler
pak <adv.>	wenig, ein wenig, ein bißchen
punoj	arbeiten; funktionieren
qytet-i	Stadt
si <adv.>	wie
shkrúaj	schreiben
shqiptar-i	Albaner
taní <adv.>	jetzt
Teut|ë, -a	Teuta <Frauenname>

turqisht <adv.> türkisch
vajz|ë, -a Mädchen

4.5.1 VOLLVERBEN IM PRÄSENS
Setzen Sie die entsprechenden Prädikate statt der eingeklammerten Zitierformen

Vera dhe Teuta (mësoj) gjermanisht. Studenti (kuptoj) pak shqip. Ju (shkruaj) shumë. Ne (dëgjoj) mirë. Vajza (lexoj) frengjisht. Punëtorët (punoj) shpejt. Nxënësit (flas) anglisht. Ç' (bëj) ata? Si (flas) studentët ? Kush (lexoj) tani ? Ti (lexoj) mirë. Ai (flas) ngadalë. Vajzat (luajnë) bashkë. Unë nuk (kuptoj) italisht. Ç' (jam) Agroni ? Ai (jam) shqiptar. Kush (laj) këtu ? Ne (flas) shqip. Ti (kuptoj) turqisht.

4.5.2 SUBJEKT, PRÄDIKAT UND PRÄDIKATSNOMEN IM PLURAL
Übertragen Sie die Sätze vollständig in den Plural

Kjo është kuti. Ky është stilograf. Topi është afër. Ti punon mirë. Ai mëson shpejt. Ajo flet ngadalë. Unë kuptoj shqip. Ti shkruan shpejt. Vajza luan tani. Nxënësi dëgjon. Ti mëson anglisht. Ai nuk kupton gjermanisht. Unë lexoj frengjisht. Ç' bën ai ? Si lexon ajo ? Si shkruan studenti ? Si punon mësuesi ? Këtu është një murator. Ajo është studente. Ti je mjeke. Unë jam mësuese. Mali është larg. Çelësi është atje. Ku është ora ? Si është fotografia ? Ku është dera ? Tryeza është majtas, karrigia është djathtas. Shtëpia është përpara, pema është prapa. Çantë është kjo ? Ku është këpuca ? Kjo është dhomë. Ky është dollap. Ku është qyteti ?

FÜNFTE LEKTION - Mësimi i pestë

5.1. Praktische Redewendungen

ZOLLABFERTIGUNG

A mund të më lëshoni një vizë këtú ?
Können Sie mir hier ein Visum ausstellen ?

Fatkeqësisht është e pamúndur. Kjo nuk bëhet.
Leider ist das unmöglich. Das wird nicht gemacht.

Këtu kam árdhur për pushime.
Ich bin in Urlaub hierher gekommen.

Ky është bagazhi im (valixhja ime).
Dies ist mein Gepäck (mein Koffer).

Kjo nuk është imja. Ajó është.
Das gehört mir nicht (ist nicht meins). Das da ist es.

Çfarë keni aty brenda ? - Ta sjell këtu ?
Was haben Sie da drin ? - Soll ich es (ihn) herbringen ?

A duhet të paguaj doganë për këtë ? - Kjo është pa doganë.
Muß ich dafür Zoll bezahlen ? - Das ist zollfrei.

Ku ta gjej bagazhin taní ?
Wo finde ich mein Gepäck jetzt ?

Për një minutë do ta sjellin matanë.
In einer Minute bringt man es Ihnen nach gegenüber.

Autobusi është gati. Udhëtimi juaj nëpër Shqipërí fillon këtu.
Der Bus ist fertig (abfahrbereit). Ihre Reise durch Albanien beginnt hier.

Sie (*ju*) und die dazu gehörigen Possessivpronomen (*juaj*) werden im Albanischen nicht groß geschrieben. - Im Albanischen gibt es kein echtes Wort für' *was ?*' und es ; es handelt sich immer um Umschreibungen: *'was für eine Sache ?', 'diese Sache'*. Daher stehen die Wörter, die unserem das, **was** ? entsprechen, in der femininen Form: *çfarë 'was ?', kjo 'dieses, es', ajo 'jenes, es'*. Das Wort, das in diesem Falle hinzugedacht werden muß, ist *gjë 'Sache, Ding; etwas'*. Es kommt vor in der Redewendung: *A keni gjë për të zhdoganuar ? 'Haben Sie etwas zu verzollen ?'* Die Albaner verwenden im Sinne von *'Angelegenheit'* auch das Wort für *'Arbeit' punë*.

5.2. Neuer Wortschatz

në + Akk.	in
në shtëpi	zu Hause
dhom | ë gjumi	Schlafzimmer
dhomë ndeje (ndénjjeje)	Wohnzimmer, gute Stube
ndej | ë, -a (= ndenjje)	Ruhe
pun | ë, -a	Arbeit; Angelegenheit
dhomë pune	Arbeitszimmer
kuzhin | ë, -a	Küche
bánjo-ja	Bad, Badezimmer
Ali-u	Ali

hyj, hyn	eintreten, (er) tritt ein
shoh, sheh	sehen, (er) sieht
orendí-a (= mobílie)	Möbel
televizor-i	Fernsehapparat
lib | ër, -ri	Buch
vizatoj	zeichnen
hap	öffnen
revist | ë, -a	Zeitschrift
shikoj	betrachten, anschauen
pastaj	dann, danach
mbyll	schließen
dal, del	hinausgehen, (er) geht hinaus
përsërí <adv.>	wieder, erneut
jashtë <adv.>	außen, draußen, hinaus, heraus

5.3 Lesestück

Në shtëpí.

Ne kemi katër dhoma: dy dhoma gjumi, një dhomë ndeje dhe një dhomë pune. Kemi edhe një kuzhinë dhe një banjo.

Aliu hap derën dhe hyn në dhomë ndeje. Ajo nuk ka shumë orendí. Aliu sheh një tryezë, katër karrige, një dollap dhe një televizor.

Vera dhe Agimi janë në dhomë. Vera lexon një libër dhe Agimi vizaton. Aliu hap një revistë dhe shikon fotografinë. Pastaj ai mbyll revistën dhe del përsëri jashtë.

5.4 Grammatische Erklärungen

5.4.1 DIE 2. KONJUGATION

Die Verben der 2. Konjugation bilden die drei Personen des Sg.Pr. ohne jegliche Endung; sie sind daher gleich, solange kein ausdrückliches Subjekt des Satzes die Eindeutigkeit herstellt. Wir sprechen in solchen Fällen von Nullformans und schreiben **0**.
Die Endungen sind wie folgt: *-0, -0, -0; -im, -ni, -in.*

unë hap	**ich öffne**	**ne hapim**	**wir öffnen**
ti hap	**du öffnest**	**ju hapni**	**ihr öffnet**
ai hap	**er öffnet**	**ata hapin**	**sie öffnen.**

Wie **hap** werden *mbyll* 'schließen', *mbush* 'füllen' konjugiert. Eine große Zahl von Verben dieser Klasse bildet die Personalformen durch **innere Flexion**, d.h. durch morphonologische Vokalveränderung. Gewöhnlich kommt in solchen Fällen ein **a** oder **e** im Stamm vor, z.B. **marr** 'nehmen' (**merr** 'du nimmst') oder in der Unterklasse der durch das Suffix **-as** gebildeten Verben wie das schon bekannte **flas** 'sprechen'. Es wird daher im folgenden erforderlich sein, bei solchen Verben "Stammformen" anzugeben. Da die Vokalveränderungen an festen Stellen eines Paradigmas zu erwarten sind, lassen sich die Stammformen auch formalisiert dadurch umschreiben, daß man sie in der Form von "Ablautreihen" angibt. Historisch handelt es sich dabei aber teils um Umlaut, teils um Ablaut und schließlich noch in einzelnen Fällen um Diphthongierungen infolge früherer Quantitätsverhältnisse.

5.4.2 DAS VERB *dal* 'HINAUSGEHEN'

Zu den Verben der 2. Konjugation mit innerer Flexion gehört *dal*. Man beachte, daß nunmehr nicht alle drei Personen des Singulars gleich lauten:

unë dal	**ich gehe hinaus**	**ne dalim**	**wir gehen hinaus**
ti del	**du gehst hinaus**	**ju dilni**	**ihr geht hinaus**
ai del	**er geht hinaus**	**ata dalin**	**sie gehen hinaus.**

Das Verb weist im Aorist eine weitere Vokalveränderung auf. Für jemand, der mit den Kategorien vertraut ist, würde es ausreichen, dies durch die Vokalreihe **a/e/i/o** zu symbolisieren. Vom Vokalwechsel sind nämlich im Präsens nur die 2. u. 3. P. Sg., im Plural die 2. Person betroffen. Im Laufe der Zeit wird der Lernende ein Gefühl für die Regelmäßigkeit dieser Erscheinungen erwerben. Zu Beginn mag es genügen, die Formen einfach auswendig zu lernen.

5.4.3 INTERROGATIVPRONOMEN 'WER, WAS ?'

Die Pronomen des Albanischen weisen zum Teil unterschiedliche Formen für Maskulina und Feminina auf, andere wiederum nicht. Dem deutschen 'wer ?' entspricht im Albanischen gewöhnlich **kush ?**; es gibt jedoch auch ein weiteres Wort mit der Bedeutung 'wer, welcher ?', das nach Genus unterschiedliche Formen verlangt: **cili, cila**. Zu beiden Wörtern gibt es Akkusativformen, die eine Frage nach dem Objekt eines Satzes einleiten:

kush	**wer**	**cili**	**welcher**	**cila**	**welche ?**
kë	**wen**	**cilin**	**welchen**	**cilën**	**welche ?**

Das neutrale 'was ?' unterscheidet weder nach Geschlecht, noch nach Fall; es heißt auf Albanisch **çfarë, çka** oder einfach **ç'**. Die Wörter **çfarë, ç'** bedeuten jedoch zumeist 'was für ein ?, welcher ?' '**Womit ?**'wird durch *me se ?* ausgedrückt.

5.4.4 DAS ADVERB

Das Adverb fungiert als nähere Bestimmung zum Prädikat. Es gibt Quantitätsadverbien (viel/wenig), Modaladverbien (gut/schlecht), Lokaladverbien (oben/unten) sowie Temporal- und Kausaladverbien (heute, deshalb). *Buchholz/Fiedler (1987)* geben auf S. 361 - 372 ausführlich Auskunft über die albanischen Adverbien. Wir wollen hier unter ganz äußerlichen Gesichtspunkten drei Arten von Adverbien im Albanischen unterscheiden: (1) primäre Adverbien, (2) mit Hilfe eines Suffixes von einer anderen Wortart gebildete Adverbien, (3) solche Adverbien, die zwar zu Adjektiven in einer Beziehung stehen, aber nicht mit Hilfe eines Suffixes gekennzeichnet sind.

(1)	**këtu/atjé**	**hier/dort**	
	bashkë	**zusammen**	
	ngadalë	**langsam**	
	shqip	albanisch	shqiptar
(2)	gjerman**isht**	deutsch	
	fál**as**	umsonst, kostenlos	
	shkúrt**azi**	kurz und bündig	

(3)	**mirë**	gut	i mirë
	shpejt	rasch, schnell	i shpejtë
	fort	stark, sehr	i fortë
	shkurt	kurz	i shkúrtër

In der rechten Spalte stehen die zu den unter (3) angeführten Adverbien gehörenden Adjektive. Wenn wir sie mit der linken Spalte vergleichen, dann stellen wir fest, daß die Adverb-Formen kürzer sind als diejenigen der Adjektive. Gewöhnlich werden von den Adjektiven, die den vorangestellten Artikel bei sich führen, die Adverbien dadurch gebildet, daß man den Artikel wegläßt. Adverbien, die sich auf eine Sprache beziehen, werden im allgemeinen durch *-isht* gebildet und von einem Adjektiv abgeleitet, das keinen vorangestellten Artikel bei sich führt. Eine Ausnahme stellt in dieser Hinsicht **shqip** dar; es ist das primäre Wort. *Shqiptar* ist durch das Suffix *-tar* abgeleitet und bezeichnet nicht die Sprache, sondern die Nationalität.

Adverbien stehen gewöhnlich **hinter** dem Prädikat: *ai flet shqip* 'er spricht albanisch', *ajo flet shpejt* 'sie spricht schnell'.

Auf Albanisch kann man 'Englisch verstehen', 'Deutsch lernen' mit dem Adverb ausdrücken: *ai kupton anglisht, ajo mëson gjermanisht.*

5.4.5 DER AKKUSATIV SINGULAR

Das Prädikat ist der wichtigste Teil des Satzes. Das Subjekt braucht nicht durch eine eigene Wortart ausgedrückt zu werden; es kann in einer Verbalform enthalten sein. Das Prädikat aber darf nie fehlen. Wir unterscheiden Nominalprädikate mit Kopula, z. B. *Aliu është murator* 'Ali ist Maurer', und solche, die mit einem Vollverb gebildet werden. Bei den Vollverben unterscheiden wir zwischen intransitiven und transitiven. **Intransitiv** ist *dal* 'hinausgehen', d. h. man kann nicht sagen: **ich gehe ihn hinaus*. **Transitiv** sind *hap, mbyll, mbush*. Man kann sagen: Ich öffne die Tür, ich schließe ein Fenster, ich fülle die Tasche. Transitive Verben verlangen also eine Ergänzung, auf die sich die Tätigkeit, die das Verb ausdrückt, richtet. Die **direkte Ergänzung** nennen wir Akkusativ-Objekt, es kann bestimmt oder unbestimmt (die Tür, ein Fenster) sein.

hap derën	ich öffne die Tür
mbyll një dritare	ich schließe ein Fenster
mbush çantën	ich fülle die Tasche.

Es handelt sich hier um drei feminine albanische Wörter, von denen zwei in der determinierten Form des Akkusativs stehen. Der indet. Akkusativ Singular beider Genera hat Nullformans; das Akkusativ-Zeichen der determinierten Form des Singulars ist für beide Genera **n**. Es bildet jedoch die Akkusativ-Endung in leicht unterschiedlicher Weise.

mëngjesi	**shoku**	**dita**	**lulja**	**shtëpia**
mëngjesin	**shokun**	**ditën**	**lulen**	**shtëpinë**

Die Regel besagt, daß das Formans **-in/-un** je nach dem vorangehenden Konsonanten (vgl. **1.4.2.2**) an die indet. Form des Nom. Sg. der maskulinen Substantive tritt. Bei den Feminina tritt die Endung **-n** an die indet. Form des Nom. Sg., wenn diese auf unbetonten Vokal endet. Ist der Auslautvokal betont, dann nimmt die Endung orthographisch die Form **-në** an.
Bei den Maskulina vom Typ **krye, kreu** 'Kapitel', **bej, beu** 'Bey' lautet die korrekte Endung auf **-un**, z. B. *beun* 'den Bey'. Man kann aber auch *benë* nach dem Muster von *shtëpinë* lesen. Maskulina auf betontes **-á** erhalten dieselbe Endung wie die Feminina auf betonten Endvokal, z. B. *babánë* 'den Vater', *vëllánë* 'den Bruder'.

5.5. Übungen

5.5.0 ZUSÄTZLICHER WORTSCHATZ

<table>
<tr><td>Arben-i</td><td>Arben <Männername></td></tr>
<tr><td>cil|i, -a</td><td>wer, welcher ?</td></tr>
<tr><td>çfarë</td><td>was, was für ein ?</td></tr>
<tr><td>dardh|ë, -a</td><td>Birne</td></tr>
<tr><td>fletor|e, -ja</td><td>Heft</td></tr>
<tr><td>fshij</td><td>fegen, wischen</td></tr>
<tr><td>gazet|ë, -a</td><td>Zeitung</td></tr>
<tr><td>Genc-i</td><td>Genthios <Männername></td></tr>
<tr><td>kë [Akk. < kush]</td><td>wen ?</td></tr>
<tr><td>let|ër, -ra</td><td>Brief; Papier</td></tr>
<tr><td>me < + Akk. ></td><td>mit</td></tr>
<tr><td>me se ?</td><td>womit ?</td></tr>
<tr><td>mësim-i</td><td>Unterricht; Lektion</td></tr>
<tr><td>moll|ë, -a</td><td>Apfel</td></tr>
<tr><td>nën|ë, -a</td><td>Mutter</td></tr>
<tr><td>num|ër, -ri</td><td>Nummer, Zahl</td></tr>
<tr><td>pun|ë, -a</td><td>Arbeit; Angelegenheit</td></tr>
<tr><td>shamí-a</td><td>Tuch, Taschentuch, Halstuch</td></tr>
<tr><td>shkoll|ë, -a</td><td>Schule</td></tr>
</table>

5.5.1 AKKUSATIV SINGULAR, 2. KONJUGATION

Setzen Sie die in Klammern stehenden Substantive in die entsprechende Akkusativform (det. oder **indet.)**

Vajza mbyll (dera). Nëna hap (dritarja). Arbeni hyn në (shtëpia). Mjeku është në (dhoma). Ajo flet me (shoqja) në (telefoni). Ju lexoni një (revista). Ne mësojmë (mësimi) numër 6. Tu nuk dëgjon (mësuesi). Nxënësit shkruajnë me (stilografi) në (fletorja). Në (muri) janë tri fotografi. Agimi vizaton (molla dhe dardha). Unë shikoj (shtëpia). Librat janë në (dollap). Unë shikoj (qeni). Kush luan me (top). Ajo lan (shamia). Ai shkruan një (letër). Kjo mjeke punon në (qyteti). Teuta fshin (dhoma). Çelësi nuk është në (derë). Mësuesi nuk është në (shkolla). Studenti mbyll (libri). Unë shikoj (fotografi). Ne hapim (gazeta).

5.5.2 INTERROGATIVPRONOMEN

Ergänzen Sie die folgenden Fragen

Zum Beispiel: 'Jener/er ist Ali.'
Frage: '**Wer** ist Ali ?','**Welcher** ist Ali ?'

Ai flet shpejt. Si ... ?

Ti quhesh Sokol. Si ... ?

Në dhomë janë katër karrige. Sa ... ?

Agimi është student. Ç' ... ?

Teuta është punëtore. Ç' ... ?

Dhoma është këtu. Ku ... ?

Ne shkojmë në shtëpi. Ku ... ?

Ai është Genci. Kush ... ?, Cili ... ?

Ajo është Vera. Kush ... ?, Cila ... ?

Unë shikoj Arbenin. Kë ... ?, Cilin ... ?

Unë shikoj Verën. Kë ... ?, Cilën ... ?

Unë shikoj macen. Cilën ... ?

Unë shikoj qenin. Cilin ... ?

Unë shikoj shtëpinë. Çfarë ... ?

Ajo flet me shoqen. Me kë ... ?, Me cilën ... ?

Ai luan me shokun. Me kë ... ?, Me cilin ... ?

Ata shkruajnë me stilograf. Me se ... ?

SECHSTE LEKTION - Mësimi i gjashtë

6.1. Praktische Redewendungen

HOTELEMPFANG

Unë kam rezervuar (prenotuar) një dhomë tek ju.
Ich habe ein Zimmer bei Ihnen vorbestellt (gebucht).

Dhoma më pëlqen, sa kushton për një javë ?
Das Zimmer gefällt mir, wieviel kostet es pro Woche ?

Kjo është fatura e hotelit. - A përfshihen të gjitha ?
Dies ist die Hotelrechnung. - Ist alles inbegriffen ?

A ju duhen pasaportat tona ?
Benötigen Sie unsere Pässe ?

Sportelisti kërkon t'ju regjistrojë.
Der Diensthabende an der Rezeption möchte Sie eintragen.

Ju duhet të plotësóni këtë formular, firmósni këtu.
Sie müssen diesen Vordruck ausfüllen, unterschreiben Sie hier.

Sa është tensióni elektrík këtú ? Priza nuk punon.
Wie ist die Netzspannung hier ? Der Stecker geht nicht.

Ku është dhoma 201 (dyqind e një); a ka ndonjerí të më çojë aty ?
Wo ist Zimmer 201, kann jemand mich hinbringen ?

Mérreni përkthyesin me vete.
Nehmen Sie den Dolmetscher mit.

Çélësin, ju lutem; ka pyetur njerí për mua ?
Den Schlüssel bitte; hat jemand nach mir gefragt ?

A ka ndonjë létër ? - Ku është kabina e telefonit ?
Ist ein Brief da ? - Wo ist die Telefonzelle ?

Sa kushton një kartolinë për në Gjermaní, a keni pulla poste ?
Wieviel kostet eine Postkarte nach Deutschland, haben Sie Briefmarken ?

Duhet, duhen sind Passivformen des Verbs 'wollen', die den Sinn von 'müssen, benötigen, brauchen' zum Ausdruck bringen. Das unpersönliche duhet (3. P. Sg. Pr.) steht dann, wenn ein noch folgendes Vollverb verdeutlicht, wer oder was 'muß'; *duhen* (3. P. Pl. Pr.) steht hingegen dann, wenn das Subjekt eine Pluralform hat und kein weiteres Verb die Numerus-Kongruenz herstellt.

Der **Dolmetscher** ist im albanischen Tourismus keineswegs nur für sprachliche Belange zuständig, sondern Helfer in allen Lebenslagen. Einen Dolmetscher benötigt in der Regel auch derjenige Gast, der der Landessprache mächtig ist, weil durch seine Vermittlung Kontakte zu Behörden oder Privatleuten hergestellt werden.

Albanische Hotels weisen im allgemeinen einen kleinen Laden auf, in dem man Andenken oder Briefmarken kaufen kann. Auch **Geld umtauschen** kann man dort zu amtlichem Wechselkurs. So entfallen Gänge zur Post oder zur Bank, sofern man keine ausgefallenen Wünsche hat.

6.2. Neuer Wortschatz

mëngjes-i	Morgen; Frühstück
Anil|ë, -a	Anila <Frauenname>
rrug|ë, -a	Straße
kaloj	vorbeigehen, -fahren
njerí-u, pl. njérëz-it	Mensch
burr-i, pl. burra-t	Mann
grúa-ja, pl. gra-të	Frau
djal|ë, -i, pl. djem-të	Junge
shkoj	gehen
spital-i	Krankenhaus
këmb|ë, -a	Fuß, Bein
më këmbë	zu Fuß
vërej	bemerken, anschauen
uzin|ë, -a	Fabrik
autobus-i	Bus, Autobus, Omnibus
ndaloj	anhalten
stacion-i	Bahnhof, Haltestelle
hipi	einsteigen, aufsitzen

6.3. Lesestück

Mëngjesi

Eshtë mëngjes. Anila hap dritaren dhe shikon në rrugë. Në rrugë kalojnë makina dhe njerëz, kalojnë burra, gra, djem, vajza. Ata shkojnë në shkollë.

Anila është mjeke. Ajo punon në spital. Spitali nuk është larg, ai është afër. Ajo shkon në spital më këmbë.

Anila vërén taní në rrugë dy shoqe. Ato janë punëtoret dhe punojnë në uzinë. Ato shkojnë në punë me autobus. Ja autobusi. Aí ndalon në stacion. Dy shoqet hipin në autobus. Uzina është shumë larg.

6.4. Grammatische Erklärungen

6.4.1 DAS HILFSVERB 'HABEN'

Es gibt im Albanischen keinen Unterschied zwischen dem Vollverb 'haben' (besitzen) und dem Hilfsverb, das zur Bildung zusammengesetzter Temporalformen dient. 'Ich habe ein Haus' heißt *Kam një shtëpí*. Die Ergänzung zu 'haben' steht im Akkusativ.

kam	**ich habe**	**kemi**	**wir haben**
ke	**du hast**	**keni**	**ihr habt**
ka	**er hat**	**kanë**	**sie haben**

Die 3. P. Sg. *ka* entspricht dem deutschen 'es gibt'. Zur 1. P. Pl. gibt es eine gegische Form *kéna*, zur 2. P. pl. die Nebenform *kíni*, denen man bisweilen auch in gedruckten Texten begegnet.

6.4.2 DER PLURAL (3): EINIGE NOMINATIVE

Zu einigen Wörtern des Grundwortschatzes gibt es Pluralformen, deren Bidlung sich nicht in die Regeln des heutigen Sprachsystems einfügt.

burrë	**burri**	**der Mann**	**búrra-t**
grúa	**grúaja**	**die Frau**	**gra-të**
djalë	**djali**	**der Junge, der Sohn**	**djem-të**
vëllá	**vëllái**	**der Bruder**	**vëllézër-it**

Die determinierte Form der Plurale auf *-ër* wird mit *-it* gebildet, also auch **príndër-it** 'die Eltern. Zu *vëllá* gibt es auch die determinierte Form **vëllau.** *Djem* und *vëllézër* sind mit Umlauten gebildet wie auf Deutsch 'Mann, Männer'. Die hier zugrundeliegenden Regeln sind im gegenwärtigen Sprachsystem nicht mehr wirksam.

6.4.3 DER PLURAL (4): DER AKKUSATIV DET. UND INDET.

Die albanischen Substantive haben zwei Stämme, den Singular- und den Pluralstamm. Die indet. Form des Nominativs Plural dient als Stamm aller weiteren Deklinationsformen des Plurals. Wie an obigen Beispielen ersichtlich, kann der Pluralstamm erheblich vom Singular abweichen. Der Akkusativ Plural ist in der indet. und der det. Form immer gleich dem Nom. Pl.

disá búrra	**einige Männer**	**búrrat**	**die Männer**
disa vájza	**einige Mädchen**	**vajzat**	**die Mädchen**
disa lúle	**einige Blumen**	**lulet**	**die Blumen**

6.4.4 PRÄPOSITIONEN, DIE DEN AKKUSATIV VERLANGEN

Präpositionen verlangen im Albanischen den Nominativ, den Akkusativ oder den Ablativ nach sich. Andere Kasus scheiden aus. Die meisten Präpositionen stehen mit dem Akkusativ.

në	**in**
mbi	**auf**
nën	**unter**
për	**für, nach**
me	**mit**
nëpër	**durch, über ... hin**

Nach der Präposition *në* 'in' steht die indeterminierte Form, sofern kein Attribut folgt, z. B. *në mal* 'im Gebirge', *në qytet* 'in der Stadt', *në Tiranë* 'in Tirana', **aber**: *në qytetin e studentëve* 'in der Studentenstadt' <Wohnviertel in Tirana>.

6.4.5 DIE VERBEN 'GEHEN' UND 'AUFSTEIGEN'

Das Albanisch kennt zwei Verben, die eigentlich zur 2. Konjugation gehören, insofern sie einen konsonantischen Stamm haben. Durch das Suffix **-nj**, das sonst nur den vokalischen Stämmen angefügt wird, scheiden sie jedoch aus dem Paradigma aus und bilden eine eigene Unterklasse, bei der die 1. P. Sg. Pr. act. auf **-i** auslautet.

eci	**ich gehe**	**hipi**	ich besteige
ecën	**du gehst**	**hipën**	du besteigst
ecën	**er geht**	**hipën**	er besteigt
ecim	**wir gehen**	**hipim**	wir besteigen
ecni	**ihr geht**	**hipni**	ihr besteigt
ecin	**sie gehen**	**hipin**	sie besteigen

Man liest in der älteren Literatur auch die Schreibweisen *ecënj, ecëj* und entsprechend im Plural *ecëjmë. Eci* bedeutet 'zu Fuß gehen'; *shkoj* bezieht sich auf verschiedene Arten der Fortbewegung, kann also auch 'fahren' bedeuten. Das dritte Verb für 'gehen', *vete*, hat die Nebenbedeutungen 'weggehen, gelingen, klappen.' *Hipi* bedeutet in erster Linie 'ein Reittier besteigen', so daß *eci* und *hipi* sich verhalten wie 'sich zu Fuß (*eci*) bzw. zu Pferd (*hipi*) fortbewegen'.

6.4.6 DIE PARTIKEL DES ZEITPUNKTS

Eine in der Umgangssprache häufig angewendete Partikel ist **po**. Sie verleiht dem Verb die Bedeutung einer gerade verlaufenden Handlung:

Ku po shkon ? Wo gehst du gerade hin ?

Po kann aber auch in Berichten über die Vergangenheit oder in Äußerungen über die Zukunft angewendet werden, z. B. *Unë po nisem pasnesër* 'Ich reise übermorgen ab'. Die Partikel wird bei *Buchholz/Fiedler* S. 167-169 behandelt.

6.5. Übungen

6.5.0 ZUSÄTZLICHER WORTSCHATZ

brenda <adv.>	innen, drinnen
búkur <adv.>	schön
éci, écën	gehen, laufen
fëmíj|ë, -a	Kind
kam	haben
këndoj	singen
klas|ë, -a	Klasse
koh|ë, -a	Zeit
mbi <+ Akk.>	auf, über
nën <+ Akk.>	unter
nëpër <+ Akk.>	durch, über ... hin
për <+ Akk.>	für; nach
po	(1) ja, (2) Partikel des Verlaufs
Shqipërí-a	Albanien
tren-i	Zug
ushtrim-i	Übung

6.5.1 AKK. SG. U. PL., PARTIKEL DES VERLAUFS

Setzen Sie die eingeklammerten Substantive in den Akkusativ. Achten Sie dabei auf die Präpositionen, die Mengenangaben und den unbestimmten Artikel *një*, die sich mit der indeterminierten Form verbinden.

Ne flasim për (Shqipëria). Unë shikoj shumë (gruaja dhe burri). Mësuesi flet me (Agimi). Tani nuk kam (koha). Këpucët janë nën (karrigia). Në (rruga) kalojnë djem dhe vajza. Librat janë mbi (tryeza). Unë po shkoj me (autobusi). Punëtorët shkojnë me (treni) në (puna). Nëna po shkruan një (letra) për (shoqja). Agimi ka shumë (shoku). Në (qyteti) ka shumë (njeriu). Jam në (dhoma). Kush hipën në (biçikleta) ? Gruaja punon në (uzina). Drita shkon në (shtëpia). Djali po luan me (topi). Ju keni shumë (libri). Çanta është mbi (dollapi). Fëmijët vizatojnë një (makina).

6.5.2 VERBEN DER 1. U. 2. KONJUGATION IM PRÄSENS

Ergänzen Sie die Sätze durch Prädikate in der entsprechenden Form

ndaloj
mësoj
jam
eci
kuptoj
shkoj
kam
shikoj
kaloj
hipi
hyj
bëj
këndoj
dal
mbyll
flas

Autobusi ... në stacion. Studentja ... shqip. Kush ... në dhomë ? Njerëzit ... shpejt. A ... anglisht ? Fëmijët ... me biçikletë në shkollë. Mësuesja nuk ... kohë. Në rrugë ... makina dhe njerëz. Ju ... në autobus. Ti ku po ... ? Ti ... brenda. Mjekja ... më këmbë në spital. Mjeku ..., mjekja ... me autobus në spital. Nxënësit ... bukur. Nëna ... jashtë. Ai ... me tren në Tiranë. Gratë ... dritaret. Vajzat dhe djemtë ... për Verën. Sa libra ... Anila dhe Artani ? Ju ... në rrugë. Ata ... ushtrimin. Kur ... djemtë ? Nxënësit ... në klasat.

SIEBTE LEKTION - Mësimi i shtatë

7.1. Praktische Redewendungen

HOTELZIMMER

A keni një dhomë téke (dyshe) të pazënë ?
Haben Sie ein Einzel-(Doppel-)zimmer frei ?

E dëshiroj me banjo dhe me pamje nga deti në katin e dytë.
Ich möchte eins mit Bad und Blick aufs Meer im ersten Stock.

Një minutë, ju lutem; hyni. Dhoma është gati.
Einen Moment, bitte; treten Sie ein. Das Zimmer ist fertig.

Ju do t'i gjeni çdo ditë dhomat dhe krevátet të rregullúara.
Sie werden die Zimmer und die Betten täglich gemacht vorfinden.

A mund të më zgjoni nesër në orën 6 (gjashtë) ?
Können Sie mich morgen um 6 Uhr wecken ?

Më sillni, ju lutem, édhe një peshqir fytyre, një çarçaf.
Bringen Sie mir bitte noch ein Handtuch, ein Bettlaken.

Rubineta nuk punon (rrjedh). Nuk vjen uji i ngrohtë.
Der Wasserhahn geht nicht (tropft). Es kommt kein warmes Wasser.

Në dhomën time nuk ka dritë, sigurésat janë djegur.
In meinem Zimmer ist kein Licht, die Sicherungen sind durchgebrannt.

A më kuptoni ? - Mos keni ndonjë ankésë ?
Verstehen Sie mich ? - Haben Sie vielleicht eine Beschwerde ?

Jo, e kemi kalúar shumë mirë në Shqipëri.
Nein, wir haben uns in Albanien sehr wohlgefühlt.

Jemi të kënáqur, shërbimi ishte shumë i mirë.
Wir sind zufrieden, die Bedienung war sehr gut.

Njérëzit janë me të vërtetë shumë mikprítës.
Die Menschen sind wirklich sehr gastfreundlich.

Die Albaner zählen die Stockwerke anders als wir: *kati i parë* wäre das Erdgeschoß, *kati i dytë* ist das erste Obergeschoß. 'Frei' in bezug auf ein Zimmer sollte man nicht mit *i lirë* ausdrücken, weil dies zumindest zweideutig ist. Dieses Adjektiv bedeutet nämlich auch 'billig'. Daher nimmt man hier *i pazënë* 'unbesetzt'; das Gegenteil davon ist *i zënë* 'besetzt, beschäftigt'.

7.2. Neuer Wortschatz

familj|e, -a	Familie
universitet-i	Universität
Tiran|ë, -a	Tirana
banoj	wohnen
qyteti i studentëve	die Studentenstadt <cité universitaire>
príndër-it	die Eltern
fshat-i	Dorf

babá-i, pl. baballarë-t	Vater
mot|ër, -ra	Schwester
vëllá-i	Bruder
i, e martúar	verheiratet
i, e rrítur	erwachsen
të rríturit	die Erwachsenen
bisedoj	sich unterhalten

7.3. Lesestück

Familja e Teutës

Teuta është studente. Ajo mëson në Universitetin e Tiranës. Ajo banon në qytetin e studentëve.

Prindërit e Teutës banojnë në fshat. Babai i Teutës është punëtor. Nëna e Teutës është mësuese në shkollën e fshatit.

Teuta ka një motër dhe një vëllá. Motra e Teutës është mjeke. Ajo është e martuar. Ajo ka një djalë dhe një vajzë.

Vëllái i Teutës është murator. Ai punon në qytet.

Familja e Teutës është taní në shtëpí. Të rriturit shikojnë televizorin dhe bisedojnë. Fëmijët lúajnë.

7.4. Grammatische Erklärungen

7.4.1 ENTSCHEIDUNGS- UND ERGÄNZUNGSFRAGEN

Es gibt grundsätzlich zwei Formen der Frage; die eine muß mit 'Ja' oder 'Nein' beantwortet werden, die andere wird mit einem Satzteil beantwortet. Man spricht daher auch von Satz- oder Wortfragen. Eine Entscheidungs- oder Satzfrage ist:

A më kuptóni ?	**Verstehen Sie mich ?**
Antwort:	**Jo** oder **Po.**

Die Ergänzungs- oder Wortfrage wird durch eine Kategorie von Wörtern eingeleitet, die im Deutschen fast alle mit **w-** beginnen: *wer ? was ?, welcher ?, wann ?, wo ?*. Wir haben bisher die albanischen Interrogativpronomen **kush** *'wer ?'*, **cili/cila** *'welcher/welche ?'* **çfarë** *'was für ein ?'* und **çka** *'was ?'* kennengelernt.

Die Entscheidungsfrage zielt auf das Prädikat, daher antwortet man auf Albanisch am besten nicht einfach mit **po** oder **jo**, sondern mit einem Satz oder wenigstens dem Prädikat. Beispielsweise auf *A më kuptoni ?* mit: *Po, kuptoj* oder *Jo, nuk kuptoj*. Die Ergänzungsfragen zielen auf die übrigen Satzteile, 'wer ?' auf das Subjekt, 'wen ?' auf das Akkusativobjekt, 'wo ?' auf die adverbiale Bestimmung des Ortes (z. B. 'hier', 'dort'). Soweit deklinierbar, stehen die Fragepronomen in dem Kasus, den der als Antwort erwartete Satzteil hat. Wenn man nach dem Genitivattribut fragt, verlangt auch das Fragewort den Genitiv. Die Genitive zu *kush, cili, cila* lauten:

i kujt wessen ?		**i cilit ?**	**i cilës ?**
Vëllái i kujt është Aliu ?		Wessen Bruder ist Ali ?	

7.4.2 DAS GENITIVATTRIBUT

Attribute werden durch ein Adjektiv oder ein Substantiv gebildet. *Burri i mirë* 'der gute Mann' zeigt das Beziehungswort vorne, es folgt der Artikel **i**, danach das Adjektiv *mirë*. 'Die gute Frau' heißt auf Albanisch *Gruaja e mirë*. Hier hat der Artikel die Form **e** für das Femininum, während die Endung des Adjektivs unverändert bleibt.

Genitivattribute werden auch mit den Artikeln **i/e** gebildet; man nennt sie **Gelenkartikel**, weil sie wie ein Scharnier das Attribut mit seinem vorangestellten Beziehungswort verbinden. Der Gelenkartikel richtet sich in Genus, Numerus und Kasus nach dem vorangehenden Beziehungswort. Das nachfolgende Attribut steht im Genitiv, und dessen Endungen sehen im Singular je nach Geschlecht wie folgt aus:

Mehmeti	**Mehmet**	**i, e Mehmetit**	**von Mehmet, Mehmets**
Aliu	**Ali**	**i, e Aliut**	**von Ali, Alis**
Vera	**Vera**	**i, e Verës**	**von Vera, Veras**

vëllái	**der Bruder**	**i, e vëlláit**	**des Bruders**
motra	**die Schwester**	**i, e motrës**	**der Schwester**
dhoma	**das Zimmer**	**i, e dhomës**	**des Zimmers**
lulja	**die Blume**	**i, e lules**	**der Blume**
shtëpía	**das Haus**	**i, e shtëpísë**	**des Hauses**
kalája	**die Burg**	**i, e kalásë**	**der Burg**

Die Formantien des Genitivs Sg. sind also je nach Wortstamm und Akzent: *-it, -ut, -ës, -es, -së*. Der Genitiv läßt sich jedoch nicht allein von der Endung her bestimmen, vielmehr stellt der vorangehende Gelenkartikel ein unabdingbares zweites Morphem dar.

7.4.3 SCHWIERIG ZU KONJUGIERENDE VERBEN

Die Verben für dt. 'nehmen' und 'fragen' gehören zur 2. Konjugation, das erste weist im Albanischen Vokalwechsel auf, das zweite einen Konsonantenwechsel.

marr	**ich nehme**	**marrim**	**wir nehmen**
merr	**du nimmst**	**merrni**	**ihr nehmt**
merr	**er nimmt**	**marrin**	**sie nehmen**

pyes	**ich frage**	**pyesim**	**wir fragen**
pyet	**du fragst**	**pyesni**	**ihr fragt**
pyet	**er fragt**	**pyesin**	**sie fragen**

Die Vokalfolge im Paradigma von *marr* läßt sich durch die Reihe **a/e/o** darstellen. Im Substandard kommt jedoch die Form *mirrni* 'ihr nehmt' auch vor, so daß das Verb genauso wie *dal* 'hinausgehen' konjugiert wird. Bei *pyet* liegt der Wechsel **s/t** vor, der für viele Verben charakteristisch ist. Das *-t* tritt immer in der 2. und 3. Person Pr. ind. act. auf. Die Vokalfolge **-ye-** wird in der Standardsprache auf dem **y** betont. Im Gegischen kommt aber auch die Betonung auf dem **e** vor; in diesem Falle lautet das Verb *pves, pvet*.

7.4.4 DIE GRUNDZAHLEN 11 - 100

Die Zahlen 11 - 19 weisen eine sehr charakteristische Bildungsweise auf. Sie folgen dem Muster **x auf zehn**, also 'eins auf zehn', 'zwei auf zehn' usw.

11	**njëmbëdhjetë**	**16**	**gjashtëmbëdhjetë**
12	**dymbëdhjetë**	**17**	**shtatëmbëdhjetë**
13	**trembëdhjetë**	**18**	**tetëmbëdhjetë**
14	**katërmbëdhjetë**	**19**	**nëntëmbëdhjetë**
15	**pesëmbëdhjetë**		

Mit Ausnahme von '14' sind die albanischen Formen der Grundzahlen 11 - 19 dreisilbig, z. B. [tɛtmbë'δjɛ:t]. - Die Bildung der Zahlen **20** und **40** ist auch charakteristisch; sie lauten auf Albanisch **njëzét, dyzét**. Ihnen liegt die altertümliche Zwanzigereinheit *zet* zugrunde. Die übrigen Zehner-Einheiten werden mit *dhjetë* gebildet, also:

30	**tridhjetë**	**70**	**shtatëdhjetë**
50	**pesëdhjetë**	**80**	**tetëdhjetë**
60	**gjashtëdhjetë**	**90**	**nëntëdhjetë**

'Hundert' heißt **njëqínd**, d. h. eigentlich 'einhundert'. Die Einer werden mit **e** 'und' an die Zehner und an die Hunderter angefügt:

145 **njëqind e dyzet e pesë**

7.5. Übungen

7.5.0 Zusätzlicher Wortschatz

a	<Partikel der Entscheidungsfrage>
album-i	Album
aparat-i	Apparat, Gerät
aparati fotografik	Fotoapparat
faq|e, -ja	Gesicht; Seite
gramatik|ë, -a	Grammatik
laps-i	Bleistift
marr, merr	nehmen
mekanik-u	Mechaniker
pyes, pyet	fragen
them, thotë	sagen

7.5.1 Genitiv Singular

Bilden Sie Genitivattribute aus den eingeklammerten Wörtern

Artani është shoku (Agimi). Sokoli është vëllai (Vera). Diana është shoqja (Teuta). Motra (kush) është kjo vajzë ? Kjo është biçikleta (nena). Këtu janë këpucët (burri). Ku është stacioni (treni) ? Fotografia (djali) është në mur. Ora (mjeku) është mbi tryezë. Libri (gramatika) ka 98 faqe. Vëllezërit (gruaja) punojnë në fshat. Ku banon familja (shoku) ? Spitali (qyteti) është afër. Çelësi (dhoma) është në derë. Faqet (gazeta) janë me fotografi. Mekaniku (uzina) punon shumë mirë. Si quhet djali (inxhinieri) ? Shoqja (studentja) ka 56 libra dhe 73 revista. Shkolla (fshati) ka 34 nxënës. Shoku (Lindita) ka 15 lapsa dhe 11 stilografë. Dhoma (punëtori) ka 3 dritare. Albumi (kush) është ky ? Ç'thotë nëna (Iliri) ?

7.5.2 Präsensformen, 2. P. Sg. u. Pl.

Stellen Sie sich gegenseitig Fragen in der Duz- oder Siezform und beantworten Sie diese bejahend oder verneinend, zum Beispiel:

'Wohnst du in Tirana ?' - 'Nein, ich wohne in Berlin'. *A banon në Tiranë - Jo, unë banoj në Berlin.*

Prädikate	*Objekte oder adverbiale Bestimmungen*
marr	në Tiranë
pyes	shokun për Shqipërinë
banoj	fotografi
bëj	aparatin fotografik
flas	më këmbë
eci	televizorin
shikoj	shqip
shkruaj	anglisht
shkoj	italisht
luaj	një letër
kam	në shtëpi
mësoj	me top
kuptoj	kohë

ACHTE LEKTION - Mësimi i tetë

8.1. Praktische Redewendungen

GELDWECHSEL

Shoku, a mund të më ndihmoni pak ?
Genosse, können Sie mir ein wenig helfen ?

Patjetër, s'ka problem. Ç'dëshironi ?
Selbstverständlich, aber sicher. Was wünschen Sie ?

A mund të më thyeni disá marka ?
Können Sie mir ein paar D-Mark wechseln ?

Më vjen keq, banaku i kthimit të paráve është i mbyllur pasdite.
Tut mir leid, der Geldwechselschalter ist nachmittags geschlossen.

S'ka gjë. Ku ndodhet banka ? A është afër ?
Macht nichts. Wo ist die Bank ? Ist sie in der Nähe ?

S'është larg prej këtú. Kthéhuni në të majtë, pastaj drejt.
Es ist nicht weit von hier. Wenden Sie sich nach links, dann geradeaus.

A mund të më shoqëroni, ju lutem ? Sa mban ? - Ja tek është.
Können Sie mich bitte begleiten ? Wie lange geht man ? - Da ist es schon !

Desha të më thyeni një çek udhëtimi.
Ich möchte einen Reisescheck einlösen.

Nuk kam të vógla, a mund të ma thyeni këtë kartëmonédhë ?
Ich habe kein Kleingeld, können Sie mir einen Geldschein wechseln ?

Një lek është báraz njëqind qindarka.
Ein Lek ist gleich 100 Centimes.

Sa bën një paketë cigare ?
Wieviel kostet ein Päckchen Zigaretten ?

'Geld' bedeutet auf Albanisch *të hólla-t* oder *pará-të*. Wechseln wird durch *kthej* 'wenden' oder *thyej* 'brechen' ausgedrückt. Umgangssprachlich sagt man *prish páre* sowohl für den Wechsel von Devisen, als auch das Wechseln großer Scheine. 'Münzgeld' heißt *monédhë-a*, 'Papiergeld, Banknote' *kartëmonédhë*. In albanischen Hotels werden auch Euroschecks entgegengenommen und der Betrag bar in Landeswährung ausgezahlt. Der *Lek* umfaßt 100 *Qindarka*; das Wort ist von *qind* 'hundert' abgeleitet.

8.2. Neuer Wortschatz

post|ë, -a	Post
kartolin|ë, -a	Postkarte
mbaroj	beenden
fus (s/t)	hineinstecken
zarf-i	Briefumschlag
adres|ë, -a	Anschrift
sirtar-i	Schublade, Schubfach
hedh (e/i/o)	werfen

kuti poste	Briefkasten
sall | ë, -a	Saal, Halle, Schalterraum
kërkoj	suchen
sportel-i	Schalter
pranim-i	Annahme
rekomandé	Einschreiben
merren <pass.>	(sie) werden genommen, man bekommt
të hollat	Geld
kurse <Konj.>	während, indessen
pako-ja	Päckchen
Artan-i	Artan <Männername>
kabin | ë, -a	Kabine
telefonik, -e	Telefon-
nr. <numër>	No. <Numero>
pull | ë, -a	Briefmarke

8.3. Lesestück

Në postë

Artani shkruan një letër dhe disa kartolina. Ai e mbaron letrën, e fut në zarf dhe shkruan adresën. Ai merr disa pulla nga sirtari i tryezës. Pastaj ai del nga shtëpia dhe shkon në postë. Ai i hedh kartolinat në një kuti poste dhe hyn në postë. Në sallën e postës ai kërkon sportelin e pranimit të letrave rekomandé.

Sporteli nr. 1 i pranon letrat rekomandé. Në sportelin nr. 2 merren të hollat, kurse në të tretin merren pakot.

Artani sheh edhe kabinat telefonike. Ai hyn në kabinën nr. 2 dhe flet në telefon me Verën.

8.4. Grammatische Erklärungen

8.4.1 DOPPELMARKIERUNG VON SATZTEILEN (1)

Die Stellung der Satzteile ist im Albanischen gewöhnlich Subjekt, Prädikat, Objekt (**S-P-O**), und das Attribut **folgt** seinem Beziehungswort. Zu Zwecken der Hervorhebung kann die Reihenfolge der Satzteile auch umgestellt werden. In diesem Falle genügt nicht allein die morphologische Markierung durch Kasus-Endungen, um die Beziehungen zwischen den Wörtern zu verdeutlichen, vielmehr muß zusätzlich das Prädikat durch syntaktische Mittel gekennzeichnet werden, wenn das Akkusativ-Objekt vorangestellt wird. Diese Erscheinung nennen wir die **pronominale Verdopplung**.

In vielen Fällen ist die pronominale Verdopplung des Objekts jedoch auch ohne Umstellung der Satzteile erforderlich oder zumindest möglich. Dann wird eine bestimmte Bedeutung vermittelt, wofür es im Deutschen kein entsprechendes sprachliches Ausdrucksmittel gibt. Vergleichen Sie bitte die beiden folgenden Sätze:

A mund të më thyeni disa marka ?
Können Sie mir ein paar Mark wechseln ?

A mund të m'i thyeni këtó kartëmonédha ?
Können Sie mir diese Geldscheine wechseln ?

Wenn das Objekt unbestimmt (*'ein paar', 'einige'*) ist, bedarf es keiner weiteren Kennzeichnung beim Prädikat. Führt das Objekt jedoch ein hinweisendes Fürwort bei sich ('diese', 'jene'), dann **muß** das Objekt pronominal verdoppelt werden. Dies geschieht durch die Kurzformen des Demonstrativpronomens im Akkusativ, **e** für den Akk. Sg., **i** für den Akk. Pl. Die obige Form *m'i* ist zusammengezogen aus *më* + *i*. Die pronominale Verdopplung des Akkusativ-Objekts **kann** auch erfolgen, wenn das Objekt nur in der det. Form steht, aber kein Demonstrativpronomen bei sich führt. In diesem Falle setzt die Gesprächssituation voraus, daß das Objekt bereits eingeführt ist und zu ihm weitere Erläuterungen gegeben werden.

Ju do t'i gjeni çdo ditë dhomat të rregulluara.
Sie werden die Zimmer jeden Tag aufgeräumt vorfinden.

Hier liegt der inhaltliche Nachdruck nicht auf 'Zimmer', sondern auf 'aufgeräumt'.

Doppelt gekennzeichnet durch Endung und Strukturwort ist auch das Genitivattribut, aber in diesem Falle nicht durch die pronominale Verdopplung, sondern durch den Gelenkartikel. Allein die Form **hotelit** genügt nicht, um sie als Genitiv kenntlich zu machen, daher setzen wir immer *i, e* als Platzhalter für alle möglichen Deklinationsformen des Gelenkartikels vor die Genitivform. Die Wortgruppe **hyrja e hotelit** 'der Eingang des Hotels' wäre ein Genitivattribut *(e hotelit)* mit vorangehendem Beziehungswort.

8.4.2 DIE DRITTE KONJUGATION

Die dritte Konjugation ist dadurch gekennzeichnet, daß die dazu gehörenden Verben in den 3 Personen des Singulars Präsens auf Vokal enden. Es handelt sich durchweg um einsilbige Stämme, z. B. *pi* 'trinken', *di* 'wissen', *vë* 'setzen, stellen, legen', *lë* 'lassen'. Die Endungen sind wie folgt: *-0, -0, -0, -më, -ni, -në.*

pi	**di**	**vë**	**lë**
pi	**di**	**vë**	**lë**
pi	**di**	**vë**	**lë**
pimë	**dimë**	**vëmë**	**lëmë**
pini	**dini**	**vini**	**lini**
pinë	**dinë**	**vënë**	**lënë**

Die Verben *vë, lë* zeigen in der 2. P. Pl. einen Vokalwechsel. Andere Verben, die zur selben Konjugation gehören, weisen noch weitergehende Besonderheiten auf. Im Aorist beispielsweise folgt allein *pi* dem "regelmäßigen" Paradigma. Dies sind Gründe, weshalb das Lehrbuch *Gjuha shqipe* überhaupt davon absieht, diese Verben unter einem gemeinsamen Paradigma zu vereinigen.

Auch das Verb 'wollen' gehört zu dieser Klasse. Seine Personalformen sind wie folgt:

dua do do duam doni duan

Die Verben *pi, di, dua* erhalten im Gegischen in der 2. und 3. P.Sg.Pr. die Endung **-n**: *pin, din, don.* Diese Formen trifft man im Substandard häufig an, aber der Ausländer sollte sie vermeiden, weil sie nicht korrekt sind.

Das Verb *bie* hat zwei Bedeutungen: 'fallen' und '(herbei-)bringen'. Eigentlich handelt es sich um ein Homonym, d. h. zwei im Präsens gleich lautende Verben, die im Aorist und im Partizip Perfekt durchaus verschiedene Formen aufweisen.

bie	**ich falle**	**ich bringe**
bie	**du fällst**	**du bringst**
bie	**er fällt**	**er bringt**
biem	**wir fallen**	**wir bringen**
bini	**ihr fallt**	**ihr bringt**
bien	**sie fallen**	**sie bringen.**

Als feste Redewendung merke man sich **si bie fjala** 'zum Beispiel'. *Bie* 'fallen' hat viele Bedeutungen, z. B. auch 'ein Instrument spielen', 'klingeln' usw. Dann stellt man das entsprechende Substantiv als **Dativobjekt** hinzu.

8.4.3 DIE ALTEN ATHEMATISCHEN VERBEN

Der Begriff der athematischen Verben stammt aus der Indogermanistik und bezieht sich auf keine produktive Klasse des albanischen Verbalsystems. Reste dieser alten Konjugationsklasse finden sich in vielen modernen Sprachen, so auch im Albanischen. Charakteristisch sind die Endungen der 1. Person im Singular und Plural. Verben mit **-m** in der 1.P.Sg. bilden die 5. Konjugation bei *Buchholz/Fiedler (1987)*. Es handelt sich im einzelnen um 'sein', 'haben', 'sagen'. Die Personalendungen sind: *-m, -0, -të, -mi, -ni, -në*. Die Präsensformen zu **jam** und **kam** wurden bereits früher angeführt. Dabei ist zu vermerken, daß *kam* 'haben' die Personalendung *-të* nicht im Indikativ, sondern nur im Konjunktiv Präsens aufweist. Das Verb *them* 'sagen' wiederum weist Besonderheiten bei den Vokalen auf:

them	**thua**	**thotë**	**themi**	**thoni**	**thonë.**

Es gibt die mundartlichen Nebenformen *thom, thomi*. In einigen Mundarten, z. B. bei den Arbereschen Süditaliens, erweist sich die Endung der 1. P. Pl. Pr. als produktiv, indem die reguläre Endung *-jmë* der 1. Konjugation durch *-mi* ersetzt wird.

8.4.4 DER PLURAL (5): BILDUNGSWEISEN DER PLURALSTÄMME

Substantive werden unter der unmarkierten Form des Singulars im Wörterbuch angeführt, die gleichzeitig als indeterminierte Form des Nominativs und Akkusativs Singular sowie in den meisten Fällen als Rufform fungiert. Die Kategorie des Vokativs als Kasus fehlt nämlich im Albanischen. Die Bildung des Nominativs Plural ist im Albanischen sehr vielfältig; aber die Sache wird dadurch vereinfacht, daß diese Nominativform als Stamm zur Bildung aller weiteren Kasus dient. Die Deklinationsparadigmen unterscheiden sich also nur in bezug auf diejenigen Formantien, die **vor** der eigentlichen Kasusendung stehen.

In bezug auf die Feminina haben wir bisher grundsätzlich drei Typen kennengelernt: (1) Nom. Sg. indet. = Nom. Pl. indet., z. B. *ditë : ditë, fëmijë : fëmijë, shtëpí : shtëpí*; (2) der Plural wird auch ohne eigenes Endungsmorphem gebildet, aber der Stamm weist eine innere Flexion, z. B. Umlaut, auf: *grua : gra, dorë : dúar-t* 'Hand : Hände', *derë : dyer-t* 'Tür : Türen'; (3) Nom.Sg.indet. lautet auf *-ë*, der Nom. Pl. indet. auf *-a*. Dies ist bei den Feminina die vorherrschende Art der Pluralbildung, z. B. *çantë : çanta* 'Tasche, Taschen'. Es gibt noch zwei weitere Arten der Pluralbildung bei Feminina: (4) der Nom. Sg. indet. lautet auf einen Konsonanten, der Pluralstamm auf *-a*, z. B. *kúmbull : kúmbulla* 'Pflaumen', *flútur : flutura-t* 'Schmetterlinge', *mótër : motra* 'Schwester : Schwestern'. Bei den auf *-ël, -ër* endenden Substantiven fällt das **ë** aus, wenn die Endung der det. Form bzw. des Plurals antritt. (5) Das Suffix *-ra*, z. B. *bojë : bojëra* 'Farbe : Farben'. Dieses Suffix lautet in der gegischen Form *-na*, und es kommt bisweilen in der Schriftsprache vor, um Plurale bedeutungsmäßig zu unterscheiden: *lojë : lojëra* 'Spiel : Spiele', der Plural *lojna-t* bedeutet 'Spielzeug'.

Die Pluralbildung der Maskulina ist wesentlich vielfältiger; erstens sind die produktiven Paradigmen zahlreicher und zweitens gibt es auch noch eine Reihe unproduktiver Pluralbildungsweisen, die man sich sozusagen als unregelmäßige Stammformen einprägen muß. Produktive Paradigmen sind: (1) *shok : shokë*, (2) *mal : male*, (3) *çelës : çelësa* (vgl. Lektion 2). Wie bei den Feminina gibt es aber auch mit morphonologischen Vokal- oder Konsonantenveränderungen sowie mit Suffixen gebildete Plurale, deren Bildungsweise jeweils auf einige eng definierte Unterklassen von Substantiven beschränkt ist, und zwar (4) *vëllá : vëllézër* 'Brüder', *prindër* 'Eltern'. Hier kann Umlaut zusätzlich zum Suffix *-ër* auftreten. Dieses Suffix hat die gegische Form *-ën-it*. Isoliert steht die Bildung *njerí : njérëz-it* 'Menschen'. (5) Das bei den Feminina vorkommende Suffix *-ra* tritt auch bei Maskulina auf, und zwar ebenfalls mit der konkurrierenden gegischen Form zur Bedeutungsunterscheidung: *bar : barëra* 'Gras : Grasarten', *barna-t* 'Heilkräuter, Medizin'. (6) Pluralbildung durch morphonologische Alternationen liegt vor in: *tíngull : tínguj-t* 'Laut : Laute', *zog : zogj-të* 'Vogel : Vögel'. (7) In einigen Fällen wird das türkische Suffix **lar/ler** in der albanisierten Form *-llarë/-lerë* verwendet: *baba : baballarë* 'Vater, Prior eines Derwischklosters', *bej : bejlerë* 'Beys'.

Es gibt bei den Maskulina noch eine Reihe anderer Pluralbildungen, deren Variationsbreite zum Teil auf Suffixhäufung, zum Teil auf unterschiedliche gegische und toskische Endungen zurückzuführen ist. Jedenfalls wird an der Pluralbildung am deutlichsten die Tendenz der Sprachpflege, einerseits normierend einzugreifen, andererseits den Vorrat an gegischen **und** toskischen Elementen der Formenlehre nutzbringend einzusetzen. Eine vollständige Übersicht über die Pluralformantien bieten *Buchholz/Fiedler* (1987, S. 249 - 256 !).

8.4.5 DER PLURAL (6): DAS GENITIVFORMANS

Die Bildung des Genitivs Plural bietet keine Schwierigkeiten, sofern man den Nom. Pl. indet. kennt. Er wird gebildet erstens durch den vorangestellten Gelenkartikel, zweitens durch das Formans **-ve-**, das an den Pluralstamm angefügt wird. Für die determinierte Form des Gen.Pl. **kann** ein *-t* angehängt werden; in der heutigen Standardsprache entfällt es jedoch zumeist, so daß det. Form und indet. Form in diesem Kasus gleich sind; z. B. *i miqvet* oder *i miqve* 'der Freunde', *i shokëvet* oder *i shokëve* 'der Genossen'.

Ursprünglich ist das -v- der Pluralendungen ein Hiatustilger, d. h. es handelt sich um einen Gleitlaut zwischen zwei Vokalen. Wenn der eigentlichen Endung ein Konsonant vorangeht, kann daher in mundartlichen oder älteren literarischen Texten das -v- fehlen, z. B. *i miqet* 'der Freunde', *i zogjet* 'der Vögel'.

8.4.6 DIE ZAHLEN 101 - 10.000

Die Hunderter werden auf sehr transparente Weise nach dem Muster 'ein hundert, zwei hundert' usw. gebildet. Für **1000** haben die Albaner das Lehnwort **mijë**, das wiederum 'ein tausend, zwei tausend' usw. bildet.

100	**njëqind**	**600**	**gjashtëqind**	**2000**	**dy mijë**
200	**dyqind**	**700**	**shtatëqind**	**3000**	**tri mijë**
300	**treqind**	**800**	**tetëqind**	**4000**	**katër mijë**
400	**katërqind**	**900**	**nëntëqind**	**5000**	**pesë mijë**
500	**pesëqind**	**1000**	**njëmijë**	**10000**	**dhjetë mijë**

Die Grundzahlen werden zur Bildung der Jahreszahlen benutzt: 1988 - *njëmijë e nëntëqind e tetëdhjetë e tetë*.

8.5. Übungen

8.5.0 Zusätzlicher Wortschatz

bie	(1) fallen; (2) bringen
cigar|e, -ja	Zigarette
çaj-i	Tee
dua, do	wollen, lieben, brauchen
fjal|ë, -a	Wort
fjalor-i	Wörterbuch
fshatar-i	Dorfbewohner, Bauer
fush|ë, -a	Feld, Ebene
gjuh|ë, -a	(1) Zunge, (2) Sprache
kakao-ja	Kakao
kooperativ, -e	genossenschaftlich
kur <Konjunktion>	als, wenn
kur ? <Pronomen>	wann ?
lirisht <adv.>	frei
nat|ë, -a, pl. net-ët	Nacht
oborr-i	Hof
pen|ë, -a	Schreibfeder
përrall|ë, -a	Märchen
pi	trinken
radio-ja	Radio
rroba-t <f. pl.>	Kleidung
rrob|ë, -a	(1) Stoff, (2) Kleid
shëtis, shëtit	spazierengehen
telegram-i	Telegramm
tíng|ull-i, pl. -uj-t	Laut
vazhdoj	fortsetzen
vë	setzen, stellen, legen
zil|e, -ja	Klingel, Glocke
pasdite	nachmittags

8.5.1 Genitiv Sg. u. Pl.

Setzen Sie die aus den eingeklammerten Substantiven zu bildenden entsprechenden Genitivattribute ein

Prindërit (Vera) banojnë në fshat. Rrobat (nëna) janë në dollap. Babai (fëmijët) punon në uzinë. Djemtë (motra) nuk duan kafe. Libri (gramatika) është mbi tryezë. Macja (vajzat) është nën karrige. Vera shikon albumin (fotografitë). Dollapi (rrobat) është majtas. Dollapi (librat) është djathtas. A do çaj vëllai (mjekja) ? Teuta dhe Drita vënë revistat në sirtarin (tryeza). Mjeku (fshat) shkon më këmbë në punë. Librat (përrallat) janë në çantë. Ç'thonë vëllezërit (Agimi) ? Përsëri bie zilja (telefoni). Çelësat (dhoma) janë në kuti. Vajzat (mësuesi) pinë kakao. Kutia (penat) nuk është këtu. Inxhinierët (uzina) lënë punën shumë vonë. Diana vë lapsat në kutinë (lapsat). Studenti mbyll kutitë (lapsat). Nëpër oborrin (shkolla) shëtisin 126 nxënës dhe 13 mësues. Në rrugën (qyteti) janë 500 studentë. Fëmijët (fshatarët) këndojnë bukur. Shokët (djali) vazhdojnë shkollën. Nëna (djemtë) bisedon me babanë.

8.5.2 DRITTE KONJUGATION UND VERBEN MIT MORPHONOLOGISCHEN ALTERNATIONEN

Bilden Sie Sätze, indem Sie die eingeklammerten Verben in passende Prädikate verwandeln. Beantworten Sie die Fragen unter Benutzung der in der zweiten Spalte angegebenen Satzteile.

Kur (vazhdoj) nxënësit shkollën ?	... pasdite.
Ku (punoj) prindërit e fëmijëve ditën ?	në fushat e kooperativës.
Ku (shëtit) disa fëmijë ?	... nëpër oborr.
Kush (mësoj) natën ?	... prindërit e nxënësve.
Sa tinguj (kam) gjuha shqipe ?	... 36 tinguj.
Me kë (bisedoj) nëna ?	... me babanë.
Kur (bie) zilja ?	... tani.
Sa studentë (mësoj) këtu ?	... 3496 studentë.
Ç' (vë) ato ?	... rrobat në dollapët e rrobave.
Kush (flas) lirisht ?	... shoqet e Verës.
Sa fjalë (kam) fjalori ?	... 30.000 fjalë.

8.5.3 PRONOMINALE VERDOPPLUNG DES OBJEKTS

Bilden Sie aus den vorgegebenen Satzteilen Fragen mit dem Subjekt in der 2. Person Singular bzw. Plural und beantworten Sie diese: z. B. 'Schreibst du den Brief ?' - 'Ja, ich schreibe den Brief'.

Ti e shkruan letrën ? - Po, unë e shkruaj letrën.
oder: *Jo, unë nuk e shkruaj letrën.*

Ju e shkruani letrën ? - Po, ne e skruajmë letrën.
oder: *Jo, ne nuk e shkruajmë letrën.*

ti	e	shkruaj	letrën/ letrat ?	Po, unë...
ju	i	marr	librin e shokut/librat e shokëve	Jo, ne nuk ...
		bëj	telegramin/telegramet	
		mësoj	gramatikën/fjalët	
		vë	kutinë e penave/kutitë me cigare	
		shoh	shokun/fëmijët e fshatarëve	
		pi	çajin	
		fshij	dhomën/ dhomat	
		kërkoj	nënën në telefon/prindërit në telefon	
		hap	radion/ dritaret	
		pyes	shokun/ shokët	
			shoqen/ shoqet	

NEUNTE LEKTION - Mësimi i nëntë

9.1. Praktische Redewendungen

BEKANNTSCHAFT

Si ju quajnë ? - Quhem Kolë Koka.
Wie heißen Sie ? - Ich heiße Klaus Koka.

Kjo është gruaja ime. - Ky është búrri im.
Dies ist meine Frau. - Das ist mein Mann.

Gëzóhem që po njihemi. Më lejoni t'ju njoh me zotin profesor ?
Ich freue mich, Ihre Bekanntschaft zu machen. Gestatten Sie mir, Sie dem Herrn Professor vorzustellen ?

Është kënaqësí për múa që po ju takoj.
Es ist mir ein Vergnügen, Ihre Bekanntschaft zu machen.

Është kënaqësia ime gjithashtú.
Das Vergnügen ist ganz meinerseits.

Ne jemi anëtarë të shoqatës së miqësisë.
Wir sind Mitglieder der Freundschaftsgesellschaft.

Unë vij për të parën herë këtú, kam dëgjúar shumë për Shqipërínë.
Ich komme zum ersten Mal hierher, ich habe viel über Albanien gehört.

Ka tri javë që jam këtú, po kaloj pushimet.
Ich bin [seit] drei Wochen hier, ich verbringe den Urlaub (die Ferien).

Çfarë pune bëni, çfarë profesioni keni ?
Was für eine Arbeit tun Sie, welchen Beruf haben Sie ?

Për çfarë studioni ? - Studioj për mjekësí.
Was studieren Sie ? - Ich studiere Medizin.

A do të keni pak kohë të lirë ?
Werden Sie ein wenig freie Zeit haben [Zeit frei haben] ?

Po, patjétër, kur do të takóhemi ?
Ja, sicher, wann treffen wir uns ?

Da *çfarë* 'was für ein ?' ein zusammengesetzter pronominaler Ausdruck ist, folgt das Beziehungswort im indeterminierten Ablativ. Wenn man diesen Kasus umgehen will, kann man *ç'punë*, *ç'profesion* sagen. *Studioj për* zielt auf den späteren Beruf; das Verb kann auch ohne die Präposition verwendet werden und meint dann die aktuelle Beschäftigung. Das vorangestellte *të parën* verleiht dem Attribut 'zum ersten Mal' einen gewissen Nachdruck; im Rahmen der grammatischen Regeln möglich ist auch *për herë të parë.*

9.2. Neuer Wortschatz

pushim-i	Ruhe, Urlaub, Pause
sot <adv.>	heute
jav|ë, -a	Woche

e diel-a	**Sonntag**
e hën|ë, -a	**Montag**
e mart|ë, -a	**Dienstag**
e mërkur|ë, -a	**Mittwoch**
e enjt|e, -ja	**Donnerstag**
e premt|e, -ja	**Freitag**
e shtun|ë, -a	**Samstag, Sonnabend**
pushoj	aufhören; ruhen
i lirë	frei; billig
fle	schlafen
deri <Präp.>	bis
pasdrckc <adv.>	nachmittags
shëtitj|e, -a	Spaziergang
nganjëherë <adv.>	manchmal
pyll-i, pl. pyje-t	Wald, Forst
det-i	Meer
bregdet-i	Küste, Strand
rri	sitzen, stehen, bleiben
diçka	etwas
mbrëmj|e, -a	Abend
kinemá-ja	Kino
ose	oder
teat|ër, -ri	Theater

9.3. Lesestück

Një ditë pushimi

Sot është e diel. Sokoli dhe Drita nuk punojnë të dielën. Ata punojnë gjashtë ditë në javë. Ata punojnë të hënën, të martën, të mërkurën, të enjten, të premten, të shtunën, kurse të dielën ata pushojnë. Ata janë të lirë dhe flenë deri vonë. Pasdreke Sokoli bën një shëtitje me shokët. Ata shkojnë nganjëherë në mal, nganjëherë në pyll ose në det.

Drita rri në shtëpi. Ajo lexon diçka ose bisedon me shoqet. Në mbrëmje Sokoli dhe Drita shkojnë bashkë në kinemá ose në teatër.

9.4. Grammatische Erklärungen

9.4.1 DER PLURAL (7): DIE ENDUNGEN BEI WORTBILDUNGSSUFFIXEN

Die unübersichtliche Vielfalt der Pluralbildungen, wie sie in der vorigen Lektion skizziert wurde, läßt sich etwas besser bewältigen, wenn man sich an Wortbildungssuffixen orientiert. Substantiva mit den Suffixen **-ar, -tar, -or, -tor; -ak, -ol; -an, -at, -ist** sind Maskulina und bilden den Plural mit **-ë:**

bletar-i	**bletarë-t**	**Imker**
shqiptar-i	**shqiptarë-t**	**Albaner**
drejtor-i	**drejtorë-t**	**Direktoren**
partizan-i	**partizanë-t**	**Partisanen**
delegat-i	**delegatë-t**	**Delegierte**
artist-i	**artistë-t**	**Künstler**

Da das Formans *-ë* rein orthographisch ist, haben wir es eigentlich mit der Gleichheit von Singular und Plural zu tun. Dies mag ein Grund dafür sein, daß im Substandard die Pluralendung *-a* bei den Maskulina in solchen Fällen vorkommt, wo die Norm *-ë* oder *-0* vorschreibt, z. B. *lypës-i : lypësa-t* 'Bettler', *shofer-i : shofera-t* 'Kraftfahrer'. Sonst werden auf Maskulina *-ër* häufig mit der Endung *-a* versehen, z. B. *émër, emri : émra-t* 'Namen'. Dies betrifft auch Fremdwörter: *litër : lítra-t* 'Liter', *métër : metra-t* 'Meter'.

Das Pluralformans **-e** tritt regelmäßig an Maskulina, die im Sin-gular auf **-et, -im, -on, -nd** auslauten:

qytet-i	**qytete-t**	**Städte**
shtet-i	**shtete-t**	**Staaten**
burim-i	**burime-t**	**Quellen**
studim-i	**studime-t**	**Studien**
zakon-i	**zakone-t**	**Sitten**
stacion-i	**stacione-t**	**Bahnhöfe**
vend-i	**vende-t**	**Länder**

Die Verbalsubstantive auf **-im** fallen sämtlich in diese Klasse; sie können spontan von jedem Verb der 1. Konjugation auf **-oj** ge-bildet werden, und insofern ist die Klasse dieser Substantive so groß wie diejenige der entsprechenden Verben.

9.4.2 DER PLURAL (8): GENUSWECHSEL (HETEROGENIE)

Es gehört zu den Eigentümlichkeiten der albanischen Sprache, daß manche Maskulina im Plural als Feminina behandelt werden. Dazu gehören alle Plurale auf **-e**. Wir sagen also:

mëngjési është i búkur	der Morgen ist schön, aber:
mëngjeset janë të búkura	die Morgen sind schön
qyteti është i madh	die Stadt ist groß, aber:
qytétet janë të mëdhá	die Städte sind groß.

Das adjektivische Prädikatsnomen richtet sich in Genus und Numerus nach dem Beziehungswort und deshalb stehen in obigen Beispielen *të bukura, të mëdhá* in der femininen Pluralform. Kasuskongruenz gibt es bei adjektivischen Attributen im Albanischen nicht.

9.4.3 DAS ADJEKTIVISCHE ATTRIBUT: NOM. SG. U. PL.

Adjektive werden nicht nur prädikativ, sondern vor allem attributiv verwendet. Auch in diesem Falle steht das Adjektiv in Kongruenz mit seinem Beziehungswort:

shoku i mirë	**shokët e mirë**	die guten Genossen
punëtori i zéllshëm	**punëtorët e zellshëm**	die fleißigen Arbeiter
qytetari i mirë	**qytetarë të mirë**	gute Bürger
gruaja e búkur	**gra të búkura**	schöne Frauen

Das adjektivische **Prädikatsnomen** hat im Singular je nach Geschlecht des Beziehungswortes die Form des vorangestellten Artikels **i** oder **e**, im Plural ungeachtet des Geschlechts des Beziehungswortes den vorangestellten Artikel **të**. Prädikative Adjektive, die sich auf Pl. f. beziehen, erhalten die entsprechende Endung, d. h. in den meisten Fällen ein **-a: të búkura, të mira**. Die attributiven Adjektive, die unmittelbar auf ein Beziehungswort in der det. Form Nom. Pl. folgen, führen den vorangestellten Artikel in der Form **e** für beide Genera bei sich:

shokët e mirë **gratë e mira.**

Die Wortart der Adjektive zerfällt in zwei Klassen, von denen die eine immer einen vorangestellten Artikel in den bekannten drei Formen **i, e, të** bei sich führt, die andere hingegen weder in attributiver, noch in prädikativer Verwendung. Klasse I enthält die drei Unterklassen:

(1) auf Vokal: *Sg.* **i, e mirë**	*Pl.m.* **e, të mirë**
	Pl.f. **e, të mira**
(2) auf Kons.: *Sg.* **i, e búkur**	*Pl.m.* **e, të búkur**
	Pl.f. **e, të búkura**
(3) auf Kons.: i kuq 'rot'	*Pl.m.* **e, të kuq**
aber Femininform im Sg.: e kuqe	*Pl.f.* **e, të kuqe**

Zur Unterklassse (3) gehören alle Adjektive mit den Wortbildungssuffixen **i -m, e -me; i -shëm, e -shme**, z. B. *i sotëm* 'heutig; modern', f. *e sotme, i zéllshëm* 'fleißig', fem. *e zellshme.*

Die Klasse II der Adjektive, derjenigen ohne vorangestellten Artikel, enthält zwei Unterklassen:

(1) **keinerlei Endungen**, dazu gehören zusammengesetzte Eigenschaftswörter wie *zemërgjerë* 'großzügig, weitherzig', *kokëfortë* 'dickköpfig', z. B. *burra kókëfórtë, gra zemërgjerë,* aber auch moderne Fremdwörter wie *gri* 'grau', *blu* 'blau'.

(2) **Adjektive mit drei Endungen**: hierzu gehören alle modernen Fremdwörter wie *solemn* 'feierlich', *festiv* 'festlich', *autonom* 'autonom', aber auch einheimische Adjektive wie *besnik* 'treu', *përtác* 'faul'. Letztere können auch als Substantiv verwendet werden ('faul', 'Faulpelz').

msg. **besnik**	*mpl.* **besnikë**
fsg. **besnike**	*fpl.* **besnike**

Einige Adjektive dieser Unterklasse weisen Besonderheiten auf: *plak* 'alt' bildet den maskulinen Plural mit zwei morphonologischen Vokalveränderungen (Palatalisierung und Umlaut des vorangehenden Vokals):

msg. plak	trim	*mpl.* **pleq**	**trima**
fsg. **plakë**	**trime**	*fpl.* **pláka**	**trime**

Beide Begriffe werden adjektivisch und substantivisch verwendet. Sie bedeuten 'Alter, Dorfältester' bzw. 'Held' und spielen in der traditionellen Sozialordnung der Albaner eine zentrale Rolle.

9.4.4 ADJEKTIVE MIT VIER ENDUNGEN

Einige Adjektive stehen außerhalb aller Paradigmen und müssen als Ausnahmen auswendig gelernt werden: *i zi* 'schwarz', *i ri* 'jung, neu', *i keq* 'schlecht', *i madh* 'groß', *i lig* 'übel':

i ri	**e re**	**Pl.**	**të rinj**	**të reja**
i zi	**e zezë**	**Pl.**	**të zinj**	**të zeza**
i keq	**e keqe**	**Pl.**	**të këqij**	**të këqija**
i madh	**e madhe**	**Pl.**	**të mëdhénj**	**të mëdhá**
i lig	**e ligë**	**Pl.**	**të ligj**	**të liga**

9.4.5 DIE PRÄPOSITIONEN 'AUS', 'BEI'

Im Albanischen gibt es zwei Präpositionen, die den determinierten Nominativ nach sich verlangen. Diese Erscheinung ist dadurch zu erklären, daß es sich eigentlich um die Interrogativpronomen 'woher ?', 'wo ?' handelt, und der Nom. det. war das Subjekt eines eingebetteten Fragesatzes:
Nga vjen ? woher kommst du ? **Nga Gjermanía** - aus Deutschland
Eja te gjyshja ! Komm zur Großmutter (eigentlich: wo die Großmutter *ist*).

Zu *te* gibt es die Nebenform *tek* 'bei','zu' und zu *nga* die toskische Form *ngaha*. Im Nordgegischen kommt zu *nga* die mundartliche Form *kah* vor, die **'wohin ?, nach'** bedeutet. Als Adverb hat *kah* sogar die Bedeutung 'beabsichtigen': *s'jam kah i shkruaj* 'ich habe nicht vor, ihr zu schreiben'. Von vielen Albanern wird der Zusammenhang zwischen *kah* und *nga/ngaha* nicht mehr empfunden und man hält sie für völlig verschiedene Wörter.

9.5. Übungen

9.5.0 ZUSÄTZLICHER WORTSCHATZ

i bardhë	weiß
blu	blau
boj|ë, -a	Farbe
bojë hiri	grau
hi-ri	Asche
i búkur	schön
gri	grau
guximtar, -e	mutig
i gjatë	lang
i gjelbër	grün
gjeth|e, -ja	Laub, Zweige
jastëk-u	Kissen
i káltër	(hell)blau
katror, -e	viereckig, quadratisch
i kuq, e kuqe	rot
limon-i	Zitrone
i madh, e madhe	groß
maví	(dunkel)blau
nga < + Nom.>	von, aus; nach
ngjyr|ë, -a	Farbe
pushoj	sich erholen; aufhören
qershi-a	Kirsche
qesh	lachen
qíell-i	Himmel
i ri, e re	neu; jung
shall-i	Schal
i shkúrtër	kurz
trëndafil-i	Rose
i úlët	tief, niedrig
me zë të ulët	leise, mit leiser Stimme
ur|ë, -a	Brücke
ushtar-i	Soldat
i verdhë	gelb
i vështirë	schwer
pa < + Akk.>	ohne
vështirësí-a	Schwierigkeit
i vógël	klein

zambak-u	Lilie
i zéll|shëm, e -shme	fleißig
zë-ri	Stimme
i zi, e zezë	schwarz

9.5.1 DAS ADJEKTIV ALS PRÄDIKATSNOMEN

9.5.1.1 Bilden Sie Fragen, indem Sie den Substantiven der ersten Spalte passende Subjekte entnehmen und beantworten Sie die Fragen unter Heranziehung der Adjektive aus der zweiten Spalte.
Zum Beispiel: (1) 'Welche Farbe hat die Katze ?' - 'Die Katze ist schwarz' *Ç'ngjyrë ka macja ? - Macja është e zezë.* (2) 'Wie ist der Knabe ?' - 'Der Knabe ist kühn'. *Si është djali ? - Djali është guximtar.*

(1)	limoni, dardha	i verdhë, e verdhë [*gelb !*]
	trëndafili, molla	i kuq, e kuqe
	gjethja, lapsi	i gjelbër, e gjelbër [*grün !*]
	shalli, biçikleta	blu; maví [*dunkelblau*]
	macja, tavani	i bardhë, e bardhë
	qeni, çanta	i zi, e zezë
	makina, qielli	i kaltër, e kaltër [*himmelblau*]
	miu, kutia	gri; bojë hiri [*aschgrau*]
(2)	tavani, pema	i lartë, e lartë
	televizori, shtëpia	i ri, e re
	mjekja, ushtari	guximtar, guximtare
	qyteti, lulja	i bukur, e bukur
	vajza, djali	i vogël, e vogël
	jastëku, tryeza	katror, katrore
	oborri, dhoma	i madh, e madhe

9.5.1.2 Setzen Sie in folgenden Sätzen Subjekt und Prädikat in den Plural: z. B. 'Die rote Tasche ist neu.' - 'Die roten Taschen sind neu'. *Çanta e kuqe është e re. - Çantat e kuqe janë të reja.*

Stilografi i zi është i ri. Shtëpia e bukur është e re. Çanta e zezë është mbi tryezë. Vajza e vogël luan me top. Djali i vogël ecën ngadalë. Dollapi i bukur është majtas. Tryeza e bukur është djathtas. Dollapi i librave është i zi. Lapsi blu është në kuti. Biçikleta gri është atje. Vëllai i madh punon në qytet. Motra e madhe shikon fotografitë. Punëtori i zellshëm banon në fshat. Qershia është e kuqe. Dritarja e dhomës është e lartë. Dardha është e verdhë. Macja është e bardhë. Zambaku i bardhë është në vazo. Treni i gjatë kalon mbi urë. Shalli i Agimit është i shkurtër. Shoku i mirë mëson shqip.

9.5.2 PRÄPOSITIONEN MIT DEM AKKUSATIV ODER NOMINATIV

Setzen Sie in die folgenden Sätze die passenden Präpositionen ein. Zum Beispiel: 'Der Zimmerschlüssel ist **in** der Tür. Sie lachen **mit** leiser Stimme'.

Teuta vë revistat ... sirtarin e tryezës. Fëmijët dalin ... oborr. Agroni merr letra ... prindërit. Nëna bisedon ... babanë. Shamitë janë ... tryezë. Këpucët janë ... karrige. Unë pyes një fshatar ... spitalin. Ju flisni ... telefon ... motrën. Fotografia e nënës është ... mur. Çelësi i dhomës është ... nëna. Ju jeni ... shtëpi. Ju shkoni ... autobus ... Tiranë. Ajo shkruan një letër ... shoqen. Kush është ... fotografi ? Ti ecën ngadalë ... urë. Ata qeshin ... zë të ulët. Ne flasim ... vështirësi. Ata dalin ... shtëpia dhe shkojnë ... uzinë. Unë marr lapsin ... tryeza. Ti merr një libër ... dollapi. Drita hipën ... tren.

ZEHNTE LEKTION - Mësimi i dhjetë

10.1. Praktische Redewendungen

TABAK

Ja një dyqan kinkalerie, çfarë mund të blesh atjé ?
Dort ist ein Galanteriewarenladen, was kann man dort kaufen ?

Ka sende të ndryshme si për shémbull: biçakë, hápëse konservash, bojë shkrimi, qese plastike.
Es gibt verschiedene Dinge, z. B. Taschenmesser, Dosenöffner, Tinte, Plastikbeutel.

Nësé ke húmbur ose harrúar diçka, mund ta blesh atjé.
Wenn du etwas verloren oder vergessen hast, kannst du es dort kaufen.

Në kësó dyqánesh mund të blesh edhe cigare, p. sh. "DS", "Partizani" etj.
In derartigen Läden kann man auch Zigaretten kaufen, z. B. "DS", "Partizani" usw.

A mund t'ju ofroj një cigare ? Janë shumë të buta.
Darf ich Ihnen eine Zigarette anbieten ? Sie sind sehr mild.

Merrni një nga të miat, provoni një nga któ.
Nehmen Sie eine von meinen, versuchen Sie eine davon.

Do të preferoja një nga këto, janë më të fórta.
Ich hätte lieber eine von diesen, sie sind stärker.

Unë pi cigare me filtër. A ka një távëll duháni këtu ?
Ich rauche Zigaretten mit Filter. Gibt's hier einen Aschenbecher?

A keni shkrépëse ? Unë kam humbur çakmákun tim.
Haben Sie Zündhölzer ? Ich habe mein Feuerzeug verloren.

E kam lënë duhanin. Nuk e pi më.
Ich habe aufgehört zu rauchen. Ich rauche nicht mehr.

Páskeni bërë shumë mirë. Jam mundúar ta lë, por nuk mundem.
Daran haben Sie gut getan. Ich habe mich abgemüht, aber ich bringe es nicht fertig.

Es gibt im Albanischen kein Wort für 'man'; deshalb muß man zu verschiedenen Umschreibungen greifen. Unverfänglich, aber nicht in jedem Falle anwendbar, ist die dritte Person Plural "sie"; korrekt, aber schwieriger zu bilden, ist die 3. P. sg. pr. pass.; so bleibt als volkstümliche dritte Art die 2. Person Singular Pr. Dies kann zu Mißverständnissen der Art führen, daß man meint, es werde geduzt. *'Mund të blesh'* heißt daher (1) 'du kannst kaufen', (2) 'man kann kaufen'.

'Können' wird im Albanischen gewöhnlich mit der unkonjugierbaren Form *mund* ausgedrückt. Danach steht das Vollverb in der entsprechenden Form des Konjunktivs. Zu *mund* gibt es jedoch auch konjugierbare Formen: *mundem* 'ich vermag es'. Damit nicht verwechseln darf man das Verb *mundoj* 'quälen, leiden lassen', zu dem oben die Perfektform *jam munduar* angeführt wurde.

Kinkalerí-Läden sind häufig Holzbuden, in denen es alles zu kaufen gibt, was nicht verderblich ist und kleines Format hat: Kämme, Haarnadeln, Korkenzieher, bisweilen auch Unterhaltungsliteratur.

Die Adverbien *atjè* und *aty* bedeuten beide 'dort'; das letztgenannte Wort ist aber vielseitiger verwendbar: *aty për aty* bedeutet 'sofort', *aty-këtú* 'hier und da'. Von beiden läßt sich mit dem Suffix *-shëm* ein Adjektiv bilden:

'dortig' *i atjeshëm, e atjeshme*. Dieses Suffix ist produktiv und erlaubt, von Adverbien spontan Adjektive neu zu bilden: *taní* 'jetzt', *i tanishëm* 'jetzig'. Manchmal wird statt dessen das Suffix *-m* verwendet: *sot* 'heute' - *i sotëm, e sotme* 'heutig, derzeitig, modern'. *Shqipja e sotme* bedeutet 'modernes Albanisch'.

Die Adverbien *aty* : *këtú* weisen die charakteristischen Anlaute **a-** : **k-** auf, die auch bei anderen Wortarten vorkommen, um das Fernere und das Näherliegende zu unterscheiden: *ky* 'dieser', *aí* 'jener', *andéj-këndéj* 'diesseits und jenseits'. Der Anlaut **k-** bezeichnet das Nähere, **a-** das Fernere. In Redensarten wird aber immer die mit a-anlautende Form vorangestellt. - "DS" bedeutet *Durrës Special* und ist eine gängige Marke von Filterzigaretten.

10.2. Neuer Wortschatz

gjatë < + Abl.>	während
gjatë ditës	tagsüber
zgjohet	(er) erwacht
ngrihet	(er) erhebt sich, steht auf
nja [< një + a]	ungefähr
gjimnastik|ë, -a	Gymnastik
mandej <adv.>	dann, danach
vesh (e/i)	anziehen
mëngjes-i	(1) Morgen, (2) Frühstück
mbasdite (pasdite)	nachmittags
drek|ë, -a	Mittagessen
filloj	beginnen
pas (mbas) < + Abl.>	nach
dark|ë, -a	Abendessen, Abendbrot
shpesh <adv.>	oft, häufig
takoj	treffen
restorant-i	Restaurant, Gaststätte
rreth < + Abl.>	ungefähr, zirka, gegen
bie të fle	zu Bett gehen

10.3. Lesestück

Ç'bën Agimi gjatë ditës ?

Agimi zgjohet në orën gjashtë. Në gjashtë e pesë ai ngríhet nga shtrati. Pastaj ai hap dritaren. Nja pesë minuta ai bën gjimnastikë. Ai lan duart e faqet. Mandej ai vesh rrobat.

Në gjashtë e gjysmë Agimi ha mëngjes. Në orën shtatë ai del nga shtëpia dhe shkon në punë. Ai është murator dhe punon nga ora shtatë e gjysmë deri në orën katërmbëdhjetë [dy mbasdite]. Në orën dymbëdhjetë Agimi lë punën dhe ha drekën. Në orën dymbëdhjetë e gjysmë fillon përsëri puna.

Pas punës Agimi shkon në shtëpi. Atjè ai lexon gazetat dhe dëgjon radion. Ai pushon. Në orën nëntëmbëdhjetë ai ha darkë. Në mbrëmje Agimi shpesh takon Fatosin. Ata shkojnë në kinema ose në restorant.

Rreth orës njëzet e dy Agimi bie të fle.

10.4. Grammatische Erklärungen

10.4.1 DAS DATIVOBJEKT

Von transitiven Verben gebildete Prädikate nehmen als direkte Ergänzung ein Akkusativobjekt: *shoh shtëpínë* 'ich sehe das Haus'. Viele Verben erfordern eine indirekte Ergänzung, und diese steht dann im Dativ: *i jap Aliut një libër* 'Ich gebe Ali ein Buch'. Hierbei ist **Aliut** formal völlig gleich dem in Lektion 7 vorgestellten Genitiv. Allerdings ist die zweite Markierung verschieden; das Dativobjekt verlangt eine pronominale Verdopplung durch die Kurzform des Personalpronomens der dritten Person: **i** im Singular, **u** im Plural.

Generell gilt für die Deklination der albanischen Substantive und Eigennamen, daß die Endungen für Genitiv, Dativ und Ablativ in der determinierten Form gleich sind. Man kann diese Kasus nur im Satzzusammenhang bestimmen, und deshalb orientieren wir uns bei der Darstellung der Morphologie an den Satzteilen und nicht an den Wortarten und ihren Deklinationsparadigmen. Es gibt nur die - historisch bedingte - Ausnahme, daß in der indet. Form des Ablativs Plural die besondere Kasusendung **-sh** verwendet wird. Wäre dies nicht der Fall, dann könnte man im Albanischen von einem Drei-Kasus-System sprechen.

An den verschiedenen Deklinationstypen stellt sich dies so dar:

Gjoni	**Aliu**	**Vera**	**lúlja**	**shtëpía**
Gjonit	**Aliut**	**Verës**	**lúles**	**shtëpísë**
Gjonin	**Aliun**	**Verën**	**lúlen**	**shtëpínë**

Die bei den Maskulina auf **-t** und bei den Feminina auf **-s** bzw. **-së** endenden Formen definieren sich als (1) Genitivattribut, wenn der Gelenkartikel in einer der möglichen Formen *i,e* usw. vorangeht; (2) Dativobjekt, wenn vor dem Prädikat eine der beiden Kurzformen des Personalpronomens **i, u** steht; (3) als adverbiale Ergänzung im Ablativ der determinierten Form nach einigen Präpositionen.

10.4.2 DAS ADJEKTIVISCHE ATTRIBUT (2): AKK. SG. U. PL.

Adjektivische Beifügungen gibt es nicht nur beim Subjekt und Prädikatsnomen, die beide im Nominativ stehen, sondern auch bei den Objekten. Dabei verändern die Adjektive nicht ihre Endung, sondern drücken die Kongruenz mit dem Beziehungswort durch den vorangestellten Artikel aus. Adjektive beim Akkusativobjekt in der det. Form verändern nur im Akk. Sg. mask. die Form des Gelenkartikels.

burri i mirë	**shoku i mirë**	**gruaja e mirë**
burrin e mirë	**shokun e mirë**	**grúan e mirë**

Plural:

burrat e mirë	**shokët e mirë**	**gratë e mira**
burrat e mirë	**shokët e mirë**	**gratë e mira**

Im Plural sind Nominativ und Akkusativ völlig gleich.

10.4.3 DEMONSTRATIVPRONOMEN (1): 'DIESER'

Das Albanische kennt zwei hinweisende Fürwörter: **ky** 'dieser'und **aí** 'jener'. Sie bilden für Maskulinum und Femininum sowie für Singular und Plural Kasusformen gemäß denselben

Kategorien wie die Substantive, d. h. auch hier sind Genitiv, Dativ und Ablativ in bezug auf die Endungen gleich.

dieser	**ky**		**kjo**	**këtá**		**këtó**
	këtij		**kësáj**		**këtyre**	
		këtë		**këta**		**këto**

Die Form des Akk. Sg. ist für beide Geschlechter gleich; sie wird auf der zweiten Silbe betont. Im Plural haben die beiden Genera dieselbe Form für Gen./Dat./Abl.

Im Gegischen gibt es **zwei Formen** des Akk. Sg. *këtë*: attributiv wird *kët* 'diesen, diese' verwendet; aber freistehend *këtê* mit Akzent auf dem nasalen Auslaut-**ê**.

Es gibt altertümliche Formen des Demonstrativpronomens, die in festen Redewendung noch erhalten sind: Sg. m. *kësí*, f. *kësó*, Pl.m. *kësísh*, Pl.f. *kësósh*. **Sot** heute ist aus *këso dite*, **sonte** 'heute abend' aus *kësó nate* zusammengezogen.

10.4.4 SCHWER ZU KONJUGIERENDE VERBEN

10.4.4.1 ZWEITE KONJUGATION MIT VOKALWECHSEL *e/i* UND *s/t*-WECHSEL:

'warten'
pres, pret, pret, presim, prisni, presin

'hinabgehen, aussteigen'
zbres, zbret, zbret, zbresim, zbrisni, zbresin

10.4.4.2 DRITTE KONJUGATION :

'essen'	**ha, ha, ha, hamë, hani, hanë**
'schlafen'	**fle, fle, fle, flemë, flini, flenë.**

10.4.5 DIE UHRZEIT

Die Albaner bilden die Uhrzeit-Angaben mit **ora, një çerek** 'ein Viertel' und **gjysmë** 'halb'. *Në orën dy* - 'um zwei Uhr', *Ora është dy e gjysmë* bedeutet 'es ist halb drei' (wörtlich: zwei und halb). *Ora është dy e një çerek* bedeutet 'Es ist Viertel nach zwei' (bzw. Viertel drei). *Ora është dy pa një çerek* bedeutet 'Es ist Viertel vor zwei' (bzw. drei Viertel zwei). In diesen Zusammenhängen bedeuten also die Konjunktion **e** 'und' sowie die Präposition **pa** 'ohne' - **nach** bzw. **vor.**

Sonst wird im Albanischen 'nach' mit **pas, mbas** und 'vor' mit **para** ausgedrückt. Beide verlangen den Ablativ nach sich: *mbasdite* nachmittags, *pasnésër* 'übermorgen', *pardjé* vorgestern, *para dite* 'vormittags.'

Ora bedeutet 'Stunde' und 'Uhr'. *Sa është ora ?* 'wieviel Uhr ist es ?'. *Ora dore* bedeutet 'Armbanduhr'.

10.4.6 DIE ORDNUNGSZAHLEN

Die Bildung der Ordnungszahlen ist im Albanischen außerordentlich einfach. Nur für 'der erste, die erste' hat man ein besonderes Wort: *i parë, e para.* Die anderen Ordnungszahlen werden gebildet, indem man die Endung *-t(ë)* an die Grundzahlen anfügt, sofern sie nicht bereits auf *-të* enden: *i dytë, i tretë, i kátërt, i pestë* -'der zweite, der dritte, der vierte, der fünfte'. Die Ordnungszahlen stehen gewöhnlich **hinter** ihrem Beziehungswort als Attribut und werden wie ein Adjektiv nach dem Paradigma *i mirë* behandelt: *Lufta e dytë botërore* 'Der Zweite Weltkrieg'.

10.5. Übungen

10.5.0 Zusätzlicher Wortschatz

batanij|e, -a	(Bett)Decke, Wolldecke
blej	kaufen
çdo	jeder
çerek-u	Viertelstunde
dhuroj	schenken
fillim-i	Anfang
i ftohtë	kalt
fund-i	Ende; Boden
gënjésh|tër, -tra	Lüge
gjum|ë, -i	Schlaf
gjysmë <adv.>	halb
gjysm|ë, -a	Hälfte
ha	essen
heq (e/i/o)	ziehen
jap, jep	geben
i keq, e keqe	schlecht
komodin|ë, -a	Kommode, Schränkchen
korridor-i	Korridor, Gang
larg <+ Abl.>	weit von
lë	lassen
lëviz	sich bewegen
lëvizj|e, -a	Bewegung, Verkehr
mens|ë, -a	Mensa, Kantine
mes-i	Mitte
mesdit|ë, -a	Mittag
mesnat|ë, -a	Mitternacht
muzik|ë, -a	Musik
para <+ Abl.>	vor
pas <+ Abl.>	nach
përballë <adv.>	gegenüber
prandaj	deshalb
pranë <+ Abl.>	neben
pranver|ë, -a	Frühling
prej <+ Abl.>	von, durch
pres, pret	warten
sob|ë, -a	Ofen
shport|ë, -a	Korb
takoj	treffen; betreffen
telefonoj	telefonieren
tregoj	(1) zeigen, (2) erzählen
turn-i	Schicht
vij, vjen	kommen
violin|ë, -a	Violine
zbres, zbret	hinabsteigen, aussteigen

10.5.1 Zeitangaben

Setzen Sie in Worten die Uhrzeit ein, z. B. 'Die erste Schicht beendet den Arbeitstag um halb vier' (= 3 Uhr ½ *në orën tre e gjysmë).*

Pushimi fillon (12.30). Pushimi mbaron (13.00). Unë dal nga shtëpia çdo ditë (8.00). Unë punoj nga 8.30) deri (17.00). Kur është mesditë ? Në (12.00). Kur është mesnatë ? Në (24.00). Muratori lë punën (14.00). Studentët hanë drekën (13.15). Puna në uzinë fillon (7.00). Turni i parë mbaron ditë e punës (15.30). Motra mëson çdo ditë nga (16.00) deri (19.00). Sa orë vazhdon puna ? (8) orë. Sa orë mëson motra ? (4) orë. Sa orë në ditë fle ? (7) orë. Sa është ora ? (14.45, 16.25, 9.05, 8.50).

10.5.2 DAS ADJEKTIV ALS ATTRIBUT

Bilden Sie mit den folgenden Verben sowie den unter 9.5.1 **angegebenen Substantiven und Adjektiven Sätze mit Akkusativobjekt oder präpositionalen Ausdrücken,** z. B. *'Ich esse gelbe Birnen', 'Ich steige aus dem blauen Wagen'.*

lë, kam, ha, hyj, shoh, pres, hipi, zbres, dal

10.5.3 SCHWER ZU KONJUGIERENDE VERBEN

Fügen Sie in die folgenden Sätze passende Prädikate ein, indem Sie Verben aus der letzten Zeile auswählen , z. B. 'Die Kinder warten auf den Lehrer' - *Fëmijët presin mësuesin.*

Ti ... në stacionin e tretë. Ata ... nga autobusi dhe ... në uzinë. Agimi ... nga shtëpia çdo ditë në orën 8. Punëtorët ... në këtë autobus. Fëmijët ... në këto dhoma. Muratori e ... punën në orën 14. Studentët ... drekën në orën 13.15. Ti kë po ... ? Prindërit ... sot deri vonë në mëngjes. Ato i ... këta mësues. Ju nuk e ... punën në orën 9.25. Ju i ... këto gra për universitetin. Ne po ... radion dhe ... muzikë. Fëmijët ... nëpër këtë rrugë. Atje ... shumë njerëz. Unë ... nga ora 8.30 deri në orën 16.45 [ein Viertel vor 5 nachmittags].

zbres, hyj, dal, hipi, fle, lë, ha, pres, pyes, hap, dëgjoj, kaloj, punoj

10.5.4 DAS DATIVOBJEKT

10.5.4.1 Bilden Sie aus folgenden paradigmatischen Reihen Sätze mit einem oder zwei Objekten, zum Beispiel: 'du klingelst' - *ti i bie ziles*, 'Teuta zeigt dem Vater das rote Auto' - *Teuta i tregon babait makinën e kuqe.*

S	P	DO	AO
unë	jap	Mehmeti	mollën e kuqe
ti	tregoj	Genci	dardhën e verdhë
Fatosi	lë	vëllai	makinën e kuqe
Agimi	them	motra	përrallën e bukur
Teuta	bie	nëna	gënjeshtër
Drita	takoj	babai	librin e vogël
kjo (punë)		zilja	derën e madhe
ata		dera	
ju		violina	

10.5.4.2 Setzen Sie die in Klammern stehenden Substantive in die richtige Kasusform und bestimmen Sie, ob es sich um Genitiv, Dativ oder Ablativ handelt. Nennen Sie die Kriterien dafür.

Para (shtëpia) ka shumë pemë të larta. Prindërit e dëgjojnë zërin (Agiml) . Nëna i telefonon (mjeku). Në çantën e (Artani) ka libra dhe fletore. Teuta merr një letër prej (shoqja). I blej (nëna) lule të bukura. Stacioni i (treni) është larg. Dritarja është përballë (dera). Babai i dhuron (djali) një stilograf. (Vera) i dhurojnë një libër. Prapa (mali) është një fshat i vogël. Vajza e (vëllai) quhet Diana. Afër (restoranti) është stacioni i (autobusi). Shokët e mirë i blejnë (motra) fjalorin shqip-gjermanisht. Agimi e merr këtë aparat fotografik prej (babai). Dhoma e (studentë) është e vogël. Sot i shkruaj (vëllai) një letër. Unë jam larg (qyteti). Nëna i dhuron (vajza) dy mollë.

10.5.5 ABLATIV

Setzen Sie die eingeklammerten Substantive in die determinierte Form des Ablativs bzw. Genitivs, z. B. 'Vor der Wand ist ein Bett' - *Para murit është një shtrat.*

Sot është ftohtë, prandaj shkoj pranë (soba). Komodina është afër (shtrati). Prapa (shtëpia) ka male të larta. Pas (pranvera) vjen vera. Rreth (tryeza) ka pesë karrige. Anila merr dy libra prej (shoqja). Ajo heq batanijen prej (shtrati). Dritarja është përballë (dera). Pas (pushimi) mësoj shqip. Në fund të (shporta) janë dy mollë. Para (mali) janë dy fshatra. Dhomat tona janë në mes të (korridori). Shtëpia jonë është në fillim të (rruga). Agimi pret pas (dera). Ai rri larg (televizori). Ti rri pranë (babai). Afër (restoranti) është stacioni i (autobusët).

ELFTE LEKTION - Mësimi i njëmbëdhjetë

11.1. Praktische Redewendungen

VERWANDTSCHAFT

Sa vjeç jeni ? - Jam njëzetepesë [25] vjet.
Wie alt sind Sie ? - Ich bin 25 Jahre alt.

Sivjet mbush 46 vjet. - Jemi moshatarë.
Dieses Jahr werde ich 46. - Wir sind gleichaltrig (Altersgenossen).

A jeni martuar ? - Jam beqar [beqare].
Sind Sie verheiratet ? - Ich bin ledig (Junggeselle).

Unë kam tre fëmijë, një vajzë e dy djem.
Ich habe drei Kinder, eine Tochter und zwei Söhne.

Ne jemi kushërinj. Nëna ime është motra e babait tënd.
Wir sind Vettern. Meine Mutter ist die Schwester deines Vaters.

Babai yt është daja im. - Nëna jote është halla ime.
Dein Vater ist mein Onkel. - Deine Mutter ist meine Tante.

Ku shkojnë fëmijët e tua [tuaja] në shkollë (kopsht) ?
Wo gehen deine [Ihre] Kinder zur Schule [in den Kindergarten] ?

Sa orë bëjnë nxënësit në ditë ?
Wieviel Stunden [Unterricht] haben die Kinder pro Tag ?

Familjet nuk pagúajnë taksa shkollore, ató blejnë vetëm tekstet shkollore.
Die Familien bezahlen kein Schulgeld, sie bezahlen nur die Schulbücher.

Universiteti ynë është ngritur në njëmijë e nëntëqind e shtatëdhjetë e një [1971].
Unsere Universität wurde 1971 errichtet.

Nuk ka më fakultete të trashëgúara, por 13 dega të tipit të ri.
Sie hat keine traditionellen Fakultäten mehr, sondern 13 neuartige Fachbereiche.

Sa studentë ka universiteti ?
Wieviel Studenten hat die Universität ?

Më dúket se nja njëzét mijë [20000], ka të ngjarë se édhe më tépër.
Mir scheint, ungefähr 20000, wahrscheinlich noch mehr.

Die **Verwandtschaftbezeichnungen** sind im Albanischen etwas komplizierter als im Deutschen, weil bei Onkel und Tante unterschieden wird, ob es sich um Bruder (Schwester) des Vaters oder der Mutter handelt. Außerdem gibt es noch neutrale Ausdrücke, die beides bezeichnen können: Bruder des Vaters *axhë, xhaxhá*, Schwester des Vaters *hallë*, Bruder der Mutter *dajë*, Schwester der Mutter *teze*; neutral sind: *ungj* 'Onkel', *émtë* 'Tante'. - *Djalë/djem-të* 'Junge' und *vajzë/vajza-t* 'Mädchen' werden gewöhnlich für Sohn, Tochter (statt *bir-i, bijë-a*) verwendet. - Das Wort *fëmijë-a* bedeutet 'Kind'; für 'Familie' gibt es in der heutigen Sprache den Ausdruck *familje-a*. - *Beqar-i*, f. *beqar|e, -ja* gehört zu den Adjektiven, die man auch als Substantiv verwendet; die Bedeutung ist also 'ledig' oder 'Junggeselle'.

Kopsht-i bedeutet 'Garten'; 'Kindergarten' eigentlich *kopsht fëmijësh*. Wenn der Zusammenhang keine Mißverständnisse zuläßt, sagt man aber in der Umgangssprache nur *kopsht* für den Kindergarten. - Die albanische Staatsuniversität in Tirana, die einzige des Landes, ist in Fakultäten, Fachrichtungen und Lehrstühle gegliedert (*fakultet-i, specialitet-i, kated|ër, -ra*).

Für 'Jahr' vit gibt es zwei Plurale: *vite-t* und *vjet-ët* . Das letztgenannte Wort wird bei Altersangaben verwendet. Das Adjektiv *vjeç-e* ist aus *vjet-sh* zusammengezogen, also eigentlich eine Kasusform. - Für '**wahrscheinlich**' gibt es kein genaues Äquivalent; normalerweise benutzt man *ndoshta, ndofta* 'vielleicht' oder *(më) duket* 'es scheint (mir)'. *Ka të ngjarë* entspricht etwa 'es hat den Anschein', und *sipas gjithë gjasave* ist noch stärker im Ausdruck ('nach allem Anschein'). Diesen Wendungen fehlt der Tonfall der Beiläufigkeit, den das deutsche 'wahrscheinlich' zum Ausdruck bringt.

Zu den Zahlen *dy* 'zwei' und *tre* 'drei' gibt es jeweils feminine Formen: *dy* mit langem Vokal bzw. *tri* (statt *tre*). Dies wird jedoch in der Praxis nicht mehr beachtet, und daher ist die Form *tre fëmijë* zwar nach der Norm falsch, entspricht aber der Umgangssprache. So heißt es auch *Eshtë tre fiks* 'es ist Punkt drei (Uhr)', *Ora është tre e pesë* 'Es ist fünf nach drei (Uhr)'. Man kann daher sagen, daß ein Geschlechtsunterschied bei den Grundzahlen nicht mehr gemacht wird, aber welche Form von 'drei' verallgemeinert wird, ist verschieden. Manche Albaner benutzen die feminine Form *tri* dort, wo die Norm *tre* vorsieht.

11.2. Neuer Wortschatz

hotel-i	Hotel
taksi-a	Taxi, Droschke
arrij	ankommen
sepsé	weil
i, e lodhur	müde, erschöpft
udhëtim-i	Reise
zyr|ë, -a	Büro, Dienstzimmer
pritj|e, -a	Empfang, Rezeption
nëpunës|e, -ja	Angestellte, hier: Empfangsdame
regjistroj	einschreiben
kat-i	Stockwerk (Erdgeschoß mitgezählt)
me dritë	hell
i pastër	sauber
jug-u	Süden
nga jugu	nach Süden hinaus
ballkon-i	Balkon
i pëlqén	(es) gefällt ihm/ihr
valixh|e, -ja, pl. -e-t	Koffer
i qetë	ruhig, still
éja, éjani	komm, kommt
plazh-i	Strand
por	aber
sonte <adv.>	heute abend
duhet <pass.>	man muß; es ist nötig, daß
nesër <adv.>	morgen
ia kthen	(sie) erwidert, antwortet
kthej (e/ye)	wenden

11.3. Lesestück

Në hotel

Vera dhe Teuta shkojnë me taksí në hotel. Atò dúan të arrijnë shpejt, sepse ato janë të lódhura nga udhëtimi i gjatë. Ja hoteli. Shoqet zbresin nga taksia dhe shkojnë në zyrën e pritjes. Nëpúnësja i regjistron vajzat. Vera dhe Teuta banojnë në katin e katërt. Ato marrin çelësin e dhomës dhe hyjnë në dhomën. Dhoma është e madhe, me dritë dhe shumë e pastër. Ajo është nga jugu dhe ka një ballkon. Ajo u pëlqen. Vera dhe Teuta lënë valixhet dhe dalin në ballkon. Bregdeti është i qetë.

Teuta thotë: «Vera, eja të bëjmë një shëtitje. Plazhi është shumë i bukur.»

Por Vera ia kthen: «Sonte duhet të pushojmë pak. Le të dalim nesër.»

11.4. Grammatische Erklärungen

11.4.1 DER KONJUNKTIV

11.4.1.1 DIE FORMEN DES KONJUNKTIVS PRÄSENS

Neben dem Indikativ unterscheidet man im Albanischen folgende Modi der Verben: (1) Konjunktiv, (2) Konditional, (3) Imperativ, (4) Optativ, (5) Admirativ. Weil in der modernen Schriftsprache der Infinitiv nicht vorgesehen ist, benötigt man zur Bildung jeder abhängigen Verbalphrase im einfachen Satz den Konjunktiv. Er ist unter den Modi mit Abstand der wichtigste und kommt mindestens so häufig vor wie der Indikativ. Konjunktivformen stehen nach unpersönlichen modalen Ausdrücken wie 'können', 'müssen' u.ä.

A mund të më lëshóni një vizë këtú ?
Können Sie mir hier ein Visum ausstellen ?

A duhet të pagúaj dogánë për këtë ?
Muß ich Zoll dafür bezahlen ?

Ku ta gjej bagazhin taní ?
Wo soll ich das Gepäck jetzt finden ?

Sportelisti kërkon t'ju regjistrojë.
Der Empfangs-Boy möchte Sie eintragen.

Desha të më thyeni një çek udhëtimi.
Ich möchte, daß Sie mir einen Reisescheck einlösen.

A të zbrésim këtú ? - *Sollen wir hier aussteigen ?*

Çfarë mund të blesh atjè ? - *Was kannst du da kaufen ?*

In obigen Sätzen, die den "Praktischen Redewendungen" z. T. früherer Lektionen entstammen, kommen Konjunktivformen dort vor, wo sie im Deutschen nicht erforderlich wären. Zeichen des Konjunktivs ist im Albanischen die Partikel *të*; die Personalendungen des Konjunktivs hingegen sind in vielen Fällen gleich denjenigen des Indikativs. Aus obigen

Beispielen erkennt man, daß *kërkon t'ju regjistrojë* sowie *mund të blesh* besondere Personalendungen im Vergleich zum Indikativ derselben Verben aufweisen. In *ku ta gjej* geht das Morphem zur Bildung des Konjunktivs mit der Kurzform des Personalpronomens **e** eine **Krasis** ein: *ta* < *të* + *e*.
Bei *desha të më thyeni* ist das Subjekt des übergeordneten Prädikats ein anderes als in der abhängigen Verbalphrase. Nur in diesem Falle haben wir es im Deutschen mit einem 'daß'-Satz zu tun; in den anderen Fällen steht der dt. Infinitiv statt der finiten alb. Konjunktivform: 'ausstellen', 'bezahlen', 'finden', 'eintragen' usw. Das Paradigma des Konjunktivs der 1. Konjugation sieht wie folgt aus:

kërkoj	**ich suche**	**të kërkoj**	**ich suche**
kërkon	**du suchst**	**të kërkosh**	**du suchest**
kërkon	**er sucht**	**të kërkojë**	**er suche**
kërkojmë	**wir suchen**	**të kërkojmë**	**wir suchen**
kërkoni	**ihr sucht**	**të kërkoni**	**ihr suchet**
kërkojnë	**sie suchen**	**të kërkojnë**	**sie suchen**

Die Konjunktivformen unterscheiden sich im Deutschen auch nicht sehr von den Indikativformen, wie man obigem Beispiel entnehmen kann; in unserer Sprache fehlt aber das zweite Morphem, das außer der Endung noch den Konjunktiv markiert. Man sollte auf keinen Fall alb. *të* als Konjunktion 'daß' auffassen. Historisch gesehen ist *të* ein pronominales Element; die Partikeln **që, se** hingegen leiten heute echte untergeordnete Sätze ein und fungieren dann als Konjunktion 'daß' bzw. 'damit'.

11.4.1.2 ANWENDUNGSFELDER DES KONJUNKTIVS

Der Konjunktiv kommt im Albanischen viel häufiger vor als im Deutschen. Dies hängt mit dem Vorrat an grammatischen Formen zusammen, der häufig gar keine andere Möglichkeit als den Gebrauch dieses Modus zuläßt. *Buchholz/Fiedler* (1987) stellen die verwickelten Verhältnisse allein bezüglich des Konjunktivs Präsens auf S. 133 - 138 dar. Aus praktischen Erwägungen heraus unterscheiden wir am besten zwischen grundsätzlich zwei Anwendungsbereichen des Konjunktivs in der albanischen Sprache: (1) Sätze, in denen der Konjunktiv durch keinen anderen Modus ersetzt werden kann, (2) Sätze, in denen er alternativ zum Indikativ auftritt und dann eine besondere Bedeutungsabschattung zum Ausdruck bringt.

Fälle, in denen der **Konjunktiv zwingend** ist, sind erstens Formeln der Aufforderung wie *të shkojmë* 'gehen wir !' sowie die abhängige Verbalphrase, die dann einen deutschen Infinitiv vertritt, wenn das Subjekt des übergeordneten Prädikats gleich dem Subjekt des untergeordneten Verbs ist: *ai fillon të punojë* 'er beginnt zu arbeiten'. Im erstgenannten Falle vertritt er den Imperativ der ersten Person, für den die Formenlehre kein besonderes Formans vorsieht. Im Falle des Infinitiversatzes steht auch keine Alternative im Formenrepertoire der albanischen Grammatik zur Verfügung.

Seine wirkliche modale Bedeutung entfaltet der Konjunktiv jedoch dann, wenn die **äußeren Merkmale** des Satzes durchaus auch den Indikativ erwarten ließen. Dabei handelt es sich um den Bereich der Nebensätze, besonders derjenigen, die eine Bedingung oder zeitliche Verhältnisse umschreiben. Man kann generell nicht sagen, daß im Albanischen nach bestimmten Konjunktionen immer ein bestimmter Modus zu stehen hätte, sondern die Option zwischen Indikativ und Konjunktiv ist grundsätzlich offen. Dies macht es für Deutsche besonders mühsam, im aktiven Gebrauch den Konjunktiv richtig anzuwenden. Grob gesagt: in Temporalsätzen, die deutsch mit 'bevor' oder 'sobald' eingeleitet werden, überwiegt der Konjunktiv, weil die Nachzeitigkeit der Vergleichshandlung im Hauptsatz ein Moment der Irrealität beinhaltet. Aber auch in Sätzen wie 'Jeden Tag, wenn...' *çdo ditë, kur* **kann** im Albanischen der Konjunktiv stehen. Wir werden bei der Behandlung der Nebensätze auf diese Anwendungsfelder näher eingehen.

11.4.2 DER JUSSIV

Im obigen Beispielen *ku ta gjej , a të zbresim* ist die Konjunktivform das einzige Prädikat im Satz; folglich haben wir es nicht mit einer abhängigen Verbalphrase zu tun. Der Konjunktiv drückt hier eine Modalität aus, die in der Übersetzung am besten mit 'sollen' wiedergegeben wird.

Wenn der Konjunktiv der 1. oder 3. Person durch die Partikel **le** verstärkt wird, nennt man diese Form Jussiv: **le të zbresë** 'soll er doch aussteigen'; **le të zbresim** 'laßt uns aussteigen'.

11.4.3 DER PLURAL (9): EINIGE SCHWER ZU BILDENDE STÄMME

Palatalisierung, Nullformans und Umlaut sind die Merkmale vieler sogenannter unregelmäßiger Pluralbildungen.

yll-i	**Stern**	**yje-t**	**Sterne**
pyll-i	**Wald**	**pyje-t**	**Wälder**
ditë-a	**Tag**	**ditë-t**	**Tage**
natë-a	**Nacht**	**net-ët**	**Nächte**

Die heutige Orthographie verdeckt, daß 'Tag' und 'Nacht' ähnlich dekliniert werden. Früher schrieb man *dit-ët* 'Tage', d. h. das **i** in der Pluralform von *ditë* ist kurz ! Da die heutige Schriftsprache keine bedeutungsunterscheidenden Vokaloppositionen mehr kennt, ist auch das Minimalpaar /di:t/ : /dit/ aufgehoben. Bei 'Nacht' hingegen ist die innere Flexion noch wirksam, weil es sich um eine qualitative Opposition handelt: /nat/ : /net/.

11.4.4 DAS ADJEKTIVISCHE PRÄDIKATSNOMEN IM PLURAL

Stehen die Adjektive als Teil des Prädikats, dann führen sie dieselben Endungen wie in attributiver Stellung, aber der vorangestellte Artikel ändert sich gegenüber der unter **10.4.2** angeführten Tabelle: statt **e** steht beim adjektivischen Prädikatsnomen immer der Artikel **të**.

Es gibt auch Prädikatsnomen beim Vollverb; diese nennt man Prädikativum. Im Satz 'Sie werden die Zimmer aufgeräumt finden' stellen wir im Deutschen das Adjektiv **hinter** das Beziehungswort; die normale Stellung wäre davor. Weil aber im Albanischen die normale Stellung hinter dem Beziehungswort ist, kann man adjektivisches Attribut und Prädikativum nur an der Form des Artikels unterscheiden:

Do t'i gjeni dhomat të rregulluara.

Dhomat e rregulluara würde bedeuten: 'die aufgeräumten Zimmer'. Das Adjektiv als Prädikativum weist im Plural dieselbe Artikelform auf wie das adjektivische Attribut nach der indeterminierten Form: (1) N/A pl. determiniert **shtëpitë e vogla** 'die kleinen Häuser', (2) N/A pl. indeterminiert **shtëpi të vogla** 'kleine Häuser'.

11.4.5 DER *daß*-SATZ

Daß-Sätze können verschiedene Funktionen in einem umfangreichen Satzgefüge einnehmen. Der daß-Satz bildet das Subjekt in folgendem Beispiel: 'Daß du so spät zur Schule gehst, gefällt mir gar nicht'- *Nuk më pëlqen fare se ti shkon aq vonë në shkollë.* Diese Art von Sätzen läßt sich ohne weiteres ins Albanische übersetzen, indem man für deutsches 'daß' *se* setzt. Es ist aber zu beachten, daß der mit *se* eingeleitete Satz im Albanischen **hinter** dem Prädikat des Hauptsatzes steht: *më pëlqen se...* Gewöhnlich hängen daß-Sätze von Verben des Sagens oder der Wahrnehmung ab: 'ich sage, ich benachrichtige, ich höre, ich rieche, ich weiß, daß...' usw. In diesem Falle bilden Sie das Akkusativ-Objekt bzw. die direkte Ergänzung zum Hauptsatz-Prädikat.

Es ist von großer Bedeutung, daß man daß-Sätze im Albanischen nicht mit der abhängigen Verbalphrase verwechselt, die durch die Partikel *të* eingeleitet wird und den Konjunktiv verlangt.

11.4.6 WOCHENTAGE, MONATSNAMEN, JAHRESZEITEN

Die Kalenderangaben gehören ins Vokabular, sie werden jedoch hier als Liste geschlossen dargestellt. Es handelt sich dabei zum Teil um alte Lehnwörter, die aus dem Lateinischen stammen. Es gibt bei den Monatsnamen einige volkstümliche Bezeichnungen, denen man bisweilen in der Literatur noch begegnet:

janar-i	kallnuer, kallnori	Januar
shkurt-i	fruer, frori	Februar
mars-i		März
prill-i		April
maj-i		Mai
qershor-i		Juni
korrik-u		Juli
gusht-i		August
shtator-i	vjeshta e parë	September
tetor-i	vjeshta e dytë	Oktober
nëntor-i	vjeshta e tretë	November
dhjetor-i		Dezember

Im **Datum** verwenden die Albaner die Grundzahlen: *më dy korrík* 'am zweiten Juli', *déri më kátër maj* 'bis zum 4.Mai'. Wenn ein obliquer Kasus verlangt wird, erhält der Monatsnahme die Deklinationsendungen: *Faleminderit për létrën e pesë gushtit të kétíj víti* 'Wir danken für Ihren Brief vom 5. August dieses Jahres'.

11.5. Übungen

11.5.0 ZUSÄTZLICHER WORTSCHATZ

díell-i	Sonne
dím|ër, -ri	Winter
drit|ë, -a	Licht
dyqan-i	Laden, Geschäft
dhurat|ë, -a	Geschenk
filxhan-i	Tasse
i fréskët	frisch
got|ë, -a	Glas
káf|e, -ja	Kaffee
kostum-i	Anzug; Kostüm
lulisht|e, -ja	Blumengarten, Park
múaj-i	Monat
ndërtoj	bauen
ndriçoj	leuchten, strahlen, scheinen
i ndry|shëm, e -shme	verschieden
i nxehtë	heiß
pal|ë, -a	Paar
pjeshk|ë, -a	Pfirsich
qúmësht-i	Milche
re-ja	Wolke

sandal|e, -ja, pl. -e-t	Sandale
stin|ë, -a	Jahreszeit
shqiponj|ë, -a	Adler
tok|ë, -a	Erde, Boden
uj|ë, -i	Wasser
vázo-ja	Vase
ver|ë, -a	Sommer
vit-i, pl. vjet-ët	Jahr
vjesht|ë, -a	Herbst
i vjétër	alt
yll-i, pl. yje-t	Stern

11.5.1 PLURALE

Setzen Sie in folgenden Sätzen Subjekt nebst adjektivischem Attribut, Prädikat und Prädikatsnomen in den Plural, z. B. 'die Blume des Hofs ist rot. - Die Blumen des Hofs sind rot.' *Lulja e oborrit është e kuqe. - Lulet e oborrit janë të kuqe.*

Kjo është shtëpia e re. Ky është stilografi i ri. Çanta e zezë është mbi tryezë. Vajza e vogël luan. Gjethja e verdhë bie në tokë në vjeshtë. Djali i vogël mëson anglisht. Reja është e bardhë. Në pranverë pema është e gjelbër. Dritarja e dhomës është e lartë. Qershia është e kuqe. Trëndafili i kuq është në vazo. Lulja e oborrit është e bukur. Lulishtja e qytetit është e madhe. Në verë dita është e nxehtë. Në dimër dita është e ftohtë. Në verë dita është e gjatë. Në verë nata është e shkurtër. Ky është libri i studentit. Vëllai i madh ha drekën në orën 12.30. Dollapi i librave është i zi. Lapsi blu nuk është në këtë kuti. Unë nuk shoh biçikletën gri.

11.5.2 DAS ADJEKTIVISCHE ATTRIBUT IM INDET. AKKUSATIV-OBJEKT

Setzen Sie die in Klammern stehenden Substantive in die indet. Form des Akkusativs und verändern Sie die Form des Gelenkartikels entsprechend, z. B. 'Ich lese ein gutes Buch' - *Unë po lexoj një libër të mirë* oder: 'Wir haben gute Pfirsiche' - *Kemi pjeshkë të mira.*

Unë shoh (shtëpia e madhe). Muratorët po ndërtojnë (qyteti i ri). Motra blen (pemët e freskëta). Babai ka (biçikleta gri). Në këtë dollap ka (librat e mëdhenj). Vëllai i madh ka (ora e vjetër). Në dyqanin e këpucëve ka (këpucët e bardha/e zeza/e kuqe/ blu). Ne blejmë (pemët e ndryshme). Ne po lexojmë (libri i mirë). Sot hamë (dreka e mirë). Fëmijët vizatojnë (treni i gjatë). Flamuri shqiptar ka në mes (shqiponja e zezë). Fëmija ka (topi i vogël). Keni (pjeshkët e mira).

11.5.3 MONATSNAMEN

Fügen Sie in folgenden Sätzen die Nominalendungen ein und wandeln Sie die eingeklammerten Endungen der Prädikate in die passende Personalform um.

Genci pun(oj) gjashtë dit... në jav... . Ai pun(oj) të hën... , të mart... , të merkur... , të enjt... , të premt... , të shtun... . Të diel... ai push(oj). Stin... e vit... janë: pranver... , ver... , vjesht... dhe dimr... . Muaj... e pranver... janë: mars... , prill... , maj... . Muaj... e ver... janë: qershor... , korrik... , gusht... . Muaj... e vjesht... janë: shtator... , tetor... , nëntor... . Muaj... e dimr... janë:: dhjetor... , janar... , shkurt... . Në pranver... është koh... e mir... .

Në ver... dit... janë të gjat... , net... janë të shkurt... . Në vjesht... shpesh koh... është e keq... . Në dimër dit... janë të shkurt... , net... janë të gjat... . Dim... fill(oj) në muaj... dhjetor. Diell... ndriç(oj) dit... , hën... dhe y... ndriç(oj) nat... .

11.5.4 DER KONJUNKTIV PRÄSENS

11.5.4.1 Bilden Sie aus den Satzteilen in folgenden paradigmatischen Spalten Sätze mit abhängiger Verbalphrase, z. B. 'Anila beginnt, mit dem Ball zu spielen' - *Anila fillon të luajë me top.*

Subjekt	*Präd.1*	*Präd.2*	*Ergänzungen*
Artani	duhet	punoj	ditën
Iliri	mund	mësoj	natën
Teuta	dua	flas	
Anila	filloj	kuptoj	anglisht
Drita		lexoj	gjermanisht
		luaj	
ju		shkruaj	letër
ti		shikoj	libër
ne		shëtit	
ata, ato		me top	
			nëpër qytet

11.5.4.2 Bilden Sie aus folgenden Satzfragmenten Sätze, indem Sie das eingeklammerte Verb in den Konjunktiv Präsens setzen, z. B. 'Er soll bald nach Hause gehen'- *Le të shkojë shpejt në shtëpi* oder: 'Wir möchten frische Äpfel essen' - *Deshëm të hamë mollë të freskëta.*

Le të	(shkoj)	në qytet, në fshat, në punë, në spital, me autobus, më këmbë, shpejt në shtëpi.
Desha/ Deshëm	(ha)	mollë, dardhë, qershi, limonë, peshk, të freskët/ të freskëta.
Dua/ Duam	(pi)	qumësht, çaj, ujë, kafe, kakao, verë, një gotë, një filxhan, të nxehtë, të ftohtë, të bardhë, të kuqe.
Shoku po shkon/ Shokët po shkojnë	(blej)	cigare, një kostum, një shall, një dhuratë, një stilograf të ri, disa gazeta të reja, lule të bukura, një palë këpucë, një palë sandale.

11.5.5 Der daß-Satz

Bilden Sie aus den unter *11.5.4* gebotenen Beispielen dass-Sätze, die von den Prädikaten 'Ich höre, ich sehe, ich weiss' abhängig sind, z. B. 'Ich sehe, daß Anila beginnt, mit dem Ball zu spielen' - *Unë shoh se Anila po fillon të luajë me top* oder: 'Ich höre, daß du ein Glas kalte Milch trinken willst'- *Po dëgjoj se ti do të pish një gotë qumësht të ftohtë.*

ZWÖLFTE LEKTION - Mësimi i dymbëdhjetë

12.1. Praktische Redewendungen

WETTER

Sa është temperatura sot ? - Eshtë 5 gradë mbi zero.
Welche Temperatur haben wir heute ? - Es ist 5° plus.

Çfarë thotë buletini i motit ? - Presioni po ngjitet.
Was sagt der Wetterbericht ? - Der Luftdruck steigt.

Moti do të ndryshojë, do të përmirësóhet.
Das Wetter ändert sich, es wird besser.

Qíelli është i pastër, dielli po ndriçón.
Der Himmel ist klar, die Sonne scheint.

Është nxehtë, te ne nuk bën kaq vapë.
Es ist heiß, bei uns gibt es keine solche Hitze.

A është e mirë rruga për në Elbasan ?
Ist die Straße nach Elbasan in Ordnung ?

Qafa u hap nga dëbora, por ka ngrirë shumë.
Der Paß wurde vom Schnee freigemacht, aber es hat stark gefroren.

Sa mban që [prej] këtú në Gjirokastër ?
Wie lange dauert es von hier aus bis Gjirokastra ?

A mund të ma tregoni në hartë ?
Können Sie es mir auf der Landkarte zeigen ?

Ku jemi ? A bëjmë një ndalesë të vógël ?
Wo sind wir ? Können wir ein wenig anhalten ?

A të zbresim, sa do të qëndrojmë këtú ? - Një gjysmë orë.
Sollen wir aussteigen, wie lange halten wir an ? - Eine halbe Stunde.

Për pak sa nuk më la autobusi.
Fast [um ein Haar] hätte ich den Bus verpaßt.

A mund të hap dritaren ? - Posi jo.
Darf ich das Fenster öffnen ? - Aber sicher !

Der Autobus spielt im albanischen Verkehrswesen eine zentrale Rolle. Die Einheimischen benutzen ihn auf Überlandreisen, und die Touristen sind ständig auf ihn angewiesen, weil organisierte Gruppenreisen die Regel sind. Ausländer dürfen auch Linienbusse oder die Eisenbahn von Durrës nach Tirana benutzen. Das Wort *autobus-i* unterliegt einigen Mißhandlungen im Munde der Einheimischen; so steht in Tirana an den Haltestellen *autobuzi* mit stimmhaftem *z* ! Der Plural soll nach der Norm *autobusë-t* heißen, aber wie im Falle der Busfahrer, die im Alltag normwidrig *shofera-t* genannt werden, heißen auch die Busse *autobusa-t*.

Që ist ein Wort mit außerordentlich vielfältigen Bedeutungen und Funktionen. Es leitet Nebensätze ein ("daß"), kann aber auch vor Orts- oder Zeitangaben stehen, und dann ist die Bedeutung 'von', 'seit'. *Që këtu* bedeutet 'von hier (aus)'.

Dem deutschen Verb 'dürfen' entspricht im Albanischen entweder einfach *mund* 'können', oder man umschreibt mit 'erlauben Sie mir ?' - *a më lejoni ?*, 'ist es zulässig ?' - *a është e lejueshme ?, a jam i lejuar ?* 'bin ich befugt ?

Man sagt: *moti është i nxehtë* 'das Wetter ist heiß', aber: *është nxehtë* 'es ist heiß' (ohne vorangestellten Artikel), und: *bën vapë* 'es ist heiß' (= es macht Hitze).

'Landkarte' wird mit *hart|ë, -a* ausgedrückt, *kart|ë, -a* bedeutet (1) 'Papier', (2) '(Post)Karte' *(=kartolinë-a)*. *Letër, letra* bedeutet (1) Papier, (2) Brief, (3) Spielkarte. 'Letter' im Sinne von 'Buchstabe' wird mit *shkronj|ë, -a* wiedergegeben. Dazu gibt es auch die veralteten Fremdwörter *gërm|ë, -a* (griechisch) und *harf-i* (türkisch-arabisch).

Für 'Schnee' gibt es zwei Wortformen: *bor|ë, -a* und *dëbor|ë, -a*. Der Unterschied ist stilistischer, nicht semantischer Natur. 'Es schneit' wird mit *bie borë* ausgedrückt.

12.2. Neuer Wortschatz

të katër	die vier
sjell (e/i/o)	bringen
i ngrohtë	warm
natyr|ë, -a	Natur
mbetem (pass.)	ich bleibe
vap|ë, -a	Hitze
rrallë <adv.>	selten
er|ë, -a	Luft, Wind
pushime-t	Ferien
veror, -e	Sommer-
në det	ans Meer
kënaqem (pass.)	sich freuen
frut|ë, -a	Frucht, pl. Obst
i shijshëm, -shme	schmackhaft
kopsht-i	Garten
pem|ë, -a	Obstbaum; Obst
plot <adv.>	voll
kúmbull-a (f.)	Pflaume
ftua, ftoi, pl. ftonj	Quitte
pak <adv.>	wenig, ein wenig
gjë-ja, pl. gjëra-t	Sache, Ding
dimrit <adv.>	winters, im Winter
bor|ë, -a	Schnee
rrëshqas (a/e/i, s/t)	gleiten, schlittern, rodeln
saj|ë, -a	Schlitten
ski-të	Ski, Schi
veçanërisht <adv.>	besonders
kënaqësí-a	Freude, Zufriedenheit
netëve <adv.>	nächtens, nachts
tubohen (pass.)[=mblidhen]	sie versammeln sich
argëtohen (pass.)	sie vergnügen sich

12.3. Lesestück

Stinët e vitit

Një herë të katër stinët bisedojnë për të mirat që i sjellin njeriut.

- Unë, thotë pranvera, njerëzve u sjell gëzim. Në pranverë është kohë e mirë, qielli është i kaltër, nuk ka re. Dielli ndriçon. Eshtë ngrohtë. Natyra është e bukur.

- Edhe unë nuk mbetem prapa, o pranverë e bukur, flet vera. - Në verë bën vapë. Rrallë fryn një erë e lehtë. Ditët janë të gjata dhe të bukura, netët janë të shkurtra. Pushimet verore fillojnë. Njerëzit shkojnë në det. Atje do të pushojnë e do të kënaqen.

- Frutat e shijshme unë ia jap njeriut, flet shpejt vjeshta. - Kopshtet në vjeshtë janë të bukura. Pemët janë plot me fruta: mollë, dardha, kumbulla dhe ftonj.

Dimri qesh pak dhe thotë: - Edhe unë u sjell gjëra të mira njerëzve. Dimrit bie borë. Fëmijët rrëshqasin me saja e ski, veçanërisht gjatë pushimeve. Pushimet e dimrit janë kënaqësi e veçantë për nxënësit. Netëve të dimrit njerëzit tubohen e bisedojnë dhe argëtohen.

(Nach RRECAJ-SHALA: *Mësojmë shqip*. Prishtina 1978, S. 9)

12.4. Grammatische Erklärungen

12.4.1 DAS FUTUR

Die Zeitform der Zukunft wird in der alb. Schriftsprache mit einer unveränderlichen Form des Hilfsverbs 'wollen' **do** und dem Konjunktiv Präsens ausgedrückt.

do të shkrúaj	ich werde schreiben	**do të hap**
do të shkrúash	du wirst schreiben	**do të hapësh**
do të shkrúajë	er wird schreiben	**do të hapë**
do të shkrúajmë	wir werden schreiben	**do të hapim**
do të shkrúani	ihr werdet schreiben	**do të hapni**
do të shkrúajnë	sie werden schreiben	**do të hapin**

Die Konjunktivformen der 2. Konjugation unterscheiden sich nur unwesentlich von denjenigen der 1. Konjugation; für die dritte Konjugation, soweit sie 'regelmäßig' gebildet wird (**pi, di**), sind die Konjunktivformantien mit denjenigen der 1. Konjugation sogar völlig gleich. Dementsprechend stimmen auch die Formen des Futurs für die drei Konjugationen weitgehend überein. Geringfügige Unterschiede gibt es in der 2. und. 3. Person Pr.

do të puno**sh**	do të hap**ësh**	do të pi**sh**
do të puno**jë**	do të hap**ë**	do të pi**jë** .

Die Verben der 2. Konjugation bilden im Substandard den Konjunktiv auch mit dem Vokal **i** statt **ë**, z. B. *po të ndodhi* 'wenn es geschieht'.

In bezug auf die Bedeutung haftet den Futurformen noch die volitive Note an, d. h. neben der Zeitstufe kommt auch die Bedeutungsabschattung des Wollens zum Ausdruck. Daher wird in der Grammatik von Buchholz/Fiedler das Futur als "Präsens Volitiv" bezeichnet. Für 'er will schreiben' gibt es in der albanischen Schriftsprache keine andere Möglichkeit der Wiedergabe als *do të shkruajë*, was nach obiger Paradigmentafel 'er wird schreiben' bedeutet. Im Gegischen kann man sich differenzierter ausdrücken: *aj don me shkrue* (er will) vs. *aj ka me shkrue* (er wird).

12.4.2 DAS FUTUR DER ALTEN ATHEMATISCHEN VERBEN

do të jem	**do të kem**	**do të them**
do të jesh	**do të kesh**	**do të thuash**
do të jetë	**do të ketë**	**do të thotë**
do të jemi	**do të kemi**	**do të themi**
do të jeni	**do të keni**	**do të thoni**
do të jenë	**do të kenë**	**do të thonë**

Diese Formen sind insofern regelmäßig, als sie alle den Konjunktiv Präsens enthalten. Man gewinnt aus der Tabelle die Konjunktivform, indem man **do** wegläßt.

12.4.3 DIE OBLIQUEN KASUS DER INDETERMINIERTEN FORM

Die unmarkierte Form der Substantive, die wir die indeterminierte nennen, hat im Singular und Plural für Nominativ und Akkusativ jeweils gleiche Endungen. Da Genitiv, Dativ und Ablativ in der determinierten Form jeweils dieselbe Endung aufweisen, konnten wir in bezug auf die Endungen ein identisches Paradigma für die betreffenden drei obliquen Kasus aufstellen. Für die indeterminierte Form gilt dies mit der Einschränkung, daß der Ablativ Plural das besondere Formans **-sh** aufweist.

mëngjes	**zog**	**shok**	**ditë**	**lúle**	**shtëpí**
mëngjési	**zogu**	**shoku**	**dite**	**lúleje**	**shtëpíe**

Plural:

mëngjése	**zogj**	**shokë**	**ditë**	**lule**	**shtëpí**
mëngjeseve	**zogjve**	**shokëve**	**ditëve**	**lúleve**	**shtëpíve**
mëngjéseSH	**zogjSH**	**shokëSH**	**ditëSH**	**lúleSH**	**shtëpíSH**

Im Singular gelten die indet. Formen *mëngjes, ditë* für Nom. und Akk.; im Plural genauso die Formen *mëngjése, ditë, zogj* usw. Im Singular gelten die Formen *mëngjési, zogu/shoku, dite/shtëpíe, lúleje* für die drei Kasus **Gen./Dat./Abl.**; im Plural aber bildet das Formans **-ve** nur die Kasus Genitiv und Dativ der indet. Form. Der indeterminierte Ablativ hat das Formans *-sh* nach Vokalen sowie einfachen konsonantischen Phonemen (dazu gehören /g'/ und /k'/, z. B. *zogj, miq*). Nach Doppelkonsonant bildet der indet. Abl. Pl. die Endung mit eingeschobenem **-i-** : *turk-u, turq-it, turq-ish* '(der) Türke, (die) Türken, von Türken'.

Der indet. Genitiv bildet **Genitivattribute** nur nach pronominalen Attributen wie *një* 'ein', *ndonjë* 'irgendein', *disá* 'einige', z. B.:

i, e një njeriu	eines Menschen
i, e ndonjë shtëpíe	irgendeines Hauses
i, e disa búrrave	einiger Männer
i, e disa grave	einiger Frauen

Der indet. Dativ bildet **Dativobjekte** nur nach eben solchen pronominalen Attributen, wobei dem Prädikat die Kurzformen des Personalpronomens **i, u** vorangehen **müssen**:

i kaloj një rruge	ich gehe eine Straße entlang
i ngjitem një mali	ich steige einen Berg hinauf
nuk i bie asnjë instrumenti	ich spiele kein Instrument

Indet. Kasusendungen auf *-i/u, -e/je* müssen als Ablative definiert werden, wenn ihnen kein Gelenkartikel vorangeht oder das Prädikat des Satzes eine pronominale Verdopplung aufweist.

pas një jave	nach einer Woche
plasa vape	ich wäre fast vor Hitze gestorben
vdesin urie	sie sterben vor Hunger

Der Ablativ ist daher vornehmlich der Kasus **adverbialer Bestimmungen der Zeit, des Ortes oder der Ursache.** Es gibt jedoch einen Grenzbereich, in dem der Ablativ zur Bildung unbestimmter Attribute verwendet wird:

presion ajri	Luftdruck
një kasolle kashte	eine Strohhütte
një kopsht fëmijësh	ein Kindergarten

Im ersten Falle läßt sich transformieren zu 'der Druck der Luft' *presioni i ajrit*, im zweiten zu: 'die Hütte aus Stroh' - *kasollja prej kashte*; im dritten Falle zu: 'der Garten für Kinder' - *kopshti për fëmijët*. In den Fällen, wo wir im Deutschen Komposita bilden, verwenden die Albaner also den Ablativ in der indeterminierten Form zur Bildung **unbestimmter Attribute.** Dies ist auch der eigentliche Anwendungsbereich des Morphems **-sh**.

12.4.4 DATIV UND ABLATIV PLURAL IN DER DETERMINIERTEN FORM

Wir haben bereits gelernt, daß der Genitiv Plural mit der Endung **-ve** am Pluralstamm gebildet wird; für die determinierte Form **kann** ein *-t* angefügt werden. Das Formans *-ve* ist gleich für die determinierte Form im Genitiv und Dativ Plural; bezüglich der Kasusbestimmung gilt dasselbe, was auch für das Genitivattribut oder Dativobjekt im Singular zutrifft: es ist ein zweites Morphem erforderlich.

Ein besonderes Problem bildet diejenige sprachliche Erscheinung, die bei *Buchholz/Fiedler* (1987, S. 223 - 225) unter "Reiner Ablativ als Satzglied", "Reiner Ablativ als lexikalisch-idiomatischer Prädikatsteil" abgehandelt wird. *E hoqi qafës* 'er jagte ihn davon' (wörtlich: er warf ihn vom Nacken ab), *doli malit* 'er ging in die Berge', *mos luaj vendit* 'rühr dich nicht von der Stelle' sind präpositionslose Anwendungen der determinierten Form des Ablativs Sg. Wir fassen dies unter der Definition der **adverbialen Bestimmung**, die dem Ablativ als hauptsächliches Anwendungsgebiet im Satzgefüge zugewiesen wurde.

Nun gibt es genau dieselben Ausdrücke auch im Plural: *me ra shpatullave* 'er klopfte mir auf die Schultern', *mbrëmjeve* 'abends', *ai vërtitej korridoreve* 'er irrte durch die Gänge', *ajo iku sokakëve* 'sie lief durch die Gassen davon'. Das fehlende *-t* könnte zu der Ansicht verleiten, es handele sich hier um indeterminierte Formen des Ablativs Plural. Diese aber sieht das Sprachsystem nur auf *-sh* vor: *Krishti u ngjall së vdékurish* 'Christus erstand von den Toten auf'.

12.4.5 DAS DEMONSTRATIVPRONOMEN (2): 'JENER'

Das Albanische weist zwei Demonstrativpronomen auf, von denen das eine auf etwas Näherliegendes, das andere auf Entfernteres hinweist. Sie werden im Deutschen mit 'dieser', 'jener' übersetzt. 'Jener, jene' steht auch für das Personalpronomen 'er, sie'. *Ky/kjo* hat als Anlaut ein deiktisches Element, das auch in *këtu* 'hier' vorkommt. Der Anlaut von *ai/ajo* entspricht demjenigen in *aty/atje* 'dort'.

In bezug auf die Endungen werden *ky/kjo* und *ai/ajo* gleich dekliniert:

Singular	**ai/ajo, atij/asaj, atë**
Plural	**ata/ato, atyre, ata/ato.**

Im Nordtoskischen hat das Pronomen *aí* die Form *ay*, im Nordgegischen ruht der Akzent auf dem **a-** , so daß die Formen *aj, at* 'er, ihn', 'jener, jenen' entstehen. *At* wird allerdings nur attributiv verwendet; freistehend entspricht gegisches *atê* dem *atë* der Standardsprache.

Die altertümlichen Formen *así*, f. *asó* sind in Redewendungen erhalten, z. B. **asó kohe** 'zu jener Zeit; damals'.

12.4.6 DOPPELMARKIERUNG VON SATZTEILEN (2): KRASIS

Wenn ein Satz ein Dativobjekt enthält, muß er obligatorisch die pronominale Verdopplung beim Prädikat aufweisen. Wenn außerdem noch ein vorerwähntes Akkusativobjekt darin enthalten ist, dann muß auch dieses durch eine poronominale Kurzform beim Prädikat bezeichnet werden. So kommt es nicht selten zur Häufung von pronominalen Kurzformen vor dem Prädikat: 'ihm es', ihr es', 'ihnen es', 'ihnen sie' usw. Im Albanischen sind diese Kurzformenanhäufungen gewöhnlich zu einer neuen einheitlichen Form verschmolzen: *i + e > ia, u + e > ua.* Diese Erscheinung nennt man **Krasis**, wenn aus der Verbindung zweier Vokale ein qualitativ neuer oder eine neue Vokalfolge hervorgeht. Da die pronominalen Kurzformen *i, e, u* nach der Partikel *të* stehen, kommt es zur häufig zur **Elision** von *ë* (t'i, t'ia, t'u, t'ua) oder der Krasisform *ta < të + e.*

Sofern beim Akkusativ-Objekt ein Demonstrativpronomen als Attribut steht, muß automatisch das Akkusativzeichen zum Prädikat treten, z. B. 'Ich schenke dem Bruder dieses Buch' - *Unë ia dhuroj vëllait këtë libër.*

12.5. Übungen

12.5.0 ZUSÄTZLICHER WORTSCHATZ

aktor-i	Schauspieler
së bashku	gemeinsam
bilet|ë, -a	Billett, Eintrittskarte, Fahrschein
çmim-i	Preis
çorap-i, pl. -e-t	Strumpf
drejt <adv.>	gerade
fik-u, pl. fiq-të	Feige
grup-i	Gruppe
gjithmonë	immer
kilogram-i	Kilogramm
koleksion-i	Sammlung
koleksion pullash	Briefmarkensammlung
mish-i	Fleisch
paguaj	zahlen
perime-t (=zarzavate-t)	Gemüse
peshoj	wiegen
përgatis, përgatit	vorbereiten
pull|ë, -a	Briefmarke
rrush-i	Weintraube
shitës-i	Verkäufer
shítës|e, -ja	Verkäuferin
tek, te < + Nom.>	bei
turist-i	Tourist

ushqime-t <pl.>	Lebensmittel
varg-u	Reihe; Vers

12.5.1 DAS FUTUR

Setzen Sie die Prädikate folgender Sätze ins Futur, z. B. 'Die Mutter wird mit dem Fahrrad spazierenfahren' - *Nëna do të shëtisë me biçikletë.* Achten Sie darauf, daß die Partikel *po* dann entfällt.

Nëna po blen perime të freskëta. Ata zbresin në stacionin e katërt. Ato hipin në stacionin e tretë. Unë shkoj për drekë tek shoqja. Ne po presim shokët. Gruaja po lexon një revistë të re. Agim, ç'po bën ? Vajza e vogël rri në shtëpi. Motra dhe nëna përgatisin një drekë të mirë. Ata hanë drekën në restorant. Burri po shkruan një letër për shoqen. Fëmijët po shëtisin me biçikleta. Vëllai i madh po shkon në kinema. Studentët takojnë shumë shokë dhe shoqe. Hyj në dyqanin e ushqimeve. Ti punon në fushat e kooperativës. Ti blen dy kilogramë rrush të bardhë. Vajzat marrin një kilogram fiq. Shitësi peshon një pulë të madhe. Ato nuk blejnë as peshk, as mish. Gratë pyesin shitësen për pjeshkë. Ne mësojmë së bashku. Vëllezërit e Verës bisedojnë. Anila hap derën e dyqanit.

12.5.2 GENITIV, DATIV UND ABLATIV IN DER INDET. FORM

12.5.2.1 Übertragen Sie die in Übung 10.5.5 eingeklammerten Substantive in die indeterminierte Form des Ablativs, z. B. 'Vor einem Haus ist die Haltestelle eines Autobus' - *Para një shtëpie është stacioni i një autobusi.*

12.5.2.2 Setzen Sie die eingeklammerten Substantive in die indet. Form des Ablativs, z. B. 'Dies ist eine Armbanduhr' - *Kjo është orë dore.*

Pas dy (orët) do të shkojmë në qytet. Do të takoj dy shokë afër një (shtëpia). Atje është një dyqan (pemët). Një grup (turistët) ha drekë. Do të blej një palë këpucë (fëmijët) dhe një palë çorape (gratë). Majtas është një dollap (rrobat). Pas (ky autobus) do të vijë një tjetër. Kjo është orë (dora). Artani i tregon Agimit një koleksion (pullat). Në rrugë po kalojnë një varg (makinat). Ku është një dyqan (frutat) ? Atje është një kuti (posta).

12.5.2.3 Bilden Sie aus den Wörtern der linken Spalte Genitivattribute oder Dativobjekte in der indeterminierten Form, z. B. 'Ich erzähle einigen Kindern ein schönes Märchen'- *U tregoj disa fëmijëve një përrallë të bukur.*

Ajo mësuese	i dhurojmë disa libra.
Këta turistë	dhoma është e bukur.
Ajo shtëpi	bie gjithmonë dielli.
Ai aktor	ia japim trëndafilët e kuqe.
Një shitëse	ia paguajmë çmimin e frutave.
Ky qytet	rrugët janë të drejta.
këto dhoma	dritaret janë të larta.
Një shok	mbi tryezë është libri.
Disa shokë	ua jap biletat e teatrit.

Një student	unë marr librin.
Një shoqe	i tregoj një roman të ri.
Disa fëmijë	u lexoj një libër të bukur.
Një vajzë	i shkruajmë një letër të gjatë.

DREIZEHNTE LEKTION - Mësimi i trembëdhjetë

13.1. Praktische Redewendungen

AUTOREPARATUR

Trafiku në qytet është shumë i rrégullt, nuk është i ngarkuar.
Der Verkehr in der Stadt ist sehr ordentlich, er ist nicht überlastet.

Te ne çdo ditë bllokóhen rrugat nga makinat.
Bei uns gibt es jeden Tag Stau (werden die Straßen von Autos blockiert).

Ndihmómëni pak, ju lutem. Më merrni me makinën tuaj.
Helfen Sie mir bitte ein wenig. Nehmen Sie mich in Ihrem Wagen mit.

Hajde marrim një taksí. Vetura ime nuk punon.
Nehmen wir ein Taxi. Mein Wagen geht nicht.

Ka një defekt pompa e benzinës. A keni pjesë ndërrimi ?
Die Benzinpumpe ist defekt. Haben Sie Ersatzteile ?

Bëjini riparimet më të nevojshme. - Ta ndez makinën ?
Machen Sie die notwendigsten Reparaturen. - Soll ich anlassen ?

Jepi gaz ! - Mos duhet t'i ndërroj kandelën ?
Geben Sie Gas ! - Soll ich vielleicht die Kerze auswechseln ?

Uleni gazin, híqeni këmbën nga gazi !
Nehmen Sie Gas weg, nehmen Sie den Fuß vom Gas !

Nuk merr marsh, nuk i fus dot marshin e dytë.
Der Gang geht nicht rein, ich kann den 2. Gang nicht einlegen.

Nuk mbajnë frenat. Kontrollójeni nivelin e alkolit të frénave.
Die Bremsen halten nicht. Prüfen Sie den Stand der Bremsflüssigkeit.

Ka nevojë edhe për grasatim, apo jo ?
Er muß auch abgeschmiert werden, nicht wahr ?

Ku është pika tjetër e furnizimit me karburant ?
Wo ist die nächste Tankstelle ?

Këtú qenka një vendqëndrimi për vetura.
Da ist ja ein Parkplatz für Pkw's.

Da es in Albanien keine PKWs in privatem Besitz gibt, fehlen auch öffentliche Tankstellen oder Servicestationen. Sie gehören jeweils zu einer Betriebseinheit und versorgen deren Dienstwagen.

Trafik-u 'Verkehr' ist mehr oder weniger synonym mit *lëvizje* oder *qarkullim-i*. Man kann die Wörter aber nicht in jedem Zusammenhang austauschen. *Lëvizja punëtore* bedeutet 'Arbeiterbewegung', und hier wären die beiden anderen Begriffe völlig verfehlt.

Hajde ist eine beliebte Satzeinleitung zur Aufforderung; sie ersetzt den Jussiv. - Das pronominale Objekt *më* beim Imperativ kann vor dem Verb stehen, aber auch angehängt werden: *më fálni* 'entschuldigen Sie mich !', *ndihmómëni* 'helfen Sie mir !', *më mérrni* 'nehmen Sie mich mit !'. Da die Formen stilistisch nicht gleichwertig sind, lernt man am besten die gebräuchlichen Wendungen auswendig. - Das *i* in den meisten oben angeführten

Imperativformen ist Dat. Sg. und bezieht sich auf den Wagen: *jepi gaz !* 'gib (ihm) Gas !' In *bëjini riparimet* handelt es sich um die pronominale Verdopplung des folgenden Akkusativobjekts.

'Nicht können' wird in der Umgangssprache durch die Partikel *dot* ausgedrückt, die hinter dem Prädikat steht: *nuk i fus dot* 'ich kann ihm nicht einlegen'. Historisch handelt es sich um eine Kontraktion aus *do të*. - Nach der Norm muß man *alkool-i* mit zwei **o** schreiben. Da man aber [al'kol] spricht, wird auch oft genauso geschrieben.

13.2. Neuer Wortschatz

pjac|ë, -a	Marktplatz, Platz einer Stadt
vend-i	Ort,Stelle; Land
arr|ë, -a	Nuß
gjenden (pass.)	sie befinden sich, man findet
patate-t	Kartoffel
lak|ër, -ra	Kohl
speca-t	Paprika, Peperoni
sallat|ë, -a	Salat
karot|ë, -a	Möhre, Karotte
kushtoj	kosten
lekë-t, sg. lek-u	Lek <alb. Währung>
ndonjë	irgendein
tjetër	ander, ein anderer
gjë tjetër	etwas anderes
domat|e, -ja, pl. -e	Tomaten
mbush	füllen
ndihmoj	helfen
bart (≈ mbaj)	tragen

13.3. Lesestück

Në pjacë

Pjaca e qytetit tim është plot pemë e perime. Në një vend ka pemët: mollët, dardhat, rrushtë, arrat, kumbullat. Në vendin tjetër gjenden perimet: patatet, lakrat, specat, sallatat, karotat, domatet etj.

- Urdhëroni pemë të freskëta !

- Ju lutem, a keni rrush të bardhë ? - pyet nëna ime.

- Po. Sa kilogramë doni ?

- Dua dy kilogramë. Sa kushton kilogrami ?

- Një kilogram rrush kushton 2 lekë e 60 qindarka. Doni ndonjë pemë tjetër ?

- Jo, faleminderit.

Nëna ime shkon tek shitësit e perimeve. Ajo blen domate dhe speca. Një shportë e mbush me pemë dhe një tjetër me perime. Unë i ndihmoj nënës t'i bart shportat. Unë shkoj shpesh me nënën në pjacë.

(Nach RRECAJ-SHALA: *Mësojmë shqip*. Prishtina 1978, S. 15)

13.4. Grammatische Erklärungen

13.4.1 DER IMPERATIV

Der dritte Modus des Albanischen ist der Imperativ. Er wird nur für die 2. Person gebildet, hat aber für Singular und Plural unterschiedliche Formen. Der reine Verbalstamm dient als Befehlsform des Singulars; dabei gibt es aber einige Unregelmäßigkeiten insofern, als sich dieser Stamm nicht immer ohne weiteres von den Indikativformen des Präsens ableiten läßt. *Buchholz/Fiedler* (1987, S. 81 f.) weisen insgesamt 22 Muster für die Bildung von Imperativformen nach.

13.4.1.1 DIE IMPERATIVBILDUNG IN DEN DREI KONJUGATIONSKLASSEN

Je nach dem Vokal, der vor der Endung der 1. P. Sg. Pr. steht, unterteilt sich die Klasse der Verben, die zur **ersten Konjugation** gehören, in zwei Unterklassen. Die auf **-oj** und **-ij** endenden Verben bilden den Imperativ dadurch, daß *-j* wegfällt: *punó* 'arbeite', *fshi* 'wisch'. Die auf **-aj, -ëj, -yj, -uaj, -yej** endenden Verben behalten das *-j* im Singular, verlieren es aber im Plural, sofern kein pronominales Objekt angefügt wird: *laj, lani* wascht; *bëj, bëni* macht; *fryj, fryni* blast; *pagúaj, pagúani* zahlt; *thyej, thyeni* brich, brecht. Das Verb *blej* 'kaufen' bildet den Imp. mit Vokalveränderung: *bli, blini* 'kauft'.

Die Verben der **zweiten Konjugation** bilden zwei Unterklassen, je nachdem ob sie morphonologische Veränderungen des Stammes hinnehmen oder nicht. Die 'regelmäßigen' Verben dieser Konjugation bilden den Imperativ gleich der 2. Person im Singular und Plural: *hap, hapni* öffnet. Die Unterklasse mit Vokalveränderungen hat im Imperativ beider Numeri denjenigen Vokal, den auch die 2. P. Pl. Ind. Pr. führt: *merr, merrni* 'nimm, nehmt'. Die Verben mit **s/t**-Wechsel haben im Imperativ Sg. immer *-t*, im Plural **s** oder **t** : *pyet, pyesni/pyetni* 'fragt'.

Die "regelmäßigen" Verben der **dritten Konjugation** bilden den Imperativ gleich den Formen der 2. P. Ind. Pr. im Sg. und Pl.: *pi, pini* 'trinkt'. Die meisten Verben dieser Klasse, deren Stamm anscheinend auf einen Vokal endet, endeten historisch betrachtet jedoch auf einen Konsonanten, und zwar **-n.** Dieser nasale Auslaut ist in den toskischen Mundarten und in der heutigen Schriftsprache als **-r** erhalten: *vër, vini* 'setzt'.

13.4.1.2 DER IMPERATIV DER ALTEN ATHEMATISCHEN VERBEN

ji	sei !	**ki**	hab !	**thuaj**	sag !
jini	seid !	**kini**	habt !	**thoni**	sagt !
				thuaje	sag es !
				thuajeni!	sagt es !

13.4.1.3 EINIGE UNREGELMÄSSIGE IMPERATIVBILDUNGEN

wollen	*sprechen*	*eintreten*
duaj	**fol**	**hyr**
duaje	**fole**	
doni	**flisni**	**hyni**
duajeni	**foleni**	

13.4.2 DAS PRONOMINALE OBJEKT BEIM IMPERATIV

Wenn der Imperativ ein Personalpronomen in Kurzform bei sich führt, wird dieses im Singular angehängt, im Plural aber zwischen den Stamm und die Personalendung *-ni* geschoben:

1. Konjugation:

mësó	lern !	**shkrúaj**	schreib !
mësoni	lernt !	**shkrúani**	schreibt !
mëso-j-e	lern es !	**shkrua-j-e**	schreib es !
mëso-j-e-ni	lernt es !	**shkrúa-j-e-ni**	schreibt es !

2. Konjugation:

hap	öffne !	**merr**	nimm !	**sill**	bring !
hapni	öffnet !	**merrni**	nehmt !	**sillni**	bringt !
hap-e	öffne es!	**merr-e**	nimm es!	**sill-e**	bring es !
hap-e-ni	öffnet es!	**merr-e-ni**	nehmt es !	**sill-e-ni**	bringt es !

3. Konjugation:

pi	trink !	**vër**	setz !	**bjer**	fall !
pini	trinkt !	**vini**	setzt !	**bini**	fallt !
pi-j-e	trink es!	**vër-e**	setz es !	**bjer-i**	spiel es !
pi-j-e-ni	trinkt es!	**vër-e-ni**	setzt es !	**bjer-i-ni**	spielt es !

Das bei den Verben der 1. und 3. Konjugation auftretende **-j-** ist ein Gleitlaut, der zwischen den Stamm und das pronominale Objekt eingeschoben wird. Wenn das angefügte pronominale Objekt **më** 'mir, mich' ist, dann entfällt dieses *-j-* , weil es nicht zum Stamm gehört, z. B. *shkrúamëni* 'schreiben Sie mir !' Zahlreiche Verben, wie *vë, zë, bie,* die anscheinend auch einen vokalischen Stamm haben, lassen in den Imperativendungen einen alten konsonantischen Auslaut sichtbar werden. Dieser spielt gewöhnlich bei der Bildung der Formen des Konjunktivs Präsens auch eine Rolle.

Da manche Verben Dativobjekte verlangen, wird nicht nur die Kurzform **e** 'es, ihn', sondern auch **i** 'ihm', im Plural entsprechend **i** 'sie' für den Akkusativ, **u** 'ihnen' für den Dativ angehängt. Beim Verb *bie*, das homonym ist und (1) fallen, (2) bringen bedeutet, würde *bjer-e* 'bring es !' lauten. Tatsächlich aber sollte man sich in dieser Verwendung *sille !, silleni !* 'bring !, bringen Sie !' merken. Die Bedeutung von *bjeri !, bjerini !* (wörtlich: fall ihm !) richtet sich nach dem Zusammenhang und kann 'spiel !' bei Musikinstrumenten, aber auch 'klingel !' bedeuten, wenn z. B. *ziles* 'der Klingel' zu ergänzen ist.

13.4.3 DIE VERNEINUNG BEIM KONJUNKTIV UND BEIM IMPERATIV

Die beiden Modi, die Wunsch, Befehl oder Unwirklichkeit zum Ausdruck bringen, können nicht mit den Partikeln *nuk, s'* verneint werden. Ihre Negation erfolgt immer mit **mos.** *Mos shko !* 'Geh nicht !

Wenn *mos* einen Fragesatz im Indikativ einleitet, dann hat es den Sinn von 'etwa, vielleicht', z. B. *Mos keni ndonjë ankesë ?* 'Haben Sie vielleicht eine Beschwerde ?'

13.4.4 DAS PRÄSENS UND DAS FUTUR VON 'WOLLEN'

dua	të dua	do të dua
do	**të duash**	do të duash
do	**të dojë**	do të dojë
duam	të duam	do të duam
doni	të doni	do të doni
duan	të duan	do të duan

Da nur die 2. und 3. Person Konjunktiv Präsens eigene Endungen aufweisen, wird es in Zukunft genügen, diese beiden Konjunktivformen anzuführen. Dann kann das ganze Paradigma einschließlich des Futurs nach den bisher bekannten Mustern gebildet werden.

Dua bedeutet auch 'mögen, lieben'; *të dua shumë* ist die normale Liebeserklärung. *Dashurí-a* 'Liebe' und *dashuroj* 'verliebt sein' sind von *dua* abgeleitet.

13.4.5 DAS POSSESSIVPRONOMEN (1): BESITZER IN DER EINZAHL

Die Possessivpronomen gehören zu den schwierigsten Erscheinungen der albanischen Sprache. Sie sind, historisch betrachtet, durchweg aus zwei oder drei Elementen zusammengesetzt, so daß es zu einer charakteristischen **Deklination am Wortanfang** kommt. Als Possessivpronomen der dritten Person (sein, ihr) wird eine Kurzform des Personalpronomens *aí/ajó* verwendet, bei der das deiktische *a-* wegfällt.

burri im	mein Mann	**burrat e mi**	meine Männer
burri yt	dein Mann	**burrat e tu**	deine Männer
burri i tij	sein Mann	**burrat e tij**	seine Männer
burri i saj	ihr Mann	**burrat e saj**	ihre Männer
lulja ime	meine Blume	**lulet e mia**	meine Blumen
lulja jote	deine Blume	**lulet e tua**	deine Blumen
lulja e tij	seine Blume	**lulet e tija**	seine Blumen
lulja e saj	ihre Blume	**lulet e saja**	ihre Blumen

Vor den Possessivpronomen steht immer die determinierte Form. Daher kommt es in diesem Zusammenhang zu wesentlichen Abweichungen zwischen dem Gebrauch des bestimmten Artikels im Deutschen und der determinierten Form des Albanischen, z. B. *bijtë e mi !* 'meine Söhne !'

13.4.6 DAS BEWEGLICHE -ë-

In der Formenlehre der albanischen Sprache wirkt sich eine Eigentümlichkeit der lautlichen Struktur aus, die vorsieht, daß /r/, /R/, /l/, /L/ und /m/ ohne stützenden Vokal keine Silben bilden können. Stehen die genannten Phoneme nach einem anderen Konsonanten am Wortende, dann muß ein **-ë-** so lange eingeschoben werden, bis eine vokalische Endung die Silbengrenze verschiebt. Betroffen sind Unterklassen von Substantiven und Adjektiven. Diese Erscheinung nennen wir das bewegliche oder flüchtige ë, weil es nur in der indeterminierten Nominativform bzw. bei den Adjektiven vorwiegend im indeterminierten Maskulinum auftritt.

émër	émri	der Name
realizëm	realizmi	der Realismus
motër	motra	die Schwester
ëndërr	ëndrra	der Traum
i shijshëm	e shijshme	schmackhaft
i/e vogël	të vogla	klein, kleine (f.)

Alle Substantive mit dem international üblichen Suffix *-ismus* enden im Albanischen auf *-izëm*, det. *-izmi*. Bei den Adjektiven bilden diejenigen mit den Suffixen *-ëm/me* und *-shëm/shme* charakteristische Paradigmen der Formenlehre.

13.5. Übungen

13.5.0 Zusätzlicher Wortschatz

biskot | ë, -a	Keks, Plätzchen
gatúaj	kochen, zubereiten
gjalp | ë, -i	Butter
gjell | ë, -a	Speise, Essen
kushëri-ri	Vetter, Cousin
kushërir | ë, -a	Cousine
lit | ër, -ri	Liter
mos	nicht
ndez (e/i)	anzünden
rregulloj	in Ordnung bringen
sheqer-i	Zucker
thërras, thërret	rufen
zhurm | ë, -a	Lärm

13.5.1 Der Imperativ

13.5.1.1 Formulieren Sie mit Hilfe der Verben in der ersten Spalte Aufforderungen in der 2. Person Singular und Plural unter Berücksichtigung der pronominalen Verdopplung der Objekte, z. B. 'Trink den Tee' - *Pije çajin* oder: 'Trinkt den Tee' - *Pijeni çajin.*

ha	mollën/mollët
pyet	shokun/shokët
mbyll	telefonin/dritaren
hap	valixhen/valixhet
ndez	dritën në dhomë
marr	revistën/revistat
rregulloj	dhomën/dhomat
thërras	shoqen/shoqet
jam	këtu
vij	me tren
blej	një litër qumësht
lexoj	me zë të ulët
shkoj	në teatër
luaj	me top
zbres	nga autobusi në stacionin e pestë
hipi	në autobus
flas	shpejt
shkruaj	tani
dal	jashtë
hyj	brenda
eci	ngadalë
rri	në tryezë.

13.5.1.2 Bilden Sie aus folgenden Aussagesätzen verneinte Aufforderungen (Verbote) unter Beachtung der Stellung der pronominalen Kurzform, z. B. 'Arben, leg nicht auf !'- *Arben, mos e mbyll telefonin !*

Anila e ndez dritën. Shoqet i rregullojnë dhomat. Pjetri e thërret shokun. Genci e lexon romanin e ri. Ju do të shkoni nesër pasdite në kinema. Drita dhe Agroni shikojnë nga dritarja. Nxënësit rrinë mbi tryezë. Ti do të zbresë nga autobusi. Vera bën zhurmë. Sokoli flet ngadalë. Agimi lexon me zë të lartë. Shokët e mi pinë ujë të ftohtë. Teuta ia shkruan vëllait letrën tani. Babai im do të vijë më këmbë. Nëna i blen këta peshq. Vëllezërit e mi po luajnë me top. Mësuesit e tu hyjnë brenda në shtëpi. Fëmijët duan të flenë deri vonë. Fshatarët hipin në autobus. Prindërit e mi dalin nga shtëpia. Mësuesja ime shkon në lulishte për shëtitje. Babai ecën në rrugë. Motrat e mia rrinë këtu. Arbeni mëson keq. Kushërinjtë e mi duan të vijnë me tren. Aktorët flasin me zë të ulët. Iliri punon shumë. Muratorët punojnë të dielën.

13.5.2 POSSESSIVPRONOMEN

Ersetzen sie die in Klammern stehenden Personalpronomen durch die entsprechenden Possessivpronomen, z. B. 'Meine Brüder wohnen in der Stadt' - *Vëllezërit e mi banojnë në qytet.*

Prindërit (unë) banojnë në qytet. Dhoma (ai) është e madhe. Shoqet (ajo) vijnë çdo ditë këtu. Shokët (ajo) janë në shtëpi. Nëna (ti) është mesuese e mirë. Ora (unë) shkon përpara. Gjellët (ti) janë të shijshme. Vëllezërit (unë) punojnë në uzinë. Kushërinjtë (ai) vazhdojnë shkollën. Ç'është babai (ti) ? Familja (unë) nuk kupton shqip. Ç'do motra (ti) ? Çanta (ajo) është e zezë. Stilografi (ai) shkruan mirë. Djemtë (ajo) rrinë këtu. Shoqet (unë) gatuajnë gjellë të shijshme. Fëmijët (ti) nuk duan çaj të nxehtë me limon. Vajzat (ai) duan një kakao me biskota. Shoku (unë) do një kafe me pak sheqer. Nëna (unë) do të blejë 1 litër qumësht dhe 500 gr. gjalpë.

VIERZEHNTE LEKTION - Mësimi i katërmbëdhjetë

14.1. Praktische Redewendungen

DER ARZT KOMMT

Kam nevojë për një mjek, ju lutem.
Ich brauche einen Arzt, bitte.

Thírreni taní, është urgjént. Kur do të vijë mjeku ?
Rufen Sie ihn gleich, es ist dringend. Wann kommt der Arzt ?

Kam vjellur, mezi kapërdihem.
Ich habe mich übergeben,ich kann kaum schlucken.

Kam therje të fortë këtú.
Ich habe einen stechenden Schmerz hier.

Kam shumë dhimbje koke. Po më çahet koka.
Ich habe starken Kopfschmerz. Es zerreißt mir den Kopf.

Të shohim pak fytin, hapeni gojën.
Schauen wir mal Ihren Hals an, öffnen Sie den Mund.

Merrni frymë thellë. T'ju mas pak pulsin.
Atmen Sie tief ein. Ich messe Ihnen mal den Puls.

Tensionin e keni normal. - Ta heq termometrin ?
Ihr Blutdruck ist normal. - Soll ich das Thermometer rausnehmen ?

Ështё ndonjë gjë serioze ? Duhet të përdor ilaçe ?
Ist es etwas Ernstes ? Muß ich Medizin einnehmen ?

Qëndroni në shtrat të paktën tri ditë.
Bleiben Sie wenigstens drei Tage im Bett.

Po ju jap një recetë me ilaçe për të ulur temperaturën.
Ich gebe Ihnen jetzt ein Rezept für ein fiebersenkendes Mittel.

Kur do të shërohem ? - Duhet të bëni një radiografi.
Wann werde ich wieder gesund ? - Sie müssen geröntgt werden.

Ku është farmacía ? A është hapur natën ?
Wo ist die Apotheke ? Ist sie nachts geöffnet ?

A mund të më jepni diçka kundër djégies nga díelli ?
Können Sie mir etwas gegen Sonnenbrand geben ?

A mund të m'i jepni ilaçet pa recetë ?
Können Sie mir die Medikamente ohne Rezept geben ?

Das albanische Gesundheitswesen kennt keine frei praktizierenden Ärzte. Die Einheimischen begeben sich in staatliche Polikliniken. Für Touristen sieht die Gesundheitsfürsorge vor, daß die Ausländer im Hotel von einem Arzt versorgt werden, sofern kein ernsthafter Krankheitsfall vorliegt.

14.2. Neuer Wortschatz

dje <adv.>	gestern
gjithfarë	allerlei, jeglich
oriz-i	Reis
sarmá-ja	Kohlroulade
i pjekur	gebacken
i tiganisur	gebraten
grosh | ë, -a, pl. -ë-t	Linsen
bërxoll | ë, -a	Kotelett
fasul | e, -ja, pl. -e-t	Bohne
qoft | e, -ja, pl. -e-t	gebratenes Hackfleisch, Köfte, Pljeskavica oder Ćevapčići
sup | ë, -a	klare Suppe
çorb | ë, -a, pl. -a-t	Gemüsesuppe
buk | ë, -a	Brot, hier: Mahlzeit
portokall | e, -ja oder: portoka | ll-i, pl. -j-të	Apfelsine, Orange
shalqí-a	Wassermelone
dredhëz-a, pl. -a-t	Erdbeere
përpos < + Abl.>	außer
ëmbëlsir | ë, -a	Süßspeise (als Nachtisch)
i ëmbël	süß, lieblich
alkool-i	Alkohol
kamerier-i	Kellner
lëng-u, pl. lëngje-t	Saft

14.3. Lesestück

Në restorant

Dje kemi qenë në restorant. Në restorant ka pasur gjithfarë gjellësh: mish me oriz, sarma, mish të pjekur, speca të mbushur, mish me groshë e me patate, turlí (mish me lakra e patate), bërxollë me fasule, qofte etj. Me gjellë ka shkuar edhe sallata. Para gjellës kemi ngrënë supa ose çorba. Pas buke kemi ngrënë pemë të ndryshme: molla, rrush, dardha, portokalle, fiq, shalqí, dredhëza, qershí etj. Përpos pemëve, pas buke kemi ngrënë edhe ëmbëlsira të ndryshme. Duke ngrënë drekë, prindërit kanë pirë verë të kuqe të ëmbël, kurse fëmijët nuk kanë pirë alkool. Kamerieri u ka sjellë lëngje frutash.

(Nach LUBOTENI-VOKSHI: *Mësojmë shqip*. Prishtina 1976, S. 56)

14.4. Grammatische Erklärungen

14.4.1 DAS PARTIZIP PERFEKT

Das Partizip Perfekt ist ein Partizip der Vorzeitigkeit; sein eigentlicher Anwendungsbereich ist die Bildung der zusammengesetzten Zeitformen der Vergangenheit. Darüber hinaus dient es im Albanischen aber noch zur Bildung einiger infiniter Verbalformen (z. B. des Gerundiums). In substantivierter Form führt das Pt. Pf. immer den vorangestellten Artikel bei sich, z. B. *e kryer* 'das Perfekt', *e kryer e thjeshtë* 'der Aorist'.

Im Albanischen gibt es kein Partizip der Gleichzeitigkeit; an seiner Stelle verwendet man entweder Relativsätze oder das **Nomen agentis** auf *-ës, -ues*.

14.4.1.1 DIE BILDUNG DES PARTIZIPS PERFEKT

Historisch hängt die Bildung der Formen des Partizips der Vorzeitigkeit im Albanischen eng mit dem Aorist-Stamm zusammen. Auf der Ebene des jetzigen Sprachsystems lassen sich jedoch nicht beide auf eine Grundform zurückführen. Daher ist es gerechtfertigt, das Pt. Pf. getrennt vom Aorist vorzustellen. Eine Übersicht über die zahlreichen Bildungsweisen des Pt. Pf. bieten *Buchholz/Fiedler* (1987) auf S. 86 - 88.

In der **1. Konjugation** wird das Pt.Pf. je nach dem Vokal, der dem charakteristischen *-j* der 1. P. Sg. Pr. vorangeht, auf dreierlei Weise gebildet: (1) die Verben auf *-oj* bilden das Pt. Pf. mit dem Formans *-úar*, das an die Stelle von *-oj* tritt: *punoj, punuar.* (2) Die Verben auf *-uaj, -yej* bilden das Pt. Pf. mit *-r*: *paguaj, paguar* 'bezahlen, bezahlt', *kryej, kryer* 'vollenden, vollendet'. (3) Die übrigen Verben bilden das Pt. Pf. mit *-rë*, weil hier der Endung ein betonter Vokal vorangeht: *blej, blerë* 'kaufen, gekauft', *bëj, bërë* 'machen, gemacht', *fshij, fshirë* 'fegen, gefegt', *fryj, fryrë* 'blasen, geblasen', *laj, larë* 'waschen, gewaschen'.

In der **2. Konjugation** unterscheiden wir drei Arten der Bildung des Pt. Pf.: (1) die "regelmäßigen" Verben vom Typus *hap, mbyll, mbush* bilden das Pt. Pf. mit der Endung *-ur*, die der 1. P. Sg. Pr. angefügt wird: *hapur* 'geöffnet', *mbyllur* 'geschlossen', *mbushur* 'gefüllt'. (2) Verben, die in der 1. P. Sg. Pr. auf *-l, -ll, -rr* enden und im Aorist den Stammvokal zu **o** verändern, bilden das Pt. Pf. mit *-ë* : *dal* 'hinausgehen', **dalë** 'hinausgegangen', *mbjell* 'säen', **mbjellë** 'gesät', *marr* 'nehmen', **marrë** 'genommen'. Da es sich um eine überschaubare Anzahl von Tätigkeitswörtern handelt, lernt man am besten diese Formen auswendig wie die Stammformen unregelmäßiger Verben. (3) Eine Reihe von Verben bildet das Pt. Pf. auf *-tur*, z. B. *bërtás, bërtítur* 'schreien, geschrien'. Das *-t-* stammt hier vom Aorist-Stamm, und gewöhnlich gehören solche Verben der Unterklasse mit Suffix *-as* an. Da sich die Gesetzmäßigkeiten auf der Ebene des derzeitigen Sprachsystems nicht mehr in bündige Regeln fassen lassen, lernt man auch diese Verben am besten wie unregelmäßige auswendig.

Das "regelmäßige" Verb *pi* 'trinken' der **3 Konjugation** bildet das Pt. Pf. nach dem Paradigma der 1. Konjugation: *fshij* 'wischen', *pi* 'trinken', *fshirë* 'gewischt', *pirë* 'getrunken'. Zahlreiche Verben der 3. Konjugation bilden jedoch das Partizip auf *-në* : *vë* 'setzen', *vënë* 'gesetzt', *lë* 'lassen', *lënë* 'gelassen'. Andere Verben derselben Konugation bilden das Pt. Pf. auf *-tur* : *fle* 'schlafen', *fjetur* 'geschlafen'. Daher gilt für die gesamte 3. Konjugation, daß man am besten die Partizipien auswendig lernt, als wenn es sich um unregelmäßige Verben handelte.

Die alten **athematischen** Verben bilden das Pt. Pf. auf *-në* : *jam* 'sein', *qenë* 'gewesen', *them* 'sagen', *thënë* 'gesagt'. Aber: *kam* 'haben', **pasur** 'gehabt'. Man merke sich, daß attributives *i pasur* 'reich' bedeutet !

14.4.1.2 DAS PERFEKT

Im Albanischen wird das Perfekt Aktiv von allen Verben mit dem Hilfsverb **kam** 'haben' gebildet:

kam punúar	ich habe gearbeitet	**punue**
kam blerë	ich habe gekauft	**ble**
kam fshirë	ich habe gewischt	**fshi**
kam bërë	ich habe gemacht	**bâ**
kam hapur	ich habe geöffnet	**hapë**
kam mbushur	ich habe gefüllt	**mbushë**
kam pirë	ich habe getrunken	**pi**
kam fjetur	ich habe geschlafen	**fjetë**

kam zënë	ich habe besetzt	**zânë**
kam qenë	ich bin gewesen	**kênë/kânë**
kam pasur	ich habe gehabt	**pasë**

In der albanischen Schriftsprache drückt das Perfekt eine Handlung aus, die in der Vergangenheit ausgeführt wurde, aber deren Ergebnis in der Gegenwart noch wirksam ist. Daher ist der Anwendungsbereich des albanischen Perfekts enger als im Deutschen. Nach den Regeln der vereinheitlichten Schriftsprache müßten beispielsweise die Übungssätze des Lesestücks 14.3 im Aorist und Imperfekt ausgedrückt werden. Es ist nahezu unmöglich, eine Erzählung ausschließlich mit den zusammengesetzten Zeitformen zu bestreiten.

In der Umgangssprache der Nordgegen, besonders der Kosovaren, wird das Perfekt allerdings so wie im Deutschen verwendet. Dabei bedienen sie sich jedoch der gegischen Kurzformen des Partizips Perfekt, die in obiger Übersicht in der rechten Spalte für die betreffenden Verben wiedergegeben sind. Diese Kurzform der Partizipien ist in der Schriftsprache nur bei den Verben vom Typ *marr, mora, marrë; dal, dola, dalë* erhalten. Als Ausgangsform für andere Formen spielen sie in der Morphologie der Schriftsprache jedoch auch noch eine Rolle.

Die Langform der Partizipien lautet im Gegischen auf *-uem, -un* aus: *i kaluem* 'vergangen', *i hapun* 'geöffnet'. Sie wird im allgemeinen nur attributiv, d. h. mit vorangestelltem Artikel verwendet. Reste gegischer Partizipialbildungen kommen auch in der Schriftsprache von heute noch vor, z. B. *bamirës* 'wohltätig, der Wohltäter' (statt *mirëbërës*).

14.4.2 MIT DEM *Pt. Pf.* GEBILDETE INFINITE VERBALFORMEN (1):

14.4.2.1 DAS GERUNDIUM

Mit 'Gerundium' wird eine Verbalform bezeichnet, die es im Deutschen nicht gibt. Sie kann durch das Partizip der Gleichzeitigkeit oder einen Nebensatz wiedergegeben werden. Das albanische Gerundium wird mit der Partikel *duke* + Pt. Pf. gebildet. Die Verneinung des Gerundiums erfolgt durch **mos.**

duke punúar	arbeitend, als er arbeitete
duke mbyllur	schließend, beim Schließen, als er schloß
duke fjetur	schlafend, beim Schlafen, im Schlaf
duke thënë	sagend, indem er sagte

Im Nordosttoskischen (Kortscha) kommt auch die Aussprache *dyke* für diese Partikel vor. Die gegische Form für *duke* lautet *tue* oder *tuj*, und das Gerundium wird mit *tue/tuj* + Pt. Pf. in Kurzform gebildet: *tue/tuj punue* 'arbeitend', *tue/tuj bâ* 'machend'.

14.4.2.2 DIE VERLAUFSFORM

Die albanische Umgangssprache kennt eine besondere Verlaufsform, die mit dem Hilfsverb **jam** + Gerundium gebildet wird.

jam duke shkruar	ich bin beim Schreiben

Diese Form kann auch für die Vergangenheit gebildet werden und dann steht das Hilfsverb im Imperfekt. In der Schriftsprache trifft man die Verlaufsform vorwiegend in der erzählenden Literatur, und dann in den Dialogpartien, an.

14.4.3 DAS POSSESSIVPRONOMEN (2): DER AKKUSATIV

Beim Possessivpronomen wird unterschieden nach Einzahl und Mehrzahl sowie nach Geschlecht der Besitzer und zusätzlich noch nach Singular und Plural sowie grammatischem Geschlecht der Bezugswörter. Daher lassen sich **alle** Formen des Possessivpronomens nur in mehrseitigen Übersichten darstellen. Wir vermitteln sie nach und nach in übersichtlicheren Tabellen.

1 Besitzer in der 1., 2., und 3. Person, Akk.
"meinen, meine; deinen, deine; seinen, seine; ihren, ihre"

Sg. **burrin tim**	**burrin tënd**	**burrin e tij**	**burrin e saj**
Pl. **burrat e mi**	**burrat e tu**	**burrat e tij**	**burrat e saj**
Sg. **lulen time**	**lulen tënde**	**lulen e tij**	**lulen e saj**
Pl. **lulet e mia**	**lulet e tua**	**lulet e tija**	**lulet e saja**

Im Plural sind die Akkusativ-Formen gleich denen des Nominativs.

14.4.4 KONJUNKTIV UND FUTUR EINIGER VERBEN DER 3. KONJUGATION

In den Konjunktivformen der dritten Konjugation werden bei manchen Verben konsonantische Stammauslaute sichtbar, die im Indikativ nicht mehr vorhanden sind. Dabei handelt es sich gewöhnlich um das *r* < *n* , das auch in manchen Imperativformen auftritt. Aber nicht jedes Verb mit *r*-Auslaut im Imperativ hat dasselbe auch im Konjunktiv, z. B. *hyj* 'eintreten', *hyr !* 'tritt ein; herein !', *të hysh, të hyjë* 'tretest, trete ein'. Dieses Verb wird zur 1. Konjugation gerechnet.

setzen	*besetzen*	*lassen*
të vësh	**të zësh**	**të lësh**
të vërë	**të zërë**	**të lërë**

Das Futur obiger Verben wird entsprechend mit der Partikel *do* gebildet: *do të vësh* 'du wirst setzen', *do të zësh* 'du wirst besetzen/einnehmen', *do të lësh* 'du wirst lassen'.

14.4.5 MORPHONOLOGISCHE ALTERNATIONEN: KONJUNKTIV PRÄSENS UND FUTUR DER 2. KONJUGATION

Der Konjunktiv Präsens wird nicht bei allen Verben durch die Endungen und die Partikel *të* markiert, sondern als drittes Moduszeichen tritt noch die Vokal- oder Konsonantenqualität im Verbstamm hinzu. Verben vom Typ *marr, merr* 'nehmen', *dal, del* 'hinausgehen' zeigen in der 2. und 3. Person Konj. Präsens gegenüber dem Indikativ die Besonderheit, daß der Umlaut unterbleibt:

Ind.	*Konjunktiv*	*Ind.*	*Konjunktiv*
marr	të marr	dal	të dal
merr	të m**a**rrësh	del	të d**a**lësh
merr	të m**a**rrë	del	të d**a**lë
shoh	të shoh	njoh	të njoh
sheh	të sh**o**hësh	njeh	të nj**o**hësh
sheh	të sh**o**hë	njeh	të nj**o**hë

In ähnlicher Weise unterbleibt der *s/t*-Wechsel bei Verben vom Typ *pyes*:

unë të pyes	'ich frage',
ti të pyesësh	'du fragest'

aí të pyesë 'er frage'.

14.4.6 DER INDIREKTE FRAGESATZ

Bei den Fragesätzen haben wir Ergänzungs- und Entscheidungsfragen unterschieden; die Ergänzungs- oder Wortfragen beginnen mit einem Fragepronomen, während die Entscheidungsfragen im Albanischen regulär mit der Partikel **a** einzuleiten sind. Indirekte Fragesätze sind solche Nebensätze, die als Subjekt oder Objekt in ein größeres Satzgefüge eingebettet sind. Wie die daß-Sätze hängen sie gewöhnlich von einem Verb des Sagens oder der Wahrnehmung ab und wie diese werden die indirekten Fragesätze auch mit *se* eingeleitet. Im Albanischen steht also in jedem Falle *se* vor dem eine Ergänzungsfrage einleitenden Pronomen und vor der die Entscheidungsfrage einleitenden Partikel *a*, z. B. 'Ich weiß nicht, wer da gekommen ist' - *Nuk e di se kush ka ardhur atje.* 'Er hat mir nicht gesagt, ob er morgen kommt'. - *Ai nuk më ka thënë se a do të vijë nesër.*

14.5. Übungen

14.5.0 ZUSÄTZLICHER WORTSCHATZ

apo	oder
aq	so sehr
ark|ë, -a	Kasse
buk|ë, -a	Brot
çokollat|ë, -a	Schokolade
hérët <adv.>	früh
kalá-ja	Burg, Festung
lug|ë, -a	Löffel
nxjerr (e/i)	herausziehen, herausnehmen
pecet|ë, -a	Serviette
përshëndes, përshëndet	grüßen, begrüßen
pirun-i	Gabel
pjat|ë, -a	Teller
provoj	probieren
shi-u	Regen
bie shi	es regnet
tez|e, -ja	Tante
thik|ë, -a	Messer
ziej	kochen, sieden

14.5.1 DAS PERFEKT

14.5.1.1 **Setzen Sie die Prädikate der Übung** *13.5.1.2* **ins Perfekt**, z. B. 'Anila hat das Licht angezündet' - *Anila e ka ndezur dritën.*

14.5.1.2 **Bilden Sie aus den eingeklammerten Verben Prädikate im Perfekt**, z. B. 'Gestern hat es geregnet' - *Dje ka rënë shi.*

Dje (kam) shumë punë. Ai i (jap) shokut një kuti me çokollata. Unë (flas) me fëmijët e tija. Diana e (takoj) vëllanë tënd me shoqen e tij. Turistët (fle) deri në orën 9. Ku ai e (lë) çelësin e dhomës ? Ku (banoj) Anila dhe Vera, kur (jam) të vogla ? Dje (bie) shi. Ne (ha) darkë herët. Teuta (paguaj) në arkë dhe po merr ushqimet tek shitësja. Vajzat (shkoj) në shëtitje. Ne (blej) bukë dhe gjalpë. Genci (hap) radion dhe po dëgjon muzikë. Ne (jam) shokë. Ato e (lexoj) romanin e ri. Dje e (shoh) këtë film në kinema. Kush (pi) cigare këtu ? Tezja e (mbyll) derën e dhomës. Turistët (vizitoj) disa qytete. Gruaja (nxjerr) rrobat nga valixhja e saj. Burri i (mbush) gotat me verë. Ne (bëj) një shëtitje.

14.5.2 SCHWIERIGE FUTURFORMEN

Formen Sie die eingeklammerten Prädikate zu Futurformen um. Beachten Sie, daß die pronominalen Kurzformen immer hinter der Partikel *të* stehen.

Të shtunën Agimi (bën) një shëtitje me Arbenin. Agimi e (lë) punën në orën 14. Ai (shkon) në shtëpi dhe (ha) drekë me Arbenin. Së bashku ata (dalin) nga shtëpia dhe (shikojnë) kalanë. Arbeni e (sheh) qytetin nga lart dhe (thërret): 'Agim, shiko, shtëpitë e qytetit janë aq të vogla !' Pastaj ata (vizitojnë) Teutën. Ajo e (pyet) Arbenin: 'Sa ditë ti (rri) në qytet ?' Ky (thotë) se ai (rri) një javë te Agimi. Teuta i (pyet) shokët e saj: 'A (pini) kafe ?' Ajo (vë) filxhane në tryezë. Ajo (nxjerr) fotografitë e saja nga albumi dhe ua (tregon) shokëve. Në mbrëmje ajo (vë) pjata dhe pirunj mbi tryezë. Teuta (zien) ujë dhe (gatuan) çaj. Ata (hanë) darkë. (Bie) zilja dhe (vjen) Gëzimi, vëllai i Teutës. Ai (thotë): 'Nesër (bie) shi.' Në orën 8 ata (shkojnë) në kinema. Agimi i (blen) biletat dhe ua (jep) shokëve.

14.5.3 POSSESSIVPRONOMEN IM AKKUSATIV

Ersetzen Sie die eingeklammerten Personalpronomen durch die entsprechenden Formen des Possessivpronomens.

Unë takoj shpesh babanë (ti). Po blej disa dardhë për vëllanë (unë). Ajo e rregullon çdo ditë dhomën (ajo). Ne shohim motrën (ti). Mos hyr në dhomën (ai). Ai luan gjithmonë me djemtë (ti). Unë do të punoj bashkë me shokët (unë). Agimi do të shkojë në teatër me nxënësit (ai). Nëna ha darkë me vajzat (ajo). Arbeni do të pyesë mjekun (ai). Vera e nxjerr librin (ajo) nga dollapi. Djali i vogël përshëndet prindërit (ai). Unë ndihmoj shoqet (unë). Sokol, merri revistat (ti) ! Teuta do të vërë fotografitë (ajo) në dollap. Në dhomën (unë) nuk hyn dielli.

14.5.4 DASS-SÄTZE UND INDIREKTE FRAGESÄTZE

Formen Sie die Sätze der Übung *14.5.1.2* zu daß-Sätzen bzw. indirekten Fragesätzen um, z. B. 'Ich habe gehört, daß du gestern viel Arbeit gehabt hast' - *Kam dëgjuar se dje ti ke pasur shumë punë* oder: 'Ich weiß nicht, wo sie gewohnt haben' - *Nuk e di se ku ato kanë banuar.* Gegebenenfalls sollten die Personen verändert werden.

FÜNFZEHNTE LEKTION - Mësimi i pesëmbëdhjetë

15.1 Praktische Redewendungen

VERLETZUNG UND ZAHNSCHMERZ

Çfarë ju shqetëson ? - Mos u shqetësóni.
Was beunruhigt Sie ? - Beunruhigen Sie sich nicht !

Më ka hyrë një gjemb në dorë, a mund të ma hiqni ?
Mir ist ein Splitter (Splint) in die Hand eingedrungen, können Sie ihn mir herausziehen ?

T'i vëmë pak pomadë për të úlur enjtjen.
Tragen wir ein wenig Salbe auf, damit die Schwellung zurückgeht.

Evitoni papastërtítë, ndryshe do t'ju énjtet përsërí.
Vermeiden Sie Schmutz, sonst schwillt es wieder.

U preva në një copë xham, nuk është infektuar.
Ich habe mich an einem Stück Glas geschnitten, es ist nicht entzündet.

Do t'i vë një antiseptik, nuk duhet të bëni një injeksion kundër tetanosit.
Ich werde ein Antiseptikum auftragen, sie brauchen keine Tetanus-Spritze.

A mund ta fashoni ? - Nuk ka thyerje (frakturë).
Können Sie das verbinden (bandagieren) ? - Es liegt kein Bruch (Fraktur) vor.

Jam shumë nevrik. - Do t'ju jap një qetësues.
Ich bin sehr reizbar. - Ich werde Ihnen ein Beruhigungsmittel geben.

A mund të më jepni hapa gjumi ?
Können Sie mir Schlaftabletten geben ?

Kam dhimbje dhëmbi, a ka dentist këtu ?
Ich habe Zahnweh, gibt es hier einen Zahnarzt ?

A mund të më mjekoni provizorisht një dhëmb ?
Können Sie mir provisorisch einen Zahn behandeln ?

Këtu duhet rimbúshur, mos i ka rënë e mbúshura ?
Hier muß eine Füllung erneuert werden, ist die Füllung vielleicht herausgefallen ?

Mbarúat ? A mund të ha taní ?
Sind Sie fertig ? Kann ich jetzt essen ?

Jo, për dy orë nuk duhet të hani.
Nein, zwei Stunden lang dürfen Sie nicht essen.

Sa duhet të pagúaj ? - Asgjë zotërí, këtu çdo gjë është fálas.
Wieviel muß ich zahlen ? - Nichts, mein Herr, hier ist alles kostenlos.

Obige Sätzen enthalten vier Partizipien des Perfekts: *hyrë, úlur, rimbúshur, rënë*. Sie gehören zu Verben der 2. Konjugation (*-ur*) oder der 3. Konjugation (*-në/-rë*). Für 'Füllung' verwenden die Albaner ein substantiviertes Partizip Perfekt: *e mbúshura*, wörtlich 'die Gefüllte'.

Der verneinte Imperativ Passiv wird gebildet, indem man einfach u vor die Form des Imperativs Aktiv setzt: *mos u shqetësoni !* 'beunruhigen Sie sich nicht'. - Bestimmte Adverbien werden mit dem Suffix *-as* gebildet: *fálas* 'gratis'. In diesen Fällen liegt die Betonung auf dem Stamm, nicht der Endung.

Das Wort *hap* ist ein Homonym, das (1) Schritt, (2) Pille, Dragee, Tablette bedeutet. Man kann auch umschreiben: *ilaç me kókërr* 'Medikament in Körnerform'.

Die albanische Umgangssprache und auch die Fachsprachen der Berufe, z. B. der Ärzte, enthalten viele Fremdwörter. Häufig ist es nicht einfach, die korrekte Schreibweise dieser Termini zu ermitteln, weil sie in den Regelwerken der Sprachpflege gar nicht erfaßt sind. So gibt es im Gesprächsbuch von Zef Mazi auf S. 264 *inxheksion*, auf S. 267 *injeksion*, beides mit der Bedeutung 'Spritze, Injektion'. Vermutlich sind beide Aussprachen zulässig.

15.2. Neuer Wortschatz

<table>
<tr><td>vilajet-i</td><td>Provinz (in osmanischer Zeit), Land</td></tr>
<tr><td>të parët</td><td>die ersten, als erste</td></tr>
<tr><td>nisem</td><td>ich breche auf</td></tr>
<tr><td>u nisën</td><td>sie brachen auf</td></tr>
<tr><td>i errët</td><td>finster, dunkel</td></tr>
<tr><td>përrallor, -e</td><td>märchenhaft, Märchen-</td></tr>
<tr><td>për të hyrë</td><td>um einzutreten</td></tr>
<tr><td>bark-u</td><td>Bauch, Inneres</td></tr>
<tr><td>fshehtësi-a</td><td>Geheimnis</td></tr>
<tr><td>vetë</td><td>selbst</td></tr>
<tr><td>mashtroj</td><td>betrügen, täuschen</td></tr>
<tr><td>rrëfim-i</td><td>Erzählung, Bericht</td></tr>
<tr><td>mbret-i</td><td>König</td></tr>
<tr><td>ndahem</td><td>sich trennen</td></tr>
<tr><td>u ndanë</td><td>sie trennnten sich</td></tr>
<tr><td>fshéhurazi</td><td>insgeheim, heimlich</td></tr>
<tr><td>errësir|ë, -a</td><td>Finsternis</td></tr>
<tr><td>njëri, njëra</td><td>der eine, die eine</td></tr>
<tr><td>dëshir|ë, -a</td><td>Wunsch</td></tr>
<tr><td>mbledh, mblidhni</td><td>sammeln, pflücken</td></tr>
<tr><td>sepse</td><td>weil</td></tr>
<tr><td>i vet</td><td>sein (Poss. pron.)</td></tr>
<tr><td>të gjith|ë, -a</td><td>alle</td></tr>
<tr><td>më së shumti</td><td>zumeist, meistens, am meisten</td></tr>
<tr><td>duq</td><td>Zapfen, Stengel, Zigarettenkippe</td></tr>
<tr><td>kur</td><td>wenn (zeitlich)</td></tr>
<tr><td>derdh</td><td>gießen, ausströmen</td></tr>
<tr><td>lëng-u</td><td>Saft</td></tr>
<tr><td>i cili</td><td>welcher (Rel.Pron.)</td></tr>
<tr><td>të cilit</td><td>welchem</td></tr>
<tr><td>vij, vjen, vini</td><td>kommen</td></tr>
<tr><td>er|ë, -a</td><td>Luft, Geruch, Duft</td></tr>
<tr><td>gjak-u</td><td>Blut</td></tr>
<tr><td>i vjen era</td><td>hervortreten, sichtbar werden</td></tr>
<tr><td>ndërsa</td><td>während</td></tr>
<tr><td>madje</td><td>sogar</td></tr>
<tr><td>thënë</td><td>gesagt</td></tr>
<tr><td>vazhdoj, vazhduar</td><td>verfolgen, fortfahren; (Schule) besuchen</td></tr>
<tr><td>bri < + Abl.></td><td>bei, am Rande von</td></tr>
<tr><td>flet|ë, -a</td><td>Blatt</td></tr>
<tr><td>këmbon|ë, -a, këmbor|ë, -a</td><td>Glocke</td></tr>
</table>

mjalt|ë, -i	Honig
thith	saugen
ndiej	fühlen, spüren
xhenet-i	Paradies (bei den Muslimen)
rris, *pass.* rritem	aufziehen, züchtcn
rriten	sie wachsen
i zemëruar	erzürnt, wütend
quhem	heißen, genannt werden
rrok, i rrokur	anfassen, angefaßt
dorë për dore	Hand in Hand
terr-i	Schrecken
i përjetsh|ëm, e -mc	ewig
bie, rënë	fallen, gefallen
kot	vergebens, umsonst
humb	verlieren
trup-i	Körper, Leib
gjurm|ë, -a	Spur, Fährte
humb trup i gjurmë	sich verirren
vise-t <*pl.tantum*>	Gegend
sërish	von neuem, erneut
frikë-a	Furcht
vajtim-i	Wehklagen
vetmi-a	Einsamkeit

15.3. Lesestück

Në Vilajetin e errët

Ata që të parët u nisën në rrugën e errët e përrallore për të hyrë në barkun e fshehtësive të Vilajetit të errët ishin vetë fëmijët. Të mashtruar nga rrëfimi mbi kopshtet me lule të Mbretit të Vilajetit të errët, dy fëmijë, një ditë u ndanë fshehurazi nga nënat dhe shtëpitë e tyre dhe ia hynë errësirës. Njëri kishte dëshirë të mblidhte lule të kuqe, sepse si i thoshte shokut të vet nga të gjitha lulet më së shumti i donte lulet e kuqe, ato lulet me një duq të madh që kur ta hapësh derdhet një lëng i kuq, të cilit i vjen era gjak. Ndërsa fëmija tjetër, si i kishte thënë fëmijës tjetër, i donte shumë lulet e verdha, madje i kishte thënë atij, se lulet e verdha i donte edhe nëna e vet. Lulet e verdha kishte vazhduar fëmija, bri fletëve të bukura të verdha, e kanë edhe një këmbonë të vogël të mbushur plot me lëng të ëmbël si mjalti, më të ëmbël se mjalti, kishte thënë fëmija. Dhe kur ta hapësh atë këmbonë e ta thithësh lëngun, ndien një kënaqësi po edhe një erë, që thonë, i ngjet erës së xhenetit. Edhe lulet që i dua unë dhe që, si thotë rrëfimi, rriten shumë në kopshtin e mbretit të zemëruar, quhen lulet e xhenetit. Dy fëmijët të rrokur dorë për dore kishin hyrë në terrin e përjetshëm të Vilajetit, e në Vilajet, thonë, po atëherë kishte rënë nata. Kot i kishin pritur nënat fëmijët e vet, ata kishin humbur trup e gjurmë dhe në viset rreth maleve filloi sërish frika e vajtimi.

(Nach S. HAMITI, *Njëqind vjet vetmi*. Prishtinë 1976, S. 16 f.)

15.4. Grammatische Erklärungen

15.4.1 DAS IMPERFEKT AKTIV

Neben dem Perfekt, das zu den zusammengesetzten (analytisch gebildeten) Zeitformen des Albanischen zählt, gibt es noch zwei Tempora, die beide dem deutschen Präteritum entsprechen. Es macht erfahrungsgemäß Deutschen einige Mühe, den Unterschied zu verstehen und die beiden Zeiten korrekt anzuwenden. In der Grammatik *Buchholz/Fiedler* (1987) wird auf S. 125 - 127 die Anwendung des Imperfekts an zahlreichen der Literatur entnommenen Beispielen erläutert. Wir beschränken uns auf eine vereinfachte Darstellung.

Das Imperfekt drückt (1) die bloße Zeitstufe aus. Gewöhnlich handelt es sich um die Vorzeitigkeit, und hier spielen die Verben **jam** 'sein' und **kam** 'haben' im Sprachgebrauch eine wichtige Rolle. In der **indirekten Rede** kann das Imperfekt aber auch die Gleichzeitigkeit zum Ausdruck bringen, wenn das übergeordnete Verb in einer Vergangenheitsform steht. (2) Dauer oder Wiederholung in der Vergangenheit werden durch das Imperfekt ausgedrückt; in der Umgangssprache werden solche Formen auch durch die Partikel **po** verstärkt. (3) Das Imperfekt kann Modalität ohne Zeitbezug zum Ausdruck bringen; dies trifft in erster Linie auf irreale Bedingungssätze zu.

15.4.1.1 DIE REGELMÄSSIGE BILDUNG DES IMPERFEKTS

Das Imperfekt wird bei den meisten Verben auf denkbar einfache Weise gebildet, insofern die dazu benötigten Endungen für die drei Konjugationen nahezu gleich lauten: *-ja, -je, -te/-nte, -nim, -nit, -nin*. Die Endung *-nte* wird an vokalische auslautende Stämme angefügt, -*te* an konsonantische.

arbeiten	*bezahlen*	*waschen*	*öffnen*	*trinken*
punoja	**paguaja**	**laja**	**hapja**	**pija**
punoje	**paguaje**	**laje**	**hapje**	**pije**
punonte	**paguante**	**lante**	**hapte**	**pinte**
punonim	**paguanim**	**lanim**	**hapnim**	**pinim**
punonit	**paguanit**	**lanit**	**hapnit**	**pinit**
punonin	**paguanin**	**lanin**	**hapnin**	**pinin**

15.4.1.2 MORPHONOLOGISCHE ALTERNATIONEN IM IMPERFEKT

Die Verben mit Vokalveränderungen oder *s/t*-Wechsel im Indikativ Präsens bilden das Imperfekt zwar nicht unregelmäßig, aber die Anwendung der Regeln bereiten dem Anfänger Schwierigkeiten. Daher ist häufig ein Blick in die tabellarischen Übersichten der Morphologie erforderlich, wenn eine bestimmte Form korrekt gebildet werden soll. Die Endungen stellen nämlich nicht das einzige Morphem des Imperfekts dar, sondern bei einer recht großen Anzahl von Verben des alltäglichen Gebrauchs tritt eine Vokalveränderung und/oder Konsonantenwechsel als zweite Markierung hinzu.

Das Imperfekt weist immer denselben Stammvokal auf, den auch die 2. P. Pl. Präsens zeigt, und zwar in allen Personalformen:

marr 'ich nehme',	**merrni** 'ihr nehmt',	**merrja** 'ich nahm'
dal 'ich gehe hinaus',	**dilni** 'ihr geht hinaus',	**dilja** 'ich ging hinaus'
fle 'ich schlafe',	**flini** 'ihr schlaft',	**flija** 'ich schlief'
zë 'ich besetze',	**zini** 'ihr besetzt',	**zija** 'ich besetzte'

Die dritte Person Sg. lautet nach obiger Regel: **merrte, dilte, flinte, zinte.** Das **i** überwiegt bei weitem als charakteristischer Vokal des Imperfekts.

Verben vom Typ *pyes* 'fragen' richten sich im gesamten Imperfekt hinsichtlich des Konsonanten, der vor den Endungen steht, nach der 2. P. Pl. Präsens:

pyes 'ich frage' **pyesni** 'ihr fragt' **pyesja** 'ich fragte'

Wenn die 2. P. Pl. Präsens kein **t** aufweist, tritt dieses auch im ganzen Imperfekt nicht auf. Es gibt jedoch eine Reihe von Verben, die in dieser Präsensform entweder **t** oder s zulassen. Dazu gehören vor allem diejenigen der 2. Konjugation, die mit dem Suffix *-as* gebildet werden:

bërtas 'ich schreie' *bërtet* 'er schreit'
bërtisni/bërtitni 'ihr schreit'

In diesen Fällen hat das gesamte Imperfekt eine doppelte Form, die alternativ verwendet werden kann:

bërtisja		**bërtitja**	ich schrie
bërtisje		**bërtitje**	du schriest
	bërtiste		er schrie
bërtisnim		**bërtitnim**	wir schrien
bërtisnit		**bërtitnit**	ihr schriet
bërtisnin		**bërtitnin**	sie schrien

Es gibt Verben der 2. Konjugation, die in allen Formen des Präsens und des Impf. das Auslaut-*t* bewahren, z. B. *hesht* 'schweigen'. In diesem Falle weist die 3. P. Sg. Impf. **-tt-** auf: *heshtte* 'er schwieg.

15.4.2 DAS IMPERFEKT DER ALTEN ATHEMATISCHEN VERBEN

sein	*haben*	*sagen*
isha	**kisha**	**thosha**
ishe	**kishe**	**thoshe**
ishte	**kishte**	**thoshte**
ishim	**kishim**	**thoshim**
ishit	**kishit**	**thoshit**
ishin	**kishin**	**thoshin**

Bei allen drei Verben kann im Substandard die Endung *-te* der 3. P. Sg. Impf. ausfallen: *ish, kish, thosh.*

Das gegische Imperfekt, das das charakteristische Formans **-sh-** in allen Formen außer der 3. P. Sg. aufweist, wird so erklärt, daß die Formen der Kopula 'sein' an den Verbalstamm angehängt und zu Endungsmorphemen geworden seien: *punojsha* 'ich arbeitete'. Auf diese Weise gebildete Formen spielen noch in der älteren Literatur eine Rolle und sollten daher passiv beherrscht werden, wenn man die Werke von MIGJENI oder Haki Stërmilli lesen will.

15.4.3 MIT DEM PARTIZIP PERFEKT GEBILDETE VERBALFORMEN (2): UMSCHREIBUNGEN DES INFINITIVS PASSIV

Da das Albanische keinen Infinitiv kennt, nimmt die Sprache andere Wege, um denselben Sinn auszudrücken. Wir haben gesehen, daß gewöhnlich der Konjunktiv an die Stelle eines deutschen Infinitivs tritt, z. B. nach dem unpersönlichen Ausdruck *duhet* für das deutsche Modalverb 'müssen': *duhet të shkosh* 'du mußt gehen'. Dies setzt voraus, daß derjenige, der eine Handlung ausführen soll, bekannt ist. Will man sich unbestimmt ausdrücken, dann tritt in diesem Falle das Partizip Perfekt ein: **duhet shkuar** 'man muß gehen'. Dem Sinne nach handelt es sich um einen Ersatz für den deutschen Infinitiv des Passivs 'es muß gegangen werden'. Daher kann auch die Pluralform von *duhet* angewendet werden:

këtá formularë duhen plotësúar
diese Formulare müssen ausgefüllt werden.

Dieser Satz läßt sich nur dann umformen zu einem Satz mit abhängiger Verbalphrase im Konjunktiv, wenn er passivisch ausgedrückt wird.

In ähnlicher Weise läßt sich auch deutsches 'ohne zu' durch das Partizip Perfekt wiedergeben, wenn man die Präposition **pa** 'ohne' davor setzt: **pa punuar** 'ohne zu arbeiten'.

15.4.4 DAS POSSESSIVPRONOMEN (3): 1. PERSON MEHRERE BESITZER, NOMINATIV UND AKKUSATIV

Die Possessivpronomen der ersten und zweiten Person sind im Albanischen aus Kurzformen des hinweisenden Fürworts und verstümmelten Formen des Personalpronomens zusammengesetzt. Dies wird am deutlichsten bei den Possessivpronomen, die deutsch 'unser, unsere' entsprechen. Das zweite Elemente ist dabei *në* < **ne** 'wir' , das erste *(k)y, (kë)tá* für das Maskulinum, *(k)jo, (a)tó* für das Femininum (vgl. **12.4.5**).

	Maskulinum	*Femininum*
Sg.	**burri ynë**	**lulja jonë**
	burrin tonë	**lulen tonë**
Pl.	**burrat tanë**	**lulet tona**
	burrat tanë	**lulet tona**

15.4.5 DER RELATIVSATZ (1)

Relativsätze sind mit einem Prädikat erweiterte Satzteile. Wenn wir den Satz 'Sie werden die Zimmer aufgeräumt finden' (vgl. L. **7.1** und **8.4.1**), zu 'Sie werden die Zimmer, die aufgeräumt sind, finden', umformen, dann ist das Prädikativum *aufgeräumt* zum Prädikatsnomen *aufgeräumt* geworden. Im letzten Falle hat es eine Kopula bei sich.

Solche eingebetteten Sätze, die einen mit Prädikat erweiterten Satzteil darstellen, werden **Nebensätze** genannt. Eine recht unproblematische Art von Nebensätzen stellen die Relativsätze dar. Sie werden im Deutschen mit 'der, die, das' je nach dem grammatischen Geschlecht des Bezugsworts eingeleitet. Im Albanischen gibt es grundsätzlich zwei Arten von Relativsätzen: solche, die mit einem indeklinablen Strukturwort eingeleitet werden und solche, bei denen ein deklinierbares Fragepronomen die Beziehung zum Bezugswort im Hauptsatz herstellt. In älterem Schriftdeutsch entspricht dieser letztgenannten Art der mit 'welcher, welche, welches' eingeleitete Relativsatz.

Relativsätze beruhen nicht nur auf erweiterten Prädikativa, sondern auf einer Reihe von Satzteilen. Da es im Albanischen kein Partizip der Gleichzeitigkeit gibt, muß im Albanischen die Form des Relativsatzes gewählt werden, wenn wir uns im Deutschen auch des Partizips Präsens bedienen können, z. B. 'der schlafende Mensch' - *njeriu që fle.* Von dieser Art ist auch das Satzfragment: *Ata që të parët u nisën ishin* - 'Diejenigen, die zuerst aufbrachen, waren ...'

Da die Partikel **që** unveränderlich ist, kann sie weder Geschlecht, noch Fall, noch Zahl zum Ausdruck bringen. Diese Kategorien müssen also in der Verbalphrase des Nebensatzes Berücksichtigung finden, z. B. 'der Mensch, den ich gesehen habe' - *njeriu që e kam parë*. Man könnte auch so segmentieren: *njeriu që: e kam parë* 'der Mensch: ich habe ihn gesehen'. Ähnlich wird mit Dativobjekten verfahren, die im deutschen Relativsatz durch 'dem', 'der' (f.) bezeichnet werden: *gruaja që i jap një dhuratë* - 'die Frau, der ich ein Geschenk gebe'.

Relativsätze, die für ein Genitivattribut oder eine präpositionale Ergänzung stehen, können im Albanischen nicht mit **që** gebildet werden. Sie werden daher später behandelt.

15.5. Übungen

15.5.0 Zusätzlicher Wortschatz

apartament-i	Appartement, Wohnung
dëshiroj	wünschen, wollen
fabrik|ë, -a	Fabrik
gëzim-i	Freude
Gëzim-i	<Männername>
i gëzuar	fröhlich, glücklich, froh
mobili|e, -a	Möbel
njëri, njëra	der eine, die eine
shëtitor|e, -ja	Promenade, Boulevard
Shpres|ë, -a	Speranza <Frauenname>
Skënder-i	Skander, Alexander, Iskender

15.5.1 Imperfekt

15.5.1.1 Übertragen sie die Prädikate in Übung `13.5.2` ins Imperfekt, z. B. 'Meine Eltern wohnten in der Stadt' - *Prindërit e mi banonin në qytet.*

15.5.1.2 Bilden Sie Sätze im Imperfekt , z. B. vëllai im / jam / shumë i gëzuar > *Vëllai im ishte shumë i gëzuar* - Mein Bruder war sehr froh.

Skënderi	shoh	një film të ri
Shpresa	eci	nëpër rrugët e Tiranës
ju	punoj	në shkollë
turistët	paguaj	në arkë
unë	vij	nga qyteti shumë vonë
ti	shikoj	herë pas here fotografitë e fëmijëve
ne	dëshiroj të vizitoj	Shqipërinë
shoqet tona	marr	një taksi
shokët tanë	jam	shumë i gëzuar
fëmijët tona	kam	dhomën e bukur
motra ime	pi	lëngje frutash
babait	pëlqej të flas	shqip
vëllai im	blej	një dhuratë
gratë	dal	nga hoteli ynë

15.5.2 DAS PERSONALPRONOMEN: 'UNSER'

Ersetzen Sie die eingeklammerten Personalpronomen durch die entsprechenden Possessivpronomen

Familja (ne) banon në fshat. Vëllezërit (ne) punojnë në fabrikën e bukës. Oborri (ne) është i bukur. Në qytetin (ne) ka shumë lëvizje. Në shtëpinë (ne) ka shumë lule. Dhoma (ne) bie nga jugu dhe ka një ballkon. Unë punoj me gëzim në kopshtin (ne). Ne presim prindërit (ne). Fëmijët (ne) vazhdojnë shkollën. Ne do të shkojmë në teatër me shokët (ne). A është i madh apartamenti (ti)? Cila është adresa (ti) tani ? Adresa (unë) është kjo : ... Telefoni (unë) nuk punon. Nesër do të vijë tezja (unë) nga Tirana. Ti bën fotografi të bukura me aparatin (ti). Kur do të takosh shoqen (ti) ? Shoqja (ne) flet në telefon me nënën (ne). Dhoma (Vera) ka shumë dritë. Ç'mobilje ka në dhomën (ajo) ? Biçikleta (Gëzimi) është e re. Vajzat (ai) mësojnë anglisht.

15.5.3 GERUNDIUM

Bilden Sie aus den eingeklammerten Verben Formen des Gerundiums, z. B. (paguaj) në arkë, Anila bisedonte me shitësen > *Duke paguar në arkë, Anila bisedonte me shitësen* - 'Während sie an der Kasse zahlte, unterhielt sich Anila mit der Verkäuferin'.

(eci) nëpër shëtitoren e qytetit, unë shikoja grumbullin e njerëzve. (lexoj) revistat e re, Vera mësonte shumë gjëra për këtë qytet. Të gjithë dëgjonin me interes, (rri) në një sallë të madhe. (zbres) nga autobusi, Agimi dëgjonte muzikë të bukur. (shëtit) nëpër rrugët e kryeqytetit, studentët bisedonin për udhëtimin e tyre. Anila shkruante një letër, (pres) shoqet. Agimi pinte duhan, (telefonoj) me vëllanë e tij. Shoqëruesja jonë fliste ngadalë, (kaloj) nga njëra sallë në tjetrën. (shkoj) në restorant, bisedoja me një vajzë të vogël.

SECHZEHNTE LEKTION - Mësimi i gjashtëmbëdhjetë

16.1. Praktische Redewendungen

BEIM EINKAUF

Le të hyjmë në Mapo, dua të blej një fustan veror.
Laß uns ins Kaufhaus gehen, ich will ein Sommerkleid kaufen.

Dëshiroj ta provoj, a mund ta vesh në dhomën e provës ?
Ich möchte es anprobieren, kann ich es im Umkleideraum überziehen ?

Eshtë pak i gjerë në shpatulla dhe i ka mëngët e gjata.
Es ist ein wenig breit in den Schultern und hat zu lange Ärmel.

Ka nevojë për disa rregullime të vogla.
Es muß ein wenig geändert werden.

A duhet ta fus më përpara në ujë ?
Muß ich es vorwaschen [gegen Einlaufen] ?

A mund të qep një kostum ?
Kann ich einen Anzug nähen lassen ?

Më vjen keq, atëherë duhet të shkoni te rrobaqepësi. Ai do të marrë masën.
Tut mir leid, dann müssen Sie zum Schneider gehen. Er wird Maß nehmen.

Dëshirojmë ndonjë këmishë, numër 39.
Wir möchten ein Hemd, Größe 39.

Dua të blej një kostum monopet.
Ich möchte einen einreihigen Anzug kaufen.

Nuk desha tamam këtë, a mund të më tregoni ndonjë tjetër ?
Das ist nicht das, was ich gesucht habe, können Sie mir einen anderen zeigen ?

Po, marr këtë, sa kushtojnë të tëra ?
Ja, ich nehme ihn (es), wieviel kostet das zusammen ?

Ku mund ta paguaj ? - Arka është afër hyrjes.
Wo kann ich das bezahlen ? - Die Kasse ist in der Nähe des Eingangs.

Kaufhäuser heißen in Albanien **Mapo**, was die Abkürzung für *Magazina Popullore* darstellt. Es handelt sich um größere Gemischtwarenhandlungen zu ebener Erde. In Jugoslawien heißen solche Geschäfte *Shtëpia e Mallrave* ('Warenhaus'); sie sind zumeist mehrstöckig und entsprechen in der baulichen Ausführung und im Sortiment mitteleuropäischen Vorstellungen von einem Kaufhaus.

Der ganze Wortschatz, der sich auf die Kleidung bezieht, ist im Albanischen doppelt vorhanden, je nachdem ob es sich um traditionelle Volkstrachten oder moderne europäische Kleidungsstücke handelt. Entsprechend sind auch die Berufsbezeichnungen doppelt: *rrobaqepës-i* ist der Schneider, *terzi-a* hingegen der Trachtenschneider für Männerkleidung. *Pantallona-t* sind 'Hosen', *tirq-it* hingegen die Filzhosen der Landbevölkerung. *Kësulë-a* ist neutral für 'Mütze', aber in Kosova nennt man die weißen Albanermützen *plis-i*, in Gjirokastra die entsprechende Kopfbedeckung mit 'Antenne' (Zipfel) - *takij|e-a*. In Mittelalbanien ist diese weiße Mütze oben abgeflacht, und dann heißt sie *qelesh|e, -ja*.

In Konfektion hergestellte Trachten werden in albanischen Hotels angeboten; sie emtsprechen jedoch im Material nicht den Volkstrachten. In Jugoslawien hingegen können sich Ausländer solche Trachten nach Maß anfertigen lassen; der Preis richtet sich nach der Menge und Qualität der Applikationen. Bei den Hosen (*tirq*) beispielsweise bestimmt die Anzahl der aufgenähten Borten (*gajtane-t*) den Preis.

Im Albanischen wird der faktitive Sinn von Verben nicht in jedem Fall sprachlich ausgedrückt, sondern muß sich aus der Situation ergeben. *Dua të qethem* bedeutet an sich 'ich will mir die Haare schneiden'. Weil aber kaum jemand das selbst tut, ist es klar, daß 'schneiden *lassen*' gemeint ist. Anders verhält es sich bei *rruhem* 'sich rasieren', denn das kann man in der Tat alleine. Hier wird der Sinn erst eindeutig, wenn man den Kontext berücksichtigt. Die Frage *a mund të qep një kostum ?* 'Kann/darf ich einen Anzug nähen ?' ist nur sinnvoll, wenn man berücksichtigt, daß auch hier der faktitive Sinn ergänzt werden muß, ohne sprachlich ausgedrückt zu sein. Gemeint ist also *nähen lassen* !

Für ganz, alles besitzen die Albaner mehrere Möglichkeiten des Ausdrucks. *I tërë, e tërë* 'ganz' steht als Attribut hinter dem Beziehungswort. *Mbarë* oder *tërë* ohne Artikel und vor das Beziehungswort gestellt hat denselben Sinn: *mbarë bota* 'die ganze Welt'. Im Plural gibt es *të tëra* und *të gjitha* 'alles'.

16.2. Neuer Wortschatz

<table>
<tr><td>kantier-i</td><td>Baustelle</td></tr>
<tr><td>Katrin|ë, -a</td><td>Katharina <Frauenname></td></tr>
<tr><td>vizitoj</td><td>besuchen</td></tr>
<tr><td>shtrij, shtrirë</td><td>ausstrecken, ausgestreckt</td></tr>
<tr><td>vend-i</td><td>(1) Ort, (2) Land</td></tr>
<tr><td>i çuditsh|ëm, -me</td><td>wunderbar, erstaunlich</td></tr>
<tr><td>hekur-i</td><td>Eisen</td></tr>
<tr><td>bllok-u, pl. blloqe-t</td><td>Block</td></tr>
<tr><td>kudó <adv.></td><td>überall</td></tr>
<tr><td>beton-i</td><td>Beton</td></tr>
<tr><td>mur-i</td><td>Mauer, Wand</td></tr>
<tr><td>krah-u</td><td>Schulter</td></tr>
<tr><td>bërryl-i</td><td>Ellenbogen</td></tr>
<tr><td>herë ... herë</td><td>mal ... mal, bald ... bald</td></tr>
<tr><td>gjymtyr|ë, -a</td><td>Glied, Gelenk, pl. Gliedmaßen</td></tr>
<tr><td>qeni|e, -a</td><td>Wesen</td></tr>
<tr><td>muroj, muruar</td><td>(ein-)mauern, gemauert, eingemauert</td></tr>
<tr><td>magji-a</td><td>Magie</td></tr>
<tr><td>midis < + Abl.></td><td>unter, zwischen</td></tr>
<tr><td>vinç-i</td><td>Aufzug, Winde</td></tr>
<tr><td>tull|ë, -a</td><td>Ziegel, Ziegelstein</td></tr>
<tr><td>hendek-u</td><td>Graben, Schützengraben</td></tr>
<tr><td>vështroj</td><td>hinsehen, schauen</td></tr>
<tr><td>i mahnitur</td><td>erstaunt, verblüfft</td></tr>
<tr><td>mbretëri-a</td><td>Reich, Königreich</td></tr>
<tr><td>tel-i</td><td>Draht</td></tr>
<tr><td>Xhevit-i</td><td>Dschewit <Männername></td></tr>
<tr><td>ca, disa</td><td>einige</td></tr>
<tr><td>kolon|ë, -a</td><td>(1) Kolonne, (2) Säule, Traverse</td></tr>
<tr><td>i trashë</td><td>dick, grob</td></tr>
<tr><td>i papritur</td><td>unerwartet, plötzlich</td></tr>
<tr><td>ngre, ngrita</td><td>hochheben, ich hob hoch</td></tr>
<tr><td>u mahnita</td><td>ich war erstaunt</td></tr>
<tr><td>lartësi-a</td><td>Höhe</td></tr>
<tr><td>met|ër, -ri</td><td>Meter</td></tr>
<tr><td>syze-t</td><td>Brille</td></tr>
<tr><td>i përkulur</td><td>gebeugt</td></tr>
<tr><td>tub-i</td><td>Rohr</td></tr>
<tr><td>lëshoj</td><td>lassen, zulassen, loslassen</td></tr>
</table>

curril-i	Strahl, Wasserstrahl
flak|ë, -a	Flamme
metal-i	Metall
ngel	bleiben, hängenbleiben, zurückbleiben
me gojë hapur	erstaunt, mit offenem Mund
jet|ë, -a	Leben
saldoj	schweißen
dasm|ë, -a	Hochzeit

16.3. Lesestück

Në kantier

Katrina tregoi: «Kantieri, që fillúam të vizitonim, ishte i madh dhe i shtrirë në një vend të gjerë. Këtú çdo gjë ishte e çuditshme. Hékurat dilnin kudó nga blloqet e betonit, nga muret, nga toka. Ató ngjanin herë si krahë, herë si bërryle, herë si gjymtyrë të ca qenieve përrallore, që ishin muruar këtu nga ndonjë magjí. Midis hekurave, blloqeve të betonit, vinçave, tullave, hendekëve lëvíznin punëtorët.

Ne kalonim dhe vështronim të mahnítura këtë mbretërí hékuri dhe betoni. Dhe atje, midis hekurave dhe telave, unë pashë për herë të parë Xhevitin. Ne po kalonim nën ca kolona të trasha, kur unë, paprítur, ngrita kokën dhe u mahnita. Në një lartësí prej disá metrash, një njerí me syze të mëdhá e të errëta ishte përkúlur mbi një tub dhe herë pas here lëshonte një curril flake mbi metal. Unë ngela me gojë hapur. Ishte hera e parë në jetën time, që po shikoja një njerí që saldonte.»

(Nach I. KADARE, *Dasma*, 1967)

16.4.Grammatische Erklärungen

16.4.1 DER AORIST (EINFACHES PRÄTERITUM)

Der Aorist ist eine Vergangenheitszeitform, die häufiger angewendet wird als das Imperfekt. Sie bezeichnet eine abgeschlossene Handlung, wobei es ohne Belang ist, ob diese Handlung einmalig, wiederholt oder andauernd stattgefunden hat. Im Albanischen können also Verben wie 'dauern' (*zgjat*) oder Prädikate mit Zeitangaben wie 'sie saßen 3 Stunden schweigend' sehr wohl im Aorist ausgedrückt werden. Im Nordgegischen, speziell bei den Kosova-Albanern, vertreten häufig Perfektformen den Aorist. Dies gilt jedoch als inkorrekt. Die Albaner nennen den Aorist 'einfaches Präteritum' im Gegensatz zum Perfekt, das mit einem Hilfsverb gebildet wird.Die Abgrenzung des Gebrauchs von Aorist und Perfekt wird bei *Buchholz/Fiedler* (1987), S. 127 -131 dargestellt.

Der Aorist weist eine sehr große Vielfalt von Bildungsweisen auf, so daß wir den Stoff auf drei Lektionen verteilt vermitteln.

16.4.1.1 In der **1. Konjugation** muß man nach der 1. Person Präsens folgende Paradigmen unterscheiden:

arbeiten	*schreiben*	*waschen*	*kaufen*	*fühlen*	*wenden*
punoj	shkruaj	laj	blej	ndiej	kthej
pun-o-va	**shkr-o-va**	**la-va**	**ble-va**	**ndje-va**	**kth-e-va**
pun-o-ve	**shkr-o-ve**	**la-ve**	**ble-ve**	**ndjeve**	**kth-e-ve**
pun-o-i	**shkr-o-i**	**la-u**	**ble-u**	**ndje-u**	**kth-e-u**
pun-ua-m	**shkr-ua-m**	**la-më**	**ble-më**	**ndje-më**	**kth-ye-m**
pun-ua-t	**shkr-ua-t**	**la-të**	**ble-të**	**ndje-të**	**kth-ye-t**
pun-ua-n	**shkr-ua-n**	**la-në**	**ble-në**	**ndje-në**	**kth-ye-n**

Nach a, e, i, y nimmt die 3. P. Sg. des Aorist im Aktiv den Auslautvokal *-u* an, sonst *-i*. Die auf -o und -e auslautenden Präsensstämme (*puno-j, këmbe-j*) verändern diesen Vokal im Plural zu *-ua-* bzw. *-ye-* : *punuam, këmbyem*. Bei den einsilbigen Verben wie *laj, kthej* herrschen besondere Verhältnisse, und man lernt am besten die 1. P. Pl. des Aorists einfach auswendig. *Lyej* 'schmieren' wird wie *kthej* behandelt: *lyej - leva, lyem*; *fshij* 'wischen' und *shtyj* 'stoßen' hingegen wie *laj*: *fshiva, fshimë; shtyva, shtymë*.

16.4.1.2 Die Verben der **2. Konjugation** weisen im Aorist sehr ähnliche Endungen auf wie diejenigen der 1. Konjugation; allerdings fehlt ihnen der Gleitkonsonant -*v*-, der für die vokalisch auslautenden Stämme charakteristisch ist.

öffnen	*schließen*
hap	mbyll
hap-a	**mbyll-a**
hap-e	**mbyll-e**
hap-i	**mbyll-i**
hap-ëm	**mbyll-ëm**
hap-ët	**mbyll-ët**
hap-ën	**mbyll-ën**

16.4.2 DAS GENITIVATTRIBUT IN DER DEKLINATION

Wir unterscheiden im albanischen drei Arten von Attributen: (1) Genitiv-Attribute, (2) adjektivische Attribute, (3) pronominale Attribute. Die adjektivischen Attribute unterteilen sich wieder in solche **ohne Gelenkartikel** (z. B. *heroik* 'heroisch', *zemërgjerë* 'großzügig') und - in den meisten Fällen - mit Gelenkartikel. Bei der letztgenannten Gruppe steht das Attribut gewöhnlich nach dem Beziehungswort; es kann jedoch auch - zu Zwecken der Emphase - vorangestellt werden. Je nach Wortart und Stellung des Beziehungswortes erhält der oder die Artikel verschiedene Formen. Wir werden daher im folgenden, verteilt auf mehrere Lektionen, die verschiedenen Attribute in ihrer Besonderheit darstellen müssen.

16.4.2.1 Das Genitivattribut beim determinierten Beziehungswort

Der Ratspräsident	*Das Anprobierzimmer*
kryetari i këshillit	dhoma e provës
i kryetarit të këshillit	i dhomës së provës
kryetarit të këshillit	dhomës së provës
kryetarin e këshillit	dhomën e provës

Die Ratspräsidenten	*Die Anprobierzimmer*
kryetarët e këshillit	dhomat e provës
i kryetarëve të këshillit	i dhomave të provës
kryetarëve të këshillit	dhomave të provës
kryetarët e këshillit	dhomat e provës

Der Gelenkartikel richtet sich in Genus, Numerus und Kasus nach dem vorangehenden Beziehungswort; im Plural sind allerdings die Formen für Maskulina und Feminina gleich, so daß nur Numerus und Kasus unterschieden werden.

16.4.2.2 Das Genitivattribut beim indeterminierten Beziehungswort

një kryetar **i** këshillit	dhomë **e** provës
i një kryetari të këshillit	i një dhome të provës
një kryetari të këshillit	dhome të provës
një kryetar të këshillit	dhomë të provës

Bei indet. Beziehungswort unterscheiden sich nur die Formen für den Nominativ Singular (i/e) je nach Geschlecht; im Plural sind die Artikelformen für Nom., Gen./Dat. und Akk. gleich.

kryetarë **të** këshillit	dhoma **të** provës

Genitivattribute bei einem Beziehungswort in der indet. Form sind recht selten und wirken zumeist konstruiert. Den Normalfall stellt das indeterminierte Attribut beim indeterminierten Beziehungswort dar, z. B. *një karrige druri* 'ein Holzstuhl', *një kapë gëzofi* 'eine Pelzmütze'. In diesen Fällen werden die Formen *druri* und *gëzofi* jedoch als Ablativ definiert; sie können durch die Präposition *prej* 'aus' verstärkt werden: *kapë prej gëzofi* 'Pelzmütze'; 'Mütze aus Pelz' (vgl. **12.4.3**).

16.4.3 DAS POSSESSIVPRONOMEN (4): EIN BESITZER, GEN., DAT., ABL.

i burrit tim	meines Mannes	**mein**
burrit tim	meinem Manne	
para burrit tim	vor meinem Manne	
i lules sime	meiner Blume	**meine**
lules sime	meiner Blume	
para lules sime	vor meiner Blume	

Da die drei Formen für das Possessivpronomen im Genitiv, Dativ und Ablativ jeweils gleich lauten, genügt es im folgenden, jeweils nur das mit dem Possessivpronomen der entsprechenden Person gebildete Genitivattribut (*kali i burrit tim* 'das Pferd meines Mannes') anzuführen.

i burrit tënd	deines Mannes	**dein**
i lules sate	deiner Blume	**deine**
i burrit të tij	seines Mannes	**sein**
i burrit të saj	ihres Mannes	**seine**

Plural:

i burrave të mi	meiner Männer
i luleve të mia	meiner Blumen
i burrave të tu	deiner Männer
i luleve të tua	deiner Blumen
i burrave të tij	seiner Männer
i luleve të tija	seiner Blumen
i burrave të saj	ihrer Männer
i luleve të saja	ihrer Blumen

16.5 Übungen

16.5.0 Zusätzlicher Wortschatz

ditëlindj | e. -a	Geburtstag
festoj	feiern
mbyll telefonin	den Hörer auflegen, das Telefongespräch beenden
qend | ër, -ra	Mitte, Zentrum
shish | e, -ja	Flasche
tuf | ë, -a	Strauß
trëndafil-i, pl. -a-t	Rose

16.5.1 Aorist

Bilden Sie aus den Satzteilen Sätze im Aorist, z. B. 'Agim kaufte einen Rosenstrauß' - *Agimi bleu një tufë me trëndafila*

dje	unë	shkoj	në kinema
të dielën	ti	blej	në dyqan
në mbrëmje	Vera	hap	dy shishe verë
në orën 5 pasdreke	ne	mbyll	një tufë të madhe
pastaj	ju	punoj	telefonin
në mëngjes			një letër të gjatë
	Sokoli dhe		
	Teuta	shkruaj	shumë njerëz
		takoj	ditëlindjen
		festoj	shaminë
		laj	perimet
			derën
			librin
			radion
			disa kartolina
			babanë tënd

16.5.2 DAS GENITIVATTRIBUT IN DER DEKLINATION

Bilden Sie aus den eingeklammerten Substantiven Genitivattribute, z. B. 'das Kino ist Im Zentrum der Stadt' - *Kinemaja është në qendër të qytetit*

Nëna ime punoi në universitetin (Tirana). Drita nuk i dëgjoi fjalët (nëna). Në fund (rruga) është shtëpia ime. Artani dhe Iliri banuan në qytetin (Durrës). Mësuesi bisedoi me prindërit (djali). Në mes (dhoma) është një tryezë katrore. Djemve (shoqja) u pëlqeu të luajnë me fëmijët tona. Ia dhurova vajzës (vëllai) tim librat e bukura. Shkolla e re është në qendër (fshati). Agimi e kërkoi motrën (Vera) në telefon. Po pres shokun (babai im).

16.5.3 POSSESSIVPRONOMEN

Ergänzen Sie die Sätze mit Possessivpronomina in allen Personen, z. B. 'Teuta schrieb meinem/deinem/seinem/ihrem Bruder einige Briefe' - *Teuta i shkroi vëllait tim/tënd/të tij/të saj disa letra.*

Vera	i	dhuroi		djalit	një stilograf
	u			prindërve	
				vajzës	
				shoqevet	
Sokoli	e	hapi		derën e shtëpisë	
				dritaret e dhomave	
ata		rrinë	pranë	shokut	
				shoqes	
				shokëve	
				shoqeve	

SIEBZEHNTE LEKTION - Mësimi i shtatëmbëdhjetë

17.1. Praktische Redewendungen

BESICHTIGUNG

Dua të vizitoj muzeun e qytetit. Sa mban në këmbë atje ?
Ich will das Stadtmuseum besichtigen. Wie lange geht man zu Fuß dorthin ?

A është hapur tani ? A mund ta vizitojmë ?
Ist es jetzt geöffnet ? Können wir es besuchen ?

Desha t'ju na shoqëroni nëpër muzé.
Ich möchte, daß Sie uns durch das Museum begleiten.

Kujt është ky portret ? Kush është ky ?
Wessen Porträt ist das ? Wer ist das ?

Pikturë e bukur, apo jo ? - Kush është piktori i saj ?
Ein schönes Gemälde, nicht wahr ? - Wer ist der Maler ?

E cilës periudhë është kjo ? Cilit vit i përkasin këto zbulime ?
Aus welcher Periode ist das ? Aus welchem Jahr sind diese Ausgrabungen ?

Kur është ndërtuar ? - Sa kohë përpara ka ndodhur ?
Wann ist es erbaut worden ? - Wann ist es geschehen ?

Cila është kjo ndërtesë ? - Çfarë monumenti është ky ?
Welches Gebäude ist das ? - Was für ein Denkmal ist das ?

Këto janë muret e brendshme dhe të jashtme.
Dies sind die inneren und die äußeren (Stadt-)Mauern.

Ja muri rrethues i qytetit, në mes të qytetit është ndërtuar një kështjellë.
Dies ist die Mauer, die die Stadt umgibt; mitten in der Stadt ist eine Festung erbaut worden.

Kudo në vendin tonë janë bërë gërmime arkeologjike.
Überall in unserem Lande sind archäologische Grabungen gemacht worden.

Ato kanë vërtetuar vazhdimësinë iliro-shqiptare.
Sie haben die illyrisch-albanische Kontinuität bestätigt.

Im Altertum lebten auf dem Gebiet des heutigen Albanien Stämme der Illyrer und Epiroten. Es handelt sich dabei um Indogermanen, die spätestens am Anfang des 2. Jahrtausends v. Chr. auf die Balkanhalbinsel von Norden eingewandert sein müssen. Die Albaner legen Wert auf die Feststellung, daß sie die Nachkommen der alten Illyrer und folglich seit rund 3000 Jahren ohne Unterbrechung auf dem Gebiet der heutigen Volksrepublik ansässig seien. In diesem Zusammenhang sind die Begriffe *vazhdimësi-a* 'Kontinuität' und *lashtësi-a* 'Altertümlichkeit' zu sehen.

17.2. Neuer Wortschatz

kull | ë, -a	Wehrturm, befestigtes Gehöft
duket	es scheint, es sieht aus
si	wie, als
kështjell | ë, -a	Kastell, Burg, Zitadelle

<table>
<tr><td>krah-u</td><td>(1) Arm, (2) Schulter, (3) Flügel, Trakt</td></tr>
<tr><td>zgjas (s/t)</td><td>(1) dauern, (2) verlängern</td></tr>
<tr><td>zgjatem</td><td>sich erstrecken, sich ausdehnen</td></tr>
<tr><td>ánash <adv.></td><td>seitlich</td></tr>
<tr><td>an|ë, -a</td><td>(1) Seite, Gegend, (2) Partei</td></tr>
<tr><td>nga</td><td>(1) aus, nach, (2) je</td></tr>
<tr><td>sharapoll-i</td><td>Erker mit kleinen Fenstern, Wehrtürmchen</td></tr>
<tr><td>në mes</td><td>in der Mitte</td></tr>
<tr><td>ngre, ngrini, ngrita</td><td>erheben; errichten</td></tr>
<tr><td>pyrg-u</td><td>Turm, Ausguck, Bergfried</td></tr>
<tr><td>qosh|e, -ja</td><td>Ecke, Spitze, Kante, Zacken</td></tr>
<tr><td>i dhëmbëzuar</td><td>gezahnt, gezackt</td></tr>
<tr><td>beden-i</td><td>Zinne, Brustwehr</td></tr>
<tr><td>bedena-t</td><td>Stadtmauer</td></tr>
<tr><td>gur-i</td><td>Stein</td></tr>
<tr><td>skalit (s/t)</td><td>behauen</td></tr>
<tr><td>ndonëse</td><td>obwohl, obgleich</td></tr>
<tr><td>qëndroj</td><td>(1) bleiben, (2) sich aufhalten</td></tr>
<tr><td>thuajse</td><td>fast, sozusagen</td></tr>
<tr><td>plumb-i</td><td>Blei</td></tr>
<tr><td>sidomos</td><td>besonders</td></tr>
<tr><td>faq|e, -ja</td><td>(1) Gesicht,(2) Wange, (3) Seite</td></tr>
<tr><td>më të mëdhá nga</td><td>größer als</td></tr>
<tr><td>frengji-a</td><td>Schießscharte</td></tr>
<tr><td>diçka</td><td>etwas</td></tr>
<tr><td>monoton, -e</td><td>monoton</td></tr>
<tr><td>krejt <adv.></td><td>ganz, völlig</td></tr>
<tr><td>harmoni-a</td><td>Harmonie</td></tr>
<tr><td>i ashpër</td><td>hart, rauh; herb</td></tr>
<tr><td>kujtoj</td><td>erinnern an</td></tr>
<tr><td>mesjet|ë, -a</td><td>Mittelalter</td></tr>
<tr><td>do ta ketë ndier</td><td>er würde dies gespürt haben</td></tr>
<tr><td>mjésht|ër, -ri</td><td>(1) Meister, Baumeister, (2) Steinmetz</td></tr>
<tr><td>mbasi = pasi</td><td>weil, nachdem</td></tr>
<tr><td>qark-u</td><td>(1) Kreis, (2) um ... herum</td></tr>
<tr><td>mundohem</td><td>sich bemühen</td></tr>
<tr><td>krijoj</td><td>schaffen</td></tr>
<tr><td>zbrazëtí-a</td><td>Leere, freie Fläche</td></tr>
<tr><td>i rremë</td><td>falsch</td></tr>
<tr><td>megjithatë</td><td>trotzdem</td></tr>
<tr><td>monotoni-a</td><td>Monotonie</td></tr>
<tr><td>trondit (s/t)</td><td>erschüttern, ins Wanken bringen</td></tr>
<tr><td>fare <adv.></td><td>ganz, gar</td></tr>
<tr><td>kur <Konj.></td><td>als (zeitlich), wenn</td></tr>
<tr><td>mbetem, aor. mbeta</td><td>bleiben</td></tr>
<tr><td>krye-t (n.)</td><td>Haupt, Kopf</td></tr>
<tr><td>lart <adv.)</td><td>hoch</td></tr>
<tr><td>i lartë <adj.></td><td>hoch</td></tr>
</table>

17.3. Lesestück

Kullat

Nga jashtë kulla është e búkur. Të dúket si një kështjellë e vógël. Ka dy krahë që zgjaten anash dhe mbarojnë me nga një sharapoll të dalë përpara, ndërsa në mes ngrihet një pyrg i vogël me qoshe të dhëmbëzúara si bedena. Guri është i skalitur dhe, ndonëse kanë kaluar vite, ka qëndruar thúajse me ngjyrën e tij të parë, ngjyrë plumbi, sidomos në katin e dytë. Faqet e mureve duken edhe më të mëdhá nga frëngjítë e vógla, të cilat i japin diçka monotone krejt kësaj harmonie të áshpër, që kujton mesjetën. Këtë do ta ketë ndier edhe mjeshtri që e ka ngritur, mbasi qark frëngjive të sharapolleve është munduar të krijojë ca zbrazëtí, si dritare të rreme. Megjithatë, monotonia e gurit është tronditur fare pak. Kur erdhëm, neve na mbeti kryet lart duke parë kullën.

(Aus GJ. ZHEJI, *Kullat*, 1976)

Anmerkung: Die Wehrtürme sind charakteristische Zeugnisse der traditionellen albanischen Baukunst und Lebensweise, besonders im Norden des Landes. Als noch das Gesetz des *kanun*, des mündlich überlieferten Gewohnheitsrechtes, den Alltag bestimmte, bot eine 'Kulla' auch Schutz vor Nachbarn oder Stammesgenosseen, mit denen man in Blutfehde lebte. Daher kann der Wehrturm in der Literatur als Sinnbild für heute überlebte Verhaltensweisen benutzt werden.

17.4. Grammatische Erklärungen

17.4.1 DAS PASSIV (1)

17.4.1.1 PRÄSENS

Die Albaner unterscheiden neben dem Aktiv, das eine vom Subjekt ausgehende Handlung bezeichnet, noch die sogenannte 'inaktive Diathese', die wir kurz als Passiv bezeichnen. Dieses Genus verbi hat einen weiten Anwendungsbereich, den wir im Deutschen zum Teil mit reflexiven Verben abdecken, z. B. *zgjatet* 'es erstreckt sich'. In vielen Fällen ist für uns gar nicht zu erkennen, warum eine Passivform erforderlich sein soll, z. B. *duket* 'es scheint'. Dort, wo wir auf Deutsch 'man' sagen, bedienen sich die Albaner der 3. P. Sg. Pr. Passiv, z. B. *flitet* 'man spricht' (wörtlich: es wird gesprochen). Passivformen werden also in der 3. Person Sg. auch von intransitiven Verben gebildet, die von der Bedeutung her die Bildung anderer Personen nicht zulassen, z. B. *kihet parasysh* 'man hat vor Augen; man ist sich bewußt'.

Das Passiv wird gebildet, indem man vom Stamm der 2. P. Pl. Pr. Akt. ausgeht und daran die Endungen *-em, -esh, -et, -emi, -eni, -en* anfügt. Bei vokalischen Stämmen wird in der Schriftsprache ein *-h-* als Gleitlaut eingeschoben; in toskischen Mundarten steht statt dieses *-h-* ein *-n-*, z. B. *marto-n-em* 'ich heirate'. Bei Verben mit *s/t*-Wechsel wird bei der Passivbildung der Auslaut *-t* zugrundegelegt, z. B. *bërtitet* 'man schreit'.

entdecken	*schließen*	*trinken*
zbuloj	mbyll	pi
zbulo-h-em	**mbyll-em**	**pi-h-em**
zbulo-h-esh	**mbyll-esh**	**pi-h-esh**
zbulo-h-et	**mbyll-et**	**pi-h-et**
zbulo-h-emi	**mbyll-emi**	**pi-h-emi**
zbulo-h-eni	**mbyll-eni**	**pi-h-eni**
zbulo-h-en	**mbyll-en**	**pi-h-en**

17.4.1.2 PERFEKT

Grundlage der Bildung des Perfekts im Aktiv ist das Partizip auf *-r/rë* oder *-ë/në*, z. B. *kam thënë* 'ich habe gesagt'. Entsprechend wird das Passiv auch von diesem Partizip gebildet, aber ausschließlich mit dem Hilfsverb 'sein' *jam*, z. B. *është thënë* 'man hat gesagt; es ist gesagt worden'.

jam zbuluar	jam mbyllur	jam pirë

17.4.2 DER AORIST (2)

17.4.2.1 KONSONANTISCHE STÄMME IN DER 1. KONJUGATION

Eine Reihe von Verben der ersten Konjugation bildet den Aorist von einem konsonantischen Stamm, so daß das Gleit-*v* nicht erforderlich ist. Sie unterteilen sich im wesentlichen in alte *-n*-Stämme sowie um Verben, die im Aorist ein Formans *-t-* annehmen. Schließlich gibt es vereinzelt suppletive Verben, also solche, deren Aorist von einem völlig anderen Wort gebildet wird.

eintreten	*machen*
hyj	bëj
hyra	**bëra**
hyre	**bëre**
hyri	**bëri**
hymë	**bëmë**
hytë	**bëtë**
hynë	**bënë**

ankommen	*finden*	*kommen*
arrij	gjej	vij
arrita	**gjeta**	**erdha**
arrite	**gjete**	**erdhe**
arriti	**gjeti**	**erdhi**
arritëm	**gjetëm**	**erdhëm**
arritët	**gjetët**	**erdhët**
arritën	**gjetën**	**erdhën**

17.4.2.2 VERBEN DER 2. KONJUGATION MIT VOKAL- UND/ODER KONSONANTENWECHSEL

Die Verben mit dem Wortbildungssuffix *-as/et* bilden den Aorist auf *-ita*: *godas* 'schlagen', *godita, goditëm*; aber: *bërtas* 'schreien', *brita* 'ich schrie', *flas* 'sprechen', *fola* 'ich sprach'.

Eine ganze Reihe von Verben bildet den Aorist mit dem Stammvokal *-o-*, obwohl das Präsens **e** oder **a** aufweist: *heq* 'ziehen', *hoqa* 'ich zog', *hedh* 'werfen', *hodha* 'ich warf', *dal* 'hinausgehen', *dola* 'ich ging hinaus', *marr* 'nehmen' , *mora* 'ich nahm'. In toskischen Mundarten weisen die Verben mit o-Ablaut häufig eine Diphthongierung des Wurzelvokals im Plural auf: *dúallmë* 'wir gingen hinaus', *múarmë* 'wir nahmen' (statt korrekt: *dolëm, morëm*).

Vereinzelt steht das Verb *vdes* 'sterben', *vdiqa* 'ich starb', *vdiq* '(er) starb'.

17.4.3 DAS ADJEKTIVISCHE ATTRIBUT IN DER DEKLINATION (1)

Der Gelenkartikel ist bei Nachstellung des adjektivischen Attributs völlig gleich mit den Formen des Gelenkartikels beim Genitivattribut.

17.4.3.1 DETERMINIERTES BEZIEHUNGSWORT

die große Stadt	*das große Haus*
qyteti i madh	shtëpia e madhe
i qytetit të madh	i shtëpisë së madhe
qytetit të madh	shtëpisë së madhe
qytetin e madh	shtëpinë e madhe

die großen Häuser

shtëpitë e mëdhá
i shtëpive të mëdha
shtëpive të mëdha
shtëpitë e mëdha

Die Dativformen sind in allen Fällen gleich denjenigen des Ablativs, weshalb sie hier ausgelassen wurden.

17.4.3.2 INDETERMINIERTES BEZIEHUNGSWORT

Eine große Stadt	*ein großes Haus*
një qytet i madh	një shtëpi e madhe
i një qyteti të madh	i një shtëpie të madhe
qyteti të madh	shtëpie të madhe
qytet të madh	shtëpi të madhe

große Häuser

shtëpi të mëdha
i disa shtëpive të mëdha
shtëpive të mëdha
shtëpi të mëdha
shtëpísh të mëdhá

Beim indeterminierten Plural wurde der Ablativ gesetzt, weil er die charakteristische Endung *-sh* aufweist und in der sprachlichen Realität zusammen mit adjektivischen

Attributen recht häufig vorkommt. Er fungiert ja als Quasi-Genitiv, z. B. *shumë çatira shtëpish të mëdhá* 'Vielerlei Dächer großer Häuser'.

17.4.4 DAS POSSESSIVPRONOMEN (5): BESITZER - 1. P. PL., G/D/ABL.

i burrit tonë	unseres Mannes
burrit tonë	unserem Manne
prej burrit tonë	von unserem Manne
i lules sonë	unserer Blume
lules sonë	unsrer Blume
para lules sonë	vor unserer Blume
i burravet tanë	unserer Männer
burravet tanë	unseren Männern
prej burravet tanë	von unseren Männern
i lulevet tona	von unseren Blumen
lulevet tona	unseren Blumen
para lulevet tona	vor unseren Blumen

17.4.5 DAS VERBALSUBSTANTIV (NOMEN ACTIONIS)

Von praktisch jedem Verb der albanischen Sprache läßt sich ein Substantiv bilden, das in der Bedeutung auf Deutsch den Bildung mit *-ung* entspricht, z. B. *kërkoj* 'suchen; forschen' - *kërkim-i* 'die Forderung; pl. Forschung', *përpunoj* 'bearbeiten', *përpunim-i* 'die Bearbeitung', *shpif* 'verleumden' - *shpifj|e, -a* 'die Verleumdung', *me dashje* (< *dua, dashur*) 'mit Absicht', *përpiqem* 'sich bemühen', *përpjekj|e, -a* 'die Bemühung, das Bestreben', *sillem* 'sich verhalten', *sjellje* 'das Benehmen, Betragen'.

Die beiden Wortbildungssuffixe der albanischen Sprache, die hier benutzt werden, sind *-im-i* bzw. *-je* . Die auf vokalischen Stamm endenden Verben bilden das Verbalsubstantiv mit dem Suffix *-im* , die auf Konsonant endenden mit *-je*. Bei suppletiven Verben wird der Partizipialstamm zugrundegelegt, z. B. *jam* 'sein', *i qenë* 'gewesen', *qeni|e, -a* 'das Wesen', *marr* 'nehmen', *pjesëmarrj|e, -a* 'die Teilnahme'. Zu *jap* 'geben', pt. pf. *i dhënë* 'gegeben' existieren Komposita wie *marrëdhënie* 'Beziehung' und *dhënie* 'das Geben'. Gelegentlich wird der Bildung des Verbalsubstantivs das Partizip in der gegischen Form zugrundegelegt: *pamje* 'der Anblick' < *pamë, i pamun* 'gesehen'. *Pije* 'Getränk' und *dije* 'Wissen' sind nicht vom Partizipialstamm abgeleitet; sie müßten sonst **pirje* bzw. **ditje* lauten.

Verbalsubstantive spielen in der albanischen Sprache eine große Rolle. Zur Verdeutlichung sei ein komplexer Satz angeführt, der nur ein Prädikat enthält:

Shpejtimi i këtij procesi në një masë të madhe varet nga taktika e drejtë e partisë dhe në radhë të parë nga zgjidhja e drejtë e detyrave për forcimin e udhëheqjes së saj dhe i zhvillimit të mëtejshëm të lëvizjes punëtore.	Die Beschleunigung dieses Prozesses hängt in großem Maße von der richtigen Taktik der Partei und in erster Linie von der richtigen Lösung der Aufgaben zur Stärkung ihrer Führung und der weiteren Entwicklung der Arbeiterbewegung ab.

17.4.6 DER RELATIVSATZ (2)

Der einfache Relativsatz wird im Albanischen mit der Partikel *që* eingeleitet, die im Deutschen 'der, die, das; den, die' im Nom. oder Akk. entspricht. Wenn es heißen soll 'mit dem/der; von dem/der', dann läßt sich dies nicht mit der unveränderlichen Partikel bewältigen. In diesem Falle nmehmen die Albaner ein Pronomen in Anspruch, das dekliniert werden kann: *i cili, e cila.*

Singular		**Plural**	
Maskulin	*feminin*	*maskulin*	*feminin*
i cili	**e cila**	**të cilët**	**të cilat**
i të cilit	**i të cilës**	**i të cilëve**	**i të cilave**
të cilit	**të cilës**	**të cilëve**	**të cilave**
të cilin	**të cilën**	**të cilët**	**të cilat**
të cilit	**të cilës**	**të cilëve**	**të cilave**

Die auf *-ve* endenden Pluralformen können noch ein *-t* erhalten, also *të cilëvet, të cilavet.* In der heutigen Sprache wird dieses *-t* der det. Form jedoch zunehmend ausgelassen.

Das Relativpronomen *i cili* 'welcher' ist weitgehend austauschbar mit der Partikel *që,* d.h. man kann grammatisch richtige Sätze mit beiden bilden. Wenn Genus oder Numerus verdeutlicht werden sollen, verwendet man jedoch besser *i cili.* Wenn der Relativsatz im Deutschen mit einer Präposition beginnt, kann er auf Albanisch nur mit *i cili* ausgedrückt werden, und zwar auf folgende zwei Arten:

(a) steht der Relativsatz für ein Genitivattribut, dann werden *i të cilit/ i të cilëve* an die zweite Stelle des Relativsatzes positioniert (im Deutschen aber am Anfang des betreffenden Satzes !), z. B. 'meine Freunde, von denen einer gestern ankam'

Miqtë e mi, njëri **i të cilëve** arriti dje.

(b) steht der Relativsatz für eine adverbiale Bestimmung oder ein präpositionales Objekt, dann beginnt er mit *me të cilin, në të cilin, para të cilit, pas të cilit* usw., zum Beispiel 'Meine Freunde, mit denen ich hierher gekommen bin':

Miqtë e mi, **me të cilët** kam ardhur këtu.

Oder: 'Jene Blume, vor der ich stundenlang gesessen habe' [jetzt sitze ich nicht mehr dort, sonst müßte das Perfekt stehen!]

Ajo lule, **para së cilës** ndenja shumë orë.

17.5. Übungen

17.5.0 Zusätzlicher Wortschatz

merrem me	sich beschäftigen mit
sport-i	Sport
lahem	sich waschen
takohem	sich begegnen, treffen
bëhem	werden, sich machen
kthehem	zurückkehren
përgatitem	sich vorbereiten
ulem	sich setzen
liqen-i	See
ngjitem	hinaufsteigen, hinaufgehen

maj|ë, -a	Gipfel, Spitze
pardje <adv.>	vorgestern
mik-u, pl. miq-të	Freund
i, e fundit	der letzte
gjej	treffen, finden
ndodhem	sich befinden
i, e rrumbullakët	rund
shfaqj|e, -a	Aufführung, Vorstellung
teatral, -e	Theater; theatralisch
vëmendj|e, -a	Aufmerksamkeit
tregim	Erzählung
gëzim-i	Freude
dhemb	schmerzen
kok|ë, -a	Kopf
lodhj|e, -a	Ermüdung, Erschöpfung
çlodh	ausruhen
elektrik	elektrisch
ftoj	einladen

17.5.1 Das Passiv

17.5.1.1 Präsens

Bilden Sie Fragen aus den Satzteilen und beantworten Sie sie, z. B. 'Wann kommst du [kommt ihr] nach Hause zurück ? - Ich komme [wir kommen] abends zurück' - *Kur kthehe|sh/-ni në shtëpi ? - Unë [ne] kthehe|m/-mi në shtëpi në mbrëmje.*

	Prädikat	*präpositionale Ergänzung*	*Zeitbestimmung <in der Antwort>*
kur	merre|sh/-ni	me gjimnastikë	në mëngjes
në ç'orë	zgjohe|sh/-ni	me muzikë	në mbrëmje
	lahe|sh/-ni	me sport	sot
	nise|sh/-ni	në lumë	në orën 6
	ngrihe|sh/-ni	në det	në orën 12.30
	argëtohe|sh/-ni	me ujë të ngrohtë	në orën 7.45
	takohe|sh/-ni	nga shtëpia	në orën 13.15
	bëhe|sh/-ni	me një shok	pasdreke
	kthehe|sh/-ni	nga shtrati	netëve të dimrit
	përgatite|sh/-ni	me vëllanë	çdo ditë
		gati për punë	të hënën
		nga pushimet	në drekë
		nga shëtitja	shumë herët
		për udhëtim	pas 5 minutash

17.5.1.2 Perfekt

Bilden Sie aus den Satzteilen Fragen im Perfekt Passiv und beantworten Sie sie, z. B. 'Wo haben sich unsere Kinder hingesetzt ? - Eure Kinder haben sich ans Fenster gesetzt'. - *Ku janë ulur fëmijët tona ? - Fëmijët tuaja janë ulur afër dritares.*

ku	(jam ulur)	fëmijët e mi	rreth tryezës
		gruaja ime	afër liqenit
		burri im	në karrige
	(jam ngjitur)	njerëzit	në majën e malit
		babai yt	në katin e tetë
	(jam rritur)	shoqja jote	në fshat
		shokët e tu	në këtë qytet
kur	(jam ndërtuar)	këto shtëpi	20 vjet më parë
		kjo urë	para disa vjetësh
		ky muze	para 5 vjetësh
	(jam nisur)	treni për Durrës	në orën 10.15
		Agimi nga kinemaja	vonë
	(jam kthyer)	ti nga pushimet	pardje

17.5.2 Der Aorist

Bilden Sie aus den Satzteilen Fragen im Aorist und beantworten Sie sie, z. B. 'Wer ging zu Vera? - Wir (ich, Genc) gingen zu Vera.' - Kush shkoi te Vera? - Ne (unë, Genci) shkuam te Vera.

kush	hedh	letrën në kutinë e postës
		topin në kopsht
		sheqerin në filxhan
	rregulloj	biçikletën e motrës
		valixhen
	bëj	një shëtitje
	vij	në bibliotekë
		në shtëpi
		me Verën
	dal	nga shtëpia
		në ballkon
	hyj	në dhomën e gjumit
		në shtëpinë e pushimit
	gjej	babanë në shtëpi
		librat
		çelësin

marr	revistat
	një telegram
flas	në telefon me Dritën
	vetëm shqip
arrij	i fundit
	tani
	me ty

17.5.3 DAS ADJEKTIVISCHE ATTRIBUT

Setzen sie die eingeklammerten Adjektive in die richtige deklinierte Form, z. B. 'Gëzim hat einen großen Hund' - *Gëzimi ka një qen (i madh)* > *Gëzimi ka një qen të madh.*

Vera ka një mace (i vogël). Artani ka disa mace (i vogël). Djemtë (i vogël) hipin në biçikletë. Pranë restorantit (i ri) ndodhet një lulishte (i bukur). Afër lulishteje (i bukur) është ura (i ri). I shkrova një shoqeje (i vjetër) një letër (i gjatë). Ne banojmë në katin (i gjashtë). Njerëzit janë ulur rreth tryezës (i rrumbullaktë). Nxënësit i dhuruan kësaj mësueseje (i mirë) një tufë me lule. Prej këtij mësuesi (i mirë) marr shpesh letra. Nëna bleu pemë (i freskët). Vëllai (i madh) foli me zë (i ulët). Ato e shikojnë shfaqen teatrale me vëmendje (i madh). Në këtë dollap ka libra (i madh) e (i vogël).

Man beachte die morphonologischen Veränderungen des Adjektivs *i vogël* 'klein' im Plural: m. *të vegjël*, f. *të vogla.*

17.5.4 DAS VERBALSUBSTANTIV

Setzen Sie die eingeklammerten Verbalsubstantive in die richtige Kasusform, z. B. 'Die Freunde haben den Geburtstag Veras gefeiert' - *Shokët festuan (ditëlindje) e Verës* > *Shokët festuan ditëlindjen e Verës.*

Lexova disa (tregim) të reja. Ne shkuam në zyrën e (pritje). Fëmijët folën me (Gëzim) për pranverën. Studentet kanë biseduar për (mësim) e fundit. Më dhemb koka nga (lodhje). Pas (shëtitje) jemi çlodhur.

17.5.5 DAS POSSESSIVPRONOMEN

Ergänzen Sie die Sätze mit Possessivpronomen der 1. P. Pl. im jeweiligen Kasus, z. B. 'Die Kommode ist neben unseren Betten' - *Komodina është pranë shtretërvet ...* > *Komodina është pranë shtretërvet tanë.*

Sot është ftohtë, prandaj shkoj pranë sobës ... . Dhoma e fënijëvet ... është me dritë elektrike. Ato janë ulur pranë babait ... . Anila mori dy libra prej shoqevet ... . Oborri i shtëpisë ... është plot me lule. I shkrova një letër nënës ... . Djemtë u dhuruan vajzavet ... trëndafila të kuq. Vëllezërvet ... u pëlqeu kjo shfaqje. Prej prindërvet ... marr shpesh letra. Po ia japim shokut ... biletat e teatrit. Motra i mësuesit ... punon në bibliotekë.

17.5.6 DER RELATIVSATZ

Formen Sie folgende Sätze zu Relativsätzen mit den Beziehungswörtern *vajza* und *shoku* um, z. B. 'Dieses Mädchen arbeitet in der Bibliothek. - Dies ist das Mädchen, das in der Bibliothek arbeitet.' *Kjo vajzë punon në bibliotekë. - Kjo është vajza që [e cila] punon në bibliotekë.* Oder: *Dje shkova në teatër me shokët. - Këta janë shokët me të cilëve dje shkova në teatër.*

Vajza hipën në biçikletë. Agimi foli për vajzën. Vajzës i pëlqeu shfaqja teatrale. Vera erdhi me vajzën. Dhoma e vajzës është shumë e bukur. Shoku bisedon me babanë tim. Nëna foli me shokun në telefon. Artani mori disa libra të rinj prej shokut. Ftova shokun për darkë. Fëmijët e shokut janë të vegjël.

Setzen sie *vajza* bzw. *shoku* in den Plural und formen Sie die Relativpronomen entsprechend um.

ACHTZEHNTE LEKTION - Mësimi i tetëmbëdhjetë

18.1. Praktische Redewendungen

FRÜHSTÜCK UND PROVIANTEINKAUF

Mirëmëngjes, çfarë dëshironi ?
Guten Morgen, was wünschen Sie ?

Desha një gotë qumësht, një lëng portokalli, një kokërr vezë pak të zier, një fetë bukë
Ich möchte ein Glas Milch, einen Orangensaft, ein weich gekochtes Ei, eine Scheibe Brot

me gjalpë e reçel dhe, më në fund, një kafe turke të mesme (me pak sheqer).
mit Butter und Konfitüre und am Schluß einen türkischen Kaffe mit wenig Zucker.

Afromani, ju lutem, kripën e piperin.
Reichen Sie mir bitte das Salz und den Pfeffer.

Le të shkojmë të blejmë ushqimin për nesër, sepse do të bëjmë një ekskursion.
Laßt uns Proviant für morgen einkaufen, denn wir machen einen Ausflug.

Desha një panine, gjalpë dhe pak djathë - a mjafton me kaq ?
Ich möchte ein langes Weißbrot, Butter und etwas Käse - reicht das ?

Mendoj se më mirë të marrim edhe gjysmë kilogram sallam dhe 250 gram domate.
Ich denke, wir sollten noch ein Pfund Wurst und ein halbes Pfund Tomaten nehmen.

Me sa duket, ti je shumë uritur, unë preferoj nga një kilogram qershi dhe dardha.
Mir scheint, du bist sehr hungrig, ich will lieber je ein Kilo Kirschen und Birnen.

Für 'Milch' benutzen die Albaner in Jugoslawien das Wort *tâmël*, das aus *të ëmbël* 'das Süße' zusammengezogen ist. 'Kaffee' gibt es wie im Deutschen mit zwei verschiedenen Möglichkeiten der Betonung: *kâfe* und *kafé-ja*. Das 'Café' bzw. Kaffeehaus wird auch als *kafené-ja* oder *kafehâne* bezeichnet.

'Türkischer' Kaffee (Mokka) wird in einem Stieltopf aus Messing oder Kupfer unter mehrmaligem Aufkochen zubereitet und in einem *xhezve-ja* genannten kleineren Stieltopf serviert. Da der Zucker gewöhnlich mit gekocht wird, muß man von vornherein sagen, ob man viel, wenig oder gar keinen Zucker will. 'Mittel' besagt, daß man nicht zwei-drei Teelöffel pro Tasse möchte, sondern eine für unseren Geschmack normale Süßung; die Gastfreundschaft gebietet freilich dem Albaner, nicht am Zucker zu sparen (vgl. § 613 im *Kanun*) . "Ohne Zucker" wird mit 'bitter' *i hidhët* ausgedrückt: *një kafe të hidhët*. - Die 'Kaffeekanne' in unserem Verständnis heißt *ibrik-u* oder *kanë kafeje*.

18.2. Neuer Wortschatz

káf|e, -ja	(1) Kaffee, (2) Café
shtyj	stoßen, drücken, schieben
xham-i	Glas
fus (s/t)	hineinstecken
futem	hineinschlüpfen, eindringen
brenda <adv.>	innen, nach innen, hinein
pastrues|e, -ja	Reinmachefrau
rregulloj	in Ordnung bringen
ndénjës|e, -ja	Sitzgelegenheit
tavll|ë, -a	Aschenbecher
duhan-i	Tabak
lajm-i	Nachricht
banak-u	Theke, Tresen

aparat-i	Apparat
ekspres-i	Espresso (Kaffee)
nxehem	erhitzt werden
nxeh	heiß machen
zhurm | ë, -a	Geräusch, Lärm
banakiere, -ja	Schankfrau, Bedienung an der Theke
numëroj	zählen, numerieren
paket | ë, -a	Päckchen
cigar | e, -ja	Zigarette
përshëndes (s/t)	grüßen
kuzhin | ë, -a	Küche
ndez, ndizni	anzünden
drit | ë, -a	Licht
biskot | ë, -a	Keks, Plätzchen, Biskuit
i porsapjekur	frisch gebacken
vë, vini, vura, vënë	setzen, legen
pëllëmb | ë, -a	Handfläche
sipërfaq | e, -ja	Oberfläche
nikeloj	vernickeln, verchromen
nis	beginnen
vërshëllej	pfeifen

18.3. Lesestück

Në káfe (1)

Shtyva derën prej xhámi të kafes dhe u futa brenda. Dy pastrueset po rregullonin ndenjëset dhe po vinin tavllat e duhanit nëpër tryéza. Rádioja po jepte lajmet. Tek banaku aparati i ekspresit që po nxehej bënte një zhurmë të këndshme. Banakierja po numëronte paketat e cigareve.

- Mirëmëngjes, - përshëndeta.

- Mirëmëngjes.

Në kuzhinë ishte ndézur drita. Vinte një erë biskotash të porsapjékura. Vura pëllëmbët e dúarve mbi sipërfaqen e nikeluar të ekspresit dhe nisa të vërshëlléja.

(Nach I. KADARE, *Sezoni dimëror i Kafe «Rivierës»*, Ausg.1977)

18.4. Grammatische Erklärungen

18.4.1 DER AORIST AKTIV (3)

18.4.1.1 SIGMATISMUS UND SUPPLETIVISMUS

Eine Reihe von häufig gebrauchten Verben des Grundwortschatzes weisen eine altertümliche Art der Aoristbildung auf, die man 'sigmatisch' nennt, weil ursprünglich ein *-s-* das Formans darstellte. Heute erscheint dieses Merkmal nur noch in der 1. P. Sg.

jam	them	jap	shoh	bie	lë
sein	*sagen*	*geben*	*sehen*	*fallen*	*lassen*
qeshë	**thashë**	**dhashë**	**pashë**	**rashë**	**lashë**
qe	**the**	**dhe**	**pe**	**re**	**le**
qe	**tha**	**dha**	**pa**	**ra**	**la**
qemë	**thamë**	**dhamë**	**pamë**	**ramë**	**lamë**
qetë	**thatë**	**dhatë**	**patë**	**ratë**	**latë**
qenë	**thanë**	**dhanë**	**panë**	**ranë**	**lanë**

Eine eigentümliche Bildung weist *dua* 'wollen' auf; es behält das Formans *-sh-* in allen Personalformen des Aorists:

desha	**deshe**	**deshi**	**deshëm**	**deshët**	**deshën**

Diese Formen sind deshalb wichtig, weil sie im Deutschen 'ich möchte', 'du möchtest' usw. entsprechen.

Die Verben *jam - qeshë*, *shoh - pashë*, *bie - rashë* bezeichnet man als suppletiv, weil sie den Aorist von einem völlig anderen Wortstamm bilden. Es gibt noch einige weitere Verben dieser Art, die aber nicht zu den sigmatischen gerechnet werden.

kam *'haben'*

pata	**pate**	**pati**	**patëm**	**patët**	**patën**

ha *'essen'*

hëngra	**hëngre**	**hëngri**	**hëngrëm**	**hëngrët**	**hëngrën**

18.4.1.2 Dritte Konjugation

Die Verben der dritten Konjugation bilden den Aorist auf sehr verschiedene Weise, so daß sich kein gemeinsames Paradigma aufstellen läßt. Im folgenden wird pro Verb nur die 1. und 3. P. Sg. sowie die 1. P. Pl. angeführt.

pi	*di*	*vë*	*zë*	*bie*	*shpie*	*vete*
piva	**dita**	**vura**	**zura**	**prura**	**shpura**	**vajta**
piu	**diti**	**vuri**	**zuri**	**pruri**	**shpuri**	**vajti**
pimë	**ditëm**	**vumë**	**zumë**	**prumë**	**shpumë**	**vajtëm**

18.4.2 DAS PASSIV (2)

18.4.2.1 Imperfekt

Das Verhältnis von Imperfekt und Aorist ist im Passiv dasselbe wie im Aktiv, d.h. im Erzählzusammenhang dient das Imperfekt in der Regel dazu, Zustände und Hintergrundhandlung darzustellen, während mit dem Aorist neu eintretende Ereignisse geschildert werden:

aparati i ekspresit që po nxehej
die Espresso-Maschine, die gerade erhitzt wurde (Impf.)

Aber: nisa të vërshëlleja - *ich begann zu pfeifen (Aor.)*

Mit Ausnahme der 3. P. Sg. wird das Imperfekt Passiv durch *-sh-* gekennzeichnet; die daran antretenden Personalendungen sind dieselben wie beim Imperfekt des Hilfsverbs 'sein' - *isha.*

çoj	hap	marr	zë
ziehen	*öffnen*	*nehmen*	*fassen*
çohesha	**hapesha**	**merresha**	**zihesha**
çoheshe	**hapeshe**	**merreshe**	**ziheshe**
çohej	**hapej**	**merrej**	**zihej**
çoheshim	**hapeshim**	**merreshim**	**ziheshim**
çoheshit	**hapeshit**	**merreshit**	**ziheshit**
çoheshin	**hapeshin**	**merreshin**	**ziheshin**

18.4.2.2 Der Aorist

Der Aorist des Passivs wird mit dem Strukturwort *u* gebildet; die Endungen sind dieselben wie im Aktiv mit Ausnahme der 3. P. Sg. Die Personalendung der dritten Person Sg. weist statt des *-i/u* ein "Nullformans" auf, was aber zu morphologischen Vokalveränderungen des Stammauslauts führen kann. In der 1. Konjugation werden Stämme, die auf *-o* oder *-e* auslauten, wie im Plural des Aorists Aktiv zu *-ua/ye.*

çoj	kthej	hap	marr	zë
ziehen	*wenden*	*öffnen*	*nehmen*	*fassen*
u çova	**u ktheva**	**u hapa**	**u mora**	**u zura**
u çove	**u ktheve**	**u hape**	**u more**	**u zure**
u çua	**u kthye**	**u hap**	**u mor**	**u zu**
u çuam	**u kthyem**	**u hapëm**	**u morëm**	**u zumë**
u çuat	**u kthyet**	**u hapët**	**u morët**	**u zutë**
u çuan	**u kthyen**	**u hapën**	**u morën**	**u zunë**

Bei Verben wie *bëra, zura* fällt in der 3. P. Sg. Passiv das *-r-* aus: *u bë* 'es wurde'. In toskischen Mundarten weist der Aorist Passiv einige Abweichungen von der Schriftsprache auf. So wird die 1. P. Sg. mit der Endung *-shë* bzw. *-çë* gebildet: *u bëçë* 'ich wurde' (statt korrekt: *u bëra*). In der dritten Person wird bei Verben mit o-Ablaut häufig der Wurzelvokal diphthongiert: *u muar.*

18.4.3 DIE STEIGERUNG DER ADJEKTIVE UND ADVERBIEN

Die Adjektive werden im Albanischen sämtlich mit den Adverbien 'mehr' und 'sehr' gesteigert.

Ky qytet është *shumë* i madh.	Diese Stadt ist sehr groß.
Ai qytet është *më* i madh.	Jene Stadt ist größer.

Als Partikeln werden nach Komparativen *se, sesa* und *nga* verwendet, und zwar richtet sich die Auswahl der betr. Partikel nach der Wortart des folgenden Wortes. Vor Adverbien ist nur *se* zulässig, vor Adjektiven geht *se* und *sesa*, vor Substantiven, Eigennamen und Pronomen geht *nga* und *sesa:*

Agimi është më i madh nga e motra.
Agimi ist größer als seine Schwester.

Sot moti është më i bukur se dje.
Heute ist das Wetter schöner als gestern.

Aliu është më i zellshëm sesa i zgjuar.
Ali ist eher fleißig als aufgeweckt.

Im Albanischen kann nur dann ein deutlicher Unterschied zwischen 'größer' und 'der größte' gemacht werden, wenn man das Adjektiv vor sein Beziehungwort stellt:

Qyteti më i madh	die größere (größte) Stadt.
Më i madhi qytet	die größte Stadt.

Die Adverbien werden wie die attributiv und prädikativ verwendeten Adjektive mit *më* 'mehr' gesteigert, z. B. *Tani ai mëson më mirë sesa një muaj më parë* 'Er lernt jetzt besser als vor einem Monat [= einen Monat früher]'.

18.4.4 DAS POSSESSIVPRONOMEN (7): BESITZER - 2. P. PL.

euer Arzt, Ihr Arzt *eure Ärztin, Ihre Ärztin*

Singular

mjeku juaj	euer	**mjekja juaj**	eure
i mjekut tuaj	eures	**i mjekës suaj**	eurer
mjekut tuaj	eurem	**mjekës suaj**	eurer
mjekun tuaj	euren	**mjeken tuaj**	eure

Plural

mjekët tuaj	eure	**mjeket tuaj**	eure
i mjekëvet tuaj	eurer	**i mjekevet tuaj**	eurer
mjekëvet tuaj	eure	**mjekevet tuaj**	eure
mjekët tuaj	eure	**mjeket tuaj**	eure

Vor Possessivpronomen steht immer die determinierte Form, auch wenn der unbestimmte Artikel *një* verwendet wird, z. B. *një mjeku juaj* 'ein Arzt von Ihnen', 'einer Ihrer Ärzte'.

18.4.5 DAS NOMEN AGENTIS

Von fast jedem albanischen Verb läßt sich ein Substantiv ableiten, das denjenigen bezeichnet, der eine Tätigkeit ausübt. Ausgangsform ist das Partizip Pefekt, allerdings zum Teil in seiner gegischen Form (vgl. L. 14.4.2.1), z. B. *largpamës* 'weitsichtig, vorausschauend' zu *shoh, i parë* 'sehen'. Die Verben der 1. Konjugation, die auf *-oj* oder *-ej* enden, bilden dieses Nomen agentis mit Hilfe der Wortbildungssuffixe *-ues/yes*. Das Femininum wird durch die Endung *-e* bezeichnet, *pastroj* 'reinigen', *pastruese* 'Reinmachefrau', *përkthej* 'übersetzen', *përkthyes* 'Übersetzer, Dolmetscher'.

Die (einsilbigen) Verben der 1. und 3. Konjugation, die ihr Partizip Perfekt auf *-rë/në* bilden (z. B. *çaj - çarë* 'spalten, zerbrechen', *zë - zënë* 'fassen') bilden das Nomen agentis mit dem Suffix *-s*, fem. *-se*. 'Schüler' *nxënës* ist solch ein Substantiv, das vom Verb *nxë* 'aufnehmen, fassen' gebildet wurde. Die Verben der 2. Konjugation bilden die betr. Form mit *-ës* von der 1. P. Sg. Präsens, z. B. *hapës* oder *hapëse* '(Dosen-)Öffner', *çelës* 'Schlüssel'.

Mit Hilfe der Suffixe *-ës/ues* werden nicht nur Personen, sondern auch Gegenstände bezeichnet, z. B. *ndenjëse* 'Sitzbank' vom Verb *rri* 'sitzen', pt.pf. *ndenjur*; *shkrepëse* 'Streichholz' < *shkrep* 'Funken schlagen'.

Im Toskischen entspricht das Suffix *-onjës* dem gegischen *-ues*; in der Schriftsprache ist es aber auf wenige Worte wie *punonjës* 'Werktätiger' beschränkt. Man kann *-ues* einsilbig [u:s] oder nach dem Schriftbild zweisilbig aussprechen. Der Plural ist in den meisten Fällen endungslos, die Artikelform *-it*, z. B. *punonjës-it* 'die Werktätigen'. Es kommen in der Schriftsprache aber auch Plurale auf *-a-t* vor, z. B. *çelësa-t* 'die Schlüssel. In der Umgangssprache sind solche inkorrekten Pluralbildungen häufig, z. B. *lypësa-t* 'die Bettler'.

18.5. Übungen

18.5.0 Zusätzlicher Wortschatz

llull|ë. -a	Pfeife
oreks-i	Appetit
çakmak-u	Feuerzeug [auch mit Benzin, Gas usw.]
shkrepës|e, -ja	Streichholz
i zënë	besetzt, beschäftigt
etj|e, -a	Durst
uri-a	Hunger
radh|ë, -a	Reihe
shtrihem	sich hinlegen
përgjigjem	antworten
gëzohem	sich freuen
mbushem	sich füllen
regjistrohem	eingeschrieben werden, sich immatrikulieren, sich eintragen lassen
vizitohem	untersucht werden, sich untersuchen lassen
vishem	sich anziehen
ndërtes|ë, -a	Gebäude
më parë	früher, zuvor
falënderoj	danken, sich bedanken
shoqërues|e, -ja	Begleiterin
xhep-i	Tasche
plotësoj	erfüllen
kërkes|ë, -a	Bitte, Ersuchen, Nachfrage
kërkesa-t <pl.>	Anforderungen, Ansprüche
përkthyes-i	Übersetzer, Dolmetscher

18.5.1 Aorist Aktiv

Bilden Sie aus den Satzteilen sinnvolle Sätze im Aorist, z. B. 'Ich möchte einen heißen Tee' - *Unë desha një çaj të nxehtë.*

unë	pi	cigare, duhan me llullë, kakao, ujë, një gotë
ti		qumësht/verë, një lëng portokalli, një filxhan kafe
ajo	ha	me oreks, drekën në restorant, mish me oriz/patate, sallatë domatesh, supë, biskotë
ju	ndez	cigaren me çakmak/shkrepëse, dritën
ata	shoh	filmin e ri, një film shqiptar, shoqen në rrugë

ato	jam	i lirë, i zënë, disa ditë për vizitë tek Diana
	vë	librat në dollap, orën në dorë, fotografitë në album
ne	kam	pushim, ditë pushimi, etje, uri, shumë punë
	lë	punën në orën 16.30, 16.45, 17.00, 17.15
	do	1 kg dardha/qershi/molla/pjeshkë, rrush/fiq
ai	bie	në tokë, ziles, telefonit, poshtë

18.5.2 Das Passiv

18.5.2.1 Imperfekt

Bilden Sie Fragen und beantworten Sie sie bejahend oder verneinend, wobei das Prädikat des Objektsatzes im Imperfekt stehen soll, z. B. *Treni për në Tiranë (niset) në orën 7 > A e keni ditur se treni për në Tiranë nisej në orën shtatë ? - Jo, s'e kemi ditur [se treni për Tiranë nisej në orën 7].* - 'Der Zug nach Tirana fährt um 7 Uhr ab > Habt ihr gewußt, daß der Zug nach Tirana um 7 Uhr abfuhr ? - Nein, **das** haben wir nicht gewußt [Nein, wir haben nicht gewußt, **daß** der Zug nach Tirana um 7 Uhr abfuhr]'.

Ne lahemi në det. Ju uleni në radhën e parë. Ata kthehen shumë vonë në shtëpi. Studentët tubohen para universitetit. Fëmijët shtrihen në shtrat. Vera zgjohet natën nga gjumi. Kush përgjigjet në telefon ? Mjeku ngjitet në katin e dytë. Unë merrem me sport.

18.5.2.2 Aorist

Setzen Sie die eingeklammerten Verben in die entsprechende Person des Aorists Passiv, z. B. 'Wir zogen uns rasch an' - *Ne (vishem) shpejt > Ne u vishëm shpejt.*

Valixhja ime (mbushem) me rrobat. Vajzat (regjistrohem) te nëpunësja. Babai (vizitohem) nga mjeku. Ti (kënaqem) nga shëtitja. Në këtë vend (gjendem) perimet: lakrat, karotat, domatet etj. Netëve të dimrit njerëzit (tubohem), biseduan dhe (argëtohem). Fëmijët (vishem) me gëzim. Ky dyqan (hapem) disa ditë më parë. Djali i vogël (përshëndetem) me miqtë e tij.

Beachten Sie, daß der Urheber der Handlung bei Sätzen mit Prädikat in einer Passivform durch **nga** bezeichnet wird. - Suchen Sie in den Lesestücken **15.3 - 17.3** die vier vorkommenden Sätze mit Prädikat im Aorist Passiv. - Setzen Sie die Prädikate in Übung **17.5.1.1.** in Formen des Aorists Passiv, z. B. 'Ich kam am Abend nach Hause zurück' - *Kur u ktheve në shtëpi? - Unë u ktheva në shtëpi në mbrëmje.*

18.5.3 Komparation

Vergleichen Sie die Sachverhalte in Spalte 3 und 4 miteinander und setzen Sie das Wort der dritten Spalte in den Komparativ und verbinden Sie die beiden Spalten durch *se/sesa/nga*, z. B. 'Dieser Arbeiter arbeitet besser als jener' - *Ky punëtor punon më mirë nga [sesa] ai.*

ky qytet	jam	i madh	ai
ky fshat		i vogël	ai
kjo ndërtesë		i vjetër	ajo

kjo shtëpi		i ri	ajo
sot		i lodhur	një javë më parë
nesër	zgjohem	vonë	sot
Fatosi	flas	ngadalë	shoku i tij
	eci	shpejt	Sokoli
Diana	këndoj	bukur	shoqja e saj
	vishem	mirë	Anila

Beachten sie, daß die Prädikate in der zweiten Spalte in Person und Zeitform dem Sachverhalt angepaßt werden müssen.

18.5.4 POSSESSIVPRONOMEN

Ergänzen sie die Sätze durch Possessivpronomen und achten sie dabei auf Numerus und Kasus, z. B. 'Ich habe eure Eltern im Erholungsheim kennengelernt' - *Unë u njoha me prindërit ... në shtëpinë e pushimit > Unë u njoha me prindërit tuaj në shtëpinë e pushimit.*

Agimit i pëlqejnë shumë fotografitë ... . Ku luajnë fëmijët ... ? Sa dhoma ka apartamenti i shokut ... ? Ku punon babai i shoqes ... ? Telefoni ... nuk punon. Vajza ... këndon shumë bukur. Ne u telefonuam shokëvet ... . Priteni shoqëruesin ... ! Drita u tregoi shoqevet ... shtëpinë e pushimit. Jam i kënaqur me mjeken ... .

Ergänzen Sie die Sätze aus Übung **17.5.5** mit Possessivpronomen der 2. Person Plural, z. B. 'Die Kommode ist neben *euren* Betten' - *Komodina është pranë shtretërvet* tuaj.

18.5.5 NOMEN AGENTIS

Setzen Sie die eingeklammerten Substantive in die entsprechende Kasusform, z. B. 'Die Touristen dankten ihrer Begleiterin für ihre Arbeit'. - *Turistët i falënderuan (shoqëruese) së tyre për punën e saj. > Turistët i falënderuan shoqërueses së tyre për punën e saj.*

Teuta nxori (çelës) nga xhepi dhe hapi derën. Nëna mori ushqimet nga (shitëse). (Shitës) janë të shpejtë. Mësuesi është ulur përballë (nxënës). Babai ndezi cigaren me (shkrepëse). (Nëpunës) e postës plotësojnë kërkesat e fshatarëve. (Mësuese) u foli (nxënëse) për udhëtimin nëpër Shqipëri. Ne kënaqemi kur bisedojmë me (përkthyes) tonë.

NEUNZEHNTE LEKTION - Mësimi i nëntëmbëdhjetë

19.1. Praktische Redewendungen

IM RESTAURANT

Kamerier, na sillni menunë, ju lutem.
Kellner, bringen Sie uns bitte die Speisekarte.

Së pari duam supë orizi, pastaj mish viçi, patate dhe sallatë kastravecash.
Zuerst möchten wir Reissuppe, dann Kalbfleisch, Kartoffel und Gurkensalat.

A dëshironi ndonjë ëmbëlsirë ?
Wünschen Sie einen Nachtisch ?

Me gjithë qejf, desha një akullore me fruta e arra.
Aber gern, ich möchte ein Eis mit Obst und Nüssen.

Çfarë do të pini ? Mbajmë verë të bardhë e të kuqe si dhe birrë.
Was möchten Sie trinken ? Wir führen Weißwein und Rotwein sowie Bier.

Unë dua një rakí rrushi, pastaj një gotë verë të kuqe.
Ich möchte einen Trester, danach ein Glas Rotwein.

Si quhet kjo gjellë ? Qenka shumë e shijshme. Me çfarë është gatuar ?
Wie heißt diese Speise ? Sie ist ja sehr schmackhaft. Womit ist sie zubereitet ?

Tani po shijoj me të vërtetë kuzhinën tuaj.
Ich genieße jetzt wirklich Ihre Küche.

A mund të më bëni një nder ?
Können Sie mir einen Gefallen tun ?

Sigurisht, a mungon diçka ? - Na sillni édhe një lugë.
Sicher, fehlt etwas ? - Bringen Sie uns noch einen Löffel.

Jam ngopur, nuk mundem më, faleminderit.
Ich bin satt, ich kann nicht mehr, danke sehr.

Llogarinë, ju lutem. - A do t'i paguani të gjitha ?
Die Rechnung bitte. - Bezahlen sie alles ?

Jo, veç e veç, ju lutem. - Mirupafshim, mirë se vini.
Nein, getrennt bitte. - Auf Wiedersehen, Danke für Ihren Besuch.

Im allgemeinen sind Albanienreisen pauschal arrangiert, so daß sich die Auswahl auf Getränke und Nachtisch beschränkt. Es gibt jedoch auch Gelegenheit zu Einzelreisen (vor allem bei Geschäftsleuten), und in diesem Falle wird man selbst Speisen bestellen müssen. Man sollte sich dabei nicht von solchen Bezeichnungen verlokken lassen, die ähnlich klingen wie im Deutschen, sondern den Mut aufbringen, Gerichte des Landes zu bestellen, deren Namen man nicht kennt, die sich aber als recht schmackhaft herausstellen werden. Vertraut Aussehendes könnte zu unliebsamen Überraschungen führen, und die Fremdsprachenkenntnisse der Kellner sind oft nicht ausreichend, um die Speisekarte zu erläutern. Unter *ramstek* kann sich beispielsweise 'Hackbraten' verbergen !

In internationalen Restaurants heißt die Speisekarte *menu-ja*, sonst auch oft *lista e gjellëve* 'Speisenliste'. Für *menú* gibt es auch die Aussprache *meny*, aber sie entspricht nicht der Norm. - Offiziell ist Trinkgeld in Albanien unerwünscht, und es kann für die Betreffenden zu Unanehmlichkeiten führen, wenn sie es annehmen.

Oriz ist Dampfreis; als *pilaf* wird er dann bezeichnet, wenn er in Butter geschwenkt und mit Fleischstücken versetzt ist. Der albanische Kognak hat einen lieblichen Geschmack.

Das in Deutschland übliche 'Zahlen, bitte !' klingt in den Ohren von Ausländern oft unhöflich. Daher sollte man sich den Akkusativ von 'Rechnung' - *llogari* - gut merken.

19.2. Neuer Wortschatz

më parë	früher, zuvor
vij, vini, erdha, ardhur	kommen, kam, gekommen
jo më	nicht mehr
i zakonsh|ëm, -me	gewöhnlich
por	aber, jedoch
vërtetim-i	Bestätigung, Bescheinigung
zyr|ë, -a	Amt, Büro
Komiteti Ekzekutiv	Exekutivkomitee, Stadtverwaltung
më kujtohet	ich erinnere mich
përshtypj|e, -a	Eindruck
veror, -e	Sommer
shi-u	Regen
bie shi	es regnet
i imtë	fein
shiu i imtë	der Nieselregen
mbledh (e/i/o)	sammeln
vendos	aufstellen, unterbringen
përjashta <adv.>	draußen
trotuar-i	Bürgersteig, Trottoir
i gjerë	breit
fund-i	Ende
i fundit	der letzte
shërbej	bedienen, servieren
vështroj	schauen
i lehtë	leicht
alumin-i	Aluminium
plastmas-i	Kunststoff
tjetër, pl. të tjerë	ander, ein anderer
krem-i	Crème
ngjyrë kremi	beige, sandfarben
çoj	schaffen, ziehen, führen
diku	irgendwo
perd|e, -ja	Vorhang
na (Dat.)	uns
vë re	bemerken
tend|ë, -a	Zelt, Vordach, Sonnenblende
dok-u	Kattun, Baumwolle (als Gewebe)
mbroj, mbrojta	verteidigen, schützen
pik|ë, -a	(1) Punkt, (2) Tropfen
sup-i	Schulter

19.3. Lesestück

Në kafe [Fortsetzung]

Tre múaj më parë, kur unë erdha për herë të parë këtu, jo më si klient i zakonshëm, por si një njeri që kërkon të punojë dhe ka me vete një vërtetim nga zyra e punës së Komitetit Ekzekutiv, më kujtohet se më bënë përshtypje karriget. Vetëm se ato ishin karrige verore. Porsa kishte filluar të binte një shi i imtë dhe kamerieri bashkë me pastrueset po mblidhnin karriget dhe tryezat e vendosura përjashta, në trotuarin e gjerë përpara kafes. Ishte dita e fundit që shërbéhej përjashta. Unë vështroja se si mblidhnin karriget e lehta prej alumini dhe plastmasi, si i vendosnin njëra mbi tjetrën, të verdha, të kuqe, të kaltra, ngjyrë kremi dhe pastaj i çonin diku prapa pérdes, prapa banakut.

- Ja, na erdhi dhe dimri, - tha kamerieri, kur më vuri re.

Unë isha futur nën tendën verore prej doku, për t'u mbrojtur nga pikat e shiut. Ngrita supet, pa ditur ç't'i thosha.

19.4. Grammatische Erklärungen

19.4.1 PLUSQUAMPERFEKT UND AORIST II

Es gibt im Albanischen zwei zusammengesetzte Zeitformen, die die Vorvergangenheit in den beiden Diathesen (Aktiv und Passiv) ausdrücken können; sie verhalten sich zueinander wie Imperfekt zu Aorist I. Der Aorist II kommt verhältnismäßig selten vor, während das Plusquamperfekt zur Schilderung von Zuständen oder der Beschreibung von Hintergrundhandlungen unverzichtbar ist.

kishte filluar të binte një shi i imtë
es hatte begonnen zu nieseln

isha futur nën tendën verore prej doku
ich hatte mich unter das Vordach aus Drillich gestellt

ishte ndezur drita
das Licht brannte [= war angezündet worden]

Im Aktiv werden Plusquamperfekt und Aorist II mit den Impf.- bzw. Aorist I-Formen des Verbs *kam* 'haben' gebildet, im Passiv mit den entsprechenden Formen des Hilfsverbs *jam* 'sein'.

Aktiv	Plusquamperfekt *ich hatte begonnen*	Aorist II *ich war gegangen*
	kisha filluar	**pata shkuar**
	kishe filluar	**pate shkuar**
	kishte filluar	**pati shkuar**
	kishim filluar	**patëm shkuar**
	kishit filluar	**patët shkuar**
	kishin filluar	**patën shkuar**

Passiv

ich hatte mich benommen	ich war gesehen worden
isha sjellë	**qeshë parë**
ishe sjellë	**qe parë**
ishte sjellë	**qe parë**
ishim sjellë	**qemë parë**
ishit sjellë	**qetë parë**
ishin sjellë	**qenë parë**

19.4.2 KONJUNKTIV PERFEKT UND PLUSQUAMPERFEKT

Zu den zusammengesetzten Zeitformen wird der Konjunktiv gebildet, indem man die Partikel *të* vor die Indikativformen setzt; sie kommen gewöhnlich in Bedingungssätzen oder modal gefärbten Temporalsätzen vor.

të kisha filluar	**të isha sjellë**
[wenn] ich begonnen hätte	[wenn] ich mich benommen hätte

19.4.3 MIT DEM PARTIZIP PERFEKT GEBILDETE VERBFORMEN (3):

19.4.3.1 GERUNDIUM PASSIV UND PRIVATIV

Das Partizip der Vorzeitigkeit ist im Albanischen nicht nur die Ausgangsform zur Bildung der zusammengesetzen Zeiten, sondern auch einer Reihe von infiniten Verbalformen, zum Beispiel des Gerundiums (vgl. L. **14.4.2**).

kam sjellë	ich habe gebracht
kisha sjellë	ich hatte gebracht
jam sjellë	ich habe mich benommen
isha sjellë	ich hatte mich benommen
duke sjellë	bringend
duke u sjellë	sich benehmend

Die Partikel *u* dient nicht nur zur Bezeichnung der Diathese im Aorist Passiv, sondern auch des Imperativs und der infiniten Verbalformen.

Das unpersönliche 'man muß' wird durch *duhet* + pt. pf. ausgedrückt (vgl. L. **15.4.3**): duhet mësuar 'man muß lernen'. In ähnlicher Weise wird der sogenannte **Privativ** gebildet, den man im Deutschen mit 'ohne zu' wiedergibt:

pa ditur	ohne zu wissen
pa shkuar	ohne zu gehen
pa u kthyer	ohne zurückzukehren

19.4.3.2 INFINITIV UND SUPINUM

In der albanischen Schriftsprache gibt es keinen Infinitiv, der in seiner syntaktischen Verwendung genau den Infinitiven in den westlichen Sprachen entspricht. Die gegischen Mundarten und die frühere gegische Schriftsprache (Shkodra, Elbasan) wiesen einen solchen Infinitiv auf; er wurde von der Kurzform des pt. pf. gebildet:

me shkue	gehen
me hapë	öffnen
me u kthye	zurückkehren
me thânë	sagen
me qenë	sein

Von diesem Infinitiv gibt es zu Konjunktionen oder Adverbien erstarrte Reste in der Schriftsprache: *meqenëse* 'weil', *domethënë* 'das heißt [= will sagen]'. Es gibt jedoch noch einen anderen 'Infinitiv' in der Schriftsprache, der im Deutschen gewöhnlich mit 'um zu' übersetzt werden muß:

për të shkuar	um zu gehen
për të hapur	um zu öffnen
për të thënë	um zu sagen
për t'u kthyer	um zurückzukehren
për t'u mbrojtur	um sich zu verteidigen
për t'u sjellë	um sich zu benehmen
për t'u përpjekur	um sich zu bemühen

Wir nennen diese Form **Supinum** (vgl. *Buchholz/Fiedler*, S. 180-182) und weisen darauf hin, daß nicht in jedem Verwendungszusammenhang die Übersetzung 'um zu' sinnvoll ist: më vjen për të qarë 'mir ist zum Lachen zumute'. Im Lesestück schreibt der Autor *për t'u mbrojtur nga pikat e shiut* 'um sich vor den Regentropfen zu schützen'. In der Sprache der Publizistik spielt das Supinum eine wichtige Rolle, wie folgender Auszug verdeutlicht.

Kongresi i quajti të drejta e me vend vendimet që u morën në mbledhjen e komitetit dhe shprehu shpresën se udhëheqja e re e partisë do të luftojë me konsekuencë për të shkulur nga rrënjët tendencat oportuniste në parti, për të vënë në jetë orientimet e byrosë politike.	Der Kongreß nannte die Beschlüsse, die auf der Ausschußsitzung gefaßt worden waren, richtig und angemessen und drückte die Hoffnung aus, daß die neue Führung der Partei konsequent dafür kämpfen werde, die opportunistischen Tendenzen in der Partei mit der Wurzel auszureißen und die Leitlinien des Politbüros in die Praxis umzusetzen.

Vom Supinum wird eine Verbalform abgeleitet, die im Deutschen mit 'sollen' oder 'müssen' wiederzugeben ist (bei *Buchholz/Fiedler*: Nezessitativ, S. 85 f.): *kam për të punuar* 'ich habe zu arbeiten' = 'ich muß arbeiten'.

19.4.4 DAS PERSONALPRONOMEN

19.4.4.1 DEKLINATION DES PERSONALPRONOMENS

Das Albanische hat persönliche Fürwörter für drei Personen; die dritte Person weist getrennte Formen für zwei Genera auf. Obwohl es im Prinzip ein Neutrum gibt (substantivierter Infinitiv und substantivierte Adjektive), fehlt bei den Personalpronomen in der 3. P. Sg. das Neutrum. Wenn es erforderlich ist, wird es gewöhnlich durch feminine Ersatzwörter (kjo, gjë që, kjo punë) wiedergegeben.

kjo s'është e mundur	das ist nicht möglich

Echte Genitivformen des Personalpronomens gibt es nicht; statt dessen wurden in der tabellarischen Übersicht die Possessivpronomen eingesetzt, die genetisch mit den Personalpronomen zusammenhängen.

Singular

	ich	*du*	*er*	*sie*
N	unë	ti	aí	ajò
G	[im]	[yt]	[i tij]	[i saj]
D	mua, më	ty, të	atij, i	asaj, i
A	mua, më	ty, të	atë, e	atë, e
Abl.	meje	teje	atij	asaj

Plural

	wir	*ihr*	*sie*	*sie*
N	ne	ju	atà	atò
G	[ynë]	[juaj]	[i tyre]	[i tyre]
D	neve, na	juve, ju	atyre, u	atyre, u
A	ne, na	ju	ata, i	ato, i
Abl.	nesh	jush	syresh	syresh

Für Dativ und Akkusativ liegen in beiden Numeri zwei Formen vor. Die lange Form wird benutzt, wenn sie betont ist; sonst steht die **Kurzform beim Prädikat**, und zwar in der Regel davor. Beim Imperativ kann sie dahinter stehen (*tregomëni* 'zeigt mir !'). In den Mundarten und entsprechend auch in der Umgangssprache kommt es zur Vertauschung von *ne* und *na*, d. h. *na* kann auch im Nominativ angetroffen werden. Die kurzen Dativformen stehen in der älteren Schriftsprache und in der Umgangssprache statt der Possessivpronomina, z. B. *Pranë varrit t'erdhi sot* 'Heute kam er an dein Grab' (wörtlich: ... dir ans Grab) oder *Kë po më shikojnë sytë?* 'Wen sehen denn da meine Augen' (wörtlich: ... sehen mir die Augen).

Die Ablativformen des Singulars werden nur nach Präpositionen benutzt; beim Plural schwankt der Gebrauch zwischen folgenden Möglichkeiten:

niemand von uns, euch, ihnen

askush nesh, jush, syresh
askush prej nesh, prej jush
askush prej neve, prej juve, prej tyre

Die vollen 'Dativ'-Formen können demnach auch nach Präpositionen im Ablativ Plural verwendet werden. Nach Präpositionen, die den Akkusativ verlangen, stehen in der dritten Person Formen ohne deiktisches *a*: me të 'mit ihm/ihr', me ta, me to 'mit ihnen'.

19.4.4.2 Krasisformen des Personalpronomens

Wenn es zur Häufung von Kurzformen der Personalpronomen kommt, verschmelzen diese in einigen Fällen zu neuen lautlichen Gebilden; dies nennt man Krasis.

Dativkurzformen mit der Akkusativkurzform *e*

më + e >	ma	mir ihn, mir sie, mir es
të + e >	ta	dir ihn
i + e >	ia	ihm es
na + e (unverändert)		uns es
ju + e >	jua	euch es, Ihnen es
u + e >	ua	ihnen es

Dativkurzformen mit der Akkusativkurzform *i*

më + i >	m'i	mir sie
të + i >	t'i	dir sie
i + i >	ia	ihm sie
na + i (unverändert)		uns sie
ju + i >	jua	euch sie
u + i >	ua	ihnen sie

Wenn das Dativ-*i* des Singulars vor dem *u* des Passivs steht, bildet es die Form *iu*, z. B. *iu dha* 'es wurde ihm gegeben'. Die orthographischen Formen *ia, iu* werden *ja, ju* ausgesprochen.

19.5. Übungen

19.5.0 Zusätzlicher Wortschatz

sapo <adv.>	gerade, soeben, kaum
një copë herë	eine Weile
largohem	sich entfernen
vonohem	sich verspäten
pij|e, -a	Getränk
shoqërues-i	Begleiter, Reiseleiter
muze-u	Museum
përkthej	übersetzen

19.5.1 Plusquamperfekt

Bilden Sie mit den eingeklammerten Verben Prädikate im Plusquamperfekt, z. B. 'Als wir nach Hause kamen, war Vera gerade hinausgegangen'. - *Kur erdhëm në shtëpi, Vera sapo kishte dalë.*

Kur erdhëm në shtëpi, ...

ti	(marr)	një letër nga Genci
ju	(vë)	pjatat mbi tryezë
Vera	(sjell)	gazetat e reja
prindërit	(ndez)	dritën e dhomës
	(filloj të ha)	darkë
	(mbyll)	telefonin
	(mbush)	gotat me ujë
	(zgjohem)	shumë herët
	(hap)	dritaret

Der Vordersatz soll in jedem Falle gleichlauten 'Als wir nach Hause kamen'.

Setzen Sie die Prädikate in den Übungen **13.5.1.2, 14.5.1.2** und **16.5.1** in Formen des Plusquamperfekts, z. B. 'Anila hatte das Licht angezündet' - *Anila e kishte ndezur dritën.* 'Gestern hatte es geregnet' - *Dje kishte rënë shi.* - 'Agim hatte einen Rosenstrauß gekauft' - *Agimi kishte blerë një tufë me trëndafila.*

19.5.2 PRIVATIV

Bilden Sie aus folgenden Verben nebst Ergänzung Sätze mit Umstandsbestimmungen in Privativform, bei denen das Prädikat jeweils unverändert *qëndroi një copë herë* **bleiben soll,** z. B. 'Er verharrte eine Weile, ohne sich zu unterhalten' - *Qëndroi një copë herë pa biseduar.*

flas	
lëviz	
punoj	
mbyll	derën
hap	dritaren
ha	mollën
pi	çajin
lexoj	revistën
shkruaj	letrën
ndez	dritën
di	ç'të thoshte

19.5.3 SUPINUM

Bilden Sie Sätze mit Umstandsbestimmungen in der Form des Supinums, wobei das Prädikat jeweils in die passende Vergangenheitsform des Verbs *shkoj* **'gehen' gesetzt werden soll,** z. B. 'Agim ging in die Stadt, um sich vom Arzt untersuchen zu lassen' - *Agimi shkoi [shkonte/ka shkuar/kishte shkuar] në qytet për t'u vizituar nga mjeku.*

Aliu	shkoj	në pazar	(blej)	ushqime
Anila		në dyqan		perime
ata				një dhuratë
				pemë
				pije
unë		në qytet	(bëj)	një shëtitje
ne			(takohem)	me shokë
			(ha)	në restorant
			(shoh)	shfaqje
			(punoj)	në uzinë
		në bibliotekë	(lexoj)	revistat
			(marr)	gazetat
			(shkruaj)	letrat
			(mësoj)	

19.5.4 IMPERATIV

Bilden Sie aus den eingeklammerten Verben Befehlsformen im Passiv, z. B. 'Zieh dich schnell an/zieht euch schnell an' - *Vishu shpejt! / Vishuni shpejt !*

(Nisem) herët. (Bëhem) gati, se do të dalim. (Ulem) në karrige. (Kthehem) shpejt në shtëpi. (Ngjitem) në katin e dytë. (Regjistrohem) te nëpunësja. (Vizitohem) nga mjeku. (Merrem) me sport. (Takohem) me një shok. (Zgjohem) herët. (Ngrihem) nga shtrati. (Largohem) nga dhoma. (Vonohem). (Lahem) në lumë.

Setzen Sie die Verneinung *mos* in passende Sätze ein.

19.5.5 PERSONALPRONOMEN

19.5.5.1 Setzen sie die eingeklammerten Personalpronomen in die entsprechende Kasusform, z. B. 'Mir tut der Kopf weh' - *Më dhemb koka.*

(Unë) dhembin këmbët nga lodhja. Mjeku (ai) dha tri ditë pushim. (Ne) pëlqen muzika. (Unë) tregoni, ju lutem, ku është hoteli ! (Ti) nuk pëlqen shfaqja e fundit. (Unë) jep, të lutem, çantën time. Unë (ju) bleva disa libra. Do të vij edhe unë me (ju) në teatër. Ai i bleu revistat para (ne). Prej (ato) marr shpesh kartolina. Ju rrini gjithmonë afër (ata). Ejani me (unë). Po flasim për (ju). Unë (ti) pashë në kinema. Babai (ne) priti në shtëpi. Kush (unë) kërkoi në hotel ? Uluni përballë (unë). Shoqëruesi shkoi me (ata) në muze.

19.5.5.2 Ergänzen sie die ausgelassenen Kurzformen des Pronomens, z. B. 'Vera hat mich im Restaurant gesucht' - *Vera më kërkoi mua në restorant.*

Ty ... priti motra jote në oborr. Kush ... ftoi ju për ditëlindjen ? Mua ... quajnë Drita. Atij ... pëlqen futbolli. Atyre ... fola shumë për udhëtimin tim. Fatosi ... dhuroi juve shumë fotografi. Neve ... telefonoi nëna. Unë ... ndihmova ty në punë. Ç'... tha aktori asaj ? Ku ... bleve këto mollë ? Ata ... treguan mua pullat e tyre.

19.5.5.3 Bilden Sie Sätze, indem Sie die eingeklammerten Verben in Formen des Aorists überführen, und ergänzen Sie die dazu passenden Krasisformen des Personalpronomens, z. B. 'Nachdem Agim mein Foto [meine Fotos] betrachtet hatte, gab er es [sie] mir' - *Agimi, pasi e shikoi fotografinë time [fotografitë e mia] , ma [m'i] dha.*

Agimi	(lexoj)	librin tonë	dha.
	(shikoj)	vizatimin tuaj	
	(përkthej)	letrën time	
	(rregulloj)	orën e saj	
	(marr)	revistën e tyre	
	(bart)	shportën e tij	
	(gjej)	çelësin tënd	

Beachten Sie, daß im Albanischen in Sätzen mit *pasi* 'nachdem' gewöhnlich nicht das Plusquamperfekt, sondern der Aorist steht.

19.5.6 AORIST II (*passé antérieur*)

Transformieren Sie folgende Sätze in dass-Sätze (indirekte Rede), die alle vom selben Hauptsatz abhängig sind, z. B. 'Gestern habe ich Geburtstag gefeiert' > 'Als ich Vera traf, sagte sie mir, daß sie gestern Geburtstag gefeiert habe' - *Dje festova ditëlindjen* > *Kur takova Verën, ajo më tha se dje pati festuar ditëlindjen.*

Dje Fatosi dhe Sokoli shkuan në teatër. Dje bleva disa dhurata. Dje bëmë një shëtitje. Dje ftova disa shoqe për ditëlindjen. Dje ju u ulët afër dritares. Ne kaluam pushimet afër detit.

ZWANZIGSTE LEKTION - Mësimi i njëzetë

20.1. Praktische Redewendungen

KINO, KONZERT

Në cilën kinema shfaqet filmi i ri shqiptar ?
In welchem Kino wird der neue albanische Film aufgeführt ?

Çfarë filmi ka sonte në kinemá ?
Was für einen Film gibt es heute im Kino ?

Nuk më pëlqen të rri përballë, afër ekranit.
Ich mag nicht vorne sitzen, bei der Leinwand.

Aktorët qenë të shkëlqyeshëm, ishte film i bukur.
Die Schauspieler waren hervorragend, es war ein schöner Film.

Më pëlqen çdo pjesë e tij. Kameramani ka punuar shkëlqyeshëm.
Mir gefällt jeder Teil von ihm. Der Kameramann war hervorragend.

A do të dublohet ky film anglisht ?
Wird dieser Film englisch synchronisiert ?

Ishte një rol i përkryer, kush e luajti ?
Es war eine vollendete Rolle, wer hat sie gespielt ?

U mahnita nga loja e saj.
Ich war von ihrem Spiel begeistert.

Dëshiroj të shoh një koncert simfonik.
Ich möchte ein Symphoniekonzert sehen.

Mua më pëlqen muzika klasike. Kush është dirigjenti i orkestrës ?
Mir gefällt die klassische Musik. Wer ist der Dirigent des Orchesters ?

A keni orkestër me instrumente popullore ?
Haben Sie ein Orchester mit Volksinstrumenten ?

Po, bile të madhe. - Ansambli juaj është me famë.
Ja, sogar ein großes. - Ihr Ensemble ist berühmt

Vazhdojnë t'i bëjnë bizë.
Sie verlangen weiter Zugabe.

Während der Reisezeit finden Kinovorführungen in Albanien gewöhnlich im Freien statt. Daher heißt es im Lesestück ausdrücklich "Winterkino", weil es sich um einen überdachten Saal handelt.

Bizë-a ist eigentlich ein Schuster-Pfriem, aber in der Volkssprache wird das lateinische Wort bis 'zweimal' mit stimmhaftem Auslaut gesprochen. *Luaj biz* ist ein Kinderspiel, und alle drei Wörter haben nichts miteinander zu tun.

20.2. Neuer Wortschatz

fshesaxhi-u	Straßenkehrer
Rem | ë, -a	Rema <Männername>
zakonisht <adv.>	gewöhnlich
num | ër, -ri	Nummer
pushoj	aufhören, Pause machen
lë, lini, lashë, lënë	lassen, ließ, gelassen
bisht-i	Schwanz, Stiel, Ende, (Zigaretten)-Kippe
fshes | ë, -a	Besen
mbështetem	sich stützen
pjes | ë, -a	Teil
udhëkryq-i	Straßenkreuzung
kryesor, -e	hauptsächlich
i bezdissh | ëm, -me	lästig, unangenehm
hedh, hidhni, hodha	werfen, warf
mbeturin | ë, -a	Überrest
akullor | e, -ja	Speiseeis
ambalazh-i	Verpackung, Hülle
kasat | ë, -a	Cassata
kurse <Konj.>	während
zbardh	schimmern, leuchten; weißen
akoma <adv.>	noch
i pashkelur	unzertreten, unbeschädigt
bilet | ë, -a	Eintrittskarte
seanc | ë, -a	Sitzung, Vorstellung
kinema-ja	Kino
dimëror, -e	Winter-, winterlich
kinemaja dimërore	überdachtes Lichtspielhaus
drejt <adv.>	direkt, in Richtung auf, gegen
grumbull-i	Haufen, Menge
qindra-t	Hunderte
i panjohur	unbekannt
i ftohtë	kalt
përkulem	sich bücken
rrotulloj	drehen
vitrin | ë, -a	Schaufenster, Vitrine
përpiqem	sich bemühen
dalloj	unterscheiden
orar-i	Fahrplan, Stundenplan
orari i seancës	Anfangszeit der Vorstellung
zë-ri	Stimme
ptu	pfui
shaj, shava, sharë	schimpfen, schimpfte, geschimpft
kurrë <+ Verneinung>	niemals, nie
marr vesh	begreifen, verstehen

20.3. Lesestück

Fshesaxhíu

Përpara shtëpisë nr. 141, Rema zakonisht pushonte pak, e linte bishtin e fshesës t'i mbështetej në sup dhe ndizte një cigare. Tani pjesa më e madhe e punës ishte mbaruar. Mbeteshin dy udhëkryqe, njëri prej të cílëve ishte i bezdisshëm, sidomos në verë, kur vajzat e reja hidhnin mbeturinat e akulloreve ose ambalazhet e kasatave. Kurse në trotuarin e djathtë zbardhnin aty-këtu, akoma të pashkelura mirë nga këmbët, biletat e seancës së fundit të Kinemasë Dimërore. Rema e mbaroi cigaren, e hodhi bishtin përpara fshesës dhe e shtyu drejt grumbullit të bishtave të qindra cigareve të njerëzve të panjohur. Ishte shumë ftohtë. Në trotuarin e djathtë, Rema u përkul, ngriti një biletë nga toka dhe, duke u rrotulluar nën dritën e vitrinës, përpiqej të dallonte orarin e seancës. Në biletë shkruhej 21.15, dhe Rema lexoi me zë: Dy mijë e njëqind e pesëmbëdhjetë. Ptu, shau ai, kurrë s'kam për t'i marrë vesh këto orët e reja.

(Aus: I. KADARE, *Dimri i madh*, 1977, S. 330)

20.4. Grammatische Erklärungen

20.4.1 DAS ADJEKTIVISCHE ATTRIBUT IN DER DEKLINATION (2)

Das substantivische Attribut kann im Albanischen nie vor seinem Beziehungswort stehen, und gewöhnlich steht auch das adjektivische Attribut nach dem Beziehungswort. Aus Gründen der Emphase kann es jedoch nach vorne gestellt werden. Dabei nimmt es den Artikel mit: es handelt sich nun nicht mehr um den Gelenkartikel, weil er nichts mehr verbindet. Vielmehr bezeichnen wir den vor dem Adjektiv in Emphase stehenden Artikel als vorangestellten. Diese Unterscheidung ist deshalb wichtig, weil **der vorangestellte Artikel** im Akkusativ Sg. und im Nominativ und Akkusativ Pl. andere Formen aufweist als der Gelenkartikel. Im Genitiv wird überdies vor den vorangestellten Artikel noch ein Gelenkartikel plaziert, so daß zwei verschiedene Artikelformen hintereinander stehen.

Singular

maskulin	*feminin*
der anständige Knabe	das ehrbare Mädchen
i ndershmi djalë	**e ndershmja vajzë**
i të ndershmit djalë	**i së ndershmes vajzë**
të ndershmit djalë	**të ndershmes vajzë**
të ndershmin djalë	**të ndershmen vajzë**
të ndershmit djalë	**të ndershmes vajzë**

Plural

të ndershmit djem	**të ndershmet vajza**
i të ndershëmvet djem	**i të ndershmevet vajza**
të ndershëmvet djem	**të ndershmevet vajza**
të ndershmit djem	**të ndershmet vajza**
të ndershëmvet djem	**të ndershmevet vajza**

Der Gelenkartikel vor dem Genitiv kann natürlich je nach vorangehendem Beziehungswort auch *e, të, së* lauten, z. B. *fola me babanë e së ndershmes vajzë* 'ich sprach mit dem Vater des ehrbaren Mädchens'. Das Besondere an der Voranstellung des adjektivischen Attributs ist aber nicht die besondere Form des vorangestellten Artikels. Vielmehr nimmt das Adjektiv in diesem Falle auch die Deklinationsendungen an. Das nachfolgende Beziehungswort wird nur nach Numerus, nicht nach Kasus verändert, solange kein weiteres Attribut folgt. Im G/D/Abl. Plural ist wie immer in der Deklination das Auslaut-*t* fakultativ; in der heutigen informellen Sprache wird es meistens ausgelassen. Das vorangestellte adjektivische Attribut kommt recht selten vor; am ehesten ist es bei Superlativen zu erwarten:

kryetari i bashkisë së më të madhit qytet të vendit tonë
der Bürgermeister der größten Stadt unseres Landes.

20.4.2. ATTRIBUTKETTEN

Wenn, wie in obigem Beispielsatz, mehrere Genitivatribute hintereinander folgen, gibt es im allgemeinen keine Probleme: der Artikel erhält die dem vorangehenden Beziehungswort entsprechende Form. Problematisch wird es aber dann, wenn mehrere adjektivische Attribute aufeinander folgen oder wenn ein Genitivattribut auf ein Beziehungswort folgt, das ein adjektivisches Attribut bei sich führt.

pjesa më e madhe e punës
der größere (größte) Teil der Arbeit

biletat e seancës së fundit të Kinemasë Dimërore
die Eintrittskarten für die letzte Vorstellung des Winterkinos

Im ersten Beispiel heißt es *e punës*, im zweiten aber *të kinemasë*. Wenn die Attribute nämlich nicht unmittelbar auf ihr Beziehungswort folgen, nimmt der Gelenkartikel unter Umständen eine andere Form an. So würde es *biletat e kinemasë* heißen; aber mit einem adjektivischen Attribut dazwischen (*biletat e shtrenjta të kinemasë* 'die teuren Eintrittskarten'), wird - außer im Nominativ Singular - der Gelenkartikel *e* zu *të*. Der Gelenkartikel ändert sich von *e* zu *të*, wenn ein weiteres Attribut den Genitiv bzw. ein adj. Attribut von seinem Beziehungswort trennt:

Partinë e Punës të Shqipërisë
Die Partei der Arbeit Albaniens

Ebenso ändert sich *së* zu *të* unter denselben Bedingungen:

Partisë së Punës të Shqipërisë
der Partei der Arbeit Albaniens

motrës së saj të dashur e të paharruar
seiner geliebten und unvergessenen Schwester

veshjet e krahinës së Mirditës e të Matit
die Trachten des Gebietes von Mirdita und Mati

20.4.3. DIE ALBANISCHE ENTSPRECHUNG VON 'ALLE', 'GANZ'

Gewöhnlich wird 'ganz' durch das albanische Pronomen *gjithë* ausgedrückt. Seine Besonderheit besteht darin, daß es immer vor dem Beziehungswort steht, aber nicht selbst dekliniert wird. Die Kasusendungen treten also - anders als beim vorangestellten Adjektiv - immer an das nachfolgende Substantiv: *gjithë vendi* 'das ganze Land'. Dies kann noch durch den vorangestellten Artikel verstärkt werden: *i gjithë vendi*.

N.	**gjithë vendi**		**i gjithë vendi**
G.		**i të gjithë vendit**	
D.	**gjithë vendit**		**të gjithë vendit**
A.	**gjithë vendin**		**të gjithë vendin**

Im Plural führt das Pronomen 'gjithë' gewöhnlich den vorangestellten Artikel bei sich und wird dann auch nach Geschlecht verändert:

	Maskulin	Feminin
N/A.	**të gjithë burrat**	**të gjitha vendet**
G.	**i të gjithë burravet**	**i të gjitha vendevet**

Als Synonym für *'gjithë'* tritt **tërë** auf, das sich im Prinzip genauso verhält: *tërë vendi, i tërë vendi, të tëra vendet* (vgl. *Buchholz/Fiedler*, S. 302 -304: Determinativpronomen). Ebenfalls vorangestellt, aber ohne Artikel und Abwandlung nach Genera ist *mbarë* 'ganz': *mbarë bota* 'die ganze Welt'.

'Alles' wird auf Albanisch mit dem fem. Plural ausgedrückt: *i kuptova të gjitha* 'ich habe alles verstanden'. Eine andere Ausdrucksweise ist **çmos** (= was nicht), z. B. *bëra çmos t'ia kthej mendjen* 'ich tat alles, um ihn (oder: 'sie') zu überzeugen'.

20.4.4 SYNTAKTISCHES GENUS BEI HETEROGENIE

Viele maskuline Substantive, und zwar alle diejenigen, die in der Zitierform auf *-et, -im, -on* enden (aber auch eine Reihe anderer), erhalten die Pluralendung *-e-t* und werden dann wie Feminina behandelt: të gjitha vendet. Sie erhalten adjektivische und pronominale Attribute in der entsprechenden Pluralform der Feminina (vgl. L. **9.4.2**). Wenn sich Pronomen, Zahlwörter und Adjektive auf diese heterogenen Substantive im Plural beziehen, ohne Attribut zu sein, dann werden sie als Maskulina behandelt.

dy udhëkryqe, njëri prej të cilëve...
zwei Kreuzungen, von denen die eine...

shumë stacione, më i afërt është...
viele Haltestellen, die nächste ist ...

20.5 Übungen

20.5.0 ZUSÄTZLICHER WORTSCHATZ

i dashur	geliebt, lieb
fakultet-i	Fakultät
shkenc|ë, -a	Wissenschaft
natyror, -e	natürlich, Natur-
shkencat natyrore	die Naturwissenschaften
i rëndësish|ëm, -me	wichtig
politik, -e	politisch
ekonomik, -e	wirtschaftlich
kurs-i	Kursus, Lehrgang
filogji-a	Philologie
deg|ë, -a	Zweig, Fachrichtung
fonetik|ë, -a	Phonetik
i sot|ëm, -me	heutig, Gegenwarts-
letrar, -e	literarisch, Literatur-
pallat-i	Palast; Wohnblock
Pallati i Kulturës	Kulturpalast
bot|ë, -a	Welt; Menschen
arrij	ankommen
drejtim-i	Richtung
elektrifikoj	elektrifizieren
zarzavate-t	Gemüse

20.5.1 ADJEKTIVISCHES ATTRIBUT

Setzen sie die vorangestellten adjektivischen Attribute in die jeweilige Kasusform, z. B. 'Wo ist die Ansichtskarte des lieben Vaters ?' - *Ku është kartolina e të dashurit baba ?*

Ku është	fotografia	i dashuri	vëlla ?
	libri		motër
i fola		të dashurit	vëllezër
e pret			motra
mora një letër prej			mëmë

20.5.2 ATTRIBUTKETTEN

Setzen Sie die ausgelassenen Artikelformen ein, z. B. 'Dies sind Bücher der Studenten unserer Fakultät' - *Këta janë libra të studentëve të fakultetit tonë.*

Në këtë anë ... rrugës është ndërtesa ... fakultetit ... shkencave natyrore. Në gazetat lexojmë lajmet ... rëndësishme politike dhe ekonomike ... ditës. Në dhomën time ... vogël kam shumë lule. Pranë derës ... vogël ... shtëpisë është dritarja ... dhomës ... vëllait ... madh. Studentët ... kursit ... parë ... filologjisë shqipe janë shumë të zellshëm. Genci është student në degën ... filogjisë shqipe ... universitetit tonë. Ai mëson fonetikën dhe gramatikën ... gjuhës ... sotme letrare shqipe. Pallati ... madh ... Kulturës ndodhet në qendër ... qytetit. Hapi dritaret ... dhomës ... gjjumit ! Këta janë librat ... studentes ... fakultetit tonë. Djali ... vogël ... mësuesit ... vjetër është mik ... dashur ... djalit ... mjekes ... mirë.

20.5.3 'ALLE', 'GANZ'

Setzen Sie *gjithë* oder *gjitha* ein, z. B. 'Alle Zimmer haben Balkone' - *Të gjitha dhomat kanë ballkone.*

Në postë arrijnë letra dhe kartolina nga ... bota. Ajo i ka larë të ... rrobat. ... familja ishte e gëzuar për orenditë e reja. Të ... pushimet i kalova atje. I rregullova të ... dollapët e librave. A i bleve të ... ushqimet ? Të ... udhtëtarët janë ulur në vagonat e trenit. Pasi i mbaroi të ... përgatitjet, Vera ra të flejë. Unë do të merrem ... ditën me punë. Mua më pëlqejnë të ... llojet e sportit. ... fshati punon në fushat e kooperativës. Nuk i kuptoja të ... fjalët.

20.5.4 HETEROGENIE

Setzen Sie die eingeklammerten Attribute in die entsprechende Genusform, z. B. 'Alle Dörfer Albaniens sind mit Strom versorgt' - *Të (gjithë) fshatrat e Shqipërisë janë të elektrifikuara. Të gjitha fshatrat e Shqipërisë janë të elektrifikuara.*

Albanisch

Në (ky) fshatra janë ndërtuar shkolla të reja. Në postë arrijnë letra nga (të gjithë) drejtimet. Turistët bisedojnë për udhëtime (i bukur). Vera bleu në dyqanin e perimeve zarzavate (të freskët). Sapo mbarova provimet (i fundit), shkova në fshat. Agroni nuk ka lexuar (ky) mësime. Diana ka blerë disa tregime (i ri). Fëmijët kanë vizituar disa qytete (i madh). Afër fshatit tonë janë male (i lartë). Diana njeh vende (i bukur).

EINUNDZWANZIGSTE LEKTION - Mësimi i njëzet e një

21.1. Praktische Redewendungen

SCHUSTER UND REINIGUNG

Këto këpucë kanë nevojë për rregullim.
Diese Schuhe müssen repariert werden.

Këpucët janë prishur, janë ngrënë takat.
Die Schuhe sind kaputt, die Absätze sind abgelaufen.

Janë shumë të ngushta, më vrasin.
Sie sind sehr eng, sie drücken mich.

Dua t'i fus në kallëp, t'i zgjeroj.
Ich möchte sie aufspannen lassen, dehnen lassen.

I rregullojmë menjëherë. - Dale ta shikoj.
Wir bringen sie sofort in Ordnung. - Laß mal sehen.

Sa kushton ? - Katër lekë, ju lutem.
Wieviel kostet das ? - Vier Lek, bitte.

A mund të ma pastroni këtë njollë ?
Können Sie mir diesen Flecken entfernen ?

A pastroni rroba me solucione kimike ?
Reinigen Sie Kleider mit chemischen Lösungen ?

Po, të gjitha llojet e rrobeve.
Ja, alle Arten von Stoffen.

Mirë, dua të pastroj këtë kostum.
Gut, ich möchte diesen Anzug reinigen lassen.

Kur bëhet gati ? - Ejani ta merrni nesër.
Wann ist er fertig ? - Kommen Sie ihn morgen abholen.

Kleine Reparaturen werden in Albanien für die durchreisenden Touristen gewöhnlich kostenlos durchgeführt. Es ist für die Handwerker eine Form, die Gastfreundschaft ihres Landes unter Beweis zu stellen.

Zu den nach der Norm falschen, aber trotzdem volkstümlichen Pluralbildungen gehört *rrobe-t* 'Stoffe'. An sich zulässig ist nur *rrob | ë, -a* mit der doppelten Bedeutung 'Kleider' und 'Stoffe'.

21.2. Neuer Wortschatz

llafazan-i	Schwätzer
regjistroj	registrieren, immatrikulieren
fakultet-i	Fakultät, hier: Universität
troç <adv.>	frei heraus
ndonja [= nja]	so ungefähr
çast-i	Augenblick, Moment
regjistrim-i	Immatrikulation
sekretar-i	Sekretär
disponoj <+ Akk.>	verfügen über

program-i	Programm
provim-i	Prüfung
posi jo	ja sicher, und ob !
përgjigjem	antworten
shaptilografoj	hektographieren, vervielfältigen
pëshpëris (s/t)	flüstern, tuscheln
vështrim-i	Blick
i shpejtë	rasch, schnell
vërej [= vë re]	bemerken, feststellen
me ç' [= me sa]	soweit
me zë të lartë	laut, mit lauter Stimme
po <Konj.>	wenn, falls
jap provime	Prüfungen ablegen, geprüft werden
rregullisht	regelmäßig
diplomohem	das Diplom erhalten
diplomohem	die Ausbildung abschließen
sigurisht <adv.>	sicher
shoqëroj	begleiten
pohim-i	Bejahung
të tundur-it	das Bewegen, Nicken
rast-i	Fall
në rast se	gesetzt den Fall, daß; wenn; falls
forc|ë, -a	Kraft
vetvete	selbst
shlyej	löschen; hier: abhaken
sesion-i	Sitzungsperiode; hier: Studienjahr
përmbaj	umfassen, enthalten
pra = prandaj	also, demnach
pasardhës	folgend
ndodh	geschehen, passieren
të ndodhi [= të ndodhë]	es geschehe <conj.>
herët <adv.>	früh
lejoj	erlauben, gestatten
përse ?	warum ?
ia kthej	erwidern
gaz-i	Freude
i tërë	ganz, vollständig
mjaft	genug, ziemlich
sqarim-i	Erklärung
sukses-i	Erfolg
me sukses !	viel Erfolg, denn man los !
uroj	jemand anders etwas wünschen
shtrëngoj	drücken
fort <adv.>	kräftig, fest, sehr
buzëqesh	lächeln
entuziaz|ëm, -mi	Begeisterung, Enthusiasmus
asaj dite	an jenem Tage
vendos	beschließen
i prerë	(1) abgeschnitten, (2) fest, endgültig
mrekullí-a	Wunder
pengoj	hindern
kusht-i	Bedingung, Voraussetzung

21.3. Lesestück

Një llafazan

U regjistrova për herë të parë në fakultet, që ta themi troç, aty ndonja tetë apo nëntë vjet të shkuar. Në çastin e regjistrimit pyeta sekretarin:

- A dispononi, ju lutem, program provimesh ?

- Posi jo, - m'u përgjegj dhe më zgjati një fletë të shaptilografuar.

- Búkur ! - pëshpërita dhe i hodha programit një vështrim të shpejtë. - Me ç'vërej, - vazhdova me zë të lartë, - po t'i jap provimet rregullisht, pas pesë vjetësh diplomohem, apo jo ?

- Sigurisht. - Sekretari e shoqëroi pohimin me një të tundur të lehtë të kokës përpara.

- Në rast se gjej forca në vetvete për të shlyer në një sesion jo vetëm gjashtë provime, sa përmban programi, po dymbëdhjetë, pra edhe ato të sesionit pasardhës, ç'ndodh, a mund të më thoni, ju lutem ?

- Ç'do të ndodhi ! Ju e mbaroni fakultetin më herët nga shokët.

- Në dy vjet, a jam i lejuar ta mbaroj ?

- Përse jo ! Edhe vetëm në një, po të mundni.

- Ju faleminderit shumë ! - ia ktheva më në fund tërë gaz. - Jam mjaft i kënaqur nga sqarimet tuaja.

- Me sukses ! - më uroi dhe më dha dorën. Ia shtrëngova fort, duke i buzëqeshur me entuziazëm.

Pra, asaj dite, e vendosa në formë të prerë: O do të bëja mrekullira si student, o rrugë tjetër s'më mbetej ! Ç'më pengon-te ? Të gjitha kushtet i kisha.

(Nach R. M. PASMAÇIU: *Ju flas me zemër të hapur*, 1975, S.4)

21.4. Grammatische Erklärungen

21.4.1 DAS POSSESSIVPRONOMEN (6): VORANGESTELLT, 1 BESITZER

In bestimmten Wendungen kann das Possessivpronomen 'mein', 'dein', 'sein' durch Voranstellung vor das Beziehungswort ausgedrückt werden. Dabei existieren für die 1. und 2. Person eigene Deklinationsformen, während für die dritte Person eine Spielart des vorangestellten Artikels benutzt wird.

1. Person		2. Person	
maskulin	feminin	maskulin	feminin
mein Neffe	*meine Nichte*	*dein Neffe*	*deine Nichte*
im nip	**ime mbesë**	**yt nip**	**jot mbesë**
i tim nipi	**i sime mbese**	**i tyt nipi**	**i sat mbese**
tim nipi	**sime mbese**	**tyt nipi**	**sat mbese**
tim nip	**time mbesë**	**tët nip**	**tët mbesë**

Die Ablativformen sind immer gleich den Dativformen. Man beachte, daß das Beziehungswort nach dem indeterminierten Deklinationsmuster abgewandelt wird.

21.4.2 INDEFINITPRONOMEN (1): 'EIN ANDERER'

Das Indefinitpronomen *tjetër* 'ein anderer' wird praktisch nur in der Stellung nach dem Beziehungswort verwendet; zu Zwecken der Emphase kann es jedoch auch voranstehen: *kjo s'është tjetër gjë* 'das ist nichts anderes'. In der Nachstellung nach dem Beziehungswort wird *tjetër* nur nach Genus und Numerus, nicht nach Kasus abgewandelt, verhält sich also wie ein Adjektiv in entsprechender Stellung. Steht es voran oder gar ohne Beziehungswort ('der andere'), dann wird es wie folgt dekliniert:

	indeterminiert		determiniert	
	maskulin	feminin	maskulin	feminin
Singular				
N	**tjetër**	**tjetër**	**tjetri**	**tjetra**
G	**i tjetri**	**i tjetre**	**i tjetrit**	**i tjetrës**
D	**tjetri**	**tjetre**	**tjetrit**	**tjetrës**
A	**tjetër**	**tjetër**	**tjetrin**	**tjetrën**
Plural				
N	**të tjerë**	**të tjera**	**të tjerët**	**të tjerat**
G	**i të tjerëve**	**i të tjerave**	**i të tjerëve**	**i të tjerave**
D	**të tjerëve**	**të tjerave**	**të tjerëve**	**të tjerave**
A	**të tjerë**	**të tjera**	**të tjerët**	**të tjerat**
Abl.	**të tjerëve**	**të tjerave**	**të tjerëve**	**të tjerave**
	(të tjerësh	**të tjerash)**		

Die determinierten Pluralformen können *të tjerëvet, të tjeravet* lauten; in der indeterminierten Deklination können die altertümlichen Ablativformen des Plurals *të tjerësh, të tjerash* vorkommen. Im Singular sind die Ablativformen immer gleich den Dativformen.

'Etwas anderes' wird mit *tjetër gjë* ausgedrückt.

21.4.3 DER KONDITIONALSATZ (1): REALIS

Bedingungssätze werden im Deutschen mit 'wenn', 'falls' eingeleitet; der zweite Satz des Bedingungsgefüges kann mit 'dann' eingeleitet werden. Im Albanischen sind die formalen Möglichkeiten zur Wiedergabe eines Bedingungssatzes vielfältiger. Erstens stehen mehrere Konjunktionen oder konjunktionsartige Einleitungswörter zur Auswahl, zweitens können verschiedene Modi zur Anwendung kommen (vgl. die Beispiele in *Gjuha shqipe*, Bd. 3, 1981, S. 179).

Po t'i jap provimet rregullisht, pas pesë vjetësh diplomohem ?	Wenn ich die Prüfungen regelmäßig ablege, erhalte ich [dann] nach fünf Jahren das Diplom ?
Po të mundni, ju mbaroni fakultetin më herët nga shokët.	Wenn sie können, beenden Sie die Fakultät früher als die Kommilitonen.
Në rast se gjej forca në vet-vete për të shlyer 12 provime në një sesion, ç'ndodh ?	Falls ich in mir Kräfte finde, 12 Prüfungen in einem Studienjahr abzureißen, was passiert [dann] ?

Die den ersten Teil eines Bedingungsgefüges (*conditionans* oder Protasis) einleitenden Wörter sind im wesentlichen: *nëse, nëqoftëse, në rast se, po*. Der zweite Teil (*conditionatum* oder Apodosis) kann durch *atëherë* eingeleitet werden. Im Vordersatz steht gewöhnlich der Konjunktiv Präsens (nach der Konjunktion *po*), im Nachsatz der Indikativ Präsens oder das Futur.

Eine Übersicht über die "Fallsetzungsformen" geben *Buchholz/Fiedler* (1987), S. 165 - 167 und über den Konditionalsatz S. 524 - 527.

21.5. Übungen

21.5.0 Zusätzlicher Wortschatz

ëm|ë, -a	Mutter
at|ë, -i, Gen./Dat. et	Vater
mbes|ë, -a	Nichte, Enkelin
nip-i	Neffe, Enkel
bir-i, pl. bij-të	Sohn
dërgoj	schicken
bij|ë, -a	Tochter
shoq-i	Gatte
nën|ë, -a	Mutter
gati <adv.>	fast; fertig
vazhdimisht <adv.>	dauernd, ununterbrochen
ndonjë	irgendein
arritj|e, -a	Ankunft
lajmëroj	benachrichtigen
aeroport-i	Flughafen
fal	schenken, verzeihen

21.5.1 Possessivpronomen

Verwandeln Sie die eingeklammerten Personalpronomen in Possessivpronomen der entprechenden Kasusform, z. B. 'Meine Mutter schrieb deinem Vater einen Brief' - *(unë) ëmë i shkroi (ti) et një letër > Ime ëmë i skroi tët et një letër.*

(Ti) motër vjen bashkë me (ti) mbesë dhe me (ti) nip. (Ti) biri dhe (ti) mbese u dërgova disa libra. (Unë) bijë dhe (ti) bir janë kushërinj. (Unë) shoqe i pëlqente të bisedonte shqip me (unë) kushëri. Herë pas here e shikoja fotografinë e (unë) ëme. Agimi i dërgoi një telegram (ti) shoqi. (Ti) bir dhe (ti) bijë filluan të bënin valixhet gati. Ti vazhdimisht pyet (ti) vëlla për gjëra të ndryshme. Shumë njerëz erdhën në shtëpinë e (unë) vëllai për t'u takuar me (unë) mbesë. Unë gëzohesha, kur lexoja letrat e (ti) motre.

21.5.2 INDEFINITPRONOMEN

Fügen Sie in folgende Sätze jeweils das alb. Wort für 'ein anderer', 'die anderen' im entsprechenden Kasus ein, z. B. 'Der eine weiß nicht, was der andere will' - *Njëri s'di se çka ... do > Njëri s'di se çka tjetri do.*

Drita ka dy motra: njëra quhet Anila, kurse ... quhet Diana. Njërës i pëlqen të bëhet mësuese, kurse ... i pëlqen të bëhet mjeke. Teuta mori dy valixhe, njërën të madhe dhe ... më të vogël. Në valixhe ... ajo vuri një bukë dhe gjëra të ... për të ngrënë. Njëri flet, ... dëgjon. Njëri prej nesh duhet të ndihmojë nënën, të ... mund të largohen. Vera i vë të gjitha rrobat e saja në çantë dhe mendon ç'të marrë ... . Mua më pëlqente vera, kurse të ... jo. Unë dola pas të ... .

21.5.3 KONDITIONALSATZ

Fügen Sie folgende Teilsätze zu Bedingungssätzen zusammen, indem Sie die Konjunktionen *nëse, nëqoftëse, në rast se* **oder** *po* **verwenden**, z. B. 'Falls es dir nicht gut geht, gehen wir nicht spazieren' - *s'jam mirë; shkojmë në shëtitje > Nëqoftëse s'je mirë, s'do të shkojmë në shëtitje.*

është ftohtë	ulem pranë sobës
nisem nesër	tregoni ndonjë rrugë më të shkurtër
kam kohë	të ndihmoj
të pëlqen ky libër	kënaqem
lajmëroj për arritjen tënde	presim në aeroport
zgjohem herët	më lajmëro
bie borë	rri shtrirë në shtrat
bie shi	mos dil jashtë
nuk vij	më falni

Beachten Sie, daß nach der Konjunktion *po* 'wenn' der Konjunktiv Präsens steht.

ZWEIUNDZWANZIGSTE LEKTION - Mësimi i njëzet e dytë

22.1. Praktische Redewendungen

SPORT

Çfarë sportesh praktikoni këtu ?
Welche Sportarten üben Sie hier aus ?

Futbolli është sporti më popullor në Shqipëri.
Der Fußball ist die volkstümlichste Sportart in Albanien.

Cilat ekipe janë rivale për titull ?
Welche Mannschaften kämpfen um die Meisterschaft ?

Si ishte rezultati i ndeshjes së djeshme ?
Wie war das Ergebnis der gestrigen Begegnung ?

Gjyqtari lajmëroi për një minutë shtesë loje.
Der Schiedsrichter verkündete eine Minute Spielverlängerung.

Ndeshja përfundoi barazim zero me zero (dy me dy).
Das Spiel endete unentschieden mit 0:0 (zwei zu zwei).

Dëshiroj të shikoj një ndeshje futbolli.
Ich möchte ein Fußballspiel anschauen.

Unë jam tifoz futbolli.
Ich bin ein Fußball-Fan.

Unë nuk jam sportist, por e dua sportin.
Ich bin kein Sportler, aber ich liebe den Sport.

Unë jam shumë i dhënë pas sportit.
Ich bin ein passionierter Sportler.

Ahmeti është atlet shumë i mirë.
Ahmet ist ein guter Leichtathlet.

Ai është në formë sportive, ai theu rekord.
Er ist gut in Form, er hat einen Rekord gebrochen.

Ti je shumë i mirë në qitje.
Du bist gut im Schießen.

Në garën me pushkë dola i dyti.
Im Schießwettbewerb wurde ich zweiter.

22.2. Neuer Wortschatz

ha, hëngra, ngrënë	essen
ha drekë	zu Mittag essen
shtroj	ausbreiten
shtroj tryezën	den Tisch decken
pres, prita, pritur	warten

pa	(1) ohne, (2) Partikel beim Imperativ
sup|ë, -a	Suppe
pak	wenig
tav|ë, -a	Pfanne
fërgoj	braten
cop|ë, -a	Stück
peshk-u, pl. peshq-it	Fisch
pjat|ë,-a	Teller
uri-a	Hunger
ndoshta <adv.>	vielleicht
ngaqë <Konj.>	weil
gjatë <+ Abl.>	während, im Verlauf von
megjithatë <Konj.>	obwohl
pëlqej	gefallen, schmecken
në mbarim të <+ Gen.>	zum Abschluß von
nxjerr, nxirrni, nxora	herausziehen
bufé-ja	Büffet, Wohnzimmerschrank
fatur|ë, -a	Rechnung
qirá, -ja	Miete
afat-i	Termin, Frist
kaloj	vorbeigehen, verstreichen
Mir|ë, -a	Mira <Frauenname>
zakon-i	Gewohnheit
këndej e tutje	von jetzt an
patjetër	selbstverständlich, ohne weiteres
xhezv|e, -ja	Stieltopf zur Kaffeezubereitung
sob|ë, -a	(1) Ofen, (2) Empfangszimmer
filxhan-i	Tasse
matem	sich anschicken zu, vorhaben
çati-a	Dach
fqinjë	Nachbar, benachbart
shtëpia fqinjë	das Nachbarhaus
oxhak-u	Schornstein
vërtitem	kreisen
sorr|ë, -a	Krähe
çuditem	sich wundern
aq	soviel
rrufis (s/t)	schlürfen
i qetë	ruhig, schweigend
së largu	von ferne
siren|ë, -a	Sirene, Martinshorn
ndihm|ë, -a	Hilfe
ndihma e shpejtë	Notdienst
pastroj	säubern
heshtj|e, -a	das Schweigen
heq, hiqni, hoqa, hequr	ziehen, wegnehmen
lug|ë, -a	Löffel
pirun-i, pl. pirunë-t	Gabel
pirunj-të (dial.)	Gabeln
lavaman-i	Waschbecken, Ausguß
ulem	sich setzen
sipas [= simbas]	gemäß
minder-i	Sofa, Diwan, Polsterbank
shtiz|ë, -a	(1) Lanze, Spieß, (2) Stricknadel
çorap-i	Strumpf
lesh-i	Wolle

vjedhurazi <adv.>	verstohlen, heimlich
pikëllim-i	Kummer, Sorge
përziej	mischen
fyerj | e, -a	Tadel
sajoj	hervorbringen
ngrirj | e, -a	Frost, Erstarrung
i veçantë	besonder, speziell
shpjegoj	erklären
përpiqem, u përpoqa	sich bemühen

22.3. Lesestück

Duke ngrënë drekë

Besniku erdhi në shtëpi për drekë më vonë se zakonisht. Raboja e kishte shtruar tryezën dhe po e priste. Ajo nuk hante kurrë pa të.

- Të të hedh dhe pak supë ? - tha Raboja.

Besniku bëri «jo» me dorë.

Ajo vuri në tryezë tavën me peshk të fërguar dhe hodhi dy copa në pjatën e Besnikut. Ai s'kishte urí, ndoshta nga që kishte pirë disa kafe gjatë mëngjesit, megjithatë peshku i pëlqeu.

Në mbarim të drekës Raboja nxori nga një sirtar i bufesë faturën e qirasë dhe të dritës.

- Pa shiko mos i paguash sot se më duket ka kaluar afati, - tha ajo.

Besniku ndezi një cigare dhe i zgjati paketën edhe Rabos. Duhej t'i thoshte Mirës që këndej e tutje ajo ta bënte zakon ta priste patjetër në kohën e drekës apo të darkës.

Raboja kish vënë xhezven e kafesë mbi sobë. Ndërsa hidhte kafenë në filxhane, atij iu duk se ajo matej t'i thoshte diçka.

Nga dritarja e kuzhinës dukej çatia me tjegulla të kuqe e shtëpisë fqinjë, rreth oxhakëve të së cilës vërtiteshin sorrat. Besniku u çudit me vete se si nuk e kishte vënë re më parë që ajo çatí kishte aq shumë oxhakë.

Raboja rufiste kafenë e qetë. Së largu u dëgjua sirena e makinës së ndihmës së shpejtë.

Raboja filloi të pastronte tryezën në heshtje. Ajo hoqi me radhë pjatat, lugët, pirunjtë dhe pastaj filxhanet e kafesë. Pasi t'i lante ato në lavaman, ajo do të ulej sipas zakonit mbi minder dhe do të merrte në duar shtizat, me të cilat po i bënte Benit një palë çorape leshi.

Vjédhurazi Besniku shikonte fytyrën e saj, mbi të cilën pikëllimi i përzier me fyerjen, sajonin një ngrirje të veçantë. Ndonjë ditë, kam për t'i shpjeguar, tha ai me vete dhe, duke u përpjekur të mos bënte zhurmë, doli nga kuzhina.

(Nach I. KADARE, *Dimri i madh*, 1977, S. 553 ff.)

22.4. Grammatische Erklärungen

22.4.1 INDEFINITPRONOMEN (2): 'JEMAND', 'EINIGE', 'ETWAS', 'NICHTS'

Außer *tjetër* stellen die Indefinitpronomen des Albanischen gewöhnlich Zusammensetzungen mit den Grundwörtern *kush* 'wer', *një* 'ein', *cili* 'welcher' und *sa* 'wieviel' dar:

dikush	jemand
askush	niemand
ndokush	irgendjemand
gjithkush	jeder
ndonjëri	irgendeiner
ndonjëra	irgendeine
asnjëri	niemand, keiner
cilido	jeder
secili	jeder
disa, ca	einige

Die Deklinationsformen lassen sich also auf wenige Grundparadigmen zurückführen: kush, njëri, cili. Die Deklinationsendungen von *cilido, secili* sind gleich mit denjenigen des Relativpronomens *i cili* (vgl. L. **17.4.6**): *cilitdo, cilindo, secilit, secilin.*

jemand	*einige*	*keiner*	*keine*
dikush	**disa**	**asnjëri**	**asnjëra**
i dikujt	**i disave**	**i asnjërit**	**i asnjërës**
dikujt	**disave**	**asnjërit**	**asnjërës**
dikë	**disa**	**asnjërin**	**asnjërën**
dikujt	**disave**	**asnjërit**	**asnjërës**

Die Akkusative *dikë* 'jemand', *askë* 'niemand' können in der Form *dikënd, askënd* auftreten. Das Indefinitpronomen *diçka* 'etwas' bildet Deklinationsformen mit der Endung *-je*: *prej diçkaje 'von etwas'.*

Für 'nichts' gibt es *asgjë, hiçgjë*. Als Übersetzung von 'nichts anderes', 'etwas anderes', 'nichts Neues', 'etwas Neues' benutzen die Albaner Umschreibungen: *gjë tjetër, diçka e re, ndonjë e re (Akk. diçka të re, ndonjë të re)*; die Verneinung wird mit der normalen Negation beim Verb ausgedrückt.

Man unterscheide *as njerí* (indet. Form) wörtlich: 'nicht einmal (ein) Mensch' und in der det. Form *asnjëri* 'keiner (= auch nicht einer)'.

22.4.2 DAS POSSESSIVPRONOMEN (7): 'MEINER', 'DEINER'

Nicht nur Indefinitpronomen wie *tjetri* 'der andere', *asnjëri* 'keiner', sondern nahezu jedes adjektivische und pronominale Attribut kann im Albanischen in drei Stellungen vorkommen: (a) vor dem Beziehungswort in Emphase, (b) nach dem Beziehungswort in Normalstellung, (c) ohne Beziehungswort. Dies gilt insbesondere für die Possessivpronomen: *im at* 'mein Vater', *babai im* 'mein Vater' und: *imi* 'meiner', 'der meinige'. 'Wessen ist dieses Heft?' *E kujt është kjo fletore ?* - 'Meines' *Imja*. Die Possessivpronomen der 1. P. Sg. *im, ime* werden also in die determinierte Form gesetzt und gegebenenfalls dekliniert.

meiner mask.	*meine* fem.	*deiner* mask.	*deine* fem.
imi	**imja**	**yti**	**jotja**
i timit	**i simes**	**i tëndit**	**i sates**
timit	**simes**	**tëndit**	**sates**
timin	**simes**	**tëndin**	**sates**

Plural

die meinigen		*die deinigen*	
të mitë	**të miat**	**të tutë**	**të tuat**
i të mivet	**i të miavet**	**i të tuvet**	**i të tuavet**
të mivet	**të miavet**	**të tuvet**	**të tuavet**
të mitë	**të miat**	**të tutë**	**të tuat**

Die Ablativformen sind jeweils gleich denjenigen des Dativs.

Statt *një miku im* 'ein Freund von mir' ist auch *një mik imi* möglich; im Genitiv hieße das dann entweder *i një mikut tim* oder *i një miku të timit.*

22.4.3 DIE ALBANISCHE ENTSPRECHUNG ZU 'SO EIN', 'SOLCHE', 'GENAUSO'

Es gibt im Albanischen ein Pronomen, das die Beschaffenheit bezeichnet: *i tillë* 'solch'. Es wird behandelt wie das Adjektiv *i mirë*, d. h. es steht hinter dem Beziehungswort und erhält im f. Pl. die Endung *-a*: *një njeri i tillë* 'so ein Mensch', *njerëz të tillë* 'solche Menschen', *gra të tilla* 'solche Frauen'. Dazu gibt es zwei präfigierte Varianten: *i këtillë, i atillë.* Sie verhalten sich zueinander wie *këtu - aty*, d.h. das Präfix *a-* verweist auf das Entferntere (vgl. L. **10.1** Anm., S. 57).

Mit der Bedeutung 'solch' wird auch das Kompositum *kësisoj* 'derartig' (*soj* 'die Art, Rasse') verwendet: *kësisoj lulesh* 'solche Blumen'. Schließlich trifft man auch die veraltete Form des Demonstrativpronomens (vgl. L. **10.4.3**) mit derselben Bedeutung: *këso* oder *aso* 'solch'. *Kësisoj* und *këso* haben den indet. Abl. nach sich, auch wenn eine Präposition vor den Ausdruck tritt: *në këso rrethanash* 'unter solchen Umständen'. Diese Formen können als Subjekt verwendet werden und stehen dann ebenfalls im Ablativ: *ishin aso britmash që lëshojnë edhe detarët kur ngrenë spirancën* 'es waren solche Schreie, wie sie die Matrosen ausstoßen, wenn sie den Anker lichten'.

'Derselbe, dieselbe' heißt *i njëjti, e njëjta.* Da dieses Pronomen inhaltlich betont ist, steht es in der Regel vor dem Beziehungswort, d. h. es wird in der det. Form dekliniert, während das Beziehungswort unverändert bleibt. 'Dasselbe' wird mit *e njëjta gjë* umschrieben. Als Prädikativum benutzt man das unveränderliche *njëlloj*: *kjo është njëlloj* 'das ist genauso (einerlei, dasselbe)'.

22.4.4 NAMEN AUF *-o-ja* UND NATÜRLICHES GESCHLECHT

Albanische Eigennamen enden gewöhnlich auf Konsonant oder *-i*, wenn es sich um Männernamen handelt, z. B. *Mehmet-i, Gjergj-i, Ali-u, Janaq-i.* Es gibt jedoch, besonders im Süden des Landes, sehr viele Namen auf *-o*, denen man nicht ohne weiteres ansieht, ob es eine Frau oder ein Mann ist. Dabei handelt es sich oft um Koseformen wie *Memo* < *Mehmeti, Pano* < *Panajoti.* Diese Nominative werden in der toskischen Mundart nach dem Muster *-ua, -os* dekliniert, z. B. *hallë Xhemua* 'Tante Dschemo'. In der Schriftsprache jedoch sollten diese Namen mit der Endung *-ja* versehen werden: *Rrapo-ja, Rrapo-s* < *Rafail* 'Raphael'.

Auch nicht-albanische Eigennamen können nach diesem Muster dekliniert werden, z. B. *Tito-ja, Tito-s* 'Tito'. Es ist zu beachten, daß dieses Paradigma eigentlich für Feminina wie *radio-ja* 'Radio', *pallto-ja* 'Mantel' gilt. Wenn es sich aber beim Träger der betr. Namen um eine männliche Person handelt, ist das Genus selbstverständlich maskulin. Auch das Wort für 'Gott' ist im Albanischen maskulin, obwohl es der Form nach wie ein Femininum wirkt und nach dem Paradigma *shtëpi-a* dekliniert wird: *Perëndia ynë* 'unser Gott'.

22.4.5 DER KONDITIONAL

Mit der vom Verb 'wollen' abgeleiteten Partikel *do* und dem Konjunktiv Präsens wird das Futur gebildet. Wenn man dasselbe *do* vor den Konjunktiv Imperfekt stellt, erhält man den Konditional.

Aktiv		
	do të këndoj	ich werde singen
	do të këndoja	ich würde singen
Passiv		
	do të përpiqem	ich werde mich bemühen
	do të përpiqesha	ich würde mich bemühen

Futur und Konditional werden von der Grammatik *Buchholz/Fiedler* unter dem Begriff *'Volitiv'* zusammengefaßt (S. 80, 143 - 148). Das Hauptanwendungsfeld des Konditionals ist der irreale Bedingungssatz. Es kommt jedoch auch vor, daß in Temporalsätzen mit modaler Färbung der Konditionalsatz Verwendung findet:

Pasi t'i lante pjatat në lavaman, ajo do të ulej sipas zakonit mbi minder.	Wenn sie die Teller im Ausguß abgewaschen hätte, würde sie sich nach der Gewohnheit auf den Diwan setzen.

22.4.6 DER KONDITIONALSATZ (2): IRREALIS

Ein Bedingungssatz wie 'Wenn du mich besuchst, freue ich mich' geht von einer realen Voraussetzung aus. Ist die Bedingung irreal, dann setzen wir im Deutschen den Konjunktiv Präteritum: 'wenn du mich besuchtest, würde ich mich freuen'. Als unausgesprochener Zusammenhang gilt: in Wahrheit stattet der Gesprächspartner keinen Besuch ab. Diese Art von Konditionalsatz nennt man Irrealis; er wird im Albanischen so ausgedrückt, daß der Vordersatz den Konjunktiv Imperfekt, der Nachsatz den Konditional erhält: *Po të më vizitoje, [atëherë] do të kënaqesha.*

Sowohl im Realis, als auch im Irrealis kann die Reihenfolge von Vordersatz (*Protasis*) und Nachsatz (*Apodosis*) umgedreht werden:

Të gjithë do të na shuanin, po të mos vinte ushtria e kuqe.	Sie hätten uns alle ausgelöscht, wenn nicht die Rote Armee gekommen wäre.

Die Vorzeitigkeit, die in der deutschen Übersetzung zum Ausdruck kommt, muß im Albanischen nicht zwingend beachtet werden. *Do të na kishin shuar, po të mos kishte ardhur* wäre derselbe Irrealis, ausgedrückt mit dem Konditional II und dem Konjunktiv Plusquamperfekt.

22.4.7 MODALPARTIKEL

Partikel bilden zusammen mit den Adverbien und den Interjektionen die Klasse der nichtflektierbaren Wörter. Partikel können in der albanischen Sprache als Bausteine im Rahmen der Formenlehre auftreten, dann nennt man sie auch **Strukturwörter**, z. B. *do* zur Bildung des Futurs und des Konditionals, *të* zur Bildung des Konjunktivs. Für sich allein bedeuten diese Strukturwörter nichts, ihr Sinn ergibt sich aus dem Zusammenhang. Man spricht daher auch von synsemantischen Wörtern. Meistens sind die Partikeln sogar mehrdeutig, z. B. kann *të* 'dir' bedeuten (Personalpronomen), ferner ist es die am häufigsten verwendete Form des Gelenkartikels, und schließlich markiert es den Konjunktiv.

Manche Partikel sind nicht erforderlich, um einen Satz grammatisch richtig zu gestalten. Wenn man sie wegläßt, erfährt der Sinn allerdings eine etwas andere Abschattung. Man nennt diese Wörter Modalpartikel oder modale Hilfswörter. Wenn wir im Deutschen sagen: 'da kommt er', handelt es sich um eine nüchterne Feststellung. Derselbe Satz drückt mit der Partikel *ja* Erstaunen aus: 'da kommt er ja !' Ähnliche Modalpartikel sind im Deutschen 'etwa', 'man', 'mal', 'vielleicht' usw. Sie finden im Albanischen nicht alle ein exaktes Äquivalent.

Die wichtigsten Modalpartikel sind im Albanischen *mos, vallë, pa, athua*, z. B.

Pa shiko mos i paguash sot se më duket ka kaluar afati.	Schau *doch, ob* du sie *nicht* heute bezahlst, denn die Frist ist abgelaufen.

Pa leitet gewöhnlich eine Aufforderung ein, *vallë* drückt eine Unsicherheit aus ('vielleicht'), *athua* läßt die Verneinung erwarten und ist daher als suggestive Einleitung einer rhethorischen Frage üblich: 'Bist du *etwa* in Albanien gewesen ? - Nein!'

22.5 Übungen

22.5.0 ZUSÄTZLICHER WORTSCHATZ

gjithkush	jeder
secili	jeder
turist-i	Tourist
asnjëri	niemand, keiner
dikush	jemand
asgjë	nichts
i/e kaluar	vergangen
javën e kaluar	in der vorigen Woche
ndonjëherë <adv.>	irgendwann
popullor, -e	volkstümlich, Volks-
këngë popullore	Volkslied
fustan-i	Kleid
më parë	früher
notoj	schwimmen
dallg|ë, -a	Welle
i ardhsh|ëm, -me	zukünftig; der nächste
kap	bekommen, erreichen, schnappen
buzë <+ Abl.>	entlang, am Rande von
liqen-i	See

22.5.1 INDEFINITPRONOMEN

Setzen Sie die eingeklammerten Wörter in die entsprechende Kasusform, z. B. 'Jedem gefiel der Anblick dieses Berges' - *(Gjithkush) i pëlqeu pamja e këtij mali* > *Gjithkujt i pëlqeu pamja e këtij mali.*

(Secili) nga turistët ka një aparat fotografik. Nuk i fola (asnjëri). (Disa) u dërgoj kartolina, kurse (disa) nuk u dërgoj. Ata kanë biseduar me (dikush) për shfaqen e fundit. Vera merr shpesh letra prej (dikush). (Dikush) të kërkoi në telefon. Tërë natën ka rënë shi, por unë nuk kam dëgjuar (asgjë). Nuk njoh (asnjëri) prej këtyre shokëve. Ne kishim mësuar (disa) fjalë shqip. Nuk kam lexuar (asnjë) nga revistat që më ke dhënë javën e kaluar. Nuk kam takuar (asnjëri) nga shokët e mi. Nuk e gjeta çelësin në (asnjë) vend. A ia ke dhënë (ndokush) librin që lexova dje ?

22.5.2 POSSESSIVPRONOMEN

Bilden Sie aus den folgenden Satzteilen Fragen und beantworten Sie sie bejahend oder verneinend unter Verwendung von 'meiner', 'deiner', z. B. 'Ist das dein Schlüssel ?' - 'Nein, es ist nicht meiner' - *Yti është ky çelës ? - Jo, nuk është imi* oder *Po, imi është.*

Jotja	është	kjo	çantë	?
			valixhe	
			gazetë	
			revistë	
			kartolinë	
Yti		ky	stilograf	?
			libër	
			laps	

Setzen Sie alle Satzteile in den Plural, z. B. *Të tutë janë këta çelësa ? - Jo, nuk janë të mitë* oder: *Po, janë të mitë.*

22.5.3 'SO EIN', 'SOLCHE'

Setzen Sie in folgende Sätze unter Beachtung der Kongruenz eins der möglichen Pronomen i tillë, i këtillë, i atillë **ein**, z. B. 'Vera hat ein schönes Zimmer. Auch Diana hat so eins' - *Vera ka një dhomë të bukur. Edhe Diana ka një të tillë/të këtillë/të atillë.*

Më pëlqen vazoja jote. Edhe unë do të blej një ... . I kujt është ky stilograf ? Edhe unë kam një ... . Vajza këndonte këngë popullore. Këngë ... s'i kisha dëgjuar kurrë. Anila mbante një fustan të kuq. Një ngjyrë ... s'e kisha parë kurrë. Nëna gatoi shumë ëmbëlsira. Embëlsira ... s'i kisha ngrënë më parë. Studentët udhëtuan nëpër Shqipëri. Edhe unë desha të bëj një udhëtim ... . Agimi ndihmon shokët e mirë në punë. Edhe unë ndihmoj shokë ... . Mësuesi kaloi pushimet në fshatin e bukur. Edhe unë dua të kaloj pushime ... .

Formen Sie die Sätze in den Plural bzw. Singular um.

22.5.4 KONDITIONALSATZ

22.5.4.1 Bilden Sie irreale Bedingungssätze, indem Sie die Verben in die entsprechende Form setzen, z. B. 'Wenn das Wetter nicht so schlecht wäre, würden wir einen Spaziergang ins Dorf machen' - *Po të mos koha ishte aq e keqe, do të shëtisnim në fshat. Oder:* 'Wenn das Wetter nicht so schlecht gewesen wäre, hätten wir einen Spaziergang ins Dorf gemacht' - *Po të mos koha kishte qenë aq e keqe, do të kishim shëtitur në fshat.*

kam një gramatikë	mësoj mirë këtë gjuhë
qëndroj edhe pak	takoj nënën time
notoj që tani	kam dallgë në det
kap autobusin	nisem me autobusin e ardhshëm
shkoj më shpejt	arrij me kohë [rechtzeitig] në dyqan
jam kohë e mirë	notoj në det
eci ngadalë	kap autobusin e fundit
qëndroj buzë liqenit	thërras motra ime
vij tek ju	jam lodhur

22.5.4.2 Setzen Sie die in Übung 21.5.3 gebildeten Sätze in den Irrealis, z. B. 'Falls es dir nicht gut ginge, würden wir nicht spazierengehen' - *Nëse s'ishe mirë, s'do të shkonim në shëtitje. Oder:* 'Wenn es dir nicht gut gegangen wäre, dann wären wir nicht spazierengegangen' - *Po të mos kishe qenë mirë, atëherë nuk do të kishim shkuar në shëtitje.*

DREIUNDZWANZIGSTE LEKTION - Mësimi i njëzet e tretë

23.1. Praktische Redewendungen

AUF DEM LANDE

Nesër do të vizitojmë një kooperativë bujqësore.
Morgen besuchen wir eine landwirtschaftliche Genossenschaft.

Më interesojnë kushtet e jetës së kooperativistëve.
Mich interessieren die Lebensbedingungen der Genossenschaftsbauern.

A gëzojnë pensione në moshë të vjetër ?
Bekommen sie Rente im Alter ?

Në vendin tonë ngushtohet dallimi midis fshatit dhe qytetit.
In unserem Lande werden die Unterschiede zwischen Stadt und Land eingeebnet.

Sa të ardhura vjetore ka një anëtar i kooperativës bujqësore ?
Wie hoch ist das Jahreseinkommen eines Genossenschaftsbauern ?

Çfarë ka ai si pronë vetjake ?
Was hat er als persönliches Eigentum ?

Deri ku janë mekanizuar punimet bujqësore ?
In wieweit sind die landwirtschaftlichen Arbeiten mechanisiert ?

Bujqësia është pothuaj tërësisht e mekanizuar.
Die Landwirtschaft ist fast vollständig mechanisiert.

Si quhet SMT-ja që po vizitojmë ?
Wie heißt die MTS, die wir gerade besuchen ?

Çfarë masash keni marrë për tharjen (vaditjen) e tokës ?
Welche Maßnahmen haben Sie für die Trockenlegung (Bewässerung) des Bodens ergriffen ?

Çfarë plehrash përdor kooperativa juaj ?
Welche Düngemittel verwendet Ihre Genossenschaft ?

Cilat janë bimët kryesore që mbillni, ç'rendiment keni pasur ?
Welches sind die Hauptanbaupflanzen, welche Erträge haben Sie gehabt ?

Sa kuintal panxharsheqeri (perime) për hektar merrni në kooperativën tuaj bujqësore ?
Wieviel Doppelzentner (dz) Zückerrüben (Gemüse) pro Hektar (ha) ernten Sie auf Ihrer landwirtschaftlichen Genossenschaft ?

Në Shqipëri ka një stacion farash misri dhe orizi.
In Albanien gibt es eine Saatgutstation für Mais und Reis.

Në të gjitha fshatrat janë hapur shkolla.
In allen Dörfern sind Schulen eröffnet worden.

Të gjithë fshatrat janë lidhur me rrjet telefonik.
Alle Dörfer sind an das Telefonnetz angeschlossen.

Ka vatra kulture, institucione shëndetësore, çerdhe, kopshte etj.
Es gibt Kulturheime, Einrichtungen der Gesundheitsfürsorge, Kinderkrippen, Kindergärten usw.

Dëshiroj të vizitoj shtëpinë e një fshatari.
Ich möchte das Haus eines Bauern besuchen.

Seit den sechziger Jahren gibt es in Albanien so gut wie keine selbständigen Landwirte mehr. Ziel der Entwicklung ist die Überführung der Genossenschaften in Staatsbetriebe, bei denen die Bauern nicht mehr Genossenschaftsmitglieder, sondern Staatsangestellte wären. Als Zwischenglied auf diesem Wege ist die 'Genossenschaft höheren Typs' (**KTL** - *kooperativë e tipit të lartë*) eingeführt worden. Wegen dieser speziellen albanischen Verhältnisse ist es nicht ratsam, die albanischen Landwirtschaftlichen Genossenschaften einfach mit dem DDR-Begriff 'LPG' zu bezeichnen. Die Dörfer sind seit den siebziger Jahren sämtlich mit elektrischem Licht versorgt, was die Voraussetzung für den erwähnten Telefonanschluß darstellt.

Das sogenannte 'persönliche Eigentum' wird von der albanischen Verfassung geschützt, während Privateigentum an Produktionsmitteln abgeschafft ist. Als persönliches Eigentum gelten die Dinge des täglichen Bedarfs, aber ggf. auch Immobilien wie Einfamilienhäuser. Eine Sonderform des persönlichen Eigentums stellt der Oborri kooperativist (Genossenschaftshof) dar, auf dem die Genossenschaftsbauern für den eigenen Verbrauch produzieren dürfen. 1982 machten die *oborret kooperativiste* noch 2,9 % der Anbaufläche des Landes aus. Neben dem persönlichen gibt es ferner das gesellschaftliche und das Staatseigentum in der SVR Albanien. Die 'Maschinen-Traktoren-Station' (**MTS**) wird auf Albanisch SMT [sëmëtëja] ausgesprochen.

Panxharsheqeri 'Zuckerrübe' ist wie *vajguri* 'Erdöl, Petroleum' ein zusammengesetztes Substantiv, bei dem das Endungs-*i* einen indeterminierten Genitiv markiert. - *Gëzoj* gehört zu den albanischen Verben, die sowohl transitiv ('jemand erfreuen'), als auch intransitiv ('sich freuen' = *gëzohem*) gebraucht werden können. Das Grundwort ist *gaz-i* 'die Freude'. *Mis|ër, -ri* ist eigentlich das arabisch-türkische Wort für 'Ägypten'.In älteren Texten kommt es auch noch in dieser Bedeutung vor.

23.2. Neuer Wortschatz

be-ja	Eid, Schwur
plak-u	alt, der Alte; der Dorfälteste
gjetem ngushtë	in der Klemme sein
përtyp	kauen, pass. nach Worten ringen
prift-i	Priester
sy-ri	Auge
xix|ë, -a	Funken
shpoj	durchbohren
kam, pata, pasur	haben, hatte, gehabt
nuk pati çfarë të bënte	es blieb ihm nichts anderes übrig
shkel	treten, zertreten, übertreten
atëherë	dann
bëj be	schwören
thërras, thirra, thirrur	rufen
për së mbari	frisch, wohlgemut; ordentlich
kthej, ktheva, kthyer	wenden
me rrëmbim	jäh, heftig
u kthye nga ai	er wandte sich ihm zu
i grah kalit	dem Pferd die Sporen geben
kal-i, pl. kuaj-t	Pferd
largohem	sich entfernen
kosk|ë, -a	Knochen
i fortë	stark; hart
fyt-i	Kehle, Rachen
prej	seit
askush < + Verneinung>	niemand

vë në be	zum Schwur drängen
pleqësoj (≈ pleqnoj)	im Ältestenrat das Wort ergreifen
e drejt|ë, -a	das Recht
fitoj	(1) siegen, (2) erwerben, (3) verdienen
drejtësi a	Rechtschaffenheit; Justiz
mal-i	(1) Berg, (2) Sippenverband, Clan
dyshim-i	Zweifel
vë në dyshim	in Zweifel ziehen
bëj buzën në gaz	lächeln, das Gesicht verziehen
buz|ë, -a	Lippe
deri	bis
tash [= taní]	jetzt
i drejtë	gerecht, richtig
ndër	unter, zwischen
mendar-i	Weiser, Schlaukopf
kërcej	(1) tanzen, (2) sich empören
gjyq-i	(1) Gericht, (2) Prozeß, Urteil
humb	verlieren
vë në provë	auf die Probe stellen
kuti-a	Schachtel, Dose
bor|ë, -a, dëbor|ë, -a	Schnee
e mir|ë, -a	das Gut
zot-i	(1) Herr, (2) Gott
ndihmoj	helfen
dredhí-a	List, Tücke
krahmbajtj|e, -a	Gewalt
gjersa <Konj.>	bis
shpirt-i	Geist
ma merr mendja	ich bin bei Verstand
bëj lak kanunit	das (Gewohnheits-)Recht beugen
betohem	schwören
peng-u	Unterpfand, Geisel, Bürge
shembj|e, -a	der Sturz
idhull-i, pl. idhuj-të	Götze

23.3. Lesestück

Beja

Plaku i Ucve u gjet ngushtë, u përtyp njëherë, vështroi nga prifti (iu dukën të vegjël sytë e priftit, si dy xixa që të shpojnë), pastaj nuk pati çfarë të bënte dhe tha:

- Zakonin nuk duhet *me e shkelë* !

- Atëherë të bëjë be Kalosh Cami ! - thirri prifti. - Kështu niseni, burra ! Niseni për së mbari ! Të bâjnë be edhe pleqtë e tjerë.

Kaloshi u kthye me rrëmbim nga ai, po prifti i grahu kalit, u përkul siç e kishte zakon dhe u largua duke lënë atë fjalë prapa, si një koskë të fortë që të mbetet në fyt.

Prej vitesh, askush s'e vinte në be Kalosh Camin sa herë pleqnonte. Ishte një e drejtë që e kishte fituar me drejtësinë e maleve. Prifti po e vinte në dyshim tani këtë.

Kaloshi bëri buzën në gaz.

- Sepse nuk kam *bâ* be deri tash, nuk kam qenë *mâ* i drejti ndër pleqtë e mendarët e Kalcës, tha. - Le të *bâhet* si thotë prifti.

- Jo ! - kërceu Mark Perkola. - Jo ! Qoftë i humbur gjyqi im ! Nuk ka burrë që e *vên* në provë Kalosh Camin !

Kaloshi bëri një hap përpara dhe shtriu dorën mbi kutinë e duhanit të Mark Perkolës që kishte mbetur mbi borë.

- Për këtë të mirë të zotit, që, si e *bâfsha*, mue më ndihmoftë, gjyqin nuk do ta *bâj* me dredhi e me krahmbajtje, e, gjersa të ma marrë mendja e shpirti, nuk do t'i *bâj* lak kanunit e gjyqit të drejtë ! - u betua ai.

Pas tij shtriu dorën mbi peng plaku i Ucve dhe të tjerët me radhë.

(Nach SK. DRINI, *Shembja e idhujve*, 1975, S. 176)

Anmerkung: Das Lesestück enthält typische Gegismen, die in der modernen Literatur zur Schaffung von Lokalkolorit und zur Personencharakterisierung eingesetzt werden: Infinitiv, Nasalvokale *â, ê (bâj/bëj, vên/vë)*, *ue* statt *ua (mue/mua)* sowie ein lexikalisches Element mit *-n- (pleqnonte/pleqësonte)*.

23.4. Grammatische Erklärungen

23.4.1 DER OPTATIV

Neben den drei Modi Indikativ, Konjunktiv und Imperativ sieht die albanische Formenlehre noch den Optativ vor. Die Grammatik *Buchholz/Fiedler* unterscheidet ferner: *Volitiv* (*do të bëj, do të bëja*), *Nezessitativ* (*kam për të bërë*), *Possibilitativ* (*mund të bëj*), *Impossibilitativ* (*s'mund ta bëj dot*) und den *Jussiv* (*le të bëjmë*). Dabei handelt es sich aber um Wendungen, die analytisch gebildet werden und für die die Aufstellung eigener Paradigmentafeln sich erübrigt.

Der Optativ ist eine Wunschform, deren Anwendungsbereich sich zum Teil mit demjenigen des Konjunktivs überschneidet. Der Ausländer kann keine grammatisch richtigen Sätze ohne Kenntnis des Konjunktivs bilden; der Optativ läßt sich aber leicht umgehen. Wer eine Handvoll formelhafter Redewendungen beherrscht, wird im übrigen keine Verbalformen im Optativ aktiv bilden müssen.

bëftë mirë	guten Appetit ('es tue gut')
rroftë	(er) lebe hoch, vivat
qoftë	(es) sei
pastë	(er) habe, möge haben

Im Lesestück kommen folgende Wendungen mit Optativformen vor:

Qoftë i humbur gjyqi im !
Sei mein Urteil verloren !

si e **bâfsha**, **mue** më ndihmoftë.
wie ich es machen möge, möge er mir helfen.

Sogar in diesem Stück überwiegen aber die Konjunktivformen, die einen Wunsch zum Ausdruck bringen:

> të bëjë be Kalosh Cami !
> *es schwöre Kalosh Cami !*
>
> Të bâjnë be edhe pleqtë
> *Es sollen auch die Alten schwören*
>
> Le të bâhet si thotë prifti.
> *Möge es geschehen, wie der Priester sagt.*

Der Optativ wird gebildet, indem man von der 1. P. Sg. Aorist Aktiv die Endungen *-va, -ra, -a* abstreicht und, bei vokalischem Auslaut, *-fsha* anfügt. Bei konsonantischem Auslaut wird *-sha* als Endung der 1. P. Sg. Opt. angehängt. Die Verben der 2. Konjugation, die morphonologische Vokalveränderungen aufweisen (*dal, dola, dalë, dalsha* 'hinausgehen') und der 3. Konjugation (*zë, zura, zënë, zënça* 'fassen') bilden den Optativ vom Partizipialstamm. Wenn dem Formans *n, nj* oder *sh* vorangeht, schreibt man *ç* statt *sh*, z. B. *ndenjça* 'ich möge sitzen'.

	arbeiten	*machen*	*öffnen*	*bringen*
Präs.	punoj	bëj	hap	bie
Aor.	punova	bëra	hapa	prura
Part.	punuar	bërë	hapur	prurë
	punofsha	**bëfsha**	**hapsha**	**prufsha**
	punofsh	**bëfsh**	**hapsh**	**prufsh**
	punoftë	**bëftë**	**haptë**	**pruftë**
	punofshim	**bëfshim**	**hapshim**	**prufshim**
	punofshi	**bëfshi**	**hapshi**	**prufshi**
	punofshin	**bëfshin**	**hapshin**	**prufshin**

Der Optativ unterliegt keiner strengen Normierung, so daß in der sprachlichen Realität Parallelformen zu beobachten sind. Beispielsweise steht im *Orthographie-Wörterbuch* (1976) für *vete* 'weggehen' der vom Partitzip Perfekt *vajtur* gebildete Optativ *vajça*, während in den Paradigmentafeln des einsprachig-erklärenden Wörterbuchs von 1984 die Form *vafsha* (wie *vras, vret, vrava, vrarë* 'töten') für dasselbe Verb nachgewiesen ist.

Ein in der älteren Literatur und in der Volkssprache wichtiger Anwendungsbereich des Optativs ist der Vordersatz (*Protasis*) der Konditionalsätze:

Në pastë dorë të huaj këtu, duhet ta zbulojmë.	Wenn eine fremde (ausländische) Hand im Spiele ist, müssen wir das aufdecken.

Im folgenden geben wir eine Tabelle mit den Optativformen der Hilfsverben. Eine vollständigere Übersicht bieten *Buchholz/Fiedler* S. 109 f. Wegen der Verwendung in formelhaften Konditionalsätzen sollte man auch die Optativformen des Verbs *dua* 'wollen' beherrschen. *Në daçi* bedeutet 'wenn ihr wollt'.

	sein	*haben*	*wollen*
Präs.	jam	kam	dua
Aor.	qeshë	pata	desha
Part.	qenë	patur	dashur
	qofsha	**paça**	**daça**
	qofsh	**paç**	**daç**
	qoftë	**pastë**	**dashtë**
	qofshim	**paçim**	**daçim**
	qofshi	**paçi**	**daçi**
	qofshin	**paçin**	**daçin**

23.4.2 INFINITIV UND MASDAR

23.4.2.1 In den gegischen Mundarten gibt es eine Verbalform, deren syntaktische Verwendung mehr oder weniger dem Infinitiv der europäischen Durchschnittssprachen (*Standard Average European*) entspricht. Sie wird durch die Präposition *me* gekennzeichnet, der das Partizip Perfekt in der Kurzform (*punue, bâ, hapë, thânë*) folgt. In der Schriftsprache werden diese infiniten Wendungen gewöhnlich durch den Konjunktiv ersetzt. Bei unpersönlichen Wendungen kann aber auch das bloße Partizip Perfekt stehen:

Zakonin nuk duhet **me e shkelë** !
Zakoni nuk duhet të shkelet.
Zakoni nuk duket shkelur.
Die Sitte darf nicht übertreten werden.

Der gegische Infinitiv kommt in der Literatur immer noch in direkter Rede zur Charakterisierung von Person und zur Schaffung von Lokalkolorit vor. Daher sei hier darauf verwiesen, daß er auch ganze Nebensätze vertreten kann. Insofern entspricht er nicht dem deutschen Infinitiv.

Me e pa [= ihn sehen] kishit **me u habitë.**
Po ta shihnit, do të kishit për t'u habitur.
Wenn ihr ihn sähet, müßtet ihr euch wundern.

23.4.2.2 Die albanische Schriftsprache kennt auch einen 'Infinitiv'; aber er wird ausschließlich als Verbalnomen verwendet. Deshalb sollte man ihn zur Vermeidung von Verwechslungen mit einem aus der arabischen Grammatik, entlehnten Begriff als **Masdar** bezeichnen. Seine Bildungsweise ist vom Partizip Perfekt abgeleitet, dem der Artikel in der Form des Neutrums voransteht: *të punuar, të hyrë, të folur*. Gewöhnlich treten diese Formen nur nach Präpositionen bei adverbialen Bestimmungen auf; in L. **19.4.3.2** haben wir die Form *për të punuar* '(um) zu arbeiten' als **Supinum** eingeführt. In Verbindung mit anderen Präpositionen ergeben sich rein nominale Komplexe:

më të hyrë të diellit	bei Sonnenuntergang
në të dalë të qytetit	am Ausgang der Stadt
me t'u kthyer nga Tirana	bei der Rückkehr aus Tirana

Die Grammatik *Buchholz/Fiedler* behandelt auf S. 182 f. die letztgenannte Form (mit *me*) als **Absolutiv I.** Das Gerundium (*duke*) wird gewöhnlich ins Deutsche mit 'indem' oder 'während' übersetzt, der Absolutiv (*me të*) hat eine speziellere Bedeutung und ist häufig am besten mit 'dadurch, daß' wiederzugeben: *me t'u futur në shtëpi* ... 'dadurch, daß er ins Haus geschlüpft war'.

Das Masdar wird dekliniert und bildet einen Ablativ mit dem Artikel *së* und der Endung *-i*: *së punuari* (Bei *Buchholz/Fiedler* S. 69 f. und S. 170 *'Sekundärinfinitiv'*). Diese Form steht gewöhnlich nach Verben des Aufhörens: *lë* 'lassen', *pushoj* 'ruhen', *mbaroj* 'beenden', *ngopem* 'sich satt essen'.

S'po ngopej dot së ngrëni detin me sy.	Er konnte nicht genug davon bekommen, das Meer mit den Augen zu verschlingen.

Diese Form ist jedoch nicht nur nach finiten Verbformen möglich, sondern auch nach Verbalsubstantiven:

pas mbarimit së ekzistuari të republikës **pasi republika mbaroi së ekzistuari**	'nachdem die Republik aufgehört hatte zu existieren' [nach der Beendigung des Existierens der Republik]

23.4.2.3 Das Masdar, das unserem substantivierten Infinitiv entspricht, kann als Subjekt oder Objekt eines Satzes oder als Genitivattribut auftreten. Dabei steht es gewöhnlich in der determinierten Form, erhält also den vorangestellten Artikel *të* und den nachgestellten Artikel *-it*: *të punuarit* 'das Arbeiten', *të ecurit* 'das Gehen', *të qeshurit* ' das Lachen'. In allen Kasus bleibt die Endung dieselbe:

> **Mbizotëron metoda e të mësuarit përmendsh.**
> Es herrscht die Methode des Auswendiglernens vor.

In diesen syntaktischen Funktionen kann der substantivierte Infinitiv aber auch mit dem unbestimmten Artikel verwendet werden; in diesem Falle steht das Masdar in der indet. Form: *një të ecur qesharak* 'ein lächerlicher Gang'.

Die vom Partizip Perfekt abgeleiteten Kategorien der albanischen Formenlehre (*Gerundium, Privativ, Supinum, Absolutiv und Sekundärinfinitiv*, vgl. **L. 14.4.2, 15.4.3, 19.4.3**) sind sprachgeschichtlich Varianten des Masdars. Sie verhalten sich daher im Satzzusammenhang wie präpositionale Ergänzungen, d. h. sie bilden Satzteile, keine Nebensätze (verneint werden sie allerdings wie Prädikate mit *mos*). Das Supinum bildet eine Umstandsbestimmung des **Ziels oder Zwecks**, der Absolutiv eine Umstandsbestimmung der **Bedingung**, die mit *më* gebildeten Formen eine Umstandsbestimmung der **Zeit**, und die mit *në* gebildeten Formen stellen Umstandsbestimmungen des **Ortes** dar. Am häufigsten kommen das Gerundium (*duke*), das Supinum (*për të*) und der Absolutiv I (*me të*) vor. Letzterer wird im Deutschen am besten mit 'durch' oder 'indem' wiedergegeben: *Trupi shëndoshet me të punuar, mendja ndritohet me të mësuar* - 'Der Körper gesundet durch Arbeiten, der Geist wird erleuchtet durch Lernen'.

Der Absolutiv I kommt in Sätzen mit Zeitformen der Vergangenheit und der Zukunft vor; die Bedeutung ist jedoch immer die der logischen Vorzeitigkeit. Er wird nicht nur von Deponentien ('reflexiven Verben' bei *Tautoprosopie*) gebildet, sondern auch in der echten inaktiven Diathese. In diesem Falle liegen zwei verschiedene logische Subjekte vor (*Heteroprosopie*): *Me t'u prekur një fijëz, merimanga zgjohet* - 'Wenn ein Fädchen berührt wird, erwacht die Spinne'.

Bei der Übersetzung aus dem Deutschen ins Albanische kann es zu Zweifeln kommen, ob das Gerundium oder der Absolutiv I zu verwenden sei. In diesem Fall läßt sich jede Zweideutigkeit ausschalten, indem man einen Temporal- oder Kausalsatz formuliert.

Das Masdar ist im Satzzusammenhang in gewissen Grenzen mit dem Verbalsubstantiv (*nomen actionis*) auf *-im/je* (vgl. **L. 17.4.5**) austauschbar. Es sei jedoch beachtet, daß dieses häufig den verbalen Charakter verloren hat und nur noch nominal verwendbar ist, z. B. *pamj|e, -a* '(der) Anblick', *të par-it* '(das) Schauen', *pij|e, -a* '(das) Getränk', *të pir-it* '(das) Trinken' (Daneben gibt es auch *pirj|e, -a* 'das Trinken'). - Folgender Satz läßt sich unter Verwendung verschiedener morphosyntaktischer Mittel auf mehrfache Weise auf Albanisch ausdrücken:

Nachdem/weil der Bey geflohen war, freuten sich alle Bauern.
Pasi beu iku, të gjithë fshatarët u gëzuan.
Meqë beu iku, të gjithë fshatarët u gëzuan.
Pas ikjes së beut, të gjithë fshatarët u gëzuan.
Me të ikur beu, të gjithë fshatarët u gëzuan.

23.4.3 DAS POSSESSIVPRONOMEN (8): 'UNSERER', 'EURER'

	unserer mask.	*unsere* fem.	*eurer* mask.	*eure* fem.
N	**yni**	**jona**	**juaji**	**juaja**
G	**i tonit**	**i sonës**	**i tuajit**	**i suajës**
D	**tonit**	**sonës**	**tuajit**	**suajës**
A	**tonin**	**tonën**	**tuajin**	**tuajën**

Plural

	die unsrigen mask.	fem.	*die eurigen* mask.	fem.
N	**tanët**	**tonat**	**tuajt**	**tuajat**
G	**i tanëvet**	**i tonavet**	**i tuajvet**	**i tuajavet**
D	**tanëvet**	**tonavet**	**tuajvet**	**tuajavet**
A	**tanët**	**tonat**	**tuajt**	**tuajat**

Die Ablativformen sind gleich den Formen des Dativs.

23.5. Übungen

23.5.0 ZUSÄTZLICHER WORTSCHATZ

rroj, rrojta, rrojtur	leben
i shëndoshë	gesund
i shkëlqyer	glänzend, ausgezeichnet
not | ë, -a	Note
i mbarë	richtig, glatt, ordentlich
shëndet-i	Gesundheit
faqebardhë	erfolgreich, glücklich
trashëgoj	erben; genießen
trashëgohem	mit dem Ehepartner auskommen
fitim-i	Sieg, Einkommen, Profit
udh | ë, -a	Weg
miqësi-a	Freundschaft
popu | ll-i, pl. -j-të	Volk
zem | ër, -ra	Herz
rrufe-ja	Blitz
vras (a/e/i)	töten; verletzen
djall | i-i, pl. -j-të	Teufel
këshilloj	raten
mërzitem	sich langweilen, überdrüssig sein
ngopem	satt werden
qaj, qava, qarë	weinen
Luan-i	<Männername>, Leo

luan-i	Löwe
mysafir-i	Gast
shtrohem	Platz nehmen
fort <adv.>	stark, sehr
ndíej, ndjeva, ndier	spüren, fühlen
meqë <Konj.>	dadurch daß; weil
vërej, vërejta, vërejtur	bemerken, wahrnehmen
paç faqen e bardhë	mögest du Erfolg haben !
mbarë paç	sei erfolgreich !
mbeç me shëndet	bleib gesund !
dalsh faqebardhë	mögest du Erfolg haben !
u trashëgofshi	seid glücklich miteinander ! (Glückwunsch für Brautleute)
rrugë të mbarë	angenehme Reise !
udha mbarë e qofsh me fat	glückliche Reise !
të këndoftë zemra	du sollst dich freuen !
të marrtë djalli	der Teufel soll dich holen !
të vraftë rrufeja	der Blitz soll dich erschlagen !

23.5.1 OPTATIV

23.5.1.1 Setzen Sie die eingeklammerten Verben in die 3. P. Sg. Opt., z. B. 'Er lebe hoch !' - *Rroftë !*

Udha e mbarë të (jam). (Rroj) miqësia midis popujve. Ju (bëj) mirë. Në (kam) dëshirë, le të vijë. I (bëhem) dita një mijë. Në fund të shfaqjes të gjithë u uruan fëmijëve: «Ju (këndoj) zemra!» (Rroj) e (jam) për shumë e shumë vjet.

23.5.1.2 Setzen Sie die eingeklammerten Verben in die 2. P. Sg. Opt., z. B. 'Mögest du 100 Jahre alt werden !' - *U bëfsh 100 vjeç !*

(Rroj) sa malet. (Kam) faqen e bardhë. (Shkoj) e (vij) shëndoshë. (Rroj) e (gëzoj). (Kam) jetë të gjatë. (Mësoj) mirë mësimin dhe (marr) nota të shkëlqyera. Mbarë (kam). Në (shkoj) në teatër, ma thuaj edhe mua. I (gëzoj) rrobat e reja.

23.5.1.3 Setzen Sie die eingeklammerten Verben in die 2. P. Pl. Opt., z. B. 'Möget ihr 100 Jahre alt werden !' - *U bëfshi 100 vjeç !*

Mirë (vete). Mirë (vij). (Mbet) me shëndet. (Dal) faqebardhë. (Trashëgohem). (Kam) gëzime dhe fitime.

23.5.2 MASDAR

23.5.2.1 Sekundärinfinitiv

Bilden Sie Sätze, indem Sie die Verben der zweiten Spalte in die Ablativform des Masdars setzen, z. B. 'Ich habe mir den Mund von Ratschlägen fuselig geredet' - *më ra goja këshilloj > Më ra goja së këshilluari.*

u lodha	flas
u mërzita	pres
mbarova	punoj

nuk pushova	shikoj
nuk u ngopa	dëgjoj
u kënaqa	qaj
	qesh

23.5.2.2 Absolutiv I
Ersetzen Sie die Nebensätze durch die Formen des substantivischen Infinitivs mit der Präposition *me*, z. B. 'Als Leo aus den Ferien zurückkam, begrüßte er seine Freunde' - *Luani, kur u kthye nga pushimet, përshëndeti shokët e tij* > *Me t'u kthyer nga pushimet, Luani përshëndeti shokët e tij.*

Zamira, porsa kishte arritur në fshat, shkoi tek gjyshja. Ajo u ndal, kur pa Luanin. Pasi u martova, ndërtova një shtëpi të re. Porsa të jem martuar, do të ndërtoj një shtëpi të re. Kur mysafiri u shtrua, Aliu u gëzua fort. Pasi doli në botën e madhe, Mehmeti ndjeu një gëzim të madh. Porsa kënga u mbarua, të gjithë filluan të hanin drekën. Porsa kënga të jetë mbaruar, të gjithë do të fillojnë të hanë drekën. Kur fshatarët dëgjuan emrin e burrit, jepnin çdo gjë. Fëmijët, meqë iu afruan shtëpisë së vjetër, vërejtën një plakë të varfër me një vajzë të vogël.

23.5.3 POSSESSIVPRONOMEN
23.5.3.1 Setzen Sie an die Stelle der ausgelassenen Possessivpronomen die albanischen Äquivalente für 'unserer/unsere' im entsprechenden Kasus ein, transformieren Sie dann die betreffenden Satzteile in den Plural und führen Sie anschließend dieselben Operationen mit 'eurer/eure' durch, z. B. 'Veras Tasche ist schwarz, während unsere [eure] weiß ist', 'Veras Taschen sind schwarz, während unsere [eure] weiß sind' - *Çanta e Verës është e zezë, kurse jona [juaja] është e bardhë. Çantat e Verës janë të zeza, kurse tonat [tuajat] janë të bardha.*

Dollapi i Agronit është majtas, kurse ... është majtas. Dhoma e fëmijëve është e vogël, kurse ... është e madhe. Në sirtarin e saj Drita ka lapsa dhe stilografë, kurse ne në ... kemi vetëm stilografë. Në dhomën e tij, Gëzimi ka katër karrige, kurse ne në ... kemi vetëm dy karrige. Shoqes sate i dhashë trëndafila, kurse ... i dhashë zambakë. Shokut tënd i dhashë një dhuratë, kurse ... nuk i dhashë asgjë. Vajza e shoqes sate këndon mirë, kurse ajo e ... kërcen mirë. Djali i shokut tënd është në kinema, kurse ai i ... është në teatër. Dje takova shokun tënd, por nuk takova .... Dje pashë shoqen tënde, por nuk pashë ....

23.5.3.2 Ersetzen Sie die Possessivpronomen in Übung 22.5.2 durch 'unserer/eurer' mit den betreffenden Satzteilen im Singular und Plural, z. B. 'Ist das euer Schlüssel ? - Nein, es ist nicht unserer. *Oder*: Ja, es ist unserer. - Sind das eure Schlüssel ? - Nein, es sind nicht unsere. *Oder*: Ja, es sind unsere' - *Juaji është ky çelës ? - Jo, nuk është yni.* Oder: *Po, yni është. - Tuajt janë këta çelësa ? - Jo, nuk janë tanët.* Oder: *Po, janë tanët.*

VIERUNDZWANZIGSTE LEKTION - Mësimi i njëzet e katërt

24.1. Praktische Redewendungen

BRIEFPOST

Desha të postoj një letër, ku është kutia postare ?
Ich möchte einen Brief aufgeben, wo ist der Briefkasten ?

A keni ndonjë listë çmimesh postare ?
Haben Sie eine Liste der Postgebühren ?

Varet nga pesha dhe vendmbërritja.
Es hängt vom Gewicht und dem Bestimmungsort ab.

Sa është çmimi për një kartolinë për jashtë vendit me postë ajrore ?
Wie ist das Porto für eine Luftpostkarte ins Ausland ?

Ku është sporteli i pullave ? Desha pulla jubilare shqiptare.
Wo ist der Briefmarkenschalter ? Ich möchte albanische Gedenkmarken.

A keni emisione speciale pullash ?
Haben Sie Sondermarken ?

Duhet ta shkruaj emrin e plotë apo mjaftojnë inicialet ?
Muß ich den vollständigen Namen schreiben oder genügen die Anfangsbuchstaben ?

Duhet ta shkruaj adresën time prapa zarfit ?
Muß ich meine Adresse auf die Rückseite des Umschlags schreiben ?

Kjo është adresa ime, a duhet ta shkruaj dërguesin ?
Dies ist meine Anschrift, muß ich den Absender angeben ?

Desha një format telegrami.
Ich möchte ein Telegramm-Formular.

Albanische Hotels halten gewöhnlich Postkarten mit Sondermarken am Souvenirverkaufsstand für die Gäste bereit.

24.2. Neuer Wortschatz

prishj|e, -a	Abbruch, Bruch; Zerstörung
marr fjalën	das Wort ergreifen
ftoj	einladen
pranoj	annehmen, akzeptieren
ngjaj, ngjava, ngjarë	(1) gleichen, (2) passieren
vizit|ë, -a	Besuch
i pakënaqur	unzufrieden
ndaj < + Abl.>	bezüglich, gegenüber
naiv, -e	naiv
përveç < + Abl.>	außer
asgjë < + Verneinung>	nichts
përmend	erwähnen
siç <Konj.>	wie
lidh	verbinden

lidhur me	im Zusammenhang mit
plep-i	Pappel
hyrj|e, -a	(1) Eingang, (2) Einleitung
bisedim-i	Gespräch, Unterredung
çështj|e, -a	Frage, Problem
shaka-ja	Scherz, Witz
arsye-ja	Ursache
pse [= përse]	warum, weshalb
ndryshoj	ändern
qëndrim-i	Haltung
pastaj	danach
ton-i	Ton
miqësi-a	Freundschaft
gjithnjë	immer
mik-u, pl. miq-të	Freund
bisedoj	sich unterhalten
mënyr|ë, -a	Art und Weise
miqësor, -e	freundschaftlich
dakord	einverstanden
pres, preva, prerë	schneiden, schnitt, geschnitten
pres marrëdhëniet	die Beziehungen abbrechen
marrëdhëni|e, -a	Beziehung
Bukuresht-i	Bukarest <Ortsname>
fakt-i	Fakt, Tatsache
i tillë	solch, derartig
konsideroj	betrachten
faj-i	Schuld
besoj	glauben
di, dita, ditur	wissen, wußte, gewußt
ambasador-i	Botschafter
përveç të tjerave	von anderem abgesehen
ushtri-a	Armee, Heer
pyetj|e, -a	Frage
qëndroj	bleiben, sich verhalten
besnik, -e	treu
gjeneral-i	General
aeroport-i	Flugplatz, Lufthafen
prezenc|ë, -a	Gegenwart
vallë	etwa, vielleicht
sjellj|e, -a	Benehmen
shpreh	ausdrücken
vij|ë, -a	Linie
budallallëk-u	Torheit, Narretei
budallá-i	Tor, Narr
falem	verzeihen
karakter-i	Charakter
politik, -e	politisch
përsëris (s/t)	wiederholen
vep|ër, -ra	Werk

24.3. Lesestück

Prishja (1)

A: Mund të merrni fjalën, ne ju dëgjojmë.

B: Ju na keni ftuar, i zoti i shtëpisë duhet ta marrë fjalën i pari.

A: Ne pranojmë kushtet e shqiptarëve. - Nuk e kuptoj, ç'ka ngjarë pas vizitës sime në Shqipëri në vitin 1959 ! Nëse edhe atëherë ju ishit të pakënaqur ndaj nesh, unë duhet të jem i trashë dhe shumë naiv që nuk e kuptova këtë. Përveç fjalëve të mira, ne atëherë nuk kemi thënë asgjë, në qoftë se nuk përmendim shakatë e veçanta siç është ajo që bëra me shokun Mehmet Shehu lidhur me plepat.

B: Nëse kjo është hyrje për bisedim, është një çështje tjetër. Shakaja lidhur me plepat këtu s'mund të ketë vend.

A: Por çfarë arsye tjetër mund të jetë atëherë, pse e keni ndryshuar qëndrimin ndaj nesh ?

B: Jo ne, por ju e keni ndryshuar qëndrimin.

A: Unë e them për ne. Pastaj, du t'ju pyes: me ç'ton do të flasim ? Në qoftë se nuk doni miqësi me ne, na e thoni.

B: Ne duam të jemi gjithnjë miq, duam të bisedojmë në mënyrë miqësore. Por kjo s'do të thotë se ne duhet të jemi dakord me ju për të gjitha çështjet.

A: Ne ju kemi ftuar tri herë për bisedime, mos doni t'i presim marrëdhëniet ?!

B: Ju jeni ata që shkaktuat prishjen e marrëdhënieve tona pas Bukureshtit. Ne u kemi treguar shumë fakte shokëve tuaj, ata duhet t'ju kenë thënë.

A: Çështja qenka se edhe para Bukureshtit ju nuk keni qenë dakord me ne, por një gjë të tillë nuk na e keni thënë. Kurse ne ju kemi konsideruar si miq. Fajin e kam unë që ju kam besuar shumë.

B: Po ju a e dini se çfarë ka thënë ambasadori juaj ? Përveç të tjerave, po them vetëm një fakt, që ka të bëjë me ushtrinë. Ai ka bërë pyetjen se kujt do t'i qëndrojë besnike ushtria shqiptare. Këtë ua tha gjeneralëve tanë në aeroport, në prezencë të gjeneralit tuaj.

C: Mos vallë kjo sjellje e ambasadorit shprehte vijën tonë ?

B: Budallallëku i një budallai një herë mund të falet, edhe në qoftë se ka karakter politik, por, kur ai përsëritet shumë herë, atëherë kjo është vijë.

A: Po, kjo është e vërtetë.

(Gekürzt nach E. HOXHA, *Vepra*, Bd. 19, S. 372-381)

Anmerkung: Dieses am 12. Nov. 1960 im Moskauer Kreml zwischen Chruschtschow (A), Enver Hoxha (B) und Mikojan (C) geführte Gespräch wurde von I. Kadare im Roman "Der Große Winter" belletristisch verarbeitet. Die Bemerkung, auf die Chruschtschow eingangs anspielt, besagte, daß die Albaner statt der Pappeln am Straßenrand besser Feigen- und Pflaumenbäume pflanzen sollten.

24.4. Grammatische Erklärungen

24.4.1 DER ADMIRATIV

Im Albanischen gibt es eine Verbalform, die gewöhnlich als Admirativ (*habitor|e, -ja* bzw. *mënyra habitore*) bezeichnet wird. Sie findet in einigen anderen Sprachen ein Gegenstück und wird dann als *Modus der Fremdbezeugtheit, indirekte Erlebnisform oder Kategorie der Evidenz* bezeichnet. Im Deutschen müssen wir mit Modalverben oder modalen Hilfswörtern zum Ausdruck bringen, was der Admirativ bezeichnet.

Der Admirativ ist kein Modus, sondern eine Verbalform, die in allen Zeitstufen auftritt und seinerseits einen Konjunktiv bilden kann. Passivformen sind selten, werden aber namentlich bei Verben mit aktiver Bedeutung (*'Deponentien'*) gebildet; zum Aorist gibt es keinen Admirativ. Das Anwendungsfeld der Formen ist vielgestaltig und deckt im wesentlich folgendes ab:

1) Gerüchte, 2) fremde Meinungen oder Äußerungen,
3) erschlossene Sachverhalte, 4) indirekte Rede.

Man kann in jeder Sprechsituation grammatisch korrekte Sätze bilden, ohne den Admirativ anzuwenden. Der Unterschied zwischen einer Rede im unmarkierten Indikativ einerseits und im Admirativ andererseits liegt darin, daß der Admirativ eine innere Beteiligung des Sprechers zum Ausdruck bringt. Daher hat er auch seinen albanischen Namen als 'Modus' der Verwunderung. Es kommt jedoch keineswegs nur Überraschung und Staunen durch den Admirativ zum Ausdruck, sondern eine ganze Palette von Einstellungen:

1) Staunen, Begeisterung, Anerkennung, 2) Überraschung, 3) Enttäuschung, Schrecken, Besorgnis, 4) Zweifel, 5) Ironie

Der Inhalt der Rede wird durch den Admirativ als unerwartet, selten oder übernatürlich gekennzeichnet.

Formal sieht der Admirativ aus wie ein umgekehrtes Perfekt, d. h. er wird durch das Partizip (in Kurzform) und die Formen des Hilfsverbs *kam* als Endung gebildet:

kam punuar	ich habe gearbeitet
punúakam	ich arbeite ja !
kam hapur	ich habe geöffnet
hapkam	ich öffne ja !
kam thënë	ich habe gesagt
thënkam	ich sage doch !

Es ist also darauf zu achten, daß diese falschen Perfektformen die Bedeutung des Präsens besitzen.

çështja qenka se	das Problem ist doch, daß...

Das echte Perfekt wird durch die Admirativform des Hilfsverbs *kam* gebildet: *paskam punuar* 'ich habe also gearbeitet'.

Die Imperfektformen bzw. das Plusquamperfekt werden von einem etwas veränderten Paradigma des Hilfsverbs gebildet:

punúa**kësha**	paskësha punuar
punua**këshe**	paskëshe punuar
punua**kej**	paskej punuar
punua**këshim**	paskëshim punuar
punua**këshit**	paskëshit punuar
punua**këshin**	paskëshin punuar

Die Konjunktivformen werden durch bloßes Davorsetzen der Partikel *të* bezeichnet:

të punuakam	të paskam punuar
të punuakësha	të paskësha punuar

Der Admirativ kommt selten in der geschriebenen Sprache vor. Am ehesten trifft man ihn noch in der direkten Rede in Erzählungen oder in Aufzeichnungen von Volksdichtung, z. B. Märchen. Da er in erster Linie der gesprochenen Sprache angehört, unterliegt er kaum der Normierung. Daher kommen vielerlei Formen vor, und keineswegs wird der Admirativ immer vom Partizip Perfekt abgeleitet. Die 2. P. Pl. Präs. ist auch eine übliche Ausgangsform zur Bildung des Admirativs:

folka	**flitka**	(er) spricht ja !
vdekka	**vdiska**	(er) stirbt ja !
punúaka	**punóka**	(er) arbeitet ja !

In der 2. P. Pl. Admirativ Präsens der 1. Konjugation gibt es zwei konkurrierende Formen des Substandards, die die Zurücknahme des Akzents auf die viertletzte Silbe zu vermeiden helfen:

punúakeni	**punókeni**	**punúaki**	ihr arbeitet ja !

Das einsprachige erklärende Wörterbuch (1984) gibt im tabellarischen Anhang nur die Formen vom Typ *punókam, pëlqékam* als normgerecht an.

Verben, die im Präsens oder Imperfekt der inaktiven Diathese konjugiert werden, bilden die entsprechenden 'Passiv'-Formen wie diejenigen des Aktivs, aber mit dem Strukturwort u : z. B. *u lakam, u lakësha* < *lahem* 'baden, sich waschen' (vgl. *Buchholz/Fiedler*, 1987, S. 85). Dies betrifft vornehmlich Deponentien (z. B. *dukem* 'scheinen, sichtbar sein', *përgjigjem* 'antworten').

24.4.2 DAS POSSESSIVPRONOMEN (9): 'SEINER', 'IHRER'

seiner mask.	*seine* fem.	*ihrer* mask.	*ihre* fem.
i tiji	**e tija**	**i saji**	**e saja**
i të tijit	**i së tijës**	**i të sajit**	**i së sajës**
të tijit	**së tijës**	**të sajit**	**së sajës**
të tijin	**të tijën**	**të sajin**	**të sajën**

Plural

die seinigen		*die ihrigen*	
mask.	fem.	mask.	fem.
të tijtë	**të tijat**	**të sajtë**	**të sajat**
i ë tijvet	**i të tijavet**	**i të sajvet**	**i të sajavet**
të tijvet	**të tijavet**	**të sajvet**	**të sajavet**
të tijtë	**të tijat**	**të sajtë**	**të sajat**

24.4.3 DAS INTERROGATIVPRONOMEN

Die alb. Formen für 'wer ?', 'welcher ?', 'was ?' wurden bereits in L. **5.4.3** vorgestellt. Ihre Deklination ergibt sich aus der Deklination der Indefinitpronomen (*dikush* 'jemand', *askush* 'niemand', L. **22.4.1**) und des Relativpronomens (*i cili,* L. **17.4.6**).

wer ?	**kush**	**cili**	**cila**
wessen?	**i kujt**	**i cilit**	**i cilës**
wem ?	**kujt**	**cilit**	**cilës**
wen ?	**kë, kënd**	**cilin**	**cilën**
(von) wem?	**(prej) kujt**	**cilit**	**cilës**

Die Interrogativpronomen bzw. Fragewörter *sa* 'wieviel', *si* 'wie', *ku* 'wo', *ç, çka, se* 'was ?' werden nicht dekliniert. Deutschem 'was' entspricht in einem Anschlußsatz (im Deutschen in Form einer indirekten Frage) oft *gjë që*:

Gjeçovi do të ngrihej mbi ndasitë e obskurantizmin mesjetar, gjë që s'ishte aspak e lehtë për kohën në të cilën jetonte.	Gjeçov würde sich über die [Glaubens-] Spaltungen und den mittelalterlichen Obskurantismus erheben, was keineswegs leicht war für die Zeit, in der er lebte.

Cili 'welcher ?' fragt nach einem bestimmten Individuum oder Gegenstand aus einer Anzahl, während *ç', çfarë* 'was für ein ?' nach der Beschaffenheit fragt, z. B. *cila rrugë ?* 'welche Straße ?' (*rechts oder links ?*), *ç'rrugë* 'was für eine Straße ?' (*gut oder schlecht ?*).

24.4.4 DER ISOLIERTE ARTIKEL

Eine ganze Reihe von femininen Substantiven führt im Albanischen immer einen vorangestellten Artikel bei sich. Da es sich hierbei um eine ursprünglich elliptische Ausdrucksweise handelt, bei der das Bezugswort (*gjë-ja, pun|ë, -a*) ausgelassen wird, sprechen wir vom isolierten Artikel.

kjo është e vërtetë	das ist [die] Wahrheit

Singular

indeterminiert	determiniert
e vërtetë	**e vërteta**
i një të vërtete	**i së vërtetës**
të vërtete	**së vërtetës**
të vërtetë	**të vërtetën**

Plural

të vërteta	**të vërtetat**
i disa të vërtetave	**i të vërtetavet**
të vërtetave	**të vërtetavet**
të vërteta	**të vërtetat**
të vërtetash	**të vërtetavet**

Zu dieser Klasse von Substantiven gehören alle Wochentage (vgl. L. **9.2**), bei denen jeweils *ditë* 'Tag' zu ergänzen wäre; ferner substantivierte Adjektive wie 'das Weiße', 'das Schwarze'.

Ndeshjet sportive të një të diele	Die Sportbegegnungen eines Sonntags
Frytet e fitores të së resë dhe të shembjes të së vjetrës	Die Früchte des Sieges des Neuen und des Zusammenbruchs des Alten

Es sind auch Pluralia tantum darunter, also Wörter, die mit der betr. Bedeutung nur im Plural vorkommen, z. B. *të ardhurat* 'die Einkünfte, das Einkommen', *të dhënat* 'die Angaben, die Daten'. Da es sich um substantivierte Adjektive oder Partizipien handelt, beschränkt sich die Klasse nicht auf die Feminina, wenngleich diese doch deutlich überwiegen. Es lassen sich Formen wie *i riu* 'der Junge' neben *e reja* 'das Neue' auch bilden, und im Plural kommt *të afërmit* 'die Nächsten, die Verwandten', *të pranishmit* 'die Anwesenden' vor.

e bardh|ë, -a	das Weiße
e drejt|ë, -a	das Recht
e fejuara	die Verlobte
e kaluara	die Vergangenheit
e mir|ë, -a	das Gut
e re-ja	das Neue
e shtënë	der Schuß
e vjetra	das Alte
e zez|ë, -a	das Schwarze

24.5 Übungen

24.5.0 Zusätzlicher Wortschatz

mbrëmë <adv.>	gestern abend
sivjet <adv.>	dieses Jahr, heuer
i kulluar	rein, klar
gjermanisht|e, -ja	die deutsche Sprache, Deutsch
harroj	vergessen
banj|ë, -a	Bad
rrobë banje	Badeanzug
njëri-tjetrin	einander
i vrenjtur	bewölkt, trübe
nga	je, pro
spektator-i	(der) Zuschauer
sken|ë, -a	Szene, Bühne
koncert-i	Konzert
i ri-u, pl. të rinj-të	(der) Jugendliche
i sëmurë	krank
i fejuar	verlobt

24.5.1 ADMIRATIV

Setzen Sie die Prädikate in die entsprechende Admirativform, z. B. 'Artan repariert das Fahrrad. > Artan repariert ja das Fahrrad ! - *Artani e rregullon biçikletën* > *Artani e rregullúaka/rregullóka biçikletën.*

Präsens

Deti sot është i qetë. Sa i bukur duket nga larg ky qytet. Ai s'dëgjon mirë. Në këtë qytet ka shumë gjëra të bukura. Sa bukur vizaton Arbeni. Më pëlqen shumë ky vend. Teuta këndon shumë mirë. Shoku im punon sot. Ju flisni shqip.

Imperfekt

Treni i fundit nisej në orën 10. Ato bisedonin shqip dhe kuptonin mirë njëri-tjetrin. Dje dielli ishte i vrenjtur. Fatosit i pëlqente të pinte një cigare nga ditë. Para hyrjes së muzeut qëndronin shumë fëmijë. Para shumë vjetësh luanim në këtë rrugë.

Perfekt

Mbrëmë ka rënë shumë shi. Sivjet kanë ardhur shumë turistë në këtë qytet. Sa i kulluar ka qenë uji i detit. Ju jeni ngritur shumë herët. Mjeku nuk është akoma kthyer nga fshati. Aparati fotografik nuk ka punuar mirë, ai është prishur. Kam harruar rrobat e banjës në hotel. Gjermanishten e ka mësuar vetë, pa mësues.

Plusquamperfekt

Sokolit i kishte pëlqyer shfaqja teatrale. Ata kishin mbledhur shumë kartolina. Nëna kishte marrë një letër nga babai. Këtë grua nuk e kisha njohur. Salla e teatrit kishte qenë plot me spektatorë. Me të ju kishit punuar në uzinë. Ti i kishe kaluar pushimet e verës në fshat. Atje kishin qenë edhe dy shokët e tu.

24.5.2 POSSESSIVPRONOMEN

Setzen Sie an die Stelle der ausgelassenen Possessivpronomen die albanischen Äquivalente für *'seiner/ihrer'* im entsprechenden Kasus ein und transformieren Sie dann, soweit sinnvoll, die betreffenden Satzteile in den Plural, z. B. 'Ich betrat mein Zimmer, während er in seines eintrat' - *Unë hyra në dhomën time, kurse ai [ajo] hyri në të tijën [sajën].*

Unë do të shkoj me shokun tim, kurse ai do të shkojë me ... . Vajzës sime i pëlqen muzika, kurse ... i pëlqen sporti. Motra ime do të shkojë në qytet, kurse ... do të kthehet. Unë mora çelësin tim dhe jo ... . Unë mora fotografinë time, kurse ... i lashë mbi tryezë. Përballë shtratit tim është dera, kurse përballë ... është dritarja. Syzet e mia janë për të shikuar larg, kurse ... janë për afër. Prindët e mi do të kthehen sot, po ... kur do të kthehen ?

24.5.3 INTERROGATIVPRONOMEN

Setzen Sie an die Stelle der ausgelassenen Pronomen das albanische Äquivalent für 'wer', 'welcher'im entsprechenden Kasus und ggf. Genus ein, z. B. 'Wen sehen die Zuschauer auf der Bühne ?' - *Kë shohin spektatorët në skenë ?*

WER ?

... ju lajmëroi për arritjen e nënës ? Me ... shkove në koncert ? ... lajmëron Agimi në telefon ? ... i telefonoi Drita ? ... i ka mbyllur dritaret e kuzhinës ? ... po pret këtu ? Shoqja e ... është Teuta ? ... po ndihmon Agimi ? Me ... paske folur sot në telefon ? Apartamenti i ... është ky ? Për ... po flasin ata ? ... takove në qytet ? ... ftoi Vera për ditëlindje ? Ti ... dëgjon ?

WELCHER ?

Në ... radhë janë ulur Genci dhe Sokoli ? ... dramë do të shfaqet sonte ? Për ... dramë keni blerë bileta ? ... pushime fillojnë nesër. ... sport të pëlqen më shumë ? Nëpër ... rrugë ecën ato ? ... shkollë vazhdon ajo ? ... janë muajt e vitit ? ... janë ditët e javës ? Me ... bisedoi motra ? ... janë shoqet e saja ? ... nga shokët e Agimit pi cigare ? Në ... kabinë telefonike do te flasësh ? ... dëgjon ?

24.5.4 ISOLIERTER ARTIKEL

Setzen Sie die eingeklammerten Artikel in die entsprechende Kasusform, z. B. 'Arben sagt nicht die Wahrheit' - *Arbeni nuk tregon (i) vërtetën* > *Arbeni nuk tregon të vërtetën.*

Babai u tregoi fëmijëve për (i) kaluarën. Djalit i pëlqen shumë (i) zeza, kurse vajzës i pëlqen shumë (i) bardha. Në (i) djathtë gjendet një restorant, ndërsa në (i) majtë ndodhet posta. (I) rinjtë dhe (i) rejat e fshatit po nisen për një shëtitje. Nuk do ta harroj (i) mirën që më bëtë. Shumë (i) rinj dhe (i) reja punojnë në qytet. Sot dita qenka me (i) vërtetë e bukur. Inxhinieri i uzinës pushon (i) dielen. Mira kishte shkuar në pjacë bashkë me (i) fejuarin. Kush i dha (i) drejtën ta marrë këtë gjë ? Mjeku u përgjigjej pyetjeve të (i) sëmurit. Kam dëgjuar dy (i) shtëna.

FÜNFUNDZWANZIGSTE LEKTION - Mësimi i njëzet e pestë

25.1. Praktische Redewendungen

TELEFONIEREN

A mund të bëj një thirrje për nesër ?
Kann ich ein Ferngespräch für morgen vormerken lassen ?

Mbusheni këtë fletë-thirrje, ju lutem.
Füllen Sie bitte dieses Telefon-Anmeldungsformular aus.

Si t'i them, kush e kërkoi ?
Was soll ich sagen, wer hat angerufen ?

A mund ta shikoj pak numëratorin ? Ai ka telefon në familje.
Kann ich mal ins Telefonbuch schauen ? Er hat einen Anschluß im Hause.

Kush flet ? - Po ju, kush jeni ?
Wer ist da ? (Mit wem spreche ich ?) - Und Sie, wer sind Sie ?

Më lidhët, zonjushe ?
Haben Sie die Verbindung hergestellt, Fräulein ?

Po, foli këtu ! Jeni lidhur.
Ja, sprechen Sie ! Die Leitung steht.

Eshtë e lirë linja ? - Linja juaj është e zënë.
Ist die Leitung frei ? - Ihre Leitung ist besetzt.

Mos e mbyll telefonin, të lutem.
Leg bitte nicht auf.

Linja u ndërpre, zotëri.
Die Leitung ist unterbrochen, mein Herr.

S'ka gjë, mbylleni telefonin dhe bjérini edhe një herë.
Macht nichts, legen Sie auf und wählen Sie neu.

Unë jam numri 3107, telefoni nuk punon.
Hier ist Fernsprechteilnehmer Nr. 3107, der Anschluß ist gestört.

Ferngespräche müssen in Albanien von Hand vermittelt werden. Gewöhnlich haben die Hotels in den größeren Städten mehrere Kabinen, von denen aus Verbindungen ins Ausland hergestellt werden. Private Telefonanschlüsse von Einheimischen sind in Albanien selten; sie sind im allgemeinen über den Arbeitgeber zu erreichen.

25.2. Neuer Wortschatz

qysh më parë	von vornherein
bie dakord	ein Einverständnis erzielen
bie, rashë, rënë	fallen
harxhoj	ausgeben, verschwenden
pikëpamj | e, -a	Gesichtspunkt, Standpunkt, Ansicht
shtroj pyetje	eine Frage stellen
forcoj	stärken, bekräftigen

gabim-i	Fehler
komitet-i	Komitee
qendror, -e	Zentral-, zentral
parti-a	Partei
dërgoj	schicken, entsenden
ushtarak-u	Soldat
Hrushov-i	Chruschtschow
marksist-i	Marxist
interes-i	Interesse
grindem	sich streiten
dokument-i	Dokument, Schriftstück, Papier
baz | ë, -a	Basis, Stützpunkt
luftoj	kämpfen
socializ | ëm, -mi	Sozialismus
territor-i	Territorium
nëndetës | e, -ja	Unterseeboot
marrëveshj | e, -a	Abkommen
firmoj	unterzeichnen
e drejt | ë, -a	Recht
shtet-i	Staat
pështyj	spucken, anspucken
gjaknxehtë	heißblütig, hitzköpfig, aufbrausend
shtrembëroj	verdrehen, entstellen
përkthyes-i	Übersetzer, Dolmetscher
kapem pas < + Abl.>	sich festhalten an, sich klammern
fort [≈ shumë]	sehr

25.3. Lesestück

Prishja [*Fortsetzung*]

A: Nëse ju keni ardhur këtu qysh më parë me mendjen për të mos rënë dakord, por për prishjen e marrëdhënieve, na thoni të mos harxhojmë kohë.

B: Edhe ne kemi pikëpamjen tonë, e cila nuk i përgjigjet tuajës. Ju dy-tri herë na keni shtruar pyetjen nëse ne jemi për miqësinë apo për prishjen e marrëdhënieve. Ne kemi ardhur këtu për të forcuar miqësinë. Por ju nuk pranoni asgjë nga gabimet tuaja. Ju keni kritika ndaj nesh, edhe ne kemi ndaj jush. Ju na keni bërë kritika të mbyllura dhe të hapura, përpara të gjithëve. Ju mund të keni edhe kritika të tjera. Na i thoni, edhe ne do t'i themi, që t'i dinë komitetet tona qendrore. Komiteti Qendror i Partisë sonë na ka dërguar që të forcojmë miqësinë tonë.

A: Një shoku juaj u ka thënë ushtarakëve tanë se Hrushovi nuk është marksist.

B: Lidhur me çështjen e ushtarakëve ne u kemi folur shokëve tuaj. Ç'interes kemi ne që ushtarakët tanë grinden në bazën e Vlorës ! Kurse ju nxirrni «dokumente» se një shoku ynë paska thënë kështu e ashtu. Shikojini mirë ushtarakët tuaj.

A: Shoku Enver, mos e ngrini zërin !

B: Nëse do të hiqni bazën, do të bëni një gabim të madh. Ne kemi luftuar edhe pa bukë e të zbathur, por asnjëherë nuk i jemi përkulur askujt.

A: Nëndetëset janë tonat.

B: Tuajat dhe tonat, ne luftojmë për socializmin. Territori i bazës është yni. Për nëndetëset ne kemi marrëveshje të firmuara që i njohin të drejta shtetit shqiptar. Unë mbroj interesat e vendit tim.

A: Ju nxeheni, ju më keni pështyrë, me ju nuk mund të bisedosh.

B: Ju gjithnjë thoni se ne jemi gjaknxehtë.

A: Ju shtrembëroni fjalët e mia. Përkthyesi a e di rusishten ?

B: Mos u kapni pas përkthyesit, ai e di fort mirë rusishten.

Anmerkung: An dem Gespräch beteiligten sich auch andere Delegationsteilnehmer, die hier aus Platzgründen herausgestrichen sind. Chruschtschows Frage *"Kann der Übersetzer [überhaupt] Russisch ?"* kehrt in Kadares zeitgeschichtlichem Roman leitmotivisch wieder und bezieht sich auf Besnik (vgl. **L. 22.3**).

25.4. Grammatische Erklärungen

25.4.1 DAS REFLEXIVPRONOMEN

Das albanische Passiv entspricht in den meisten Fällen den reflexiven Formen deutscher Verben: *lahem* 'ich wasche mich', *lahesh* 'du wäschst dich' usw. Daher tritt das Reflexivpronomen im Albanischen nur dann in Erscheinung, wenn es betont wird. In diesem Falle steht das dazu passende Prädikat aber in einer Form des Aktivs: *laj veten* 'ich wasche mich'. Die Pronominalform *vete* steht gewöhnlich in einem Objektskasus und verlangt daher die determinierte Form. Wir können also ein Paradigma aufstellen, das wie die Deklination von *lule* 'Blume' aussieht:

det. Form	*indet. Form*
vetja	
i vetes	
vetes	
veten	vete
vetes	

Die indeterminierte Form kommt nur nach Präpositionen wie *në, me, për* vor. Häufig erhält 'selbst' noch ein Possessivpronomen zur Verstärkung; dann muß die determinierte Form stehen:

Kemi para vetes detyra të larta.	Wir haben hohe Aufgaben vor uns.
S'kam gjë me vete.	Ich habe nichts bei mir.
Shiko veten (tënde)!	Schau dich selbst an !
Unë për veten time s'dua asgjë.	Ich für meinen Teil will nichts. (Ich will nichts für mich selbst.)

Sprachgeschichtlich hängen die Partikel *u*, die zur Bildung des Aorists Passiv benutzt wird, mit *vete* zusammen. Praktisch aber dürfen die beiden Wörter auf keinen Fall ausgetauscht werden, weil sich damit der Sinn entscheidend verändern kann:

ai u ul	er setzte sich
ai uli veten	er erniedrigte sich.

Häufig wird *vete* durch ein vorangestelltes *vet-* verstärkt: *vetvetja.*

Hallet e vetvetes	die eigenen Sorgen

Es gibt zwei orthographische Varianten zu *vete* : *vetëhe, vehte.*

Zu *vete* gehört ein 'Possessivpronomen', das man nur in der dritten Person verwenden sollte: *i vet, e vet*, determiniert: *i veti, e veta.*

Lirinë e vet populli do t'i fitonte me luftë.	Seine Freiheit würde das Volk [sich] mit Kampf erringen.
Ai vullnet i çeliktë për t'i treguar mbarë Evropës me vepra e me punë se shqiptarët përbëjnë një komb me vete, se ata kanë një gjuhë e kulturë të vetën origjinale...	Jener stählerne Wille, ganz Europa mit Werken und mit der Arbeit zu zeigen, daß die Albaner eine Nation für sich ausmachen, daß sie eine eigene Sprache und eigene originale Kultur haben...

25.4.2 DAS POSSESSIVPRONOMEN (10): MEHRERE BESITZER 'DER IHRIGE'

ihrer	*ihre*	*die ihrigen*
mask.	fem.	mask./fem.
i tyri	**e tyrja**	**të tyret**
i të tyrit	**i së tyres**	**i të tyrevet**
të tyrit	**së tyres**	**të tyrevet**
të tyrin	**të tyren**	**të tyret**

25.4.3 DER ISOLIERTE ARTIKEL BEI VERWANDTSCHAFTSBEZEICHNUNGEN

Die maskulinenen substantivierten Adjektive wie *i riu* und *të afërmit* werden dekliniert wie Adjektive in emphatischer Stellung vor dem Beziehungswort, im Genitiv also: *i të riut, i të afërmvet.* Daher brauchen wir kein eigenes Paradigma für die Deklination des maskulinen isolierten Artikels aufzustellen.

Etwas anders verhält es sich mit dem isolierten Artikel bei Verwandtschaftsbezeichnungen. Erstens kommen in diesem Falle Unregelmäßigkeiten bei der Deklination des nachfolgenden Subsntativs vor und zweitens sind auch semantisch völlig verschiedene Verhältnisse zu beachten. *I ati, e ëma* bedeutet 'sein/ihr Vater' bzw. 'seine/ihre Mutter'. Der vorangestellte Artikel stellt semantisch eine Spielart des Possessivpronomens dar, obwohl ein solches Pronomen auch noch folgen kann:

ai vrau të vëllanë e vet	er tötete seinen eigenen Bruder

Nicht alle albanische Verwandtschaftbezeichnungen können durch die Voranstellung des Artikels possessive Bedeutung gewinnen; vielmehr handelt es sich um eine eng begrenzte Zahl von Verwandten der direkten Linie.

i ati	sein Vater
i biri	sein Sohn
i vëllai	sein Bruder
i gjyshi	sein Großvater
i nipi	sein Enkel, sein Neffe
i kushëriri	sein Cousin, sein Vetter
i kunati	sein Schwiegersohn
e ëma	seine Mutter
e bija	seine Tochter
e motra	seine Schwester
e mbesa	seine Enkelin, seine Nichte
e kunata	seine Schwiegertochter

Die beiden Wörter für Vater und Mutter sind der hohen Stilebene zuzuordnen; bei Possessivbeziehungen zur ersten oder zweiten Person Sg. benutzt man die vorangestellte Form: *im atë, ime ëmë.* Geläufiger sind *babë* oder *babá* 'Vater' und *nënë, mëmë* 'Mutter'. Werden diese Vokabeln gebraucht, dann steht nicht der isolierte Artikel, sondern das normale Possessivpronomen: *babai i tij* 'sein Vater', *nëna e saj* 'ihre Mutter'.

Der Ausdruck *e ëma* wird mit Apostroph dekliniert: Gen. *i s'ëmës*, Akk. *t'ëmën.* Für *i ati* gibt es die altertümliche Deklination mit Umlaut *i t'et* 'seines/ihres Vaters' oder eine andere mit Hiatustilgung in der Schrift: *i të jatit* 'seines/ihres Vaters'. Vgl. die Deklinationstabelle *shoku i të birit* in *Gjuha shqipe* (Bd.3, 1981, S. 23).

Auf Gegisch lautet das Wort für 'Mutter' *âmë*, und mit einem davon abgeleiteten Adjektiv drücken die Albaner den Begriff 'Muttersprache' aus : *gjuhë amtare* oder *gjuhë amnore.*

25.5 Übungen

25.5.0 Zusätzlicher Wortschatz

ruaj, ruajta, ruajtur	pflegen, hüten
pasqyr | ë, -a	Spiegel
pasaport | ë, -a	Reisepaß
më bën keq	es schadet mir
em | ër, -ri	Name
hero-i, pl. -nj-të	Held
mikesh | ë, -a	Freundin (intimer als *shoqe*)
figur | ë, -a	Abbildung; Figur, Gestalt
as ... as	weder ... noch

25.5.1 Reflexivpronomen

25.5.1.1 Vervollständigen Sie die Sätze, indem Sie das fehlende Reflexivpronomen ergänzen, z. B. 'Er machte sich Mut' - *I dha zemër vetes.*

Agimi është i zoti i ... . I sëmuri e ndien ... mirë. Të sëmurët e ndiejnë ... keq. Ai duhet ta ruajë ... . Gruaja shikon ... në pasqyrë. A ke me ... pasaportën ? Ajo lan ... . Ia bëri të keqen ... . Babai solli me ... shumë dhurata. Nëna mendon më shumë për të tjerët sesa për ... Mësuesi i mblodhi nxënësit rreth ... . Arbenit iu duk shumë më i fortë se ... . Ai kërkon shumë nga ... . Mos mendo vetëm për ... tënde !

25.5.1.2 Vervollständigen Sie die Sätze, indem Sie das Possessivpronomen *i vet* einsetzen, z. B. 'Jeder lobt sein eigenes Kind' - *Gjithkush lëvdon pjellën e vet.*

Babai rrinte në shtëpinë .... Çdo gjë ishte në vend .... Çdo film, roman apo pjesë teatrale ka heronjtë .... Teuta pa Sokolin me sytë ....

25.5.2 POSSESSIVPRONOMEN

25.5.2.1 Beseitigen Sie in folgenden Adversativsätzen die Wiederholung der Substantive, indem Sie die attributiven Possessivpronomen durch freistehende ersetzen, z. B. 'Ich lade meine Freundin zum Mittagessen ein, während sie ihren Freund zum Abendessen einladen' > 'Ich lade meinen Freund zum Mittagessen ein, während sie die ihrige zum Abendessen einladen' - *Ftoj mikeshën time për drekë, kurse ata ftojnë mikeshën e tyre për darkë > Ftoj mikeshën time për drekë, kurse ata ftojnë të tyren për darkë.*

Dhoma ime është e vogël, kurse dhoma e tyre është më e madhe. Vajzat janë ulur rreth tryezës sime, kurse djemtë janë ulur rreth tryezës së tyre. Unë shkoj tek mësuesi im, kurse ata shkojnë tek mësuesi i tyre. Prapa shtëpisë sime është një lulishte, kurse prapa shtëpisë së tyre është një rrugë. Unë i falënderova mjekut tim për vizitën, kurse ata i falënderuan mjekut të tyre për vizitën. Agimi rri pranë babait tim, kurse Vera rri pranë babait të tyre. Mbi tryezën time është një vazo me lule, kurse mbi tryezën e tyre janë gazeta dhe revista. Kjo është fotografia e vëllait tim, kurse ajo është fotografia e vëllait të tyre. Kjo është shalli i motrës sime, kurse ai është shalli i motrës së tyre.

25.5.2.2 Vervollständigen Sie folgende Sätze durch das albanische Äquivalent für *'die ihrigen'* im entsprechenden Kasus, z. B. 'Ich habe meine Schüler getroffen, während sie die ihrigen getroffen haben' - *Unë takova nxënësit e mi, kurse ata takuan të tyret.*

Unë u telefonova shoqeve të mia, kurse ato u telefonuan .... Unë takova shokët e mi, kurse ato morën një dhuratë nga .... Unë mora një telegram prej prindërve të mi, kurse ata morën një letër prej .... Unë fola me motrat e mia, kurse ata folën me .... Unë pres vëllezërit e mi, kurse ato presin .... Ky është qeni i fëmijëve të mi, kurse ai është ....

25.5.3 VERWANDTSCHAFTSBEZEICHNUNGEN

Bilden Sie Sätze unter Verwendung der in der dritten Spalte aufgeführten Verwandtschaftsbezeichnungen, z. B. 'Speranza fand weder ihren Bruder, noch ihren Neffen' - *As të vëllanë, as të nipin Shpresa nuk i gjeti.*

Shpresa	shkoi në qytet bashkë me ... dhe me ...	i ati
Artani	e ndihmon gjithmonë	e ëma
	lau rrobat	i biri
	foli për	e bija
	vizitoi në spital	e vëllai
	merr shpesh letra nga ... si dhe nga ...	e motra
	mori kartolina prej	e mbesa

është ulur pranë	i kunati
i dhuroi ... një libër me figura	e kunata
rregulloi dhomën	i gjyshi
i tregoi ... dhomën e vet	i kushëriri

SECHSUNDZWANZIGSTE LEKTION - Mësimi i njëzet e gjashtë

26.1. Praktische Redewendungen

SPRACHE

Shqipja është një nga gjuhët më të lashta të Evropës.
Das Albanische ist eine der ältesten Sprachen Europas.

Çfarë gjuhë të huaj zotëroni ju ?
Welche Fremdsprachen beherrschen Sie ?

Çfarë librash mund të më rekomandoni pë të mësuar shqip ?
Welche Bücher können Sie mir empfehlen, um Albanisch zu lernen ?

Më kuptoni mua ? - Çfarë tha ai ?
Verstehen Sie mich ? - Was hat er gesagt ?

Unë ju kuptoj mirë, por e kam vështirë në të folur.
Ich verstehe Sie gut, aber das Sprechen fällt mir schwer.

Ju lutem, përsëriteni èdhe një herë.
Wiederholen sie es bitte noch einmal.

Si shqiptohet kjo fjalë, ç'kuptim ka ajo ?
Wie wird dieses Wort ausgesprochen, welche Bedeutung hat es ?

Si quhet kjo shqip, si shkruhet kjo fjalë ?
Wie heißt das auf Albanisch, wie wird dieses Wort geschrieben ?

Ju keni një shqiptim të qartë, por flisni më ngadalë, ju lutem.
Sie haben eine klare Aussprache, aber sprechen Sie bitte langsamer.

Unë lexoj fare lirisht shqip.
Ich lese ganz geläufig Albanisch.

Ma shkruani, ju lutem, çmimin; s'i marr vesh numrat.
Schreiben Sie mir den Preis bitte auf, ich verstehe die Zahlen nicht.

Në të folur wörtlich: 'beim Sprechen (habe ich es schwer)'. - *Shqiptoj* 'aussprechen' kommt zwar von *shqip* 'albanisch', wird aber in bezug auf die Aussprache jeglicher Sprache verwendet. Ursprünglich bedeutet shqip 'deutlich, verständlich'. Die Ableitung des Albanernamens vom 'Adler' *shqiponj|ë, -a* ist volksetymologisch.

26.2. Neuer Wortschatz

i vëngër, i vëngërt	schielend, scheel
fotografik, -e	photographisch
sikur	wie wenn, als ob
relik|e, -ja	Reliquie
i vjetër	alt
fotografoj	photographieren, knipsen
qysh nga	seit
plazh-i	Strand
gati <adv.>	fast; fertig
habi-a	Verwunderung

këllëf-i	Futteral, Tasche; Scheide, Etui
i lëkurtë	ledern, Leder-
pluhuros	verstauben
vërtet <adv.>	wirklich
fotoaparat-i	Fotoapparat
atje	dorthin
gjej, gjeta, gjetur	finden, fand, gefunden
as	auch nicht, nicht einmal
gisht-i	Finger
zbërthej	aufknöpfen
i rëndë	schwer
një copë herë	eine Weile
kokrriz|ë, -a	Körnchen
veshj|e, -a	Kleidung, Verkleidung
metalik, -e	metallisch
objektiv-i	Objektiv
ndriçim-i	das Leuchten, Glanz
vëngërosh, -e	schielend, scheel, böse
paksa	ein wenig
i kaltërremë	bläulich
trashësi-a	Dicke
vjetëroj	altern
vjetërsi-a	Alter, Veralterung
mekani|zëm, -zmi	Mechanismus
automobil-i	Automobil, Kraftfahrzeug
makinë qepëse	Nähmaschine
i paraluftës	aus der Vorkriegszeit
prodhim-i	Erzeugnis, Produkt
se nga	woher
ndjesi-a	Gefühl
i pakënd|shëm, -shme	unangenehm
vjetërim-i	das Altern
thua se	sozusagen, gleichsam
përmes < + Abl.>	durch ... hindurch
kaloj	verlaufen
kufi-ri, pl. kufij-të	Grenze
epok|ë, -a	Epoche, Zeitalter
mbërthej	zuknöpfen
trazoj	vermischen; blättern, wühlen
send-i	Gegenstand,, Ding
thellë <adv.>	tief

26.3. Lesestück

Syri i vëngër

Besniku e mori aparatin fotografik në duar sikur t'ishte një relike e vjetër. S'kish fotografuar prej kohësh me të. Qysh nga vera e vitit të kaluar, në plazh.

Ai e shikoi gati me habi këllëfin e lëkurtë, të pluhurosur. Kishte qenë vërtet ajo verë ?

U mat ta vinte fotoaparatin atje ku e gjeti, por pastaj, pa e ditur as vetë pse, gishtat e tij zbërthyen këllëfin. Pa këllëf, aparati dukej më i rëndë. Besniku vështroi një copë herë kokrrizat e veshjes metalike dhe pastaj objektivin. Xhami i tij i ngjante një syri të huaj, me atë ndriçim vëngërosh, paksa të kaltërremë nga trashësia.

Papritur Besnikut iu duk fotoaparati i vjetëruar. Ishte një vjetërsi, që të kujtonte mekanizmat e kohëve të kaluara, automobilat ose makinat qepëse të paraluftës, të cilat s'e afrojnë kurrë njeriun.

E megjithatë aparati ishte prodhim i viteve të fundit. Besniku e vërtiti një copë herë në duar, pa e kuptuar se nga i vinte ajo ndjesi e pakëndshme vjetërimi, thua se përmes xhamit të vëngërt të objektivit të fotoaparatit kalonte kufiri i një epoke.

Ai e mbërtheu këllëfin e lëkurtë dhe e vuri fotoaparatin në dollap. Pas pak, ndërsa trazonte akoma librat dhe sendet e tjera, ai e shtyu atë akoma më thellë, sikur të donte që të mos i dilte më kurrë përpara.

(Nach I. KADARE, *Dimri i madh*, 1977, S. 555 f.)

26.4. Grammatische Erklärungen

26.4.1 EINIGES AUS DER WORTBILDUNG (1)

Die Regeln der Wortbildung gehören nicht unbedingt in eine wissenschaftliche Grammatik, weshalb bei *Buchholz/Fiedler* (1987) auch ein eigenes Kapitel zu diesem Thema fehlt. In einem praktischen Lehrbuch jedoch kann unter zwei Gesichtspunkten nicht darauf verzichtet werden, wenigstens die wichtigsten Regeln der Wortbildung zu erwähnen: erstens ist die Kenntnis der Wortstruktur bisweilen hilfreich bei der Zuordnung zu Paradigmen der Formenlehre, zweitens kann der Lernende durch die Beherrschung der produktiven Wortbildungsregeln seinen Wortschatz selbsttätig erweitern.

26.4.1.1 DAS VERB

Im Deutschen unterscheiden wir bei den Verben zwischen Vorsilben, die als selbständige Wörter nicht vorkommen (z. B. 'ent-', 'zer-', 'ver-', 'be-'), und Präpositionen, die mit einfachen Verben Komposita bilden. Im Albanischen ist es ähnlich; allerdings sind Zusammensetzungen mit Präpositionen wesentlich seltener als im Deutschen.

Die Wortbildung bedient sich hauptsächlich der Affixe, die sich in Vorsilben (Präfixe) und Nachsilben (Suffixe) untergliedern. Präfixe vor einem Verb schaffen ein neues Verb mit modifizierter Bedeutung:

punoj - arbeiten	për-punoj - be-arbeiten, ver-arbeiten
mbledh - sammeln	për-mbledh - zusammenfassen
heq - ziehen	tër-heq - an-ziehen, hin-ziehen
shikoj - schauen	para-shikoj - vorsehen

Manche Präfixe dienen dazu, aus Adjektiven ein Verb zu machen:

i bukur - schön	z-bukur-oj - ver-schön-ern
i bardhë - weiß	z-bardh, z-bardh-oj - weiß-en
i qetë - ruhig	sh-qetë-s-oj - be-un-ruhig-en
i lirë - frei	ç-lir-oj - be-frei-en

Es kommt vor, daß Verben durch Präfixe entgegengesetzte Bedeutung annehmen: *z-bërthej* - auf-knöpfen, *m-bërthej* - zu-knöpfen.

Außer den Vorsilben kommen zur Verbbildung auch Suffixe in Betracht, die vor allem Substantive in verbale Begriffe überführen. Sprachgeschichtlich betrachtet sind alle mehrsilbigen Verben der 1. Konjugation auf *-oj* und *-ej* mit einem Suffix gebildet. Für das aktuelle Sprachgefühl ist dieses Bewußtsein jedoch verloren gegangen. Daher wird ein Verb wie *kuptoj* 'verstehen' als ein Grundwort aufgefaßt.

mend-i - Geist	mend-oj - denken
pun|ë, -a - Arbeit	pun-oj - arbeiten
hekur-i - Eisen	hekur-os - bügeln
fund-i - Ende, Boden	fund-os - versenken
i kuq - rot	kuq-oj - rot leuchten
i kuq - rot	kuq-ël-oj - rot sein
shoqëri-a - Gesellschaft	shoqër-iz-oj vergesellschaften
kombëtar - national	sh-kombëtar-iz-oj entnationalisieren

Türkische Verben sind mit dem Suffix *-dis/tis* für die albanische Grammatik konjugierbar gemacht worden: *ujdis* 'passend machen' (regeln); 'passend sein' (passen), *braktis* 'verlassen'. Sie unterliegen nicht dem *s/t*-Wechsel.

26.4.1.2 Das Adjektiv

Eigenschaftswörter können von Adverbien, Verben, Substantiven oder anderen Adjektiven abgeleitet werden. Im Deutschen ist die Klasse der von Verben abgeleiteten Adjektive auf *-bar, -ig* (z. B. tragbar, zulässig) besonders wichtig und im Umfang grundsätzlich unbegrenzt. Es gibt potentiell in dieser Klasse soviel Adjektive wie entsprechende Verben, auch wenn das Wörterbuch sie nicht im einzelnen verzeichnet. Ähnlich ist es im Albanischen, wo von jedem Verb auf *-oj* ein passendes Adjektiv mit dem Suffix *-ueshëm* gebildet werden kann.

mund - können	i mund-shëm - mög-lich
çmoj - schätzen	i çmue-shëm - wertvoll
çmoj - schätzen	i pa-çmue-shëm - un-schätz-bar
lejoj - erlauben	i lejue-shëm - zulässig
sot - heute	i sot-ëm - heut-ig, modern
hekur-i - Eisen	i hékur-t - eisern, aus Eisen
çelik-u - Stahl	i çelík-të - stählern
lëkur|ë, -a - Leder	i lëkur-të - ledern
shoqëri-a - Gesellschaft	shoqër-or - sozial, gesellschaftlich
kultur|ë, -a - Kultur	kultur-or - kulturell, Kultur-
pópull-i - Volk	popull-or - völkisch, Volks-
turk - türkisch (Volk)	turq-isht - türkisch (Sprache)
i kuq - rot	kuq-ël-osh - rötlich

Die Suffixe *-ëm* und *-shëm* sind grundsätzlich gleichbedeutend; *-ëm* ist nur viel seltener. Die Formen *-t* und *-të* sind nur orthographische Varianten. Adjektivische Attribute vom Typ *gjuha turqishte* werden von manchen Spracherziehern als falsch gebrandmarkt (richtig wäre: *turqisht|e, -ja* 'das Türkische' oder: *gjuha turke* 'die türkische Sprache'). Gleichwohl entsprechen sie einer Realität des Sprachgebrauchs.

26.4.2 MORPHONOLOGISCHE ALTERNATIONEN UND DIE STAMMFORMEN DES ALB. VERBS

Albanische Wörterbücher weisen im allgemeinen drei Formen pro Verb nach: die 1. P. Sg. Pr. (act.), die 1. P. Sg. Aor., das Partizip Perfekt. Mit den Stammformen *punoj, punova, punuar; hap, hapa, hapur* verfügt man in der Tat bei den meisten albanischen Verben über ausreichend Grundinformation, um die übrigen Zeitformen bilden zu können. Von der ersten Person Sg. Präsens lassen sich Imperativ, Imperfekt, Konjunktiv, Futur und Konditional ableiten; die Aorist-Stammform läßt erkennen, ob der Optativ mit dem Formans *-fsha* oder *-sha* gebildet wird, und vom Partizip werden die zusammengesetzten Zeitformen (Perfekt, Plusquamperfekt) gebildet. Ferner läßt die Form des Pt. Pf. erkennen, ob der Aorist im Plural eine Vokalfolge aufweist: *punova - punuam, ktheva - kthyem.*

Bei einer größeren Anzahl von Verben des Grundwortschatzes reichen diese Informationen aber nicht aus, weil Veränderungen nicht nur an den Endungen, sondern auch in der Wurzel der Verben stattfinden. Dabei handelt es sich um die morphonologischen Alternationen, die bei der Behandlung der Konjugationsmuster bisher schon häufig angesprochen wurden. Unter diesem Begriff wird im wesentlichen zweierlei verstanden: erstens Vokalveränderungen, zweitens Konsonantenwechsel. Besonders Verben der 2. Konjugation, die ein *-e-* in der Wortwurzel aufweisen, sind für Vokalveränderungen anfällig.

26.4.2.1 INNERE FLEXION

Die Vokalveränderungen lassen sich innerhalb eines gewissen Rahmens der Wahrscheinlichkeit vorhersagen: im Aorist ändert sich das *-e-* zu *-o-*, im Imperfekt zu *-i-*, z. B. *mbledh* 'sammeln', *mblodha, mblidhja* 'ich sammelte'. Dieses Muster läßt sich formelhaft durch **e/i/o** andeuten, was folgendes besagt: (1) in der 2. Person Plural Präsens Aktiv, im Imperativ, im gesamten Imperfekt und in synthetisch gebildeten Passivformen weist das Verb *mbledh* den Vokal *-i-* auf: *mblidhni, mblidh!, mblidhja, mblidhem, mblidhesha.* (2) Im Aorist zeigt das Verb *mbledh* den Vokal *-o-*: *mblodha, u mblodha.* Wir unterscheiden in bezug auf die Vokalveränderungen bei Verben fünf Grundmuster, die sich formelhaft so bezeichnen lassen:

		1.P.Sg.	*3.P.Sg.*	*2.P.Pl.*	*Aor.*
I	**e/i**	**ndez**		**ndizni**	
II	**e/i/o**	**heq**		**hiqni**	**hoqa**
III	**a/e/i**	**rrah**	**rreh**	**rrihni**	
IV	**a/e/o**	**marr**	**merr**		**mora**
V	**a/e/i/o**	**dal**	**del**	**dilni**	**dola**

Die Vokalveränderungen treten an bestimmten Stellen des Paradigmas auf, so daß bei Nennung der Vokalreihe vorhergesagt werden kann, in welcher Form er anzuwenden ist. So bedeutet **./o** immer, daß im Aorist ein *-o-* den Wurzelvokal bildet, entsprechend bezeichnet **./i** den Wurzelvokal in der 2. Person Plural Präs., des Imperativs, des Imperfekts und des Passivs. Im Anhang 1 (Konjugationsmuster) ist eine Liste der wichtigsten Verben aufgeführt, an Hand derer man sich über die "Stammformen" informieren kann, die die Grundlage zur Bildung weiterer Zeitformen darstellen.

Historisch gesehen handelt es sich bei den oben dargestellten Alternationen um *(a)* Umlaut unter dem Einfluß eines in zwischen geschwundenen *-i* der folgenden Silbe (*marr, merr*) und *(b)* Ablaut (*marr, mora*).

I. *Verben mit e/i-Wechsel*

blej,	**blini,**	bleva,	blerë	*kaufen*
fle,	**flini,**	fjeta,	fjetur	*schlafen*
ngjesh,	**ngjishni,**	ngjesha,	ngjeshur	*umgürten; kneten*
ngre,	**ngrini,**	ngrita,	ngritur	*erheben*
paraqes,	**paraqisni,**	paraqita,	paraqitur	*vorstellen*
pres,	**prisni,**	prita,	pritur	*warten*
pres,	**prisni,**	preva,	prerë	*schneiden*
shes,	**shisni,**	shita,	shitur	*verkaufen*
vdes,	**vdisni,**	vdiqa,	vdekur	*sterben*
vesh,	**vishni,**	vesha,	veshur	*anziehen*

II. *Verben mit (j)e/i/o-Wechsel*

djeg,	digjni,	**dogja,**	djegur	*verbrennen*
dredh,	dridhni,	**drodha,**	dredhur	*drehen*
hedh,	hidhni,	**hodha,**	hedhur	*werfen*
heq,	hiqni,	**hoqa,**	hequr	*ziehen*
mbjell,	mbillni,	**mbolla,**	mbjellë	*säen*
mbledh,	mblidhni,	**mblodha,**	mbledhur	*sammeln*
ndjek,	ndiqni,	**ndoqa,**	ndjekur	*folgen*
nxjerr,	nxirrni,	**nxora,**	nxjerrë	*herausziehen*
përcjell,	përcillni,	**përcolla,**	përcjellë	*begleiten*
përpiqem,	përpiqeni,	**u përpoqa,**	përpjekur	*sich bemühen*
rrjedh,	rridhni,	**rrodha,**	rrjedhur	*fließen*
sjell,	sillni,	**solla,**	sjellë	*bringen*
zgjedh,	zgjidhni,	**zgjodha,**	zgjedhur	*wählen*

Das Verb *përpiqem* ist ein Deponens, das mit der Bedeutung 'sich bemühen' nur in Passivformen vorkommt. Das Simplex *pjek* bedeutet 'braten, backen'! *Përcjell* stellt eigentlich ein Kompositum zu *sjell* 'bringen' dar. *Mbjell* ist eine Variante zu *pjell* 'gebären', das genauso konjugiert wird.

III. *Verben mit a/e/i-Wechsel*

godas,	**godet,**	godisni,	godita,	goditur	*schlagen*
trokas,	**troket,**	trokisni,	trokita,	trokitur	*klopfen*
thërras,	**thërret,**	thërrisni,	thirra,	thirrur	*rufen*
vras,	**vret,**	vrisni,	vrava,	vrarë	*töten*

Nach dem Rechtschreibungswörterbuch wird *vikas* 'schreien' ohne jegliche Vokalveränderung konjugiert. Zu *godas* gibt es das Paradigma *godis* mit derselben Bedeutung, aber ohne Vokalveränderung. Das Verb *flas* 'sprechen' gehört an sich in diese Gruppe, wird aber wegen des *-o-* im Aorist in der *Klasse V* behandelt.

IV. *Verben mit a/e/o-Wechsel*

marr,	**merr,**	**mora,**	marrë	*nehmen*

An sich wären die Formen *mirrni, mirrja, mirrem* zu erwarten, die tatsächlich in den Mundarten und in der Umgangssprache vorkommen. Die Norm sieht aber vor, daß der Wechsel e/i bei diesem Verb unterbleibt.

V. *Verben mit a/e/i/o-Wechsel*

dal,	**del,**	**dilni,**	**dola,**	dalë	*hinausgehen*
flas,	**flet,**	**flisni,**	**fola,**	folur	*sprechen*

26.4.2.2 KONSONANTENWECHSEL

Nicht jedes Verb der 2. Konjugation mit -*e*- in der Wurzel unterliegt dem Wechsl **e/i/o**, z. B. *hesht* "schweigen" behält in allen Zeitformen das *e*. Ebenso wenig unterliegen alle Verben mit -*s* im Auslaut der 1. P. Sg. Pr. dem *s/t*-Wechsel, z. B. *qendis* 'sticken', *hekuros* 'bügeln' bewahren in allen Personalformen das *s*. Die Anzahl der Verben mit morphonologischen Alternationen ist daher grundsätzlich begrenzt; sie kann allerdings dadurch vermehrt werden, daß durch Präfixe Komposita gebildet werden, z. B. *heq* 'ziehen' - *tërheq vëmendjen* 'die Aufmerksamkeit anziehen'. Die Komposita wie *udhëheq, tërheq*, aber auch *përmbledh* 'zusammenfassen' (zu *mbledh* 'sammeln') werden wie die einfachen Verben konjugiert.

Es ist daher zweckmäßig, sich eine Reihe gängiger Vorsilben, die in der Wortbildung eine Rolle spielen, einzuprägen. Auch Suffixe kommen in der Wortbildung der Verben vor, und sie verhalten sich in bezug auf die morphonologischen Alternationen nicht einheitlich. Das Suffix -*as* , das in *flas* 'sprechen', *trokas* 'klopfen' (*duartrokas* 'applaudieren') vorkommt, unterliegt immer dem Wechsel **a/e/i**; im Aorist weist diese Klasse aber kein einheitliches Bild auf. Beispielsweise hat *trokas* den Aorist *trokita* gegenüber *fola* 'ich sprach' und *thirra* 'ich rief'. Verben mit den Suffixen -*is* (*ujdis* 'regeln') und -*os* (*vendos* 'beschließen') unterliegen nicht dem *s/t*-Wechsel.

Konsonantenwechsel kann mit oder ohne gleichzeitige Vokalveränderungen auftreten. Wir führen im folgenden einige markante Beispiele für den *s/t*-Wechsel und den Wechsel von palatalen mit velaren Verschlußlauten an. Historisch gesehen liegt dem *s/t*-Wechsel die Alternation von -*tj(o)* und -*t(i)* zugrunde.

Verben mit s/t-*Wechsel*

flas,	flet,	**flisni,**	fol!,	flitet	*sprechen*
fus,	fut,	**fusni,**	fut!,	futet	*stecken*
paraqes,	paraqet,	**paraqisni,**	paraqit!,	paraqitet	*vorstellen*
pres,	pret,	**prisni,**	prit!,	pritet	*warten*
pres,	pret,	**prisni,**	pre!,	pritet	*schneiden*
pyes,	pyes,	**pyesni,**	pyet!,	pyetet	*fragen*
shes,	shet,	**shisni,**	shit!,	shitet	*verkaufen*
trokas,	troket,	**trokisni,**	trokit!,	trokitet	*klopfen*
thërras,	thërret,	**thërrisni,**	thirr!,	thirret	*rufen*
vras,	vret,	**vrisni,**	vrit!,	vritet	*töten*
zbres,	zbret,	**zbrisni,**	zbrit!,	zbritet	*herabsteigen*

Verben mit Palatalisierung eines Konsonanten

djeg,	**digjni,**	**dogja,**	djegur	*verbrennen*
ndjek,	**ndiqni,**	**ndoqa,**	ndjekur	*verfolgen*
vdes,	**vdisni,**	**vdiqa,**	vdekur	*sterben*

26.5. Übungen

26.5.0 Zusätzlicher Wortschatz

nerv-i, pl. -a-t	Nerv
furtun | ë, -a	Sturm
armik-u	Feind, Gegner
anij | e, -a	Schiff
shumë	viel; sehr
i/e shumtë	zahlreich
lesh-i	Wolle
piktur | ë, -a	Gemälde, Malerei
traktor-i	Traktor
gjithçka	alles
kooperativist-i	Genossenschaftsbauer
drith | ë, -i	Getreide
ar | ë, -a	Acker
tejkaloj	überschreiten, (Plan) übererfüllen
plan-i	Plan
porosis (s/t)	bestellen, beauftragen, ordern
futboll-i	Fußball
pallto-ja	Mantel
qejf-i	Vergnügen, Freude, Spaß
me gjithë qejf	mit Vergnügen, gerne
lexues-i	Leser

26.5.1 Wortbildung

26.5.1.1 Bilden Sie Sätze, indem Sie von den eingeklammerten Wörtern Adjektive ableiten, z. B. 'Fatos spricht türkisch' - *Fatosi flet (turk)* > *Fatosi flet turqisht.*

Mjeku bëri gjithçka të (mund). Mësuesi u foli nxënësve për jetën e (sot). Agimi kupton (turk). Ajo merret me shkencat (shok). Treni kalon mbi urën e (hekur). Studentët biseduan për jetën (kulturë). Vëllai i Luanit ka nerva të (çelik). Ky vizatim ka vlerë të (çmoj). Eshtë e (s'mund) të mësosh mirë një gjuhë të huaj pa fjalor dhe pa gramatikë.

Alle verlangten Wörter sind in **L. 26.4** aufgeführt !

26.5.1.2 Bilden Sie aus den eingeklammerten Wörtern Prädikate im Aorist, z. B. 'Der Vater faßte die Worte des Vorsitzenden zusammen' - *Babai (mledh) fjalët e kryetarit* > *Babai përmblodhi fjalët e kryetarit.*

Tirana u (lirë) më 17 nëntor 1944. Armiku e (fund) anijen. Vajza (i bukur) dhomën me lule. Verës i (i kuq) faqet. Zamira më së shumti (punoj) lesh. Mësuesja i (shqip) fjalët qartë. Filmi i ri e (heq) interesin e studentëve. Ajo (mend) shpesh për nënën e saj. Më (i qetë) zhurma e furtunës.

26.5.2 Morphonologische Vokalveränderungen

26.5.2.1 Bilden Sie Imperativformen in der 2. P. Pl., z. B. 'Die Kinder schlafen nicht in diesem Zimmer' - *Fëmijët nuk flenë në këtë dhomë* > *Fëmijë, mos flini në këtë dhomë !*

Vajzat e presin mësuesin në oborrin e shkollës. Djemtë vishen shpejt. Gëzimi dhe Artani nuk flenë deri vonë. Mira dhe Vera blejnë një tufë të madhe me trëndafila të kuq. Vajzat presin mollën për motrën e vogël. Teuta dhe Fatosi nuk e shesin shtëpinë e tyre. Studentët ngrenë valixhet e rënda.

26.5.2.2 Überführen Sie die Prädikate in Aorist-Formen, z. B. 'Die Genossenschaftsbauern sammeln die ersten Feigen' - *Kooperativistët mbledhin fiqtë e parë > Kooperativistët mblodhën fiqtë e parë.*

Anila djeg letra të vjetra. Babai dredh një cigare. Ajo hedh kartolinat në kutinë e postës. Agimi heq pallton. Kooperativistët mbjellin [säen] drithë në arë, kurse në oborrin kooperativist mbjellin [bepflanzen] tokën me patate dhe perime. Luani mbledh pulla poste. Nëna nxjerr pasqyrën nga çanta. Spektatorët ndjekin me vëmendje çdo lëvizje të këtij aktori. Prindërit përcjellin fëmijët e tyre. Punëtorët përpiqen të tejkalojnë planin. Lumi rrjedh ngadalë dhe qetë. Kamerieri na sjell gjellët. Turistët zgjedhin një vend të qetë. Nëpunësja e bibliotekës sjell librat e porositur. Më së shumti Gëzimin e tërheq futbolli.

26.5.2.3 Formen Sie die Prädikate folgender Sätze ins Präsens um, indem Sie ein neues Subjekt bzw. Objekt einführen, z. B. 'Ich nahm ein Taxi. Auch Agimi nimmt ein Taxi. - *Mora një taksi. Edhe Agimi merr një taksi.*

Unë thirra me zë të lartë. Më vrau [drückte] këpuca e majtë. Unë fola me fëmijët me gjithë qejf. Unë e hodha topin. Unë dola nga shtëpia në orën dy. Unë mora një telegram. Unë trokita në derë. Unë u mora me sport.

26.5.3 KONSONANTENWECHSEL

Verändern sie folgende Sätze, indem Sie das in der ersten Spalte stehende Subjekt gegen *edhe unë* **austauschen,** z. B. 'Teuta ruft Zamira zum Mittagessen. Auch ich rufe Zamira zum Mittagessen' - *Teuta thërret Dritën për drekë > Edhe unë e thërras Dritën për drekë.*

Teuta	zbret nga autobusi në stacionin e dytë.	Edhe unë...
	flet për kushërinjtë e saj.	
	e pyet të vëllanë se çfarë ndien.	
	hekuros nga ditë.	
	fut letrën në zarf.	
	pret bukën.	
	pret babanë ne aeroport.	
	vret [verletzt] dorën e saj.	
	troket në dritare.	
	shet lule në pjacë.	
	shëtit nëpër rrugën kryesore.	
	ujdis biçikletën.	
	përgatit gjellën e mirë.	
	u paraqet lexuesve një libër të ri.	
	braktis punën në uzinë.	

SIEBENUNDZWANZIGSTE LEKTION - Mësimi i njëzet e shtatë

27.1. Praktische Redewendungen

BIBLIOTHEK UND PRESSE

Unë dëshiroj të lexoj shqip.
Ich möchte Albanisch lesen.

Mua më interesojnë librat shqip të përkthyera gjermanisht.
Mich interessieren albanische Bücher, die ins Deutsche übersetzt sind.

Si mund të bëhem anëtar (lexues) i këtij biblioteke ?
Wie kann ich Mitglied (Leser) dieser Bücherei werden ?

Ku është katalogu ? - Shpjegomëni, ju lutem, si përdoret ai.
Wo ist der Katalog ? - Erklären Sie mir bitte, wie man ihn benutzt.

Unë dua të marr kartën e anëtarisë për në sallën e leximit.
Ich möchte eine Benutzerkarte für den Lesesaal.

Si mbushet formulari i porosisë ?
Wie wird der Bestellzettel ausgefüllt ?

Në ç'ditë biblioteka është e mbyllur ?
An welchem Tag ist die Bücherei geschlossen ?

Deri kur është salla e leximit e hapur ?
Bis wann ist der Lesesaal geöffnet ?

Si është afati i dorëzimit ?
Wie ist die Ausleihfrist ?

Ku mund të lexoj diçka për sportin ?
Wo kann ich etwas über Sport lesen ?

Keni gazeta në gjuhë të húaj ?
Haben Sie Zeitungen in Fremdsprachen ?

Më jepni, ju lutem, gazetën e sotme.
Geben Sie mir bitte die Zeitung von heute.

Sa kushton kjo revistë ?
Wieviel kostet diese Zeitschrift ?

Në sa kohë botohet gazeta *Laikó Víma* ?
Wie oft erscheint die Zeitung 'Volkstribüne' ?

Kjo gazetë botohet dy herë në javë për kombësinë greke në Shqipëri.
Diese Zeitung erscheint zweimal wöchentlich für die griechische Nationalität in Albanien.

Çfarë revistash shkencore dalin tek juve ?
Was für wissenschaftliche Zeitschriften erscheinen bei Ihnen ?

Die griechische Minderheit in Südalbanien ist etwa 40000 Mitglieder stark und genießt Kulturautonomie. Der Grundschulunterricht erfolgt auf Griechisch und es werden Kinder- und Jugendbücher sowie die besagte lokale Parteizeitung *Laiko Vima* in Gjirokastra veröffentlicht. In Delvina und Saranda ist ein Teil der Bevölkerung zweisprachig.

In der Umgangssprache wird *libra-t* oft als Femininum behandelt, korrekt ist es aber nur mit maskulinem Attribut: *libra të përkthyer* 'übersetzte Bücher'. *Libra të reja* ist zwar üblich, aber nach der Norm heißt 'neue Bücher' *libra të rinj*. - *Tek juve* 'bei euch' ist nach der Norm falsch und müßte tek ju lauten.

27.2. Neuer Wortschatz

i paduk|shëm, -shme	unsichtbar
ne të dy	wir zwei
Lavdosh-i	Lawdosch <Männername>
e fejuara	die Verlobte
malor, -e	Gebirgs-, Berg-
fillor, -e	Anfangs-, Elementar-
mendim-i	das Denken
njoh, njeh, njihni	kennen
malësi-a	Bergland, Hochland
kryej, kreva, kryer	beenden, abschließen
studim-i	Studium
mbaj, mbajta, mbajtur	halten, hielt, gehalten
prindë-t [= prindër-it]	Eltern
nderoj	ehren
e të tjera (*etj.*)	usw., und so weiter
kështu	so
qesh	lachen
më vjen për të qeshur	es ist mir zum Lachen zumute
ende	noch
kush ... kush	der eine ... der andere
patriarkal, -e	patriarchalisch
konferenc|ë, -a	Konferenz, Vortrag
shfaqj|e, -a	Vorstellung
kundër < + Abl.>	gegen
kanun-i	Gewohnheitsrecht der Gentilgesellschaft
ish-	Ex-, ehemalig
i dashur	geliebt
mbledhj|e, -a	Versammlung
e drejt|ë, -a	das Recht
emancipim-i	Emanzipation
përplas	zusammenklatschen
grusht-i	Faust
prapanik-u	Rückständiger, Reaktionär
shkundem	abschütteln
patriarkali|zëm, -zmi	Patriarchalismus, Gentilordnung
e kam të lehtë	es leicht haben
heq dorë	aufgeben
braktis	verlassen
ënd|ërr, -rra	Traum
rinor, -e	jugendlich, Jugend-
tjerr	spinnen, erträumen
auditor-i	Hörsaal
universitet-i	Universität
dashuri-a	Liebe

zjarr-i	Feuer
fyej	beleidigen
gabohem	sich irren
ma ktheu	erwiderte er mir
mllef-i	Wut, Haß
fisnik, -e	edel
rri, ndenja, ndenjur	sitzen
më rri mendja	mir steht der Sinn nach
histori-a	Geschichte
banal, -e	banal
aksident-i	Unfall
përvoj|ë, -a	Erfahrung
jashtë <adv.>	draußen
çifteli-a	Mandoline
fyell-i, fyej-të	Flöte
përshtypj|e, -a	Eindruck
që ditën e parë	vom ersten Tag an
pjekuri-a	Reife
i parakoh|shëm, -shme	vorzeitig, verfrüht
shoqëri-a	Gesellschaft
arkitektur|ë, -a	Architektur
i rrezik|shëm, -shme	gefährlich
paragjykim-i	Vorurteil
i mykur	verschimmelt, gammelig
injoranc|ë, -a	Unwissenheit, Ignoranz
i dhjamur	fett, dick
shembem	zusammenstürzen
vështirësi-a	Schwierigkeit

27.3. Lesestück

Kullat e padukshme

Ne të dy, - tha Lavdoshi, - unë dhe e fejuara ime kishim vendosur që të vinim për dy-tre vjet në ndonjë shkollë fshati malor, qoftë edhe fillore. Se për mendimin tim, një student shqiptar që nuk njeh malësinë, nuk mund të thotë se i ka kryer plotësisht studimet. Fjalën e dhamë të dy, unë e mbajta, kurse ajo mbeti në Tiranë, te burri... Si është e mundur që një vajzë me shkollë të lartë, me prindë të tillë të nderuar e të tjera e të tjera, të përfundojë kështu ? Mua më vjen për të qeshur kur dëgjoj se ka njerëz që bëjnë pyetje të tilla... Eshtë ende shumë herët për të bërë pyetje të tilla. Ne të gjithë jemi kush më pak e kush më shumë patriarkalë... Edhe unë, edhe ju, që mbani konferenca e jepni shfaqje kundër kanunit, edhe ish-e dashura ime, edhe babai i saj që, kur flet në mbledhje për të drejtat e grave dhe emancipimin, përplas grushtin e nxehet me prapanikët... Ne të gjithë duhet të shkundemi edhe më nga pluhuri i patriarkalizmit...

Nuk e kishte të lehtë të hiqte dorë e të braktiste ëndrrat rinore që kishte tjerrur ditë e natë në auditorët e universitetit. Më erdhi keq për dashurinë e tij e desha t'i thosha një fjalë të mirë. Por ai u nxeh e mori zjarr, sikur ta kisha fyer.

- Gabohesh, - ma ktheu. - Nuk flas nga mllefi kështu... Këtu në fshat kam parë shumë gjëra e jam mësuar të jetoj me punë shumë më të bukura e fisnike. Sot nuk më rri mendja më te historia ime banale... Ajo më duket një aksident, një përvojë... Por e vërteta është e vërtetë: ne kemi të gjithë ende shumë pluhur patriarkal në mendimet tona, në shtëpitë tona, në sjelljet e në fjalët tona...

Jashtë nxënësit, vajzat dhe djemtë e vegjël kishin nisur t'u binin çiftelive dhe fyejve. Ata më bënë përshtypje që ditën e parë me pjekurinë e tyre të parakohshme. Djemtë, sidomos, më dukeshin si burra të vegjël.

- Çdo shoqëri, - më tha - ka arkitekturën e vet. Kulla është mesjeta. Por nuk janë këto kulla prej guri që janë më të rrezikshmet për dritën... Brenda në çdo kullë ka kulla të tjera, kulla të ndërtuara jo me gurë, por me paragjykimet e njerëzve, me zakonet e mykura, me injorancën e dhjamur... Këto kulla prej guri shemben lehtë. Vështirësia është te kullat e padukshme... E nga këto të tjerat nuk ka vetëm këtu në Gruz, por edhe brenda në Tiranë... Një kullë e tillë e vogël paska qenë edhe «Mimoza» ime...

(Nach GJ. ZHEJI: *Kullat*, 2. Aufl. 1976, S. 95 - 97)

27.4. Grammatische Erklärungen

27.4.1 EINIGES AUS DER WORTBILDUNG (2)

27.4.1.1 NOMEN

Die wichtigste abgeleitete Wortart, die durch ein Wortbildungssuffix vom Verb abgeleitet wird, ist das Verbalsubstantiv (**nomen actionis**). Dafür stehen zwei Suffixe zur Verfügung: *-im* und *-je*. Sie verteilen sich ziemlich regelmäßig in der Weise, daß *-im* bei Verben der 1. Konjugation, die ihr Partizip auf *-uar/yer* bilden, angewendet wird; *-je* bildet das Verbalsubstantiv von Verben, deren Partizip auf *-rë/ur/në* auslautet (vgl. L. **17.4.5**). Die zweite durch Suffix spontan zu bildende und prinzipiell von jedem Verb ableitbare Wortart ist das Nomen agentis auf *-ues/ës* (vgl. L. **18.4.5**): *pjesëmarrj|e, -a* 'Teilnahme', *pjesëmarrës-i* 'Teilnehmer'.

Es gibt noch weitere Suffixe, mit denen Nomina agentis gebildet werden können. Sie lassen sich jedoch nicht so mechanisch einsetzen wie *-ues/ës*, z. B. *drej-tor-i* 'Direktor'(< *drejtoj* 'leiten'), *kryetar* 'Vorsitzender, Präsident'(< *krye* 'Haupt'). Das türkische Suffix *-xhi-u* (*-çi-u*) bezeichnet denjenigen, der eine Sache handhabt, z. B. *fshes|ë* 'Besen', *fshesa-xhi-u* 'der Straßenkehrer'.

Eine Gruppe abgeleiteter Nomina bezeichnet die Herkunft von Personen, im Deutschen z. B. Berlin - Berliner. Die albanische Sprache hält hierfür in der Regel das Suffix *-as* bereit, z. B. *vend-i* 'Ort, Land', *vendas* 'einheimisch; der Einheimische'. Es gibt jedoch noch eine Reihe anderer Suffixe, die alle gleiche Bedeutung haben, deren Verteilung jedoch durch die Tradition geregelt ist. Bestimmte albanische Städtenamen lassen nur bestimmte Suffixe zu:

Tiran|ë, -a	Tirana	**tiranas**	aus Tirana, der Tiranaer
Shkod|ër, -ra	Skutari	**shkodran**	aus Shkodra, Skutariner
Durrës-i	Durrës	**durrsak**	aus Durrës

Elbasan-i	Elbasan	**elbasanas**	aus Elbasan
Berat-i	Berat	**beratas**	aus Berat
Gjirokast | ër, -ra	Gjirokastra	**gjirokastrit**	aus Gjirokastra
Korç | ë, -a	Kortscha	**korçar**	aus Kortscha

Mit den Suffixen *-as, -ar, -an, -ak, -it* gebildete Herkunftsbezeichnungen sind sowohl adjektivisch, als auch substantivisch zu verwenden. Feminina dazu sind in der Regel dadurch zu bilden, daß man *-e* anfügt: *elbasanas|e, -ja* 'die Elbasanerin', *e folmja elbasanase* 'die Mundart von Elbasan'. Das türkische Suffix *-li-u* bezeichnet die Herkunft, es wird im Albanischen aber nur noch sehr sparsam verwendet und dann auch nicht im Zusammenhang mit Ortsnamen. Ein in der Standardsprache akzeptiertes Beispiel ist *qejflí-u* 'der Liebhaber'(< *qejf* 'Lust, Laune'), z. B. *qejfli gjuetie* 'Liebhaber der Jagd', *qejfli për muzikë* 'Musikliebhaber'. Das türk. Suffix *-çe* bildet im Albanischen Adverbien, z. B. *i veshur fshatarçe* 'auf Bauernart gekleidet'. Auch mit diesem Suffix gebildete Wörter können substantivisch verwendet werden und sind dann Feminina, z. B. *shkodrançja* = *e folmja shkodrane* 'der Skutariner Dialekt'.

In manchen Fällen kann man das Femininum nicht mit der Endung *-e* bilden, sondern es muß ein anderes sprachliches Mittel verwendet werden, um weibliche Personen zu bezeichnen: *drejtor-esh|ë, -a* 'die Direktorin', *zonj-ush|ë, -a* 'Fräulein' (< *zonj|ë* 'Frau'). Manche Suffixe sind mit einer speziellen Bedeutung grammatisch immer als Feminina zu behandeln, z. B. *dritar|e, -ja* 'Fenster' (< *drit|ë, -a* 'Licht') , *fjetor|e, -ja* 'Schlafsaal' (< *fjetur* 'geschlafen'), *rrojtor|e, -ja* 'Frisiersalon, Barbierstube' (< *rruaj* 'rasieren'). Zur Bildung von abstrakten Begriffen bedient sich das Albanische zumeist des Suffixes *-i*, das immer betont ist und in der Deklination wie *shtëpi-a* 'das Haus' behandelt wird:

i ri	neu	**risi-a**	Neuheit
i ri	jung	**rini-a**	Jugend
i lirë	frei	**liri-a**	Freiheit
i mundur	möglich	**mundësi-a**	Möglichkeit
i gatshëm	fertig, bereit	**gatishmëri-a**	Bereitschaft

Verkleinerungsformen (*Diminutiva*) werden im Albanischen sehr zurückhaltend verwendet (vgl. *Gjuha shqipe*, Bd. 3, 1981, S. 121). Es stehen hauptsächlich die beiden Suffixe *-th-i* und *-z|(ë), -a* zur Verfügung, aber die Bedeutung der damit gebildeten Wörter läßt oft keinerlei diminutiven Sinn erkennen:

fjalor	Wörterbuch	**fjalor-th**	Wörterbüchlein, Glossar
lib | ër, -ri	Buch	**librez | ë,-a**	Büchlein (Sparbuch, Parteibuch)
dor | ë, -a	Hand	**dorëz-a**	Handvoll, Büschel (z. B. Gras); Manschette
		doréz | ë,-a	Handschuh; Griff (zum Anfassen), Henkel

27.4.1.2 Verneinung (Privation) in der Wortbildung

Um das Gegenteil eines Begriffs zum Ausdruck zu bringen, benutzen wir im Deutschen die Präfixe *nicht-, miß-, un-*, z. B. mißverstehen, unmöglich. Ihre Äquivalente sind im Albanischen *jo-, mos-, pa-*. Außerdem kommen noch *ç (sh-, zh-)* und *s' (së-)* vor. Bei Verben und Verbalsubstantiven wird als Präfix *-mos* verwendet: *moskuptoj* 'mißverstehen', *mosbesim* 'Mißtrauen'. Mit *pa* 'ohne' werden Adjektive und davon abgeleitete Substantive gebildet: *i paaftë* 'unfähig', *paaftësi-a* 'Unfähigkeit', *i pamundur* 'unmöglich', *pamundësi-a* 'Unmöglichkeit'. Diese Adjektive haben immer den vorangestellten Artikel bei sich. Die mit *jo-* 'nicht-' gebildeten Adjektive hingegen stehen immer ohne den Artikel und sie gehören zu der Gruppe, die gleichzeitig als Substantiv fungieren kann: *josocialist* 'nichtsozialistisch', *joproduktiv* 'unproduktiv', *joveprор* 'inaktiv', *jokalimtar* 'intransitiv'.

Sehr selten kommt die Verneinungspartikel *s'* als Präfix vor: *i sëmurë* 'krank', *sëmundje* 'die Krankheit' (= Nicht-Können, Ohnmacht), *skamje* 'die Armut' (= das Nicht-Haben). Außerordentlich produktiv ist hingegen das Präfix *ç-* mit den lautlichen Varianten *sh-* und *zh-*; es entspricht im Deutschen 'ent-', 'aus-': *lodh* 'ermüden', *ç-lodh* 'entspannen' *jam i çlodhur* 'ich bin ausgeruht'.

çregulloj	stören	**çregullim-i**	Störung
çarmatos	entwaffnen	**çarmatosj | e, -a**	Entwaffnung
shfrytëzoj	ausbeuten	**shfrytëzim-i**	Ausbeutung
zhvesh	entkleiden, plündern	**zhveshj | e, -a**	Plünderung, Demontage
shfuqizoj	außer Kraft setzen	**shfuqizim-i**	Außerkraftsetzung

27.4.2 ZUR POLYSEMIE DER STRUKTURWÖRTER

In jeder Sprache gibt es eine gewisse Anzahl von Homonymen, d. h. heißt solchen Wörtern, die in der Aussprache gleich lauten, aber Verschiedenes bedeuten. Gewöhnlich handelt es sich dabei um **autosemantische** Wörter wie 'arm' - '(der) Arm', 'reich' - '(das) Reich', 'Lerche' (Vogel) - 'Lärche' (Baum). Im Albanischen gibt es auch eine Reihe solcher Homonyme, z. B. bedeutet *mall-i* (1) 'Sehnsucht', (2) 'Ware'. In Jugoslawien ist *shtëpia e mallrave* die übliche albanische Übersetzung für *robna kuća* 'Warenhaus, Kaufhaus'. Der Gleichlaut von *mall-i* ist dadurch zustande gekommen, daß das arabisch-türkische Wort *mâl* 'Besitz, Vermögen' mit leicht veränderter Bedeutung neben älterem *mall-i* in den albanischen Wortschatz aufgenommen wurde (*malli për atdhe* - Heimweh).

Gewöhnlich entstehen die Homonymien im Albanischen jedoch auf andere Weise. So bedeuten *më* (1) 'mehr', (2) 'mir'; *vete* (1) 'ich gehe', (2) 'selbst'; *dhe* (1) 'und', (2) 'du gabst' (Aorist), (3) 'Erde'. In früheren Sprachzuständen konnte man bisweilen diese Wörter durch die Länge des Vokals unterscheiden; in der heutigen Standardsprache aber klingen sie völlig gleich. Gehäuft kommen Homonyme im Bereich der **synsemantischen** Wörter vor, so daß man von einer Besonderheit der albanischen Grammatik sprechen kann. Im allgemeinen handelt es sich darum, daß ein einsilbiges Wort als Artikelform, Pronominalform und Strukturwort zur Bildung analytischer Zeitformen des Verbs auftritt. Es fällt dem Anfänger nicht immer leicht zu unterscheiden, ob *të* 'dir' bedeutet oder den Konjunktiv anzeigt, ähnlich kann *u* 'ihnen' bedeuten oder eine Form des Mediopassivs markieren.

Wortart	i	e	së	të	u
Artikel	mNsg *der*	fNsg *die*	fGsg *der*	Npl *die*	
Pronomen	Dsg/Apl *ihm, sie*	Asg *ihn*		D/Asg *dir, dich*	Dpl *ihnen*
Konjunktion		*'und'*			
Strukturwort zur Bildung von:			Adverbien *së largu*	Konjunktiv *të shkojë*	Passiv *u mor*

In seiner Funktion als Strukturwort zur Bildung von Adverbien stellt *së* an sich eine alte Ablativform dar, die wir bereits in Lektion **23.4.2** kennengelernt haben. Nicht nur mit *Masdar*-Formen wie *ai pushon së lexuari* 'er hört auf zu lesen', sondern auch mit anderen nominalen Wortarten bildet diese Partikel Sinneinheiten, die vom Standpunkt der heutigen Grammatik aus nicht mehr als Deklinationsformen gelten:

së largu	von ferne
së andejmi	von dort
së bashku	gemeinsam
së paku	wenigstens
para së gjithash	vor allem
më së shumti	zumeist, meistens

Gewöhnlich ist durch die Stellung im Satz hinreichend definiert, welche Funktion die Partikel *i, e, të, së, u* jeweils einnehmen. Dasselbe gilt auch bei *po, pa* und *që*, die gleichfalls mehrere Bedeutungen besitzen:

po (1) Bejahung: ja
(2) Zeitpunkt: gerade, eben - *po shkon*
(3) Identität: derselbe - *po ai*, ebenda - *po aty*
(4) Bedingung: wenn - *po të shkojë*

pa (1) Präposition: ohne - *pa të* 'ohne ihn'
(2) Verbalform: er sah - *ai pa*
(3) Aufforderung: schau doch ! - *pa shiko !*

që (1) Einleitung des Relativsatzes (vgl. L. **15.4.5**)
(2) Verstärkung bei Zahlwörtern: *që të dy* 'beide', *që të pesë* 'alle fünf'
(3) 'seit', 'von' häufig zur Verstärkung bei der Präposition *nga*: *që nga vitin e kaluar* 'seit dem vorigen Jahr', *që nga Fieri deri në Vlorë* 'von Fier bis Vlora'.
(4) Bestandteil in Wortgruppen, die als Konjunktion einen Nebensatz einleiten: *në mënyrë që* 'auf die Weise, daß', *me kusht që* 'unter der Bedingung, daß'.
(5) Konjunktion zur Einleitung eines modal gefärbten daß-Satzes, der zumeist im Konjunktiv steht. Im Deutschen übersetzen wir dies häufig durch 'damit': *Ndodhi që...* 'es traf sich, daß...'; *E di që thua të vërtetën* 'ich weiß, daß du die Wahrheit sagst'; *Mësojnë që të bëhen të vlefshëm për shoqërinë* 'sie lernen, damit sie wertvoll für die Gesellschaft werden'.

27.5. Übungen

27.5.0 Zusätzlicher Wortschatz

skuad|ër, -ra	Mannschaft
shënoj	bezeichnen; schießen (Tor)
gol-i	Tor (Fußball)
futbollist-i	Fußballspieler
rini-a	Jugend
elektrifikim-i	Elektrifizierung
veshje popullore	Volkstracht
xhaket|ë, -a	Jacke, Jackett, Sakko
grip-i	Grippe
bie i sëmurë	krank werden
dhëmb-i	Zahn
palé (= pa; a)	<Partikel zur Einleitung einer Aufforderung oder einer indirekten Frage>, ob

27.5.1 WORTBILDUNG

27.5.1.1 Vervollständigen Sie die Sätze, indem Sie aus den Städtenamen in der zweiten Spalte Adjektive bilden, z. B. 'Die Mannschaft aus Tirana hat das Tor geschossen' - *Skuadra tiranase e shënoi golin.*

Nxënëset kënduan një këngë ...	Tirana
Turistët vizituan një shtëpi ...	Shkodra
Futbollistët ... luajtën shumë mirë.	Durrësi
Skuadra ... fitoi.	Berati
Unë njoh një familje ...	Gjirokastra
Mua më pëlqen veshja popullore ...	Korça
Rinia ... kishte punuar për elektrifikimin e fshatrave.	

27.5.1.2 Bilden Sie aus den Satzteilen Sätze mit Prädikat im Aorist, z. B. 'Die Mutter zog das Kind aus' - *Nëna e zhveshi fëmijën.*

Unë	çlodhem	pas punës
	shtrihem	për t'u çlodhur
Turistët	shfrytëzojnë	çdo minutë
		kohën e mirë
		ditët me diell
Mjeku	zhvesh	pallton
		xhaketën
Ne	jemi	të sëmurë nga gripi
	biem	të sëmurë

27.5.2 POLYSEMIE DER STRUKTURWÖRTER

27.5.2.1 Setzen sie die ausgelassenen Strukturwörter *i, e, së, të, u* **an der entsprechenden Stelle ein,** z. B. 'Vera sagte den Freunden, daß Agim krank geworden sei' - *Vera u tha shokëve se Agimi ra i sëmurë*

Motrës ... dhemb një dhëmb. Motra ime është shumë ... vogël. Agimi ... pa, kur shkove në hotel. Mos lexo me zë ... lartë. Ne kemi vizituar disa uzina ... reja. Ajo ... ka larë ... gjitha rrobat ... saja. Po pres ... vijnë disa miq. Babai ... foli ... bijës. Vajzat mësojnë ... bashku. Do ... blejmë lule. ... gjithë udhëtarët ... bënë gati. Besnik ishte shumë ... gëzuar. Inxhinieri mori një taksi për ... u mos vonuar. Shtëpia ... Gencit ndodhet afër shtëpisë ... nënës ... tij. Kush ... kërkoi mjeken në telefon ? Ato ... ngjitën në katin ... tretë. Kur kam kohë, dal ... luaj me shokët ... mi. Prindërit panë fëmijët ... largu.

... hëna ... tha ... martës që t'... thotë ... mërkurës pale ... ka dëgjuar ... enjtja, kur ... premtja ... tha ... shtunës se ... dielën është pushim ?

ACHTUNDZWANZIGSTE LEKTION - Mësimi i njëzet e tetë

28.1. Praktische Redewendungen

BEIM HERRENFRISEUR

Nëse ke ndërmend të qethesh, mund të të rekomandoj një berber të mirë.
Wenn du vorhast, dir die Haare schneiden zu lassen, kann ich dir einen guten Friseur empfehlen.

Tani e keni radhën ju, është radha juaj. Si doni të qetheni ?
Jetzt sind Sie an der Reihe. Wie möchten sie sie geschnitten haben ?

Dua të qethem e të rruhem. Merri shkurt, jo shumë shkurt.
Ich möchte Haare schneiden und rasieren. Schneiden Sie sie kurz, aber nicht zu kurz.

M'i merr pak mbrapa dhe anash. - M'i merr vetëm sipër.
Schneid sie ein wenig hinten und an den Seiten. - Schneid sie nur oben.

T'i shkurtoj pak mustaqet ? - Po, pak sa.
Soll ich den Schnurrbart stutzen ? - Ja, so ein wenig.

Flokët i mbaj zakonisht të shkurtëra; i kreh përpjetë me vizë majtas.
Ich trage die Haare gewöhnlich kurz; ich kämme sie nach hinten mit einem Scheitel links.

Çfarë dëshironi ? Ç'urdhëroni ? - Një brisk; dua të rruhem.
Was wünschen Sie ? - Ich möchte rasiert werden.

Rregullómëni mjekrën, ju lutem. - Më rruani !
Stutzen Sie mir bitte den Bart. - Rasieren Sie mich !

E kam lëkurën shumë të butë, mos i bjer kundër.
Ich habe sehr zarte Haut, rasier nicht gegen den Strich.

Kam frikë mos më acarohet lëkura. - Dëshironi kolonjë për fytyrë ?
Ich fürchte, daß meine Haut gereizt wird. - Möchten Sie Rasierwasser ?

Der Herrenfrisiersalon heißt *rrojtore, -ja*, was von 'rasieren' abgeleitet ist.

28.2. Neuer Wortschatz

28.2.1

berber-i	Barbier, Friseur
parim-i	Prinzip
pretendoj	beanspruchen
Makiaveli	Machiavelli <Eigenname>
makiavelian	machiavellistisch
përvetësoj	sich aneignen
artist-i	Künstler
fitoj lekë	Geld verdienen
qysh	wie, auf welche Weise
fitúakam [= fitókam]	ich verdiene <Admirativ>
rëndësi-a	Bedeutung, Gewicht
i rëndësish|ëm, -me	wichtig, bedeutsam
rëndohem	schwer werden

xhep-i	Tasche (in der Kleidung)
pamj|e, -a	Ansicht, Aussehen
pel|ë, -a	Stute
haxhillëk-u	Wallfahrt (der Muslime)
kësaj radhe	dieses Mal
zgjedh, zgjodha	auswählen, wählte aus
Mek|ë, -a	Mekka <Ortsname>
kundra [= kundër]	gegen
prapanik, -e	rückständig
bestytni-a	Aberglaube
fetar, -e	religiös
faz|ë, -a	Phase
gjatë <+ Abl.>	längs, während
udhëtim-i	Reise
i shenjtë	heilig
mendoj	denken
fanatik-u	Fanatiker
bindem	überzeugt werden
njëlloj <adv.>	einerlei
sixhadé-ja	Gebetsteppich, (Teppich-)Brücke
synetllë|k-u, pl. -qe-t	Beschneidung, Festschmaus
vrim|ë, -a	Loch
bëj një vrimë në ujë	nichts ausrichten
hund|ë, -a	Nase
kapak-u	Deckel
i vë kapak mendimit	den Gedanken zum Abschluß bringen
murmuris (s/t)	murmeln
cukanas-i	aus Cukan, Cukaner
bes|ë, -a	Glaube, Vertrauen; Urfehde
sakat-i	Krüppel
sakato ! = o sakat	(Rufform)
kërdi-a	Blutbad, Gemetzel
héjbe-t [= hejbé-të]	Satteltasche
peshqeshe-t <pl.>	Geschenk
hyn dielli	die Sonne geht unter
gji-ri	Schoß, Busen
kolektiv-i	Kollektiv, Arbeitseinheit
pasion-i	Leidenschaft, Passion
shfrytëzim-i	Ausbeutung
mbledhj|e, -a	Versammlung
lagj|e, -ja	Stadtviertel, Wohneinheit
mba (< mbaj, Imperativ)	halt!
fjalim-i	Rede
zbuloj	entdecken, entlarven
godas, godet, godita	schlagen, schlägt, schlug
e vjetra	das Alte
reaksionar, -e	reaktionär
petk-u	Gewand
paraqitem (s/t)	sich darstellen, erscheinen
e re-ja	das Neue
përparimtar, -e	fortschrittlich, progressiv
tru-ri	Gehirn
shpejtoj	beschleunigen
më të hyrë të diellit	bei Sonnenuntergang
përhapem	sich verbreiten
vesh më vesh	von Mund zu Mund

rrufé-ja	Blitz
shpejtësi-a	Geschwindigkeit
bëhuni hazër	macht euch bereit !
buj|ë, -a	Lärm, Aufsehen
përkas, përket, përkita	gehören, gehörte
e kaluara	die Vergangenheit
karakterizoj	charakterisieren
thjeshtësi-a	Einfachheit
urtë e butë	brav und sittsam
tigan-i	Tiegel, Pfanne
ashtu	so
të keqen	('alles Übel sei fern von euch')
brisk-u	Rasiermesser
pregatitj|e, -a	Vorbereitung
fshehtësi-a	Geheimhaltung, Heimlichkeit
vonë <adv.>	spät
përvesh llërët	die Ärmel hochkrempel
mpreh	schärfen
hanxhar-i	Schlachtmesser
pinc|ë, -a	Zange
kasaphan|ë, -a	Schlachthof, Schlachterei
berberhan|ë, -a	Friseursalon, Barbierstube
me sa zë pat	was die Stimme hergab
radhën !	der Nächste bitte !
novator-i	der Neuerer
takij|e, -a	Filzkappe (der Laben)

28.2.2

shaká-ja	Scherz, Streich
kosovar, -e	kosovarisch, aus Kosova
fqi-u	Nachbar
në fjalë	der besagte
Muj|ë, -a	Mujo <Männername, Kurzform von Muhammad>
lop|ë, -a	Kuh
shtyll|ë, -a	Säule, Stütze
konak-u	Heim, Hausstand; Herberge, Gästezimmer
rrapitoll me tokën	dem Erdboden gleich
një ditë prej ditësh	eines schönen Tages
mëshoj	lasten, hier: zuschlagen
topuz-i	Keule
i cofur	krepiert, verendet
mbështet për < + Akk.>	lehnen an
komedi-a	Komödie
komik, -e	komisch
goj|ë, -a	Mund, Maul
udhëtar-i	Reisender, Passant
mos ishte ...	daß er wohl ... war
i çmendur	verrückt
Danjoll-i	Danjoll <Nännername>
i butë	harmlos (*ironisch gemeint*; eigentlich 'weich, sanft')
shkollohem	zur Schule gehen
serioz, -e	ernst, seriös
autoritativ, -e	respektiert
i fuqish|ëm, -me	mächtig
zili-a	Neid, Mißgunst

depsuz [= edepsëz]	Lump, eigentlich: 'ohne Benehmen'
tekem (pass.)	Lust haben auf

28.3. Lesestück

28.3.1 «Berberi»

Hamiti, që ta merrni vesh ju të gjithë, ka parimet e veta në jetë. Sigurisht, nuk pretendohet që të ketë lexuar Makiavelin, po parimin makiavelian e ka përvetësuar si një artist i madh.

«Puna është të fitoj lekë, - mendon, - pa, si e qysh i fitokam, kjo s'ka rëndësi. E rëndësishme është që të rëndohen xhepat e mi.»

Dhe, i udhëhequr nga ky parim, me pamje të ndryshuar, ai i hipi pelës e u nis për haxhillëk. Kësaj radhe si «Mekë» zgjodhi fshatin Cukan, vendin ku thonë se «lufta kundra zakoneve prapanike dhe bestytnive fetare ka arritur fazat më të larta.»

Gjatë udhëtimit për në Mekën e shenjtë, (më falni, për në Cukan, desha të thosha) ai mendonte: «Thonë se në Cukan fanatikët u bindën dhe hoqën dorë nga zakonet prapanike. Kjo është shumë e mirë. Kjo është njëlloj sikur të ma kesh shtruar këtë udhë me sixhade. Askujt nuk ka për t'i shkuar mendja se unë po shkoj atje për synetllëqe. Pastaj... - Dhe këtu qeshi me vete. - Edhe në u shkoftë, ç'do të bëjnë ? Një vrimë në ujë do të bëjnë. A tregon buza për hundën ? Kurrë !» dhe, si për t'i vënë kapak mendimit, murmuriti i vendosur: «Përpara. Cukanit i thonë Cukan dhe cukanasit nuk e presin mikun në besë. Asgjë nuk ka për të ndodhur. Shko, sakato, bëj kërdinë, mbush xhepat me lekë dhe hejbet me peshqeshe dhe kthehu përsëri në gjirin e kolektivit tënd e aty, në mbledhjen më të parë, fol me pasion për shfrytëzimin e kohës së punës, ndërsa në mbledhjen e lagjes mba një fjalim të gjatë me titull: «Si duhet ta zbulojmë dhe ta godasim të vjetrën reaksionare, që është veshur me petkun e ri dhe paraqitet si e re përparimtare.»

Kështu, me këto mendime në tru, ai e shpejtoi hapin dhe hyri në Cukan më të hyrë të diellit.

Lajmi u përhap vesh më vesh me shpejtësi rrufeje:

- Erdhi berberi. Erdhi berberi ! Bëhuni hazër të gjithë !

- Pa zhurmë, pa zhurmë e bujë ! Zhurma dhe buja i përkasin së kaluarës. Tani duhet të na karakterizojë thjeshtësia. Urtë e butë e plot xhepin, më falni, tiganin desha të thosha.

- Ashtu, ashtu, të keqen e dorës !

- Të briskut, thuaj !

- Njëlloj është. Ç'bëri brisku e ç'bëri dora. Që të dy një kokë i urdhëron.

Pregatitjet u bënë në fshehtësinë më të madhe. Më vonë disa erdhën dhe e pyetën:

- Gati jeni ?

- Gati.

U ngrit, përveshi llërët, mprehu hanxharët, (brisqet desha të thosha), mori pincat dhe, sikur të ishte në kasaphanë (më falni, në berberhanë, desha të thosha) thirri me sa zë pat:

- Radhën !

Po askush nuk u ngrit. Siç duket, kësaj radhe i erdhi radha atij vetë që të priste radhën.

(Nach T. LAKO, *Novatori me takije*, 1976, S. 12 - 15)

Anmerkung: *Kadare*s Roman 'Die Hochzeit', *Zheji*s Roman 'Die Wehrtürme' und Lakos Erzählung 'Der Barbier' entstanden ungefähr zur selben Zeit 1968-1969 und behandeln in unterschiedlicher Weise dasselbe Thema: die Überwindung der rückständigen Sitten, vor allem auf dem Lande. Lako bedient sich der Form der Satire, und dabei setzt er als Stilmittel zur Personencharakterisierung bewußt die arabisch-türkischen Lehnwörter ein. In *Pasmaçiu*s Humoreske (L. **21.3**) wird hingegen die Ausdrucksweise junger Bürokraten karikiert.

28.3.2 Një shaka kosovare

Fqiu në fjalë, Muja i Pelanit, kishte një lopë që ishte shtylla e konakut të tij; Danjolli i Sherkës e dinte se kjo lopë ishte shtylla e konakut të Mujës, prandaj kishte vendosur ta bënte rrapitoll me tokën në një mënyrë fare të çuditshme. Një ditë prej ditësh e kishte zënë lopën afër shtëpisë, ia kishte mëshuar topuz hekuri në kokë dhe, ashtu të cofur, e kishte mbështetur për murin e konakut të fqiut. Që ta bënte komedinë e vet sa më komike ai kishte marrë, pastaj, një cigare 'Zetë', ia kishte vënë lopës në gojë dhe udhëtarët e kishin parë lopën me cigare të 'Zetës' në gojë dhe kishin menduar mos i zoti i shtëpisë ishte çmendur. Për një kohë të gjatë askush nuk e kishte ditur se këtë shaka e kishte bërë Danjolli i Sherkës, megjithëse të gjithë mendonin se ai nuk dinte të merrej me shaka ashtu të buta. Dhe ai, me të vërtetë, nuk ishte marrë më me shaka të tilla: ishte shkolluar, kishte kryer fakultetin, ishte bërë njeri serioz, autoritativ, i fuqishëm, i nderuar dhe të gjithë fqinjët ia kishin zili si kishte mbërritur, ai depsuz, të ngritej aq shpejt e aq lartë e, në fund, të mësonte ta niste veturën me pesëdhjetë kilometra prej vendit. Në qoftë se tani i tekej të bënte shaka, atëherë ai bënte shaka në mënyra të tjera, që askujt mos t'i shkonte mendja se i bënte Danjolli.

(Nach R. QOSJA: *Vdekja më vjen prej syve të tillë*. Prishtinë 1976, S. 50)

Anmerkung: Auch diese Geschichte ist eine böse Satire, und Qosja schreibt, daß Danjolli "in jeder Hinsicht normal" sei, und "wenn er etwas Böses von seinen Vorfahren geerbt hätte, würden seine Freunde sich von ihm zurückziehen wie die Priester von einem Abtrünnigen". Die Handlung spielt in Jugoslawien, und das ausländische Auto, mit dem Danjolli aus dem Stand mit 50 km/h losbraust, spielt in der Geschichte eine leitmotivische Rolle.

28.4. Grammatische Erklärungen

28.4.1 GRUNDZAHLEN ALS ATTRIBUT

28.4.1.1 Die Grundzahlen werden im Albanischen (wie im Deutschen) nicht verändert, wenn sie unbetont als Attribut vor einem Beziehungswort stehen, z. B. *pas dy muajsh* 'nach zwei Monaten'. Hier erhält das Beziehungswort die Endung des Ablativs Plural *-sh*, die von der Präposition verlangt wird, aber am Zahlwort ändert sich nichts. Auch wenn gezählt wird 'eins, zwei, drei, vier', heißt es: *një, dy, tre, katër.* Ist *një*, das gewöhnlich als unbestmmter Artikel fungiert, betont, dann steht es in der determinierten Form und wird nach Geschlecht und Fall abgewandelt: Das Haus gehört *einer* Schwester - *shtëpia i përket njërës motër.* Das hier zugrundeliegende Paradigma ist dasselbe wie beim attributiv verwendeten Adjektiv in markierter Stellung (d. h. vor dem Beziehungswort, vgl. L. **20.4.1**). Dekliniert wird nämlich jetzt das Attribut, nicht mehr das substantivische Beziehungswort. Dies trifft jedoch nur beim Zahlwort **1** *'një', 'njëri, njëra'* zu.

Wenn in der Attributgruppe das Beziehungswort determiniert ist, werden Zahlen von 'zwei' an aufwärts normalerweise nicht verändert: *dy orët* 'die 2 Stunden', *në 5 vjetët e fundit* 'in den letzten 5 Jahren'. **Fakultativ** können noch folgende Elemente hinzutreten: (a) der vorangestellte Artikel *të*: *të dy orët*, (b) die fem. det. Endung beim Zahlwort: të dyja orët. Die Regelung (b) gilt nur für die Zahlwörter **2** *dy* und **3** *tre/tri*, welche dann die Form *dyja, tria* annehmen. **dyja orët* ohne den Artikel *të* wäre falsch.

28.4.1.2 Die Zahlwörter können auch ohne Beziehungswort auftreten, und in diesem Falle werden sehr komplexe Regeln wirksam, sofern man auch die Rechenarten berücksichtigt. Bei *Bucholz/Fiedler* (1987) werden die Grundzahlen sehr ausführlich auf S. 349 - 355 behandelt, während bei *Lambertz* (Bd. 2, 1959, S. 91), *Fehime Pipa* (1965, S. 91) und bei *Newmark u. a.* (1982, S. 252 - 257) auch die Grundrechenarten und naturwissenschaftlichen Ausdrücke dargestellt werden.

Das Zahlwort **1** *një* kann, wenn es ohne Beziehungswort steht, in der indet. Form auftreten: 'Gib mir einen!' *më jep një!* Wenn es aber in einer Beziehung zu anderen steht, muß es die det. Form annehmen: 'der eine - der andere' *njëri - tjetri*, 'einer von uns' *njëri prej nesh.*

Die Zahlwörter von **2** *dy* an aufwärts müssen, wenn sie ohne Beziehungswort auftreten, sowohl den vorangestellten Artikel *të* bei sich führen, als auch in Genuskongruenz zum gedachten Beziehungswort stehen: *Këto ishin të shtatë kecet. Ujku i gjeti të shtata në shtëpi* 'das waren die sieben Geißlein. Der Wolf fand sie alle sieben zu Hause'. Die Femininformen erhalten in diesen Fällen immer ein *-a* : *dyja, tria, katra, pesa, gjashta* usw. Die Partikel *që* kann die Totalität verstärken: *që të dy* 'beide', *që të shtatë* 'alle sieben'.

28.4.2 ZAHLSUBSTANTIVE

28.4.2.1 Die Deklination des Zahlworts *njëri, njëra* wurde bereits bei den Indefinitpronomen (vgl. L. **22.4.1**) am Beispiel des Pronomens 'niemand, keiner' dargestellt, denn dieses ist aus *as njëri, as njëra* 'nicht einmal einer/eine' zusammengesetzt.

N	**njëri**	einer	**njëra**
G/D	**njërit**	eines	**njërës**
A	**njërin**	einen	**njërën**
Abl.	**njërit**	(von) einem	**njërës**

Die Deklination der Grundzahlen von **2** *dy* an aufwärts ist denkbar einfach: im G/D/Abl. ist die Endung immer *-ve*, und beim Femininum gilt die Endung *-a* auch im Akkusativ (vgl. die tabellarische Übersicht bei *Camaj*, 1984, § 112, S. 84):

dy	**tre**	**tri**	**katër**	**pesë**
dyve	**treve**	**triave**	**katërve**	**pesëve**
dyja		**tria**	**katra**	**pesa**
dyjave		**triave**	**katrave**	**pesave**

Hier wurden die vorangestellten Artikel weggelassen, weil nur die Endungen dargestellt werden sollten. *Dy, tre* gibt es (a) ohne Artikel (indet.), (b) mit dem Artikel *të* (det. Form). In diesem Falle können die Endungen von G/D/Abl. auch *dyvet, trevet* lauten. *Të dyja, të tria* kommen nur in der det. Form vor, während *tri, triave* die fem. indet. Form darstellt.

28.4.2.2 Es gibt eine alte Ablativform zu obigen Zahlwörtern, die die Endung *-sh* aufweist. Diese alte Kasusform spielt in der Deklination der Zahlen keine Rolle mehr, sie hat sich vielmehr zu einer neuen Wortart verselbständigt. *Dysh, tresh, katërsh* haben heute in der Standardsprache zwei Funktionen: (a) es werden adverbiale Ausdrücke damit gebildet, z. B. *u thye më dysh* 'es brach entzwei', *u nda trish*^{n} 'es wurde in drei Stücke geteilt', (b) diese alten Ablative stellen heute deklinierbare Nominative dar und bilden eine Wortart der Zahlsubstantive. In dieser letztgenannten Funktion gesellt sich auch *njësh-i* 'der Einer' hinzu.

Neben den Zahlsubstantiven *njësh-i* 'der Einer', *dysh-i* 'der Zweier', *tresh-i* 'der Dreier' gibt es noch eine weitere Wortart, die man mit den isoliert stehenden Kardinalzahlen verwechseln könnte. Man beachte, daß *dyja* 'die Zwei', *tre-ja, tria*^{n} 'die Drei', *katra* 'die Vier' niemals den Artikel *të* bei sich führen. 'Die Eins' heißt *njëja*. Dekliniert werden diese Substantive wie Feminina im Singular: Akkusativ *trenë, trinë*^{n}*, katrën, pesën, njëzetën.*

Bei den Zahlsubstantiven scheinen die Formen *tria, trinë, trish* in der heutigen Standardsprache durch *treja, trenë, tresh* verdrängt zu sein, was wir in den aus dem Schrifttum exzerpierten Beispielen mit dem Exponenten^{n} [= non-standard] markiert haben.

Für numerierte Gegenstände sind generell drei Ausdrucksweisen möglich: (1) Ordinalzahl (*kabina e tretë* 'die dritte Zelle'), (2) einfache Kardinalzahl (*kabina tre* 'Zelle drei'), (3) Zahlsubstantive, dann aber mit ausgelassenem Beziehungswort (*tresh-i* 'der Dreier'). Bei Buslinien, Telefonnummern usw. verwendet man die auf *-sh* endenden Zahlsubstantive, *njëzetedyshi* 'der Zweiundzwanziger' (=Linie 22). Bei längeren Ziffernfolgen erhält nur die letzte Ziffer die Endung *-sh*, z. B. *zero-tre-katër-pesëshi* 'Nummer 0345'. Bei Jahreszahlen überwiegt *-sh*, z. B. *njëzetëshit* 'die zwanziger Jahre'. Es können auch die auf *-a* endenden Zahlsubstantive vorkommen, z. B. *pas njëmijë e nëntëqind e dyzet e katrës* 'nach dem Jahre 1944'. Der letztgenannte Ausdruck wird in formeller Sprache so ausgedrückt: *pas vitit njëmijë e nëntëqind e dyzet e katër.* Schulnoten, Spielkarten u. ä. werden mit den Zahlen des Typs auf *-a* bezeichnet.

Zu den Zehner-, Hunderter- und Tausender-Einheiten gibt es auch Plurale mit der Endung *-ra*: *dhjetëra mijë* 'zig-Tausend', *qindra njerëzish* 'Hunderte von Menschen'.

Vom Wortbildungssuffixe *-sh* abgeleitet ist das feminine Formans *-sh|e, -ja*, z. B. *dyshe* 'der Zweier', *treshe* 'der Dreier', mit dem eine Einheit von 2 bzw. 3 Gegenständen oder Personen bezeichnet wird. Es gibt dafür im Deutschen kein exaktes Gegenstück. Als *dyshe* bezeichnet man ein viereckiges Kopftuch, das 'doppelt gefaltet' aufgesetzt wird, so daß es wie ein Stoffdreieck aussieht. Mit *treshe* kann man z. B. ein 'Trio' bezeichnen oder das russ. Wort 'Trojka' wiedergeben.

28.4.3 RECHENOPERATIONEN

Zum Rechnen verwendet man im Albanischen die einfachen Kardinalzahlen oder die Zahlsubstantive vom Typ *dyja, treja/tria, katra, pesa.* Man unterscheidet volkstümliche Rechenarten und mehr fachmännische, so wie man im Deutschen auch sagen kann 'eins **und** eins **ist** (macht) zwei' oder: 'eins **plus** eins **gleich** zwei'. Daher werden für die Grundrechenarten alternative Ausdrucksweisen vorgestellt; einfacher für den Ausländer sind im allgemeinen die volkstümlichen, und für den Alltagsgebrauch reicht ihre Beherrschung auch völlig aus.

Addition (*Mbledhje*)
eins und eins ist zwei

një dhe një bëjnë dy
njëja me trenë bëjnë katër — **1 + 3 = 4**
njëja me trinë[n] jep katrën
mbledhja e njëshit me trenë jep katrën
(die Addition der 1 mit der 3 gibt vier)

Subtraktion (*Zbritje*)
zehn weniger sieben ist drei

dhjetë pa shtatë jep tre
dhjetë pa shtatë mbeten tre — **10 - 7 = 3**
shtatë nga dhjetë mbeten tre
po të zbresim nga dhjeta shtatë, mbeten tre
(wenn wir von 10 sieben subtrahieren, bleiben drei)

Multiplikation (*Shumëzim*)
dreimal drei ist neun

tri herë tri bëjnë nëntë — **3 x 3 = 9**
treja e shumëzuar me tre jep nëntë

Division (*Pjesëtim*)
neun geteilt durch drei ist drei

nëntë ndarë për tre bëjnë tre
nëntë pjesëtuar me tre bëjnë tre — **9 : 3 = 3**
treja te nënta hyn tri herë
treja në nëntën hyn tri herë

Potenzieren (*Ngritje në fuqi*)

dy (ngritur) në fuqi të tretë është e barabartë me 8
zwei hoch drei gleich acht — $2^3 = 8$
(zwei in der dritten Potenz ist gleich acht)

Wurzelziehen (*Gjetje e rrënjës*)

rrënja kubike e tetës është e barabartë me 2 — $\sqrt[3]{8} = 2$
die dritte Wurzel aus acht ist gleich zwei

rrënja katrore e nëntës është e barabartë me 3 — $\sqrt[2]{9} = 3$
die zweite Wurzel aus neun ist gleich drei

28.4.4 PROZENTSÄTZE UND BRÜCHE

Die Partikel *nga*, die gewöhnlich 'aus' bedeutet (und dann die Funktion einer Präposition innehat), steht für dt. 'je': *nga dy* 'je zwei', *nga tetë* 'je acht'.

Das Vielfache wird mit dem Suffix *-fish* angezeigt: *Katra është dyfishi i dyshit* '4 ist das Doppelte von 2'. In dieser Funktion ist *dyfish-i* ein Substantiv; es kommt jedoch auch als Adverb vor und ist dann bedeutungsmäßig den mit *-sh* gebildeten adverbialen Ausdrücken sehr nahe: *e palosi batanien dyfish* '(er) faltete die Decke doppelt'. Mit dem Suffix *-të* kann auch ein attributiv zu verwendendes Adjektiv gebildet werden: *fjalë me kuptim të dyfishtë* 'ein Wort mit doppeltem Sinn'. Schließlich werden auch noch Verben gebildet: *dyfishoj* 'verdoppeln', *katërfishoj* 'vervierfachen'. Die Zahlen können alle mit *-fish* versehen werden; praktisch kommen aber nur *dyfish, trefish, katërfish* vor.

> *Prodhimi është katërfishuar.* Die Produktion hat sich vervierfacht [= stieg **auf** das Vierfache oder: **um** 300 %]

'Prozent' wird mit *përqind*, 'der Prozentsatz' mit *përqindj|e, -a* ausgedrückt. Prozentsätze können in ganzen Zahlen oder in Brüchen angegeben werden: 3 v. H. = 3 % *tre përqind*, 0,5 % *zero presje pesë përqind, pesë të dhjeta përqind*. 'Dreiviertel Prozent' heißt *zero presje shtatë pesë përqind* oder *tri të katërta përqind.*

Dezimalbrüche können statt mit 'Komma' auch (nach Art der Angelsachsen) mit 'Punkt' angegeben werden: *tre pikë pesë përqind* '3.5 %' = '3,5 v. H.' *Plani u realizua 106.7 % [njëqind e gjashtë pikë shtatë përqind]* 'der Plan wurde mit 106,7 % realisiert' [d.h. um 6,7 % übererfüllt = *tejkaluar*]. Der Punkt wird aber auch verwendet, um Tausender zu trennen: *Vëllimi i shitjes së prodhimeve është ulur në masën -1.780 mijë lekë* 'das Verkaufsvolumen der Erzeugnisse sank **um** 1 780 000 Lek'. Wenn in derselben Formel der Punkt (1) die Tausendertrennung und (2) die Dezimalbruchstellen angeben soll, dann kann nur der Blick auf die Anzahl der Stellen hinter dem Punkt Gewißheit verschaffen, ob 'Komma' gemeint ist: *84.635,2 mijë lekë* '84 635 200 Lek'.

Brüche können auch als Proportionen geschrieben werden; im Deutschen liest man dann 'zu': **1:2** *një për dy* oder **0:0** *zero me zero.* Diese Angaben kommen bei Sportergebnissen, aber auch als Legende auf Landkarten zur Bestimmung des Maßstabs vor: 1:100.000 *një për njëqind mijë* 'eins zu hunderttausend'.

28.5 Übungen

28.5.0 ZUSÄTZLICHER WORTSCHATZ

ndaj	teilen
njësh-i, tresh-i, katërsh-i	Zensuren (in der Schule)
pesësh-i	5 Lekë-Schein
shumëzoj	multiplizieren
rresht <adv.>	nacheinander, ... lang
dhjet|ë, -a	Zensur (in der Schule)
gabim-i	Fehler
gabim !	falsch !
krahasim-i	Vergleich
botoj	veröffentlichen
sasi-a	Quantität, Menge
tirazh-i	Auflage
vëllim-i	Band; Volumen, Umfang
mas|ë, -a	Maß

pesëvjeçar, -e	Fünfjahres-
realizoj	realisieren, verwirklichen
shkall|ë, -a	Maßstab; Treppe, Stufe
përpikmëri-a	Genauigkeit
maksimal, -e	maximal
përfundoj	enden
vendas, -e	einheimisch

28.5.1 GRUNDZAHLEN MIT ARTIKEL

28.5.1.1 Setzen Sie in die Lücken das albanische Äquivalent für *'die beiden'* **in der entsprechenden Kasusform ein,** z. B. 'Ich traf in der Stadt zwei Freunde. Die beiden sind Ärzte' - *Në qytet u takova me dy shokë. Të dy janë mjekë.*

U dhashë dy djemve bileta kinemaje. ... interesohen për filma shqiptarë. Dje fola me dy shokë për shfaqjen teatrale. ... u pëlqeu shfaqja e djeshme. Të dy punëtorët shkojnë në uzinë më këmbë. Uzina e ... është afër. Dy studentë mungojnë. Të gjithë i presin ... . Para meje ndenjën dy burra. As njeri prapa ... nuk ndenji.

28.5.1.2 Setzen Sie in obige Übung Feminina ein und führen Sie dieselben Operationen durch, z. B. 'Ich traf in der Stadt zwei Freundinnen. Die beiden sind Ärztinnen' - *Në qytet u takova me dy shoqe. Të dyja janë mjeke.*

28.5.2 ZAHLSUBSTANTIVE

Lesen die Ziffern als Zahlsubstantive mit der Endung ***-a*** **oder** ***-sh*****:**

U nda më 2. 4 është dyfishi i 2. E preva 4 [*in 4 Teile*]. Qielli ishte bërë 1 me detin. Mora 3. Ti more një 4. Ai mori një 10. Zbrit 1 nga 3. I dhashë dy 5. Shumëzoj 3 me 5. Nxënësit mbledhin 2 me 7, pastaj e pjesëtojnë me 3. Mbetëm deri në mëngjesin e 27 [*Datum*]. Nga 14 deri te 23, për 10 ditë rresht, udhëtuam nëpër Shqipëri.

28.5.3 GRUNDRECHENARTEN

28.5.3.1 Drücken Sie die Ziffern in Worten aus:

Sa bëjnë 8 dhe 9 ? 7 dhe 6 bëjnë 13. Sa jep 20 pa 5 ? Zbrit nga 21 10 - sa mbeten ? Sa mbeten, po të zbresësh nga 10 3 ? 42 pa 12 jep 30. 6 e shumëzuar me 8 jep 56. Jo, është gabim: jep 48 ! 2 herë 55 bëjnë 110. 6 te 30 hyn 5 herë. 35 pjesëtuar me 7 bëjnë 5. $\sqrt[2]{4}=2$. $\sqrt[3]{27}=3$. $2^2=4$.

28.5.3.2 Lösen Sie folgende Rechenaufgabe, indem Sie die Worte in eine Gleichung mit ***x*** **und Ziffern umsetzen:**

Mendoni një numër. E shumëzoni me dy. Numrit që do të dalë i shtoni tre. Shumëzojeni me katër. Zbritni dymbëdhjetë, pastaj pjesëtojeni me numrin që menduat. Duhet të dalë numri tetë. Provojeni. *<Nach S.ALAJ (Hrsg.): Gjuha shqipe pë klasën II të shkollës fillore. Prishtina 1974, S. 104>*

28.5.4 PROZENTSÄTZE UND BRÜCHE

Drücken Sie die Vervielfachung mit dem Suffix *-fish* aus:

Prodhimi është rritur 2 x, 3 x, 4 x, 5 x, 10 x.

Drücken Sie die Vervielfachung mit der Aoristform eines Verbs auf *-fishoj* aus, z. B. 'Der Umfang der Getreideproduktion vervielfachte sich' - *Vëllimi i prodhimit të drithërave u shumëfishua.*

Në krahasim me vitin 1938 numri i librave të botuar në Shqipëri (1000 x). Sasia (3 x). Tirazhi (10 x). Numri i lexuesve (5 x).

Drücken Sie die Prozentangaben in Worten aus:

Plani i prodhimit industrial u shtua në masën 0,5 %; 3 %; 3,5 %; 9 %. Punëtorët e uzinës plotësuan planin pesëvjeçar 106,7 %. Plani pesëvjeçar u tejkalua 11,3 %. Plani u realizua 111,3 %.

Lesen Sie die Proportional- und Dezimalbrüche:

Nëse shkalla është 1 : 1000, atëherë përpikmëria maksimale e saj është 0,2 m. Ndeshja futbolli përfundoi 1 : 0 për skuadrën vendase, kurse javën e kaluar përfundoi 2 : 1 për skuadrën tiranase.

3/4 e nxënësve të kësaj klase banojnë në fshat. 2/3 e nxënësve janë vajza.

$\frac{1}{3}, \frac{1}{4}, \frac{4}{5}, \frac{2}{3}, \frac{3}{5}, \frac{5}{100}, \frac{7}{6}, \frac{2}{11}, \frac{3}{8}$

NEUNUNDZWANZIGSTE LEKTION - Mësimi i njëzet e nëntë

29.1. Praktische Redewendungen

IM THEATER

A shkojmë në teatër sonte ? - Çfarë luhet sonte ?
Gehen wir heute abend ins Theater ? - Was wird heute gespielt ?

Biletat mund të jenë shitur më përpara.
Karten gibt es im Vorverkauf (können vorher verkauft werden).

A mund t'i lëmë palltot në garderobë ?
Können wir die Mäntel in der Garderobe lassen ?

Programet mund t'i merrni nga punonjësja e sallës.
Programme können sie bei der Platzanweiserin bekommen.

Salla është mbushur plot e përplot.
Der Saal ist brechend voll.

A mund të shtyheni një karrige nga e majta, ju lutem ?
Können Sie einen Sitz weiterrücken, bitte ?

Eshtë dramë me pesë akte. Sa kohë prova kanë bërë ?
Es ist ein Drama in 5 Akten. Wie lange wurden die Proben durchgeführt ?

Sonte është një trupë shumë e mirë. Tema është marrë nga jeta në fshat.
Heute ist es eine gute Schauspieltruppe. Das Thema ist dem Leben auf dem Dorf entnommen.

Dramaturgu duhet të ketë jetuar vetë atje.
Der Verfasser des Stücks muß selbst dort gelebt haben.

Ishte tamam ngjarje e vërtetë, kush e luan rolin kryesor sonte ?
Es war wie im wahren Leben, wer hat die Hauptrolle heute abend gespielt ?

Po ngrihet perdja, po fiken dritat.
Der Vorhang geht auf, die Lichter verlöschen.

Për herë të parë e vini këtë dramë ?
Inszenieren Sie dieses Drama zum ersten Mal ?

29.2. Neuer Wortschatz

ball|ë, -i	Front, Stirn, Anfang
i ngrohtë	warm
Shpres|ë, -a	Shpresa, Speranza <Frauenname>
Bashkim-i	Bashkim <Männername, eigentlich: 'Union'>
batak-u	Sumpf
notoj	schwimmen
intelektual-i	Intellektueller
inteligjenc|ë, -a	Intelligentsia, Schicht der Gebildeten
shkëputem	sich trennen
pópull-i, pl. popuj-të	Volk
influenc|ë, -a [≈ ndikim-i]	Einfluß
ideologji-a	Ideologie

ide-ja	Idee
luft|ë, -a	Kampf, Krieg
ëndërroj	träumen
tërheq	wegziehen, anziehen
bosh, -e	leer
lëshim-i	Zugeständnis
pothuaj <adv.>	sozusagen, fast
hiç	nichts
ngatërrohem	sich verirren, verwirrt sein
e bardh|ë, -a	das Weiße
e zez|ë, -a	das Schwarze
të afërmit	die Nächsten, die Verwandten
i denjë	würdig
ideal-i	Ideal
guxim-i	Mut
besim-i	Glaube, Vertrauen
krenari-a	Stolz
prag-u	Schwelle
rëni|e, -a	Fall, Dekadenz, Niedergang
degjenerim-i	Entartung
rrëshqas, rrëshqet	ausrutschen, schlittern, straucheln
indiferent, -e	gleichgültig
sjell, sillni, solla	bringen, brachte
ndjek, ndiqni, ndoqa	verfolgen
operacion-i	Operation
narkoz|ë, -a	Narkose
Pirro-ja	Pirro, Pyrrhus <Männername>
dhemb	wehtun, schmerzen
i njëjtë	derselbe
ringjall	wieder auferstehen, wieder erwachen
shuaj, shova, shuar	erlöschen
rilind	wieder geboren werden
rikthehem	wiederkehren
rifitoj	wiedergewinnen
rigjej	wiederfinden
mohoj	ablehnen, verneinen
hesht	schweigen
pjes|ë, -a	Theaterstück
honeps	verdauen
racionaliz|ëm, -mi	Rationalismus; Rechtfertigung
vete, vajta, vajtur	gehen, ging, gegangen
harroj	vergessen
bot|ë, -a	Welt; Leute
real, -e	wirklich, real
qaj, qava, qarë	weinen
rroj, rrojta, rrojtur	leben
personazh-i	Person (in der Literatur)
sken|ë, -a	Szene, Bühne
reaktor-i	Reaktor
atomik, -e	Atom-
izotop-i	Isotop
qëlloj	zielen auf, treffen, schlagen
proces-i	Prozeß
zbërthimi zinxhir	die Kettenreaktion

29.3. Lesestück

Pak fjalë

«As në ballë as në fund, në mes» thotë Janaqi, i cili synon qoshet e ngrohta, në Tiranë, në ndonjë zyrë. Me këtë është dakord edhe Shpresa. Këtu bie edhe Bashkimi. Ja në çfarë bataku notojnë ata intelektualë, qoftë edhe nga inteligjenca jonë e re, kur shkëputen nga populli dhe janë në influencën e idelogjisë së huaj. Në fillim Bashkimi është plot ide, është për ballin e luftës, ëndërron për punë të mëdha atje ku është më e vështirë. Por Shpresa e tërheq në jetën boshe, ai bë lëshime, heq dorë nga të gjitha, përfundon pothuaj në një hiç. Ai ngatërrohet në mes të bardhës dhe të zezës, fillon të mos i dallojë më ato. Kjo e largon nga shokët, nga të afërmit... I vret çdo gjë të denjë për njeriun tonë: idealet, guximin, besimin në vete, krenarinë... Gjendet në prag të rënies, të degjenerimit... U largua nga balli i luftës, nuk qëndron dot më as në mes, po rrëshqet në fund.

Por shoqëria nuk qëndron indiferente. Të afërmit dhe shokët vihen në lëvizje. Nuk e lënë të bjerë. Nuk i bëjnë lëshime. Për ta sjellë në vete ata nuk ndjekin një rrugë të lehtë, por atë të «operacionit pa narkozë» siç thotë Pirroja, duke e goditur atje ku i dhemb më shumë. Në të njëjtën kohë ringjallin tek ai ëndrrat e shuara. Bashkimi fillon të dallojë të bardhën nga e zeza. I rilindin idealet, i rikthehet guximi, rifiton besimin në vete, rigjén edhe krenarinë. Mohon qoshet e ngrohta dhe vete atje ku është më vështirë.

Ndodhi që kritika pothuaj heshti për këtë pjesë. Bashkimi lë Tiranën dhe vendos të shkojë në prodhim. Kjo nuk honepsej lehtë përpara Letrës së Hapur. U zu në gojë edhe një farë racionalizmi. Përse vemi në teatër: për të harruar botën reale, për të qarë, për të qeshur, apo për të rrojtur me idetë dhe personazhet, që na bëjnë të mendojmë, jo vetëm sa jemi në sallë, por edhe kur dalim prej saj, në rrugë, në shtëpi, në punë, në shoqëri ? Unë jam për këtë të fundit. Skena është një reaktor i madh atomik (idesh), që me izotope (mendime) qëllon sallën dhe atje ndodh procesi i zbërthimit zinxhir të atomeve (mendimeve), i cili vazhdon...

(Nach F. PAÇRAMI, *Tri drama*, Tirana 1968, S. 75 f.)

Anmerkung: Es handelt sich um das Vorwort zu dem Stück 'Weiß und Schwarz' in 3 Akten und 7 Bildern. Der *Offene Brief*, von dem die Rede ist, wurde am 4. März 1966 vom Zentralkomitee der Partei der Arbeit Albaniens veröffentlicht und richtete sich an die Bevölkerung, indem er sie aufrief, am Kampf gegen den Bürokratismus, für eine revolutionäre Arbeitsmethode und revolutionären Arbeitsstil teilzunehmen. Das Theaterstück wurde vor diesem Ereignis verfaßt und aufgeführt, entfaltete seine agitatorische Wirkung aber erst im Rahmen der Kulturrevolution.

29.4. Grammatische Erklärungen

29.4.1 KONJUNKTIONEN

Konjunktionen sind 'Bindewörter'(*lidhëz-a*), die Sätze miteinander verbinden. Man unterscheidet gewöhnlich beiordnende (koordinierende) und unterordnende (subordinierende) Konjunktionen, z. B. *dhe* 'und', *se* 'daß'. Dies ist jedoch streng genommen unzutreffend, denn nicht die Konjunktionen bewirken die Bei- oder Unterordnung (*Parataxe* bzw. *Hypotaxe*). Vielmehr gibt es verschiedene Satzarten, die mit Konjunktionen ausgedrückt werden **können**. Im Deutschen lassen sich leicht konjunktionslose Sätze formulieren: 'Gehen wir, sonst schlafe ich ein'; ' Gehen wir jetzt nicht, dann schlafe ich ein'. Im Albanischen gibt es auch - namentlich bei den Bedingungssätzen - die Möglichkeit, konjunktionslose Hypotaxen zu konstruieren.

Das Albanische weist so gut wie gar keine primären Konjunktionen auf, d. h. solche Wörter, die nicht zusammengesetzt sind und nur als Konjunktion vorkommen. In den meisten Fällen handelt es sich um Partikel, die an anderer Stelle im Satz eine andere Funktion innehaben, oder um Wortgruppen. Eine wahrscheinlich erschöpfende Liste der albanischen Konjunktionen bieten *Buchholz/Fiedler* (1987) auf S. 387 - 391. Durch Exponenten wird dort angedeutet, ob die primäre Verwendungsweise diejenige als Pronomen oder als Adverb ist. Wir geben im folgenden eine verkürzte Übersicht.

29.4.1.1 KOORDINIERENDE KONJUNKTIONEN

dhe, e	und
dhe ... dhe, hem ... hem edhe ... edhe	sowohl ... als auch
as ... as	weder ... noch
herë ... herë	bald ... bald
qoftë ... qoftë	sei es ... sei es
a, o, apo, ose	oder
a ... a, o ... o, apo ... apo, ose ... ose, ja ... ja	entweder ... oder
po, por, porse, ndërsa, kurse	aber, indessen
daç ... daç	zwar ... aber

Beiordnende Konjunktionen können gewöhnlich Worte, Wortgruppen und Sätze verbinden: *Vera dhe Agimi hapin një revistë dhe shikojnë fotografitë* - 'Vera **und** Agim öffnen eine Zeitschrift und betrachten die Fotos'. Die Konjunktionen 'und', 'oder' werden bei längeren Aufzählungen nur einmal gesetzt: *dy dhoma gjumi, një dhomë ndeje dhe një dhomë pune* - 'zwei Schlafzimmer, ein Wohnzimmer **und** ein Arbeitszimmer'. vgl. *Gjuha shqipe* (Bd.3, 1981, S. 24, 38, 44). Bei 'weder - noch' *as ... as* ist zu beachten, daß Subjekt, Prädikat, Objekt und adverbiale Ergänzung diese Konjunktion bei sich führen können. Das Prädikat wird, ebenso wie in Sätzen mit 'niemand, nirgends, niemals', durch *nuk/s'* bzw. *mos* verneint, sofern *as* nicht selbst beim Prädikat steht. Vom stilistischen Standpunkt ist zu bemerken, daß die Albaner nicht so häufig wie wir im Deutschen die Äquivalente der korrelierten Konjunktionen *entweder ... oder, sowohl ... als auch, weder ... noch* verwenden. Man begnügt sich mit *x apo/ose y, x si dhe y, nuk/s' x as y.*

In den Lesestücken kommen recht frühzeitig Adversativsätze vor, die im Deutschen als Nebensätze aufgefaßt werden können. Die Beispiele legen aber die Deutung nahe, daß es sich im Albanischen um Parataxen handelt (*in Klammern die Nummer der Lektionen*):

Ata punojnë të hënën, të martën, të mërkurën, të enjten, të premten, të shtunën, **kurse** të dielën ata pushojnë. (9.3)	Sie arbeiten montags, dienstags, mittwochs, donnertags, freitags, samstags, **aber** sonntags ruhen sie.
Kurse ne ju kemi konsideruar si miq. (24.3)	Aber wir haben euch als Freunde betrachtet.
Jam mundúar ta lë, **por** nuk mundem. (10.1)	Ich habe mich bemüht, **aber** ich kann es nicht.
Evitoni papastërtítë, **ndryshe** do t'ju énjtet përsërí.	Vermeiden Sie Verunreinigungen, **sonst** wird es Ihnen wieder schwellen.

Eine Reihe von Wörtern oder Wortgruppen in den Lesestücken könnte man als Konjunktionen auffassen, aber es handelt sich um adverbiale Ausdrücke:

Më dúket se nja njëzét mijë [20000], **ka të ngjarë se** édhe më tépër. (11.1)	Mir scheint, daß es ca. 20000 [sind], **wahrscheinlich** noch mehr.
Vetëm se ato ishin karrige verore. **Porsa** kishte filluar të binte një shi i imtë. (19.3)	**Bloß** waren es Sommerstühle. **Soeben** hatte ein Nieselregen eingesetzt.
Thua se përmes xhamit të vëngërt të objektivit të fotoaparatit kalonte kufiri i një epoke. (26.3)	**Sozusagen** durch das schielende Glas des Objektivs des Fotoapparats verlief die Grenze einer Epoche.

29.4.1.2 Subordinierende Konjunktionen

se, që <c>	daß	Objektsatz
se a, nëse	ob	indrekter Fragesatz
se ku	wo	
se kur	wann	
kur	wenn, als	Temporalsatz
derisa, gjersa <c>	bis	
para se <c>	bevor	
porsa <c>	sobald	
sepse	weil	Kausalsatz
meqenëse	da, weil	
se	denn	
(ashtu) siç	wie	Vergleichssatz
aq sa	wie	
sesa	(mehr) als	
sikur <c>	als ob, wie wenn	

me qëllim që <c>	damit	Finalsatz, Zwecksatz
nëse, po <c> nëqoftëse	wenn, falls wenn, falls	Konditionalsatz, Bedingungssatz
ndonëse megjithëqë	obwohl obgleich	Konzessivsatz, Einräumungssatz
kështu që, aq sa	so daß	Konsekutivsatz, Folgesatz

Der Unterschied in der Anwendung von *se* und *që* läßt sich je nach der Bedeutung des Verbs im übergeordneten Hauptsatz ungefähr abschätzen. Danach gilt, daß Verben der sinnlichen Wahrnehmung, der Mitteilung oder der Feststellung *se* nach sich haben, während Verben der Absicht und des Wünschens *që* (gewöhnlich mit Konjunktiv) verlangen. Es gibt jedoch keinen Automatismus zwischen einer gewählten Konjunktion und der Verwendung eines der beiden Modi Indikativ oder Konjunktiv. In Temporalsätzen mit der Konjunktion *para se* 'bevor' steht gewöhnlich der Konjunktiv, so daß dieser Modus letzten Endes auch nach *se* möglich ist. *Se + Indikativ* und *që + Konjunktiv* hat nur den Wert einer Faustregel. Entscheidend ist, ob der Inhalt des Nebensatzes vom Sprecher als real oder irreal aufgefaßt wird. vgl. *Gjuha shqipe* (Bd. 3, S. 76, 117)

28.4.2 NEBENSÄTZE

Bisher wurden die wichtigsten Nebensätze bereits behandelt: (1) daß-Satz, (2) indirekter Fragesatz (3) Relativsatz, (4) Konditionalsatz. In den Lesestücken kamen gelegentlich Nebensätze vor, ohne daß darauf ausdrücklich in den grammatischen Erklärungen Bezug genommen wurde. In der albanischen vereinheitlichten Schriftsprache bereiten die Nebensätze einem Deutschen gewöhnlich auch keine besonderen Schwierigkeiten - abgesehen vom Modus. Dessen Verwendung ist aber, wie wir bereits gesehen haben, weder von der Konjunktion, noch von der Satzart hundertprozentig vorhersagbar. So wie sich fast jeder Hauptsatz im Indikativ oder im Admirativ ausdrücken läßt (es kommt auf die Intention des Sprechers an), sind die Nebensätze durchweg sowohl im Indikativ, als auch im Konjunktiv auszudrücken. Der Unterschied ist nicht grammatisch, sondern liegt auf der pragmatischen Ebene. Es gibt jedoch einen statistischen Durchschnitt, der es erlaubt, gewissen Satzarten vorzugsweise den Konjunktiv zuzuordnen. Daher wurde oben in der Übersicht <c> dort vermerkt, wo der Konjunktiv gewöhnlich zu erwarten ist. vgl. zum Modus im Nebensatz *Gjuha shqipe* (Bd. 3, 1981, S. 160 f.)

Nebensätze sind mit Prädikat erweiterte Satzteile; darauf beruht die Ähnlichkeit zwischen Präpositionen und Konjunktionen, auf die *Buchholz/Fiedler* (1987), S. 385 hinweisen. Im Deutschen ist die adverbiale Bestimmung 'bei seiner Rückkehr' völlig äquivalent dem Temporalsatz 'als er zurückkehrte'. Ähnlich ist es im Albanischen: Nebensätze können zu Satzteilen transformiert werden und umgekehrt. Im allgemeinen gibt es jedoch Grenzen für die Überführung eines Nebensatzes in die nominale Ausdrucksweise. Wir können sagen: 'als er gestern abend müde und abgespannt von seiner Reise zurückkehrte'; aber dieser Satz läßt sich nicht mehr transformieren, weil darin drei weitere adverbiale Bestimmungen (Zeit, Art und Weise, Ort) eingebaut sind.

Bezüglich der Zuordnung konkreter Nebensätze zu einem Satzteil bzw. in der Definition der Nebensatzarten gibt es bisweilen Unterschiede zwischen den einzelnen Lehrbüchern; so gibt es verschiedene Ansichten über Modalsätze, indirekte Fragen, Konsekutiv- und Vergleichssätze. vgl. *Gjuha shqipe* (Bd. 3, 1981, S. 27, 80, 169, 183). Für Deutsche ist beispielsweise die Unterscheidung von albanischen Vergleichs- und Konsekutivsätzen nicht immer deutlich zu treffen, weil dieselben Strukturwörter verwendet werden können. *Ai ka punuar aq sa punon ti* 'Er hat soviel gearbeitet wie du arbeitest' gilt als Vergleichssatz;

Shtegu ishte i ngushtë aq sa dy veta nuk mund të kalonin 'Der Pfad war so schmal, daß zwei Personen nicht passieren konnten' hingegen ist ein Folgesatz. In beiden Fällen sind die Strukturwörter *aq ... sa* 'so daß'; beim Konsekutivsatz überwiegt allerdings die Erweiterung der Konjunktion mit *që* : *saqë*. Da mit *që* eingeleitete Sätze (mit Ausnahme der Relativsätze) gewöhnlich im Konjunktiv stehen, ist die Grenze vom Konsekutiv- zum Finalsatz auch fließend. *Po s'është budallá, që t'i bjerë murit me kokë* 'Er ist doch kein Dummkopf, daß er mit dem Kopf gegen die Wand rennen würde' gilt als Folgesatz, nicht als Zwecksatz (vgl. *Buchholz/Fiedler*, 1987, S. 520 - 522, 529-531).

Die Verbalsubstantive bewahren im Albanischen mehr Valenz-Eigenschaften des Verbs als im Deutschen, daher sind die Grenzen für eine nominale Ausdrucksweise auch nicht so eng gezogen. *Vënia me vonesë në veprim* müssen wir im Deutschen mit 'die verspätete Inbetriebnahme' übersetzen; '*die Inbetriebnahme mit Verspätung' wäre nicht korrekt. Wenn wir diesen Unterschied im Auge behalten, können wir sagen, daß letzten Endes das Verhältnis von Nebensätzen zu Satzteilen im Deutschen gleich ist mit dem Albanischen. Jedem Satzteil entspricht eine Art Nebensatz: Subjekt, Prädikat, Objekt, adverbiale Bestimmung. Zumeist aber werden adverbiale Bestimmungen als Nebensätze erweitert wiedergegeben: Zeit, Ort, Ursache, Zweck, Vergleich, Bedingung. Auf diese Weise lassen sich nämlich mehr Informationen unterbringen als in nominalen Wendungen.

Die Ziffern hinter den folgenden Zwischenüberschriften verweisen auf die Seiten mit Beispielen in *Gjuha shqipe* (Bd. 3, 1981); die Ziffern hinter den Beispielsätzen geben die Lektionen des vorliegenden Lehrbuchs an.

daß-Sätze (169)

Atij iu duk se ajo matej t'i thoshte diçka. (22.3)	Es schien ihm, daß sie ihm etwas sagen wollte.
Të gjithë mendonin se ai nuk dinte të merrej me shaka ashtu të buta. (28.3.2)	Alle dachten, daß er sich nicht mit so sanften Scherzen befassen könne.
Kishim vendosur **që të** vinim për dy-tre vjet në ndonjë shkollë fshati malor. (27.3)	Wir hatten beschlossen, für zwei-drei Jahre in eine Bergdorfschule zu gehen.
Nuk pretendohet **që të** ketë lexuar Makiavelin. (28.3.1)	Es wird nicht behauptet, er habe Machiavelli gelesen.

Finalsatz (136)

Që ta bënte komedinë e vet sa më komike ai kishte marrë, pastaj, një cigare 'Zetë'. (28.3.2)	Damit er seine Komödie möglichst komisch mache, hatte er danach eine 'Zeta'-Zigarette genommen.

Da Haupt- und Nebensatz dasselbe Subjekt aufweisen, könnte man den voranstehenden Nebensatz zum Supinum umformen: *'për ta bërë komedinë e vet...'* Nicht in dieselbe Satzart gehören zwei Beispiele, die auch mit *që të* eingeleitet werden. In diesen beiden Fällen handelt es sich um die Partikel *që*, die hier einfach den Konjunktiv verstärkt. In beiden Fällen handelt es sich um Sprechsprache aus dem volksnahen Milieu.

Që ta merrni vesh. (28.3.1)	Daß ihr das bloß begreift.
Që ta themi troç. (21.3)	Sagen wir es mal offen.

Indirekte Fragesätze (27, 169)

Unë vështroja **se si** mblidhnin karriget e lehta prej alumini dhe plastmasi. (19.3)

Ich sah zu, **wie** sie die leichten Stühle aus Aluminium und Kunststoff einsammelten.

Besniku u çudit me vete **se si** nuk e kishte vënë re më parë që ajo çatí kishte aq shumë oxhakë. (22.3)

Besnik wunderte sich im stillen, **wieso** er nicht früher bemerkt hatte, daß jenes Dach soviele Schornsteine hatte.

Por çfarë arsye tjetër mund të jetë atëherë, **pse** e keni ndryshuar qëndrimin ndaj nesh ? (24.3)

Aber was für ein anderer Grund kann es dann sein, **weshalb** ihr die Haltung uns gegenüber geändert habt ?

Po ju a e dini **se çfarë** ka thënë ambasadori juaj ? (24.3)

Aber wißt ihr, **was** euer Botschafter gesagt hat ?

Ai ka bërë pyetjen **se kujt** do t'i qëndrojë besnike ushtria shqiptare. (24.3)

Er hat die Frage gestellt, **wem** die albanische Armee treu bleiben würde.

Kishin menduar **mos** i zoti i shtëpisë ishte çmendur. (28.3.2)

Sie hatten gedacht, **ob nicht** vielleicht der Hausherr verrückt geworden war.

Eine Reihe von Sätzen beginnt mit einem Fragewort, aber offensichtlich handelt es sich nicht um indirekte Fragesätze.

Me ç'vërej, po t'i jap provimet rregullisht, pas pesë vjetësh diplomohem, apo jo ? (21.3)

Soweit ich sehe, wenn ich die Prüfungen regelmäßig ablege, mache ich nach 5 Jahren das Examen, nicht wahr ?

Jo vetëm gjashtë provime, **sa** përmban programi (21.3)

Nicht nur sechs Prüfungen, **wie** sie das Programm umfaßt.

Duke e goditur atje **ku** i dhemb më shumë. (29.3)

Indem er ihn schlägt, **wo** es ihm am meisten wehtut.

Mohon qoshet e ngrohta dhe vete atje **ku** është më vështirë. (29.3)

Er lehnt die warmen Eckchen ab und geht dorthin, **wo** es am schwersten ist.

Im letzten Falle handelt es sich um das, was bei Buchholz/Fiedler unter 'Lokalsatz' geführt wird (*Gjuha shqipe*, Bd. 3, S. 128). Der Satz mit *sa* aus 21.3 fällt unter 'Vergleichssätze', während *për sa, me sa, me ç'* 'soweit', 'insofern' eine Einschränkung (Restriktion) zum Ausdruck bringen (*Buchholz/Fiedler* S. 535, Anm. 16 b und 5.1.1.4 auf S. 505; *Gjuha shqipe*, Bd. 3, S. 69).

Vergleichssätze (27, 80)

Besniku e mori aparatin fotografik në duar **sikur** t'ishte një relike e vjetër. (26.3)

Besnik nahm den Fotoapparat in die Hände, **als ob** es eine alte Reliquie sei.

Por ai u nxeh e mori zjarr, **sikur** ta kisha fyer. (27.3)

Aber er erhitzte sich und fing Feuer, **als ob** ich ihn beleidigt hätte.

Kjo është njëlloj **sikur** të ma kesh shtruar këtë udhë me sixhade. (28.3)

Aber das ist **genauso, als** hätte man mir diesen Weg mit einer (Teppich-)Brücke ausgelegt.

Mori pincat dhe, **sikur** të ishte në kasaphanë, thirri me sa zë pat (28.3)

Er nahm die Zangen und rief, **als** wäre er im Schlachthaus, was seine Stimme hergab.

Prifti i grahu kalit, u përkul **siç** e kishte zakon dhe u largua. (23.3)

Der Priester gab dem Pferd die Sporen, verbeugte sich, **wie** er die Gewohnheit hatte, und entfernte sich.

Temporalsätze (69, 101)

Kur ta hapësh atë këmbonë e ta thithësh lëngun, ndien një kënaqësi. (15.3)

Sobald du diesen Blütenkelch öffnest und den Saft saugst, fühlst du eine Zufriedenheit.

Pasi t'i lante ato në lavaman, ajo do të ulej sipas zakonit mbi minder. (22.3)

Nachdem sie sie abgewaschen hätte, würde sie sich nach der Gewohnheit auf den Diwan setzen.

Gjersa të ma marrë mendja e shpirti, nuk do t'i bëj lak kanunit. (23.3)

Solange ich bei Vernunft bin, werde ich nicht gegen den Kanun verstoßen.

Kur ai pësëritet shumë herë, atëherë kjo është vijë. (24.3)

Wenn sie [die Torheit] oft wiederholt wird, dann ist es eine Linie.

Edhe babai i saj që, **kur** flet në mbledhje për të drejtat e grave dhe emancipimin, përplas grushtin e nxehet me prapanikët... (27.3)

Auch ihr Vater, der, **wenn** er auf einer Versammlung über die Rechte der Frau und die Emanzipation spricht, in die Hände klatscht und sich über die Rückständigen erhitzt...

Kausalsätze (52)

Ato duan të arrijnë shpejt, **sepse** ato janë të lódhura nga udhëtimi i gjatë. (11.3)

Sie wollen rasch ankommen, **weil** sie von der langen Reise müde sind.

Njëri kishte dëshirë të mblidhte lule të kuqe, **sepse** si i thoshte shokut të vet nga të gjitha lulet më së shumti i donte lulet e kuqe, ato lulet me një duq të madh. (15.3)

Der eine hatte den Wunsch, rote Blumen zu pflücken, **weil** er, wie er seinem Freund sagte, von allen Blumen am meisten die roten Blumen mochte, jene Blumen mit einem großen Stengel.

Këtë do ta ketë ndier edhe mjeshtri që e ka ngritur, **mbasi** qark frëngjive të sharapolleve është munduar të krijojë ca zbrazëtí. (17.3)

Das wird auch der Meister gespürt haben, der ihn errichtete, **denn** um die Schießscharten der Türmchen bemühte er sich, Stellen frei zu lassen.

Ai s'kishte urí, ndoshta **nga që** kishte pirë disa kafe gjatë mëngjesit, megjithatë peshku i pëlqeu. (22.3)

Er hatte keinen Hunger, vielleicht **weil** er im Laufe des Morgens einige Kaffe getrunken hatte; trotzdem schmeckte ihm der Fisch.

Pa shiko mos i paguash sot **se** më duket ka kaluar afati. (22.3)

Schau doch mal, vielleicht solltest du heute zahlen, **denn** mir scheint, die Frist ist verstrichen.

Konzessivsätze (144)

Guri është i skalitur dhe, **ndonëse** kanë kaluar vite, ka qëndruar thúajse me ngjyrën e tij të parë. (17.3)	Der Stein ist behauen und, **obgleich** Jahre vergangen sind, hat er sozusagen seine erste Farbe behalten.
Megjithëse të gjithë mendonin se ai nuk dinte të merrej me shaka (28.3.2)	**Obgleich** alle dachten, er könne sich nicht mit Scherzen abgeben.

29.5 Übungen

29.5.0 Zusätzlicher Wortschatz

s'më rrihet	ich kann es nicht aushalten
s'më hahet	ich habe keinen Appetit
triko-ja	Pullover
përdor	benutzen, verwenden
stadium-i	Stadion, Sportanlage

29.5.1 Beiordnende Konjunktionen

29.5.1.1 Setzen Sie in folgende Sätze das albanische Äquivalent für 'weder - noch' ein, z. B. 'Agim versteht weder Albanisch, noch Deutsch' - *Agimi s'kupton as gjermanisht as shqip.*

Agimi	punon dhe mëson.
takoi	Verën dhe Sokolin.
ishte	në postë dhe në restorant.
përcolli	Arbenin dhe Artanin në shtëpi.
foli	me Agronin dhe Dritën.
shkoi	në dyqan dhe në pjacë.
ftoi	Teutën dhe Anilën për ditëlindjen e vet.
u dërgoi	prindërve letra dhe kartolina.
merret	me sport dhe me muzikë.

Setzen sie an die Stelle von *as ... as* die Konjunktion *ose/o ... ose/o* ein.

29.5.1.2 Setzen Sie in folgende Sätze die albanischen Äquivalente für 'aber' oder 'deshalb' ein, z. B. 'Er verstand Albanisch, konnte aber nicht sprechen' - *Ai kuptonte shqip, por nuk dinte të fliste.*

Aparatin tim fotografik e mori Drita, ... nuk i duhej. Ajo ishte e mërzitur, ... s'i rrihej në shtëpi. Diana kuptonte italisht, ... nuk fliste lirisht. Dje desha të të jepja një biletë për në teatër, ... e harrova. Djali është i sëmurë, ... rri shtrirë në shtrat. Hyr në det, ... mos shko më larg se ne. Ju flisni pa gabim, ... duhet të flisni më shpejt. Romanin e ri e lexova, ... nuk më pëlqeu. Kam ngrënë drekë vonë, ... tani s'më hahet. Fryn erë, ... nuk është ftohtë. Atje është ftohtë, ... ajo duhet të vesh trikon e trashë.

29.5.2 UNTERORDNENDE KONJUNKTIONEN

29.5.2.1 Verbinden Sie die Satzfragmente in den beiden Spalten zu sinnvollen Temporalsätzen unter Verwendung der Konjunktionen *kur, sapo, para se, gjersa, pasi*, z. B. 'Der Zug kommt an. Wir unterhalten uns' > 'Bis der Zug kommt, unterhalten wir uns. *Oder:* Bevor der Zug kam, unterhielten wir uns'. - *Treni arrin. Bisedojmë.* > *Gjersa të arrijë treni, do të bisedojmë.* Oder: *Para se të arrinte treni, ne biseduam.*

Drita kthehet nga puna	unë shikoj nga dritarja
Treni niset	udhëtarët zbresin njëri pas tjetrit
Dalim	nëna i tregon Agronit për të kaluarën
Arrijmë në stacion	afrohet kamerieri
Jam i vogël	fëmijët gëzohen fort
Autobusi ndalon	pushoj pak
Bie bora e parë	hamë drekë
Mysafirët shtrohen	erdhi treni.

29.5.2.2 Verbinden Sie die Satzfragmente in den beiden Spalten zu sinnvollen Kausalsätzen unter Verwendung der Konjunktionen *meqë, meqenëse, se, sepse, mbasi, ngaqë*, z. B. ' Ich benutze diese Brille. Ich sehe nicht gut.' > 'Ich benutze diese Brille, weil ich nicht gut sehe' - *Unë i përdor këto syze, meqenëse s'shoh mirë.*

Agimi është shtrirë në shtrat	nuk e ndien veten mirë
Stilografin tim e mori Artani	i duhej
Do ta mbyll dritaren	fryn erë
Nëna e mori të bijën me vete	ajo donte të njohej me shoqet e saja
Ky fustan ju shkon shumë mirë	ka ngjyra të bukura
Lexoji këto revista	janë interesante
Merr pallton	është ftohtë
S'do ta shtroj tryezën	s'kanë ardhur as motra, as vëllai
Ndeshja e futbollit filluaka	dëgjohet zhurmë nga stadiumi.

Verneinen Sie obige Prädikate und bilden Sie dann aus den beiden Spalten Konzessivsätze mit den Konjunktionen *ndonëse, megjithëse, sidoqë*, z. B. 'Obwohl ich nicht gut sehe, benutze ich (trotzdem) diese Brille nicht' - *Ndonëse nuk shoh mirë, (megjithëkëtë) nuk i përdor këto syze.*

Vertauschen Sie die Reihenfolge obiger Teilsätze und bilden Sie beiordnende Sätze mit 'deshalb' - *prandaj*, z. B. 'Ich sehe nicht gut, deshalb benutze ich diese Brille' - *Nuk shoh mirë, prandaj i përdor këto syze.*

DREISSIGSTE LEKTION - Mësimi i tridhjetë

30.1. Praktische Redewendungen

BEIM DAMENFRISEUR

A ka ndonjë permanent këtu ?
Gibt es hier einen Damensalon ?

Dëshiroj të bëj flokët permanent (ondulacion).
Ich möchte eine Dauerwelle (Wasserwelle).

Bëmëni flokët permanent dhe ndryshómëni, ju lutem, formën e flokëve.
Machen Sie mir Dauerwellen und ändern Sie mir bitte die Frisur.

Dua të laj flokët me shampo dhe t'i jap formë.
Ich möchte die Haare mit Shampoo gewaschen und gelegt haben.

Ju lutem, lámëni (thámëni) flokët.
Waschen (trocknen) Sie mir bitte die Haare.

Ju keni flokë të bukura, të gjata e të buta.
Sie haben hübsche Haare, lang und weich.

Po, burri im dua shumë flokë të verdha, kurse unë i dua më shumë në ngjyrë gështenje.
Ja, mein Mann mag blonde Haare, während ich sie lieber (kastanien-)braun habe.

A keni bojë flokësh në një ngjyrë më të errët (çelur) se kjo ?
Haben Sie dunkleres (helleres) Haarfärbemittel als dieses ?

Më bëni masazh fytyre, ju lutem.
Machen Sie mir bitte eine Gesichtsmassage.

Kam nevojë për një palë karfica flokësh.
Ich brauche ein Paar Haarklämmerchen.

Më vjen keq, nuk i mbajmë. Duhet të shikoni në kinkaleri.
Tut mir leid, wir führen keine. Sie müssen im Kurzwarenladen schauen.

Më falni, a ka VC [vë cë] për gra këtu ?
Entschuldigung, gibt es eine Damentoilette hier ?

Posi jo, urdhëroni. Ejani me mua. Nevojtorja është aty mbrapa.
Aber sicher, bitte sehr. Kommen Sie mit mir. Die Toilette ist dort hinten.

Die Albaner benutzen das Wort für Dauerwelle metonymisch für den Frisiersalon. Es gibt aber auch die umständliche Bezeichnung *sallon i flokëve për gra*.- Viele Farbbezeichnungen werden im Albanischen mit typischen Gegenständen benannt, z. B. *ngjyrë gështenje*. Ein eigenes Wort für 'braun' gibt es nämlich nicht. Mit *bojë kafe* wird eine andere Brauntönung bezeichnet. *Ngjyrë* und *bojë* 'Farbe' sind eigentlich Synonyme; der Unterschied besteht in der Herkunft: das zweite ist türkischen Ursprungs.

30.2. Neuer Wortschatz

përkthej	übersetzen
Konstandin-i	Konstantin <Männername>
çmoj	schätzen

besimtar-i	Gläubiger
popullarizoj	volkstümlich machen
madje	sogar
shéku|ll-i, pl. -j-të	Jahrhundert
në radhë të parë	in erster Linie, vor allem
shka|k-u, pl. qe-t	Ursache
rrjedhshëm <adv.>	flüssig, geläufig
përkthim-i	Übersetzung
posaçërisht <adv.>	besonders
Toskëri-a	Land der Tosken (südlich des Shkumbin)
arsimdashës-i	der Wissensdurstige, Bildungshungrige
abetar-i, abetar|e, -ja	Abc-Fibel
kohë pas kohe	ab und zu, vorübergehend
zbulim-i	Entdeckung
afirmim-i	Bejahung
zhvillim-i	Entwicklung
gramatik|ë, -a	Grammatik
dialekt-i	Mundart, Dialekt
toskë	toskisch
frazeologji-a	Phraseologie, Redensarten
popullor, -e	volkstümlich
vdekj|e, -a	Tod
fjalor-i	Wörterbuch
në saje të < + Abl.>	dank, wegen
rreth < + Abl.>	um ... herum, zu, auf dem Gebiet von
për të gjallë	zu seinen Lebzeiten
përkushtim-i ndaj	Hingebung an
etimologji-a	Etymologie, Wortursprung
terren-i	Territorium
punë në terren	Feldforschung
subjekt-i	Subjekt, hier: Informant
ndikoj	beeinflussen
em|ër, -ri	Name, Vorname
tem|ë, -a	Thema
bised|ë, -a	Gespräch, Unterhaltung
i shpeshtë	häufig
përshkruaj	beschreiben
nderim-i	Hochachtung
gojëdhën|ë, -a	Legende, Volkssage
fjala vjen	zum Beispiel
adhurues-i	Bewunderer
sinqerisht <adv.>	ehrlich, aufrichtig
mbiem|ër, -ri	Familienname
sikundër <Konj.>	wie
Kristofor-i	Christophorus
Nelko-ja	<Familienname>
romanti|zëm, -zmi	Romantik

30.3. Lesestück

Babai i gjuhës shqipe

Librat që do të përkthejë dhe librat që do të shkruajë do ta bëjnë Konstandin Kristoforidhin njërin prej shkrimtarëve më të çmuar, më të popullarizuar dhe, madje, më të dashur shqiptarë të shekullit XIX. Do ta çmojnë dhe do ta duan besimtarët, në radhë të parë, për shkak të librave të shenjtë, që aq rrjedhshëm i kishte përkthyer në gjuhën shqipe; për shkak të këtyre përkthimeve do të jetë posaçërisht i çmuar dhe i dashur në Toskëri, ku ato përkthime kërkoheshin më së shumti. Do ta çmojnë dhe do ta duan arsimdashësit, në radhë të parë, për shkak të 'Abetarit shqip'; për këtë arsye do të jetë posaçërisht i çmuar dhe i dashur në Shqipërinë e Mesme, ku abetarja e tij do të përdoret më shumë dhe ku, më në fund, kohë pas kohe do të jetë edhe vetë mësues. Më së shumti Konstandin Kristoforidhin do ta çmojnë dhe do ta duan për shkak të ndihmës që i kishte dhënë zbulimit, afirmimit dhe zhvillimit të gjuhës shqipe, si me përkthimet, me 'Gramatikën e gjuhës shqipe sipas dialektit toskë' ashtu edhe me 'Abetarin shqip' e, posaçërisht, me mbledhjen e fjalëve dhe të frazeologjisë popullore, që do të botohen pas vdekjes së tij në 'Fjalorin e gjuhës shqipe'. Në saje të punës së tij rreth gjuhës shqipe, sidomos, në saje të mbledhjes së fjalëve dhe të frazeologjisë shqipe, Konstandin Kristoforidhin për të gjallë do ta quajnë babai i gjuhës shqipe. Përkushtimi ndaj gjuhës shqipe, udhëtimet nëpër Shqipëri vetëm e vetëm për të mbledhur fjalët, frazeologjinë dhe etimologjinë popullore, mënyra e punës në terren, marrëdhëniet me subjektet - të gjitha këto do të ndikojnë që jo vetëm puna, por edhe emri i tij, dikur, të bëhen temë e bisedave të shpeshta të atyre që e njohin dhe të atyre që nuk e njohin. Dhe, në këto biseda të përshkuara prej nderimit dhe dashurisë për punën e tij një ditë do të bëhet gojëdhënë edhe emri i tij. Kështu, fjala vjen, adhuruesit do të mendojnë sinqerisht se mbiemri i tij, Kristoforidhi, ishte i lidhur me punën rreth gjuhës shqipe: ashtu sikundër e kishte marrë Kolombo emrin Kristofori për shkak se kishte zbuluar Amerikën, ashtu e kishte marrë Konstandin Nelkoja mbiemrin Kristoforidhi për shkak se kishte zbuluar dhe afirmuar gjuhën shqipe !

(Nach R. QOSJA, *Historia e letërsisë shqipe*. Romantizmi. II, S. 380-382)

Anmerkung: R. Qosja arbeitet in Prishtina (Kosova) als Literaturwissenschaftler und Prosa-Autor. Der Abschnitt ist seiner auf mehrere Bände angelegten Geschichte der albanischen Literatur entnommen. Kristoforidhi (1827-1895), mit bürgerlichem Namen Nelko, stammte aus Elbasan und arbeitete als Übersetzer und Kolporteur für die Britische Bibelgesellschaft. Bei seinen Reisen über Land sammelte er den Wortschatz der albanischen Landschaften. Seine Übersetzungen erschienen in südgegischer und nordtoskischer Mundart. Die gegischen Texte wurden in der von Lepsius begründeten Lautschrift der Missionare gedruckt, die toskischen zumeist in einem modifizierten griechischen Alphabet. Kristoforidhi übersetzte nur das Neue Testament ganz; vom Alten Testament sind die wichtigsten Bücher (Genesis, Exodus, der Psalter, Hiob u.a.) überliefert. Vgl. *im Anhang Ps. 22 und 45*

30.4. Grammatische Erklärungen

30.4.1 EINIGES ZUR RECHTSCHREIBUNG

Im Albanischen gilt die gemäßigte Kleinschreibung, d. h. alle Appellativa außer am Satzanfang erhalten kleine Anfangsbuchstaben. Eigennamen werden großgeschrieben, und zu Eigennamen erhobene Appellativa wie Vereinigte Staaten oder Bundesrepublik ebenfalls: *Shtetet e Bashkuara, Republika Federale*. Akronymische Abkürzungen werden großgeschrieben, und dabei legen die Albaner gewöhnlich die übersetzte Form zugrunde: **SHBA** -

Shtetet e Bashkuara të Amerikës, **OKB** - *Organizata e Kombeve të Bashkuara* [UNO]. In der abgekürzten Form schreibt man gewöhnlich **BRSS** [*Bashkimi i Republikave Socialiste Sovjetike*], aber ausgeschrieben heißt es zumeist *Bashkimi Sovjetik* - Sowjetunion. In ähnlicher Weise kann man *Gjermania Federale* statt der ausführlicheren Form 'Bundesrepublik Deutschland' [**RFGJ**] sagen.

Die Worttrennung unterscheidet sich im Albanischen von den deutschen Regeln in zweierlei Gesichtspunkten wesentlich: (1) die als Konsonantengruppen geschriebenen Phoneme *xh, sh, rr, ll, nj* dürfen nicht getrennt werden: po-pu-lli, zo-nja, Ho-xha; (2) stehen im Wortinnern zwei Konsonanten zwischen Vokalen, dann kann auf zwei Arten getrennt werden: vep-ra, kush-ti oder ve-pra, ku-shti. Dies ist wichtig insofern, als *st, sp, sk* und *ks* getrennt werden dürfen: pos-ta, ek-spe-di-ta, ek-sport (oder: eks-port). Man nimmt bei Wörtern aus den klassischen Sprachen keine Rücksicht auf die Etymologie: in-te-re-si 'das Inter-esse'. Vokalfolgen wie qi-ell, du-ar, kry-er dürfen getennt werden; man vermeidet aber, daß nur ein Vokal übrigbleibt, also *kre-u 'das Kapitel', *u-ra 'die Brücke'. Das bedeutet, daß in allen Feminina auf *-ia* diese Endung zusammenbleibt: Shqi-pë-ria. Wortformen wie *kau* 'der Ochs', *shkoi* 'er ging' können nicht getrennt werden.

Im Albanischen gibt es weniger zusammengesetzte Wörter als im Deutschen, weil Spontanbildungen wie 'Bahnhofsvorplatz' nicht möglich sind. Es gibt jedoch eine Anzahl von Komposita wie *orëndreqës* 'Uhrmacher' (< *orë* 'Uhr', *ndreq* 'reparieren'), *rrobaqepës* 'Schneider' (< *rroba* 'Kleider', *qep* 'nähen'). Zusammengesetzte Wörter, deren Bestandteile ein Substantiv und ein Verb, ein Substantiv und ein Adjektiv, eine Präposition (bzw. Adverb) und ein Substantiv sind, werden aneinander geschrieben: *rrugëdalje* 'Ausweg', *furrnaltë* 'Hochofen' (< *furr-i* 'Ofen', gegisch *i naltë* 'hoch'), *fuqiplotë* 'bevollmächtigt', *kundërsulm* 'Gegenangriff', *gjysmëhënë* 'Halbmond'.

Schwieriger ist es bei Wörtern, die aus zwei Substantiven zusammengesetzt sind. Wir unterscheiden drei Arten: (1) der zweite Bestandteil ist ein Substantiv im Ablativ, z. B. *vajguri* 'Erdöl', 'Petroleum' (< *vaj-i* 'Öl', *gur-i* 'Stein'); (2) *fletërrufe-ja* 'Blitzbrief', 'Wandzeitung' (in den späten sechziger Jahren als politische Aktion sehr verbreitet), *kryeqytet-i* 'Hauptstadt', *datëlindje* 'Geburtsdatum'; (3) *organizatë-bazë* 'Basisorganisation', *kalë-fuqi* 'Pferdestärke' (PS), *bar-lulishte* 'Gartenbar', 'Biergarten', *vagon-cisternë* 'Tankwagen' [dekliniert wird in derartigen Wörtern der erste Bestandteil]. Nur die dritte Gruppe soll mit Bindestrich geschrieben werden. Man kann die Gruppen (2) und (3) strukturell ungefähr dadurch unterscheiden, daß in (2) die Stellung der Bestandteile wie im Deutschen ist (das Bestimmende vor dem Bestimmten: Hauptstadt), während in (3) das Bestimmende dem Bestimmten folgt. Kopulative Fügungen nach Typ (3) können - in vom Regelwerk nicht näher definierten Fällen - auch ohne Bindestrich geschrieben werden, z. B. *momenti kyç* 'der entscheidende Moment' (*le moment clé*).

Es gibt jedoch auch Gegenbeispiele wie 'Geburtstag' *ditëlindje* (ohne Bindestrich), und die Definitionen, die in *'Drejtshkrimi i gjuhës shqipe'* (1974) unter § 67 (S. 124) und § 68 (S. 134) gegeben werden, sind nicht sehr erschöpfend. Besonders die Bestimmung *lidhje përcaktore* (attributive Fügung) vs. *lidhje këpujore* (kopulative Fügung, ggf. Dvandva) trifft nicht auf alle angeführten Beispiele zu. Man wird daher bei wenig geläufigen Zusammensetzungen im Rechtschreibungswörterbuch nachsehen müssen. Ausländische geographische Namen, die aus mehreren Elementen bestehen, werden mit Bindestrich geschrieben: *Frankfurt-mbi-Majn, Nju-Jork, Tel-Aviv, Buenos-Ajres, San-Huan* (San Juan). Dies gilt jedoch dann nicht, wenn der erste Bestandteil eine romanische Artikelform ist: *La Paz, Los Anxhelos* (Los Angeles).

30.4.2 KOMMASETZUNG

Die Zeichensetzung stimmt im Albanischen gewöhnlich mit den Regeln für die deutsche Sprache überein; bei der Verwendung des Kommas gibt es aber erhebliche Abweichungen, die darauf beruhen, daß die Albaner nicht den syntaktischen Aufbau des Satzes, sondern die inneren Beziehungen zugrundelegen. In den Regeln kommt immer wieder die Formulierung "wenn sie mit dem bestimmten Satzteil [*me gjymtyrën e përcaktuar*] eng verbunden sind" vor, was besagt, daß die Kommasetzung weitgehend dem Ermessen des Schreibers anheimgestellt ist. Kommata werden im allgemeinen nur dann gesetzt, wenn eine Sprechpause gemacht werden soll.

Ein Komma ist erforderlich bei der Aufzählung von Satzteilen, konjunktionslos aneinandergereihten Sätzen, eingeschobenen Sätzen sowie Satzgefügen, die einen Gegensatz enthalten. Vor 'aber', 'obwohl' u. ä. steht daher immer ein Komma. In fast allen anderen Fällen kann ein Komma stehen oder nicht, d.h. beim Relativsatz, daß-Satz, Lokal-, Temporal- und Konditionalsatz usw. hängt die Kommasetzung von der Einschätzung ab, ob die besagte *enge Beziehung* zwischen dem Teilsatz und dem Satzteil besteht, zu dem er inhaltlich gehört. Es ist zu beachten, daß bei eingeschobenen Relativsätzen, die eng mit ihrem Beziehungswort verbunden sind und deshalb an sich kein Komma verlangen, ein Beistrich ans Ende gesetzt wird, um eine Sprechpause zu markieren.

Wie im Deutschen wird die Apposition in Kommata eingeschlossen; abweichend vom Deutschen werden aber auch syntaktisch unselbständige Einheiten wie das Gerundium und umfangreichere partizipiale Attribute durch Kommata vom Beziehungswort *abgetrennt*. Das Supinum ['um zu...'] wird nur dann in Beistriche eingeschlossen, wenn es in den Satz eingeschoben ist. Wir geben im folgenden Beispiele mit und ohne Komma, die dem Regelwerk der Zeichensetzung (*Rregullat e pikësimit*, 1981) entnommen sind.

AUFZÄHLUNG

Mikpritja është një nga zakonet më të lashta, më bujare, më njerëzore të popullit tonë.	Die Gastfreundschaft ist eine der ältesten, der edelsten und der menschlichsten Sitten unseres Volkes.
Përparime të rëndësishme u shënuan në zhvillimin e arsimit e të kulturës, **si edhe** në mbrojtjen e shëndetit të popullit.	Wichtige Fortschritte wurden in der Entwicklung der Erziehung und der Kultur sowie beim Schutz der Volksgesundheit verzeichnet.
As në sjelljen, **as** në fytyrën, as në fjalët e tij nuk vëreheshin shenja tronditjeje.	Weder im Verhalten, noch im Gesicht, noch in seinen Worten waren Zeichen der Erschütterung zu bemerken.
Ju bëni një punë **sa** të dobishme, **aq** edhe të vështirë.	Ihr macht eine ebenso nützliche wie schwierige Arbeit.
Më pas do të shihte se ajo paskësh qenë jo vetëm një betejë e madhe, po edhe një fitore e shkëlqyer.	Später würde er sehen, daß dies nicht nur eine große Schlacht, sondern auch ein glänzender Sieg gewesen war.
Këto janë thënë, po jo të gjithë i kemi parasysh.	Dies ist gesagt worden, aber nicht alles haben wir vor Augen.
Gjella me kripë, kripa me masë.	Speise mit Salz, Salz mit Maß.
S'gjykon mosha, gjykon mendja.	Es urteilt nicht das Alter, es urteilt der Verstand.

Trokita nja dy herë, s'm'u përgjegj njeri.	Ich klopfte ein oder zwei Mal, niemand antwortete mir.
Atë s'e di as unë, jo ta dijë ai.	Dies weiß nicht einmal ich, er braucht das erst recht nicht zu wissen.

APPOSITION

Qytetin e ri e kanë pagëzuar me emrin e njeriut më të shquar të këtyre anëve, plakut të maleve, dragoit të Dragobisë, Bajram Currit.	Die neue Stadt hat man auf den Namen des hervorragendsten Menschen dieser Gegend getauft, des Alten der Berge, des Drachen [der Höhle von] Dragobia, Bajram Curri.
Ai i bluante të gjitha përbrenda dhe me ne, shokët e tij të ngushtë, nuk guxonte të hapej.	Er verarbeitete alles in seinem Innern und uns, seinen engen Freunden, wagte er nicht sich anzuvertrauen.

ISOLIERTE ATTRIBUTE, UMSTANDSBESTIMMUNGEN u. ä.

Ky popull, i sulmuar shumë herë në befasi, e ka të mprehtë ndjenjën e përgjimit.	Dieses Volk, oftmals unerwartet angegriffen, hat ein geschärftes Gespür der Wachsamkeit.
Tej, nga perëndimi, mbi kurorën e pishës së vetmuar po varej dielli.	Jenseits, nach Westen, über der Krone der einzelnen Kiefer hing die Sonne.
Këto gazeta, nga përdorimi i tepërt, u roniteshin njerëzve nëpër duar.	Diese Zeitungen zerbröckelten den Menschen von der übermäßigen Benutzung in den Händen.

EINGESCHOBENE SÄTZE

Plaku u bë merak, por, **kur** dëgjoi në kopsht zërin e djemve, zemra iu lehtësua.	Der Alte wurde hellhörig, aber als er im Garten die Stimme der Söhne hörte, fühlte er sich erleichtert.
Sytë gështenjë me një vështrim përshkues i përshtaten pamjes së tij, që, **megjithëse** i ka kapur të gjashtëdhjetat, shpreh ende energjinë e një riu.	Die braunen Augen mit einem durchdringenden Blick passen zu seinem Aussehen, das, obwohl er den sechzig nahe ist, noch die Energie eines Jugendlichen ausdrückt.
Ai, **që të** mos i prishte gjumin së motrës, eci [*aor.*] në majë të gishtërinjve.	Um den Schlaf seiner Schwester nicht zu stören, ging er auf Zehenspitzen.

GERUNDIUM, SUPINUM

Kishte ardhur atë ditë, **për të** punuar nja dy orë, edhe kryetari.	An jenem Tage war, um ein-zwei Stunden zu arbeiten, auch der Vorsitzende gekommen.
Po socializmi, **duke** zhdukur shfrytëzimin, krijoi mundësi që jeta e njeriut të jetë më e lumtur.	Aber der Sozialismus schuf, indem er die Ausbeutung beseitigte, die Möglichkeit, daß das Leben des Menschen glücklicher sei.
Djali qëndroi si qiri para tij, **pa** lëvizur as këmbë, as duar.	Der Junge stand wie eine Kerze vor ihm, ohne Hände und Füße zu bewegen.

ohne Komma:

Lufta e popullit tonë **për të** mbrojtur tërësinë tokësore ka qenë e gjatë dhe heroike.	Der Kampf unseres Volkes zur Verteidigung der territorialen Integrität war lang und heldenhaft.

RELATIVSÄTZE

Ne, **që** asnjëherë s'u ishim shmangur vështirësive, nuk ngurruam të kryenim edhe një punë të tillë.	Wir, die wir Schwierigkeiten nie aus dem Weg gegangen waren, zögerten nicht, auch solch eine Arbeit zu verrichten.
Të gjithë pritnin përfundimin e kësaj ngjarjeje të pabesuar, **nga e cila** mund të ndërronte fati i luftës me Turqinë.	Alle warteten auf das Ergebnis dieses unglaublichen Ereignisses, durch welches das Geschick des Kampfes mit der Türkei eine neue Wendung nehmen konnte.
Plevica e dikurshme qe ndarë në katër kthina, njëra **prej të cilave** ishte mjaft e madhe.	Die Kate von früher war in vier Gemächer geteilt, von denen eins ziemlich groß war.

ohne Komma:

Ky ishte një gëzim pa shkak, ishte thjesht gëzimi që i shkaktonte mëngjesi.	Dies war eine grundlose Freude, war einfach die Freunde, die ihm der Morgen verursachte.
Ai preu rripat **me të cilët** ishin lidhur kuajt në karrocë.	Er zerschnitt die Riemen, mit denen die Pferde an die Kutsche gebunden waren.
Ai ngriti kokën dhe hodhi sytë edhe një herë nga shtëpia **ku** kishte kaluar fëmijërinë.	Er hob den Kopf und warf noch einmal einen Blick auf das Haus, in dem er seine Kindheit verbracht hatte.

Komma nur am Schluß:

Të tëra **ç'ka** kooperativa, tonat janë.	Alles, was die Genossenschaft hat, ist unser.
Të gjitha **sa** u thanë më sipër, tregojnë qart rëndësinë e rritjes së rendimentit në punë.	Alles, was oben gesagt wurde, zeigt klar die Bedeutung der Steigerung der Arbeitsproduktivität.

daß-SATZ, INDIREKTE FRAGE

Unë ngula këmbë në propozimin tim **që** ai **të** mbetej në listë.	Ich bestand auf meinem Vorschlag, **daß** er auf der Liste bleibe.
Dalngadalë po i kujtohej **se ç'i** kishte ndodhur.	Langsam fiel ihm ein, **was** ihm widerfahren war.
Nga gëzimi harroi **gjithë ç'i** kishte ndodhur rrugës.	Vor Freude vergaß er **alles, was** ihm unterwegs passiert war.
Të rinjtë shtruan mbi tavolina **ç'kishin** sjellë me vete.	Die Jungen deckten auf die Tische, **was** sie mitgebracht hatten.
Çdo njeri duhet të mësojë **se si** nxirret buka me djersën e ballit.	Jeder Mensch muß lernen, **wie** das Brot mit dem Schweiß der Stirn hervorgebracht wird.
Të kujtohet **si** ëndërronim për të ardhmen?	Erinnerst du dich, **wie** wir von der Zukunft träumten ?

E pyeta **nëse** ishte dakord me detyrën.	Ich fragte ihn, **ob** er mit der Aufgabe einverstanden sei.

TEMPORALSATZ

Karvani u nis herët, **sapo** kishte lindur dielli.	Die Karawane brach früh auf, **sobald** die Sonne aufgegangen war.
Petriti s'kishte bërë as dhjetë hapa në kopshtin e shtëpisë, **kur** një qen nisi të lehte pas tij.	Petrit hatte keine 10 Schritte im Garten des Hauses getan, **als** ein Hund hinter ihm zu bellen begann.
ohne Komma:	
Pastaj ne të vegjlit pritnim pranë vatrës **gjersa** prushi të mbulohej me hi.	Dann warteten wir Kleinen beim Herdfeuer, **bis** die Glut mit Asche bedeckt wurde.
Rrihe hekurin **sa** është i nxehtë.	Schmiede [schlage] das Eisen, **solange** es heiß ist.
Lumi dilte nga shtrati **sa herë që** binte shi thellë në male.	Der Fluß trat über seine Ufer, **sooft** es tief in den Bergen regnete.

VERGLEICHSSATZ

Të bëhet **siç** thotë Partia.	Es geschehe, **wie** die Partei sagt.
Zemra i rrihte **sikur** donte t'i shkelte nga gjoksi.	Das Herz schlug ihm, **als ob** es ihm aus der Brust springen wollte.
Miqtë i dua **sa** më duan.	Ich mag die Freunde, **wie** sie mich mögen.
mit Komma:	
Ashtu do të shkojnë, **si** kanë ardhur.	Sie werden gehen, **wie** sie gekommen sind.
Ata filluan të rrokulliseshin në lëndinë, **siç** bënin në vegjëli.	Sie begannen sich auf der Wiese zu wälzen, **wie** sie es in der Kindheit getan hatten.
Kjo përgjigje **më shumë** e gëzoi, **sesa** e habiti.	Diese Antwort freute ihn **mehr, als** daß sie ihn wunderte.

KONSEKUTIVSATZ

Era ishte **aq** e lehtë, **saqë** fletët e pemëve mezi lëviznin.	Der Wind war **so** leicht, **daß** die Blätter der Bäume sich kaum bewegten.
Ishte një zagushí e madhe, **sa** të zihej fryma.	Es war eine große Schwüle, **so daß** einem der Atem genommen wurde.
ohne Komma:	
Hënë nuk kishte, **kështu që** njerëzit korrnin me fenerë.	Es schien kein Mond, **so daß** die Menschen mit Laternen ernteten.
I nipi kishte ndryshuar shumë, **aq sa** plaku mezi e njohu.	Sein Enkel hatte sich sehr verändert, **so daß** der Alte ihn kaum erkannte.

KONDITIONALSATZ

Batalioni do të mbetej i rrethuar, **po** ta merrte armiku atë grykë.

Das Bataillon würde eingekreist werden [bleiben], falls der Feind jene Schlucht einnähme.

Po ti a më dëgjon të të them një fjalë, në je me të vërtetë bijë e këtij vendi?

Aber hörst du mich, daß ich dir ein Wort sage, wenn du wirklich eine Tochter dieses Landes bist?

ohne Komma:

Partia është e fortë **kur** janë të forta organizatat-bazë.

Die Partei ist stark, wenn die Basis-Organisationen stark sind.

Do të vij me ju vetëm **në rast se** pranoni të kthehemi përsëri bashkë.

Ich komme mit euch, nur wenn ihr akzeptiert, daß wir wieder gemeinsam zurückkehren.

30.5 Übungen

30.5.0 ZUSÄTZLICHER WORTSCHATZ

aeroplan-i (= avion-i)	Flugzeug
ngrij	frieren, zufrieren
përqafoj	umhalsen, umarmen
përzemërsisht <adv.>	herzlich
budall|a-i, pl. -énj-të	Tor, Dummkopf, Tölpel
dot <nach negat. Prädikat>	nicht können <Strukturwort des Impossibilitativs, vgl. S. 163, **L. 23.4.1**>
mjégull-a	Nebel
bën ftohtë	es ist kalt
kujtoj	vermuten; erinnern
rëndësi-a	Wichtigkeit, Bedeutung
me rëndësí	wichtig
ajros	lüften
i ngushtë	eng
ndaj	trennen
spektator-i	Zuschauer
këmbëkryq <adv.>	mit gekreuzten Beinen
shtrohem këmbëkryq	sich hinhocken
ngjarj|e, -a	Ereignis
bosh	leer
ndryshoj	sich (ver)ändern
i vetmuar	allein, einsam
krejt <adv.>	ganz, völlig
nxë	aufnehmen, fassen
sportdashës-i	Sportsfreund, Fan
mjaft	ziemlich (viel)
banor-i	Einwohner, Bewohner
veprim-i	Handlung, Aktion, Tat
nxitoj	sich beeilen, hasten
mjaftoj	genügen
njohuri-a	Kenntnis, Wissen
teorik, -e	theoretisch
praktik, -e	praktisch

njohuri-a	Kenntnis, Wissen
teorik, -e	theoretisch
praktik, -e	praktisch
tregtar, -e	Handels-; Kaufmann

30.5.1 FINALSATZ/SUPINUM

Vereinfachen Sie folgende Sätze, indem sie den finalen Nebensatz zum Supinum umformen, z. B. 'Die Kinder bereiten sich vor, damit sie im Meer baden > Die Kinder bereiten sich vor, im Meer zu baden' - *Fëmijët po përgatiten që të lahen në det > Fëmijët po përgatiten për t'u larë në det.*

Aeroplani po përgatitet që të ulet. Vëllai i madh ecte shpejt që të mos vonohej. Ata po flisnin me zë të ulët që të mos zgjonin fëmijët. Nxënësit i shkruan fjalët e reja që të mos i harronin. Agimi shkoi në dyqan që të blejë një kalendar me figura. Në fshat kanë ardhur shumë turistë që të kalojnë pushimet. Vera shkoi në qytet që të vizitonte prindërit e saj. Shokët më kërkuan fotografitë e vjetra që t'i shihnin.

30.5.2 VERGLEICHSSATZ

Fügen Sie folgende Fragmente zu Vergleichssätzen zusammen, z. B. 'Das Wetter ist schön. Gestern war das Wetter schön > Das Wetter ist so schön wie (es) gestern (war) - *Moti është i bukur. Moti ishte i bukur dje > Moti është i bukur, siç ka qenë dje* Oder: *Moti është aq i bukur sa edhe dje.*

Ai flet ngadalë	e kanë mësuar të fliste ngadalë
Duhet të punosh	mund të punosh
Ai luan	fëmijët e vegjël luajnë
Ai më përqafon përzemërsisht	nëna ime më përqafonte
I dua miqtë	miqtë më duan
Unë ia kam thënë atij	mësuesja ia ka thënë në shkollë
Nxitova	mund
Kujtoja	ju gjeta
Ha	ti do

30.5.3 KONSEKUTIVSATZ

Fügen Sie folgende Fragmente zu Folgesätzen zusammen, z. B. 'Der Nebel wurde dicht. Man konnte nicht aus dem Fenster schauen > Der Nebel wurde so dicht, daß man nicht aus dem Fenster schauen konnte - *Mjegulla u bë i dendur. S'shihje dot nga dritarja > Mjegulla u bë aq i dendur saqë s'shihje dot nga dritarja.*

Bën ftohtë	ngrin lumi
Puna është me rëndësi	duhet të kryhet shpejt
Zamira hapi dritaren	Luani gjente dhomën të ajrosur
U bëmë miq të ngushtë	s'ndaheshim kurrë
Karrige s'kishte për të gjithë	një pjesë e spektatorëve shtrohej këmbëkryq
I tregonte bukur ngjarjet	njeriu e besonte

Shtëpia e saj nuk rrinte kurrë bosh	ajo s'e ndiente veten të vetmuar
Ai kishte ndryshuar krejt	nuk e njihje
Stadiumi nuk nxinte më	mjaft sportdashës mbetën jashtë

30.5.4 ORTHOGRAPHIE

30.5.4.1 Trennen Sie folgende Wörter, z. B. *vep-ri-mi* `oder:` *ve-pri-mi*

ndryshoj, asgjë, gjithnjë, zhvillim, mundshme, ekspresi, vazhdimisht, përkthej, ndodhem, postës, këmbë, zonja, mbylli, kurrë, burra, interesave, lëshim, shfaqje, popullore, shkuadër, skuadra, marksist, shqipe, shqiptarëve, fshesaxhiu

30.5.4.2 Setzen Sie die fehlenden Kommata ein:

Nuk e takova as të vëllanë as të nipin. As më hahet as më pihet. T'u japim nxënësve jo vetëm njohuri teorike por edhe njohuri praktike. Sa kërkoi aq i dhanë. Qytete si: Shkodra - që kishte më shumë se 40.000 banorë - Tirana Dibra Durrësi Elbasani Berati Vlora Korça dhe Gjirokastra u bënë në atë kohë qendra të rëndësishme tregtare.

Sa ta mbaroj këtë që kam në dorë do të nisem. Librat që më dhe i lexova. Ai që erdhi ishte shoku im. Si të mos mjaftonin librat që kishte kërkoi edhe disa të tjerë. Ai i kujtoi shokut kohën kur kishin qenë nxënës. Ajo nuk do ta harronte kurrë ditë që i vëllai kishte sjellë një tufë me lule në shtëpi.

E ndiente që kishte bërë gabim. E di që thua të vërtetën. I vinte keq që nuk e kishte takuar. Nxitonte nga frika se mos vonohej. Mos dil pa pallto se do të ftohesh. Arbeni dëgjon ç'i thonë. Ai kënaqej që më në fund njerëzit nuk e kishin harruar.

ANHANG

GLIEDERUNG

TABELLEN ZUR MORPHOLOGIE DES VERBS

Konjugationsparadigmen:
Die Hilfsverben "sein" **jam** und "haben" **kam**

Präsens Indikativ		Konjunktiv		Futur I	
jam	kam	të jem	të kem	do të jem	do të kem
je	ke	të jesh	të kesh	do të jesh	do të kesh
është	ka	të jetë	të ketë	do të jetë	do të ketë
jemi	kemi	të jemi	të kemi	do të jemi	do të kemi
jeni	keni	të jeni	të keni	do të jeni	do të keni
janë	kanë	të jenë	të kenë	do të jenë	do të kenë
Imperfekt Indikativ		**Konjunktiv**		**Konditional I**	
isha	kisha	të isha	të kisha	do të isha	do të kisha
ishe	kishe	të ishe	të kishe	do të ishe	do të kishe
ishte	kishte	të ishte	të kishte	do të ishte	do të kishte
ishim	kishim	të ishim	të kishim	do të ishim	do të kishim
ishit	kishit	të ishit	të kishit	do të ishit	do të kishit
ishin	kishin	të ishin	të kishin	do të ishin	do të kishin
Aorist I (Passé simple)				**Optativ Präsens**	
qeshë	pata			qofsha	paça
qe	pate			qofsh	paç
qe	pati			qoftë	pastë
qemë	patëm			qofshim	paçim
qetë	patët			qofshi	paçi
qenë	patën			qofshin	paçin
Partizip Perfekt: qenë		**pasur**			
Perfekt				**Admirativ Präsens**	
kam qenë		kam pasur		qenkam	paskam
ke qenë		ke pasur		qenke	paske
ka qenë		ka pasur		qenka	paska
kemi qenë		kemi pasur		qenkemi	paskemi
keni qenë		keni pasur		qenkeni	paskeni
kanë qenë		kanë pasur		qenkan	paskan
Plusquamperfekt				**Admirativ Präteritum**	
kisha qenë		(pasur)		qenkësha	paskësha
kishe qenë		(pasur)		qenkëshe	paskëshe
kishte qenë		(pasur)		qenkej	paskej
kishim qenë		(pasur)		qenkëshim	paskëshim
kishit qenë		(pasur)		qenkëshit	paskëshit
kishin qenë		(pasur)		qenkëshin	pashkëshin

Aorist II (passé antérieur)	Optativ Präteritum
pata qenë (pasur) pate qenë (pasur) pati qenë (pasur) patëm qenë (pasur) patët qenë (pasur) patën qenë (pasur)	paça qenë (pasur) paç qenë (pasur) pastë qenë (pasur) paçim qenë (pasur) paçi qenë (pasur) paçin qenë (pasur)
Futur II	Konditional II
do të kem qenë (pasur) do të kesh qenë (pasur) do të ketë qenë (pasur) do të kemi qenë (pasur) do të kemi qenë (pasur) do të kenë qenë (pasur)	do të kisha qenë (pasur) do të kishe qenë (pasur) do të kishte qenë (pasur) do të kishim qenë (pasur) do të kishit qenë (pasur) do të kishin qenë (pasur)
Admirativ Perfekt	Plusquamperfekt
paskam qenë (pasur) paske qenë (pasur) paska qenë (pasur) paskemi qenë (pasur) paskeni qenë (pasur) paskan qenë (pasur)	paskësha qenë (pasur) paskëshe qenë (pasur) paskej qenë (pasur) paskëshim qenë (pasur) paskëshit qenë (pasur) paskëshin qenë (pasur)
Imperativ Singular: ji sei ! Plural: jini seid !	 ki hab ! kini habt !
Infinite Verbalformen:	
Infinitiv: me qenë "sein"	me pasë "haben"
Gerundium: duke qenë "seiend"	duke pasur "habend"
Gerundium der Vorzeitigkeit: duke pasë qenë, duke pasë pasur	
Supinum: për të qenë, për të pasur	

Albanisch <A-1.2>

Die erste Konjugation: Vokal + j (-oj, ej, ij, yj, ëj)

AKTIV

Präsens Indikativ	Konjunktiv	Futur I
çoj	të çoj	do të çoj
çon	të çosh	do të çosh
çon	të çojë	do të çojë
çojmë	të çojmë	do të çojmë
çoni	të çoni	do të çoni
çojnë	të çojnë	do të çojnë

Imperfekt Indikativ	Konjunktiv	Konditional I
çoja	të çoja	do të çoja
çoje	të çoje	do të çoje
çonte	të çonte	do të çonte
çonim	të çonim	do të çonim
çonit	të çonit	do të çonit
çonin	të çonin	do të çonin

Aorist I (alternativ)			
çova	shërbeva	bleva	arrita
çove	shërbeve	bleve	arrite
çoi	shërbeu	bleu	arriti
çuam	shërbyem	blemë	arritëm
çuat	shërbyet	bletë	arritët
çuan	shërbyen	blenë	arritën

Perfekt Indikativ	Konjunktiv	Futur II
kam çuar	të kem çuar	do të kem çuar
ke çuar	të kesh çuar	do të kesh çuar
ka çuar	të ketë çuar	do të ketë çuar
kemi çuar	të kemi çuar	do të kemi çuar
keni çuar	të keni çuar	do të keni çuar
kanë çuar	të kenë çuar	do të kenë çuar

Plusquamperfekt Indikativ	Konjunktiv	Konditional II
kisha çuar	të kisha çuar	do të kisha çuar
kishe çuar	të kishe çuar	do të kishe çuar
kishte çuar	të kishte çuar	do të kishte çuar
kishim çuar	të kishim çuar	do të kishim çuar
kishit çuar	të kishit çuar	do të kishit çuar
kishin çuar	të kishin çuar	do të kishin çuar

PASSIV

Präsens Indikativ	Konjunktiv	Futur I
çohem	të çohem	do të çohem
çohesh	të çohesh	do të çohesh
çohet	të çohet	do të çohet
çohemi	të çohemi	do të çohemi
çoheni	të çoheni	do të çoheni
çohen	të çohen	do të çohen
Imperfekt Indikativ	**Konjunktiv**	**Konditional I**
çohesha	të çohesha	do të çohesha
çoheshe	të çoheshe	do të çoheshe
çohej	të çohej	do të çohej
çoheshim	të çoheshim	do të çoheshim
çoheshit	të çoheshit	do të çoheshit
çoheshin	të çoheshin	do të çoheshin
Aorist I	**(alternativ)**	
u çova	u lava	u ktheva
u çove	u lave	u ktheve
u çua	u la	u kthye
u çuam	u lamë	u kthyet
u çuat	u latë	u kthyet
u çuan	u lanë	u kthyen
Perfekt Indikativ	**Konjunktiv**	**Futur II**
jam çuar	të jem çuar	do të jem çuar
je çuar	të je çuar	do të je çuar
është çuar	të jetë çuar	do të jetë çuar
jemi çuar	të jemi çuar	do të jemi çuar
jeni çuar	të jeni çuar	do të jeni çuar
janë çuar	të jenë çuar	do të jenë çuar
Plusquamperfekt Indikativ	**Konjunktiv**	**Konditional II**
isha çuar	të isha çuar	do të isha çuar
ishe çuar	të ishe çuar	do të ishe çuar
ishte çuar	të ishte çuar	do të ishte çuar
ishim çuar	të ishim çuar	do të ishim çuar
ishit çuar	të ishit çuar	do të ishit çuar
ishin çuar	të ishin çuar	do të ishin çuar

Albanisch <A-1.2>

Aorist II

pata çuar pate çuar pati çuar patëm çuar patët çuar patën çuar

Optativ Präsens	Präteritum
çofsha çofsh çoftë çofshim çofshi çofshin	paça çuar paç çuar pastë çuar paçim çuar paçi çuar paçin çuar
Admirativ Präsens	**Präteritum**
çuakam çuake çuaka çuakemi çuakeni çuakan	çúakësha çuakëshe çuakej çuakëshim çuakëshit çuakëshin
Perfekt	**Plusquamperfekt**
paskam çuar paske çuar paska çuar paskemi çuar paskeni çuar paskan çuar	paskësha çuar paskëshe çuar paskej çuar paskëshim çuar paskëshit çuar paskëshin çuar

Imperativ (alternativ)

Sg.	ço	laj	bli (< blej)
Pl.	çoni	lani	blini

verneint

Sg.	mos ço	mos laj	mos bli
Pl.	mos çoni	mos lani	mos blini

mit pronominalem Objekt

Sg.	çoje	laje	blije
Pl.	çojeni	lajeni	blijeni

Partizip Perfekt:	çuar	Nomen agentis:	blerës, -e
Gerundium:	duke çuar		tregues, -e
Supinum:	për të çuar	Infinitiv:	me çue

Aorist II

qeshë çuar qe çuar qe çuar qemë çuar qetë çuar qenë çuar	
Optativ Präsens	Präteritum
u çofsha u çofsh u çoftë u çofshim u çofshi u çofshin	qofsha çuar qofsh çuar qoftë çuar qofshim çuar qofshi çuar qofshin çuar
Admirativ Präsens	Präteritum
u çuakam u çuake u çuaka u çuakemi u çuakeni u çuakan	u çúakësha u çuakëshe u çuakej u çuakëshim u çuakëshit u çuakëshin
Perfekt	Plusquamperfekt
qenkam çuar qenke çuar qenka çuar qenkemi çuar qenkemi çuar qenkan çuar	qenkësha çuar qenkëshe çuar qenkej çuar qenkëshim çuar qenkëshit çuar qenkëshin çuar
Imperativ (alternativ)	
Sg. çohu Pl. çohuni	laju lajuni
verneint	
Sg. mos u ço Pl. mos u çoni	mos u laj mos u lani
Gerundium: duke u çuar Supinum: për t'u çuar Infinitiv: me u çue	

Albanisch <A-1.3>

Die zweite Konjugation: Konsonant, ohne Suffix und morphonologische Alternationen

AKTIV

Präsens Indikativ	Präsens Konjunktiv	Futur I
lidh	të lidh	do të lidh
lidh	të lidhësh	do të lidhësh
lidh	të lidhë	do të lidhë
lidhim	të lidhim	do të lidhim
lidhni	të lidhni	do të lidhni
lidhin	të lidhin	do të lidhin

Imperfekt Indikativ	Imperfekt Konjunktiv	Konditional I
lidhja	të lidhja	do të lidhja
lidhje	të lidhje	do të lidhje
lidhte	të lidhte	do të lidhte
lidhnim	të lidhnim	do të lidhnim
lidhnit	të lidhnit	do të lidhnit
lidhnin	të lidhnin	do të lidhnin

Aorist I	
lidha	
lidhe	
lidhi	
lidhëm	
lidhët	
lidhën	

Perfekt Indikativ	Perfekt Konjunktiv	Futur II
kam lidhur	të kem lidhur	do të kem lidhur

Plusquamperfekt Indikativ	Plusquamperfekt Konjunktiv	Konditional II
kisha lidhur	të kisha lidhur	do të kisha lidhur

Aorist II
pata lidhur

PASSIV

Präsens Indikativ	Präsens Konjunktiv	Futur I
lidhem	të lidhem	do të lidhem
lidhesh	të lidhesh	do të lidhesh
lidhet	të lidhet	do të lidhet
lidhemi	të lidhemi	do të lidhemi
lidheni	të lidheni	do të lidheni
lidhen	të lidhen	do të lidhen

Imperfekt Indikativ	Imperfekt Konjunktiv	Konditional I
lidhesha	të lidhesha	do të lidhesha
lidheshe	të lidheshe	do të lidheshe
lidhej	të lidhej	do të lidhej
lidheshim	të lidheshim	do të lidheshim
lidheshit	të lidheshit	do të lidheshit
lidheshin	të lidheshin	do të lidheshin

Aorist I
u lidha
u lidhe
u lidh
u lidhëm
u lidhët
u lidhën

Perfekt Indikativ	Perfekt Konjunktiv	Futur II
jam lidhur	të të jem lidhur	do të jem lidhur

Plusquamperfekt Indikativ	Plusquamperfekt Konjunktiv	Konditional II
isha lidhur	të isha lidhur	do të isha lidhur

Aorist II
qeshë lidhur

Albanisch <A-1.3>

Optativ Präsens	Präteritum
lidhsha	paça lidhur
lidhsh	paç lidhur
lidhtë	pastë lidhur
lidhshim	paçim lidhur
lidhshi	paçi lidhur
lidhshin	paçin lidhur
Admirativ Präsens	Präteritum
lidhkam	lidhkësha
lidhke	lidhkëshe
lidhka	lidhkej
lidhkemi	lidhkëshim
lidhkeni	lidhkëshit
lidhkan	lidhkëshin
Perfekt	Plusquamperfekt
paskam lidhur	paskësha lidhur
Imperativ	
Sg. lidh	mos lidh
Pl. lidhni	mos lidhni
mit pronominalem Objekt	
Sg. lidhe	mos e lidh
Pl. lidheni	mos e lidhni
Nomen agentis:	lidhës, lidhëse
Partizip Perfekt:	lidhur
Gerundium:	duke lidhur
Supinum:	për të lidhur
Infinitiv:	me lidhë

Optativ Präsens	Präteritum
u lidhsha u lidhsh u lidhtë u lidhshim u lidhshi u lidhshin	qofsha lidhur qofsh lidhur qoftë lidhur qofshim lidhur qofshi lidhur qofshin lidhur
Admirativ Präsens	Präteritum
u lidhkam u lidhke u lidhka u lidhkemi u lidhkeni u lidhkan	u lidhkësha u lidhkëshe u lidhkej u lidhkëshim u lidhkëshit u lidhkëshin
Perfekt	Plusquamperfekt
qenkam lidhur	qenkësha lidhur
Imperativ	
Sg. lidhu Pl. lidhuni	mos u lidh mos u lidhni
Gerundium: duke u lidhur Supinum: për t'u lidhur Infinitiv: me u lidhë	

2. Konjugation: Vokalveränderungen

AKTIV

Präsens Indikativ	Präsens Konjunktiv	Futur I
dal	të dal	do të dal
del	të dalësh	do të dalësh
del	të dalë	do të dalë
dalim	të dalim	do të dalim
dilni	të dilni	do të dilni
dalin	të dalin	do të dalin
Imperfekt Indikativ	**Imperfekt Konjunktiv**	**Konditional I**
dilja	të dilja	do të dilja
dilje	të dilje	do të dilje
dilte	të dilte	do të dilte
dilnim	të dilnim	do të dilnim
dilnit	të dilnit	do të dilnit
dilnin	të dilnin	do të dilnin
Aorist I		**Aorist II**
dola		pata dalë
dole		pate dalë
doli		pati dalë
dolëm		patëm dalë
dolët		patët dalë
dolën		patën dalë
Perfekt Indikativ	**Perfekt Konjunktiv**	**Futur II**
kam dalë	të kem dalë	do të kem dalë
Plusquamperfekt Indikativ	**Plusquamperfekt Konjunktiv**	**Konditional II**
kisha dalë	të kisha dalë	do të kisha dalë

Optativ Präsens	Präteritum
dalsha	paça dalë
dalsh	paç dalë
daltë	pastë dalë
dalshim	paçim dalë
dalshi	paçi dalë
dalshin	paçin dalë

Admirativ Präsens	Präteritum
dalkam dalke dalka dalkemi dalkeni dalkan	dalkësha dalkëshe dalkej dalkëshim dalskëshit dalkëshin
Perfekt	Plusquamperfekt
paskam dalë paske dalë paska dalë paskemi dalë paskeni dalë paskan dalë	paskësha dalë paskëshe dalë paskej dalë paskëshim dalë paskëshit dalë paskëshin dalë
Imperativ	
Sg. dil Pl. dilni	mos dil mos dilni
Partizip Perfekt: Nomen agentis:	dalë dalës
Gerundium: Supinum Infinitiv:	duke dalë për të dalë me dalë

PASSIV

Präsens Indikativ	Konjunktiv	Futur I
dilet	të dilet	do të dilet
Imperfekt Indikativ	Konjunktiv	Konditional I
dilej	të dilej	do të dilej

2. Konjugation: Suffix mit s/t-Wechsel und Vokalveränderung

AKTIV

Präsens		**Futur I**
Indikativ	Konjunktiv	
flas	të flas	do të flas
flet	të flasësh	do të flasësh
flet	të flasë	do të flasë
flasim	të flasim	do të flasim
flisni	të flisni	do të flisni
flasin	të flasin	do të flasin
Imperfekt		**Konditional I**
Indikativ	Konjunktiv	
flisja	të flisja	do të flisja
flisje	të flisje	do të flisje
fliste	të fliste	do të fliste
flisnim	të flisnim	do të flisnim
flisnit	të flisnit	do të flisnit
flisnin	të flisnin	do të flisnin
Aorist I	(alternativ)	
fola	bërtita (< bërtas)	
fole	bërtite	
foli	bërtiti	
folëm	bërtitëm	
folët	bërtitët	
folën	bërtitën	
Perfekt		**Futur II**
Indikativ	Konjunktiv	
kam folur	të kem folur	do të kem folur
Plusquamperfekt		**Konditional II**
kisha folur	të kisha folur	do të kisha folur
Optativ		
Präsens	Präteritum	
folsha	paça folur	
folsh	paç folur	
foltë	pastë folur	
folshim	paçim folur	
folshi	paçi folur	
folshin	paçin folur	

Admirativ Präsens		Präteritum	
folkam	(flitkam)	folkësha	(flitkësha)
folke	(flitke)	folkëshe	(flitkëshe)
folka	(flitka)	folkej	(flitkej)
folkemi	(flitkemi)	folkëshim	(flitkëshim)
folkeni	(flitkeni)	folkëshit	(flitkëshit)
folkan	(flitkan)	folkëshin	(flitkëshin)
Perfekt		Plusquamperfekt	
paskam folur		paskësha folur	
Imperativ			
Sg.	fol	mos fol	
Pl.	flisni	mos flisni	
Partizip Perfekt:		folur	
Nomen agentis:		folës	
Gerundium:		duke folur	
Supinum:		për të folur	
Infinitiv:		me folë	

PASSIV

Präsens Indikativ	Konjunktiv	Futur I
flitet	të flitet	do të flitet
Imperfekt Indikativ	Konjunktiv	Konditional I
flitej	të flitej	do të flitej
Perfekt Indikativ	Konjunktiv	Futur II
është folur	të jetë folur	do të jetë folur
Plusquamperfekt Indikativ	Konjunktiv	Konditional II
ishte folur	të ishte folur	do të ishte folur

2. Konjugation: Suppletiv mit morphonologischem Vokalwechsel

AKTIV

Präsens Indikativ	Konjunktiv	Futur I
shoh	të shoh	do të shoh
sheh	të shohësh	do të shohësh
sheh	të shohë	do të shohë
shohim	të shohim	do të shohim
shihni	të shihni	do të shihni
shohin	të shohin	do të shohin
Imperfekt Indikativ	**Konjunktiv**	**Konditional I**
shihja	të shihja	do të shihja
shihje	të shihje	do të shihje
shihte	të shihte	do të shihte
shihnim	të shihnim	do të shihnim
shihnit	të shihnit	do të shihnit
shihnin	të shihnin	do të shihnin
Aorist I	**(alternativ)**	
pashë	ndenja (< rri)	
pe	ndenje	
pa	ndenji	
pamë	ndenjëm	
patë	ndenjët	
panë	ndenjën	
Perfekt Indikativ	**Konjunktiv**	**Futur II**
kam parë	të kem parë	do të kem parë
Plusquamperfekt Indikativ	**Konjunktiv**	**Konditional II**
kisha parë	të kisha parë	do të kisha parë

Optativ Präsens	Präteritum
pafsha	paça parë
pafsh	paç parë
paftë	pastë parë
pashim	paçim parë
pafshi	paçi parë
pafshin	paçin parë

Admirativ Präsens	Präteritum
pakam pake paka pakemi pakeni pakan	pakësha pakëshe pakej pakëshim pakëshit pakëshin
Perfekt	Plusquamperfekt
paskam parë	paskësha parë
Imperativ	
Sg. shih Pl. shihni	mos shih mos shihni
Partizip Perfekt: Nomen agentis:	parë pamës
Gerundium: Supinum: Infinitiv:	duke parë për të parë me pa, me pám

PASSIV

Präsens Indikativ	Konjunktiv	Futur I
shihem shihesh shihet shihemi shiheni shihen	të shihem të shihesh të shihet të shihemi të shiheni të shihen	do të shihem do të shihesh do të shihet do të shihemi do të shiheni do të shihen
Imperfekt Indikativ	Konjunktiv	Konditional I
shihesha shihej shiheshim	të shihesha të shihej të shiheshim	do të shihesha do të shihej do të shiheshim
Gerundium: Supinum: Infinitiv:	duke u parë për t'u parë me u pa, me u pám	

Albanisch <A-1.7>

2. Konjugation: Konsonantisch mit nj-Erweiterung

AKTIV

Präsens Indikativ	Konjunktiv	Futur I
iki (< ikënj)	të iki	do të iki
ikën	të ikësh	do të ikësh
ikën	të ikën	do të ikën
ikim (< ikënjmë)	të ikim	do të ikim
ikni	të ikni	do të ikni
ikin	të ikin	do të ikin

Imperfekt Indikativ	Konjunktiv	Konditional I
ikja	të ikja	do të ikja
ikje	të ikje	do të ikje
ikte	të ikte	do të ikte
iknim	të iknim	do të iknim
iknit	të iknit	do të iknit
iknin	të iknin	do të iknin

Aorist I	Aorist II
ika	pata ikur
ike	pate ikur
iku	pati ikur
ikëm	patëm ikur
ikët	patët ikur
ikën	patën ikur

Perfekt Indikativ	Konjunktiv	Futur II
kam ikur	të kem ikur	do të kem ikur

Plusquamperfekt Indikativ	Konjunktiv	Konditional II
kisha ikur	të kisha ikur	do të kisha ikur

Optativ Präsens	Präteritum
iksha	paça ikur
iksh	paç ikur
iktë	pastë ikur
ikshim	paçim ikur
ikshi	paçi ikur
ikshin	paçin ikur

Admirativ Präsens	Präteritum
ikkam ikke ikka ikkemi ikkeni ikkan	ikkësha ikkëshe ikkej ikkëshim ikkëshit ikkëshin
Perfekt	Plusquamperfekt
paskam ikur paske ikur paska ikur paskemi ikur paskeni ikur paskan ikur	paskësha ikur paskëshe ikur paskej ikur paskëshim ikur paskëshit ikur paskëshin ikur
Imperativ	
Sg. ik Pl. ikni	mos ik mos ikni
Partizip Perfekt: Nomen agentis:	ikur ikës
Gerundium: Supinum: Infinitiv:	duke ikur për të ikur me ikë

3. Konjugation: alter Nasalstamm, morphonologischer Vokalwechsel

AKTIV

Präsens Indikativ	Konjunktiv	Futur I
vë	të vë	do të vë
vë	të vësh	do të vësh
vë	të vërë	do të vërë
vëmë	të vëmë	do të vëmë
vini	të vini	do të vini
vënë	të vënë	do të vënë

Imperfekt Indikativ	(alternativ) (<vete, dua)		Konditional Konjunktiv	
vija	veja	doja	të vija	do të vija
vije	veje	doje	të vija	do të vije
vinte	vente	donte	të vinte	do të vinte
vinim	venim	donim	të vinim	do të vinim
vinit	venit	donit	të vinit	do të vinit
vinin	venin	donin	të venin	do të vinin

Aorist I	(alternativ)	
vura	vajta	desha
vure	vajte	deshe
vuri	vajti	deshi
vumë	vajtëm	deshëm
vutë	vajtët	deshët
vunë	vajtën	deshën

Perfekt Indikativ	Konjunktiv	Futur II
kam vënë	të kem vënë	do të kem vënë

Plusquamperfekt Indikativ	Konjunktiv	Konditional II
kisha vënë	të kisha vënë	do të kish vënë

Optativ Präsens	(alternativ: < vete, dua)		Präteritum
vënça	vafsha (vajça)	daça	paça vënë
vënç	vafsh (vajç)	daç	paç vënë
vëntë	vaftë	dashtë	pastë vënë
vënçim	vafshim	daçim	paçim vënë
vënçi	vafshi	daçi	paçi vënë
vënçin	vafshin	daçin	paçin vënë

Admirativ Präsens	Präteritum
vënkam vënke vënka vënkemi vënkeni vënkan	vënkësha vënkëshe vënkej vënkëshim vënkëshit vënkëshin
Perfekt	Plusquamperfekt
paskam vënë	paskësha vënë
Imperativ	
Sg. vër Pl. vini	mos vër mos vini
Partizip Perfekt (alternativ):	
vënë vajtur Nomen agentis: vënës	dashur dashës
Gerundium: Supinum: Infinitiv: me vû	duke vënë për të vënë me dashtë

PASSIV

Präsens Indikativ	Konjunktiv	Futur I
vihem vihesh vihet vihemi viheni vihen	të vihem të vihesh të vihet të vihemi të viheni të vihen	do të vihem do të vihesh do të vihet do të vihemi do të viheni do të vihen
Imperfekt Indikativ	Konjunktiv	Konditional I
vihesha vihej viheshim	të vihesha të vihej të viheshim	do të vihesha do të vihej do të viheshim
Gerundium: Supinum:	duke u vënë për t'u vënë	Infinitiv: me u vû

Stammformen von schwierig zu konjugierenden Verben :

3.P.Sg.Pr.	*2.Pl.Pr.*	*3.P.Sg.conj.Pr.*	*Imp.*	*Pass.*	*Aor.*	*Pt.Pf.*	*Opt.*
arrij			aor. -t-				ankommen
arrin,	arrini,	të arrijë,	arrij!,	arrihet,	arrita,	arritur,	arritsha
bëj			aor. -r-				machen
bën,	bëni,	të bëjë,	bëj!,	bëhet,	bëra,	bërë,	bëfsha
bie			suppletiv				bringen
bie,	bini,	të bjerë,	bjer!,	biret,	prura,	prurë,	prufsha
bie			suppletiv				fallen
bie,	bini,	të bjerë,	bjer!,	bihet,	rashë,	rënë,	rënça
blej			e/i				kaufen
blen,	blini,	të blejë,	bli!,	blihet,	bleva,	blerë,	blefsha
dal			a/e/i/o				hinausgehen
del,	dilni,	të dalë,	dil!,	dilet,	dola,	dalë,	dalsha
djeg			e/i/o, g/gj				verbrennen
djeg,	digjni,	të djegë,	digj!,	digjet,	dogja,	djegur,	djegsha
dredh			e/i/o				drehen
dredh,	dridhni,	të dredhë,	dridh!,	dridhet	drodha,	dredhur,	dredhsha
dua			ua/o/e/a				wollen
do,	doni,	të dojë,	duaj!,	duhet,	desha,	dashur,	daça
eci							zu Fuß gehen
ecën,	ecni,	të ecë,	ec!,	ecet,	eca,	ecur,	ecsha
flas			a/e/i/o, s/t				sprechen
flet,	flisni,	të flasë,	fol!,	flitet,	fola,	folur,	folsha
fle			e/i, aor. -t-				schlafen
fle,	flini,	të flejë,	fli!,		fjeta,	fjetur,	fjetsha
gjej			aor. -t-, pass. -nd-				finden
gjen,	gjeni,	të gjejë,	gjej!,	gjendet,	gjeta,	gjetur,	gjetsha
ha			suppletiv				essen
ha,	hani,	të hajë,	ha!,	hahet,	hëngra,	ngrënë,	ngrënça
hedh			e/i/o				werfen
hedh,	hidhni,	të hedhë,	hidh!,	hidhet,	hodha,	hedhur,	hedhsha
heq			e/i/o				ziehen
heq,	hiqni,	të heqë,	hiq!,	hiqet,	hoqa,	hequr,	heqsha

[ebenso die Komposita: udhëheq führen, tërheq (an)ziehen]

hipi							aufsteigen, reiten
hipën,	hipni,	të hipë,	hip!,	hipet,	hipa,	hipur,	hipsha

hyj aor. -r- eintreten
hyn, hyni, të hyjë, hyr!, hyhet, hyra, hyrë, hyfsha

jam suppletiv sein
është, jeni, të jetë, ji!, qeshë, qenë, qofsha

jap suppletiv geben
jep, jepni, të japë, jep!, jepet, dhashë, dhënë, dhënça

kam suppletiv haben
ka, keni, të ketë, ki!, kihet, pata, pasur, paça

kryej vollenden
kryen, kryeni, të kryejë, kryej!, kryhet, kreva, kryer, krefsha

laj waschen
lan, lani, të lajë, laj!, lahet, lava, larë, lafsha

lë suppletiv lassen
lë, lini, të lërë, lër!, lihet, lashë, lënë, lënça

luaj aor. -t- spielen
lúan, lúani, të lúajë, lúaj!, luhet, luajta, luajtur, luajtsha

marr a/e/o nehmen
merr, merrni, të marrë, merr!, merret, mora, marrë, marrsha

mbjell je/i/o säen
mbjell, mbillni, të mbjellë, mbill!, mbillet, mbolla, mbjellë, mbjellsha

mbledh e/i/o (ver)sammeln
mbledh, mblidhni, të mbledhë, mblidh!, mblidhet, mblodha, mbledhur, mbledhsha

ndez e/i anzünden
ndez, ndizni, të ndezë, ndiz!, ndizet, ndeza, ndezur, ndezsha

ndjek je/i/o, k/q (ver)folgen
ndjek, ndiqni, të ndjekë, ndiq!, ndiqet, ndoqa, ndjekur, ndjeksha

ngjesh e/i umgürten; kneten
ngjesh, ngjishni, të ngjeshë, ngjish!, ngjishet, ngjesha, ngjeshur, ngjeshça

ngjyej färben
ngjyen, ngjyeni, të ngjyejë, ngjyej!, ngjyhet, ngjeva, ngjyer, ngjefsha

ngre e/i, aor. -t- erheben
ngre, ngrini, të ngrejë, ngri!, ngrihet, ngrita, ngritur, ngritsha

njoh o/e/i kennen
njeh, njihni, të njohë, njih!, njihet, njoha, njohur

nxjerr je/i/o herausziehen
nxjerr, nxirrni, të nxjerrë, nxirr!, nxirret, nxora, nxjerrë, nxjerrsha

paraqes [= paraqit] e/i, s/t vorstellen
paraqet, paraqitni (-qisni), të paraqesë, paraqit!, paraqitet, paraqita, paraqitur, paraqitsha

përcjell je/i/o begleiten
përcjell, përcillni, të përcjellë, përcill!, përcillet, përcolla, përcjellë, përcjellsha

përpiqem je/i/o sich bemühen
përpíqet, përpiqeni, të përpiqet, përpiqu!, u përpoqa, përpjekur, u përpjeksha

pi trinken
pi, pini, të pijë, pi!, pihet, piva, pirë, pifsha

pres e/i, s/t schneiden
pret, prisni, të presë, prit! (pre!), pritet, preva, prerë, prefsha

pres e/i, s/t warten
pret, prisni, të presë, prit!, pritet, prita, pritur, pritsha

pyes s/t fragen
pyet, pyesni, të pyesë, pyet!, pyetet, pyeta, pyetur, pyetsha

rri suppletiv sitzen
rri, rrini, të rrijë, rri!, rrihet, ndenja, ndenjur, ndenjça

rrjedh je/i/o fließen
rrjedh, rridhni, të rrjedhë, rridh!, rridhet rrodha, rrjedhur, rrjedhsha

sjell je/i/o bringen
sjell, sillni, të sjellë, sill!, sillet, solla, sjellë, sjellsha

shes e/i, s/t verkaufen
shet, shisni, të shesë, shit!, shitet, shita, shitur, shitsha

shoh suppletiv, o/e/i sehen
sheh, shihni, të shohë, shih!, shihet, pashë, parë, pafsha

trokas a/e/i, s/t klopfen
troket, trokisni, të trokasë, trokit!, trokitet, trokita, trokitur, trokitsha

them sagen
thotë, thoni, të thotë, thuaj!, thuhet, thashë, thënë, thënça

thërrás a/e/i, s/t rufen
thërret, thërrisni, të thërrasë, thirr! (= thërrit!), thirret, thirra, thirrur, thirrsha (= thërritsha)

vdes e/i, s/k/q sterben
vdes, vdisni, të vdesë, vdis!, vdiset, vdiqa, vdekur, vdeksha

vesh e/i anziehen
vesh, vishni, të veshë, vish!, vishet, vesha, veshur, veshça

vete e/aj, aor -t- (weg)gehen
vete, veni, të vejë, vehet, vajta, vajtur, vajça

vë			ë/i/u, aor. -r-				setzen
vë,	vini,	të vërë,	vër!,	vihet,	vura,	vënë,	vënça

vij			suppletiv				kommen
vjen,	vini,	të vijë,	eja!,		erdha,	ardhur,	ardhsha

vras			a/e/i, s/t				töten
vret,	vrisni,	të vrasë,	vrit!,	vritet,	vrava,	vrarë,	vrafsha

vuaj			aor. -t-				leiden
vuan,	vuani,	të vuajë,	vuaj!,		vuajta,	vuajtur,	vuajtsha

zbres			e/i, s/t				herabsteigen
zbret,	zbrisni,	të zbresë,	zbrit!,	zbritet,	zbrita,	zbritur,	zbritsha

zgjedh			e/i/o				auswählen
zgjedh,	zgjidhni,	të zgjedhë,	zgjidh!,	zgjidhet,	zgjodha,	zgjedhur,	zgjedhsha

Albanisch < A-2 >

ÜBERSETZUNG DER LESESTÜCKE

1.3
Wer ist das ? Das ist Agim. Wo ist Agim ? Agim ist hier. Was ist Agim ? Agim ist Lehrer. Wer ist das ? Das ist Drita. Wo ist Drita ? Drita ist dort. Was ist Drita ? Drita ist Lehrerin. Was ist das ? Das ist ein Telefon. Wo ist das Telefon ? Das Telefon ist hier. Was ist das ? Das ist eine Uhr. Wo ist die Uhr ? Die Uhr ist dort.

2.3
Hier ist ein Arbeiter. Das ist Besnik. Auch dort ist ein Arbeiter. Das ist Sokol. Besnik und Sokol sind Arbeiter. Das ist Agim. Agim ist kein Arbeiter. Er ist Lehrer. Besnik, Sokol und Agim sind Freunde.
Was ist das ? Das sind Schlüssel. Wieviel Schlüssel sind hier ? Hier sind 6 Schlüssel. Wo sind die Schlüssel ? Die Schlüssel sind hier.
Sind das Füllhalter ? Nein, das sind keine Füllhalter, das sind Bälle.

3.3
Das ist ein Zimmer. Da sind die Wände, die Decke und der Fußboden. Die Decke ist hoch, der Fußboden ist tief. Sind das Stühle ? Ja, das sind Stühle. Wieviel Stühle sind hier ? Hier sind 2 Stühle. Ist das ein Tisch ? Ja, das ist ein Tisch. Was ist das ? Dies ist ein Bett. Wo ist der Schrank ? Der Schrank ist links. Was ist rechts ? Rechts sind zwei Fenster. Ist das eine Tür ? Ja, das ist eine Tür. Wieviel Türen sind hier ? Hier ist eine Tür.

4.3
Wir lernen Albanisch
Dies ist ein Student. Er ist Franzose und heißt Jean. Er spricht Französisch und Deutsch.
Ich heiße Hans. Ich bin kein Student. Ich bin Ingenieur. Ich spreche Deutsch und Englisch.
Jean und ich sind Freunde. Wir lernen zusammen Albanisch. Jean liest jetzt und ich höre zu. Jean liest nicht schnell, er liest langsam. Ich verstehe sehr gut.

5.3
Im Hause.
Wir haben vier Zimmer: zwei Schlafzimmer, ein Wohnzimmer und ein Arbeitszimmer. Wir haben auch eine Küche und ein Bad.
Ali öffnet die Tür und tritt in das Wohnzimmer ein. Dieses hat nicht viele Möbel. Ali sieht einen Tisch, vier Stühle, einen Schrank und einen Fernsehapparat.
Vera und Agim sind im Zimmer. Vera liest ein Buch und Agim zeichnet. Ali öffnet eine Zeitschrift und schaut Fotos an. Danach schließt er die Zeitschrift und geht wieder hinaus.

6.3
Der Morgen
Es ist Morgen. Anila öffnet das Fenster und schaut auf die Straße. Auf der Straße fahren Autos und gehen Menschen vorbei, es gehen Männer, Frauen, Jungen und Mädchen vorüber. Sie gehen zur Schule.
Anila ist Ärztin. Sie arbeitet im Krankenhaus. Das Krankenhaus ist nicht weit, es ist nah. Sie geht ins Krankenhaus zu Fuß.
Anila bemerkt jetzt auf der Straße zwei Freundinnen. Sie sind Arbeiterinnen und arbeiten in der Fabrik. Sie fahren mit dem Bus zur Arbeit. Da ist der Bus. Er hält an der Haltestelle. Die beiden Freundinnen steigen in den Bus. Die Fabrik ist sehr weit entfernt.

7.3
Teutas Familie
Teuta ist Studentin. Sie lernt in der Universität Tirana. Sie wohnt in der Studentenstadt. Die Eltern von Teuta wohnen auf dem Dorf. Der Vater von Teuta ist Arbeiter. Die Mutter von Teuta ist Lehrerin in der Schule des Dorfes. Teuta hat eine Schwester und einen Bruder. Teutas Schwester ist Ärztin. Sie ist verheiratet. Sie hat einen Sohn und eine Tochter. Der Bruder von Teuta ist Maurer. Er arbeitet in der Stadt. Teutas Familie ist jetzt zu Hause. Die Erwachsenen sehen fern und unterhalten sich. Die Kinder spielen.

8.3
Auf der Post
Artan schreibt einen Brief und ein paar Postkarten. Er beendet den Brief, steckt ihn in den Umschlag und schreibt die Adresse. Er nimmt einige Briefmarken aus der Schublade des Tisches. Dann verläßt er das Haus und geht zur Post. Er wirft die Karten in einen Briefkasten und betritt die Post. In der Schalterhalle der Post sucht er den Schalter für die Einschreibebriefe. Der Schalter Nr. 1 nimmt die Einschreiben an. Am Schalter Nr. 2 erhält man Geld, während am dritten Päckchen entgegengenommen werden.

9.3
Ein freier Tag
Heute ist Sonntag. Sokol und Drita arbeiten Sonntags nicht. Sie arbeiten sechs Tage in der Woche. Sie arbeiten am Montag, Dienstag, Mittwoch, Donnerstag, Freitag und Samstag, während sie am Sonntag ruhen. Sie haben frei und schlafen bis spät. Nachmittags macht Sokol einen Spaziergang mit den Freunden. Sie gehen manchmal ins Gebirge, manchmal in den Wald oder ans Mer. Drita bleibt zu Hause. Sie liest etwas oder unterhält sich mit ihren Freundinnen. Am Abend gehen Sokol und Drita zusammen ins Kino oder ins Theater.

10.3
Was macht Agim tagsüber ?
Agim wacht um 6 Uhr auf. Um 6 Uhr 5 steht er vom Bett auf. Dann öffnet er das Fenster. Ungefähr 5 Minuten macht er Gymnastik. Er wäscht die Hände und das Gesicht. Dann zieht er die Kleider an.
Um halb sieben frühstückt Agim. Um sieben geht er aus dem Hause und geht zur Arbeit. Er ist Maurer und arbeitet von halb 8 bis um 14 Uhr (zwei Uhr nachmittags). Um zwölf verläßt Agim die Arbeit und ißt zu Mittag. Um halb 1 beginnt er von neuem mit der Arbeit.
Nach der Arbeit geht Agim nach Hause. Dort liest er Zeitungen und hört Radio. Er ruht aus. Um 19 Uhr ißt er zu Abend. Am Abend trifft Agim oft Fatos. Sie gehen ins Kino oder ins Restaurant.
Ungefähr um 22 Uhr geht Agim zu Bett.

11.3
Im Hotel
Vera und Teuta fahren mit dem Taxi ins Hotel. Sie wollen rasch ankommen, denn sie sind müde von der langen Reise. Da ist das Hotel. Die Freundinnen steigen aus dem Taxi und gehen zum Empfangsbüro. Die Angestellte trägt die Mädchen ein. Vera und Teuta wohnen im vierten Stock. Sie nehmen den Schlüssel des Zimmers und treten in das Zimmer ein. Das Zimmer ist groß, hell und sehr sauber. Es liegt nach Süden und hat einen Balkon. Es gefällt ihnen. Vera und Teuta stellen ihre Koffer ab und gehen auf den Balkon hinaus. Das Ufer ist ruhig.
Teuta sagt: "Vera, komm, laß uns einen Spaziergang machen. Der Strand ist sehr schön."
Aber Vera entgegnet: "Heute abend müssen wir ein wenig ausruhen. Laß uns morgen hinausgehen."

12.3
Die Jahreszeiten
Die vier Jahreszeiten unterhalten sich einmal über das Gute, das sie dem Menschen bringen.

- Ich, sagt der Frühling, bringe den Menschen Freude. Im Frühling ist eine gute Zeit, der Himmel ist blau, es gibt keine Wolken. Die Soinne scheint. Es ist warm. Die Natur ist schön.

- Auch ich stehe nicht zurück, schöner Frühling, sagt der Sommer. - Im Sommer ist es heiß. Selten weht ein leichter Wind. Die Tage sind lang und schön, die Nächte sind kurz. Die Sommerferien beginnen. Die Menschen fahren ans Meer. Dort werden sie Urlaub machen und sich vergnügen.

- Schmackhafte Früchte gebe ich dem Menschen, sagt rasch der Frühling. Die Gärten sind im Frühling schön. Die Bäume sind voller Obst: Äpfel, Birnen, Pflaumen und Quitten.

Der Winter lacht ein wenig und sagt: - Auch ich bringe den Menschen gute Dinge. Im Winter schneit es. Die Kinder fahren Schlitten und laufen Ski, besonders in den Ferien. Die Winterferien sind ein besonderes Vergnügen für die Schüler. In den Winternächten kommen sie zusammen, unterhalten sich und treiben Kurzweil.

13.3
Auf dem Markt
Der Markt meiner Stadt ist voll von Obst und Gemüse. An einer Stelle gibt es das Obst: Äpfel, Birnen, Trauben, Nüsse, Pflaumen. An einer andere Stelle befindet sich das Gemüse: Kartoffel, Kohl, Peperoni, Salate, Möhren, Tomaten usw.

- Frisches Obst, bitte sehr !
- Haben Sie bitte weiße Trauben ? - fragt meine Mutter.
- Ja, wieviel Kilo möchten Sie ?
- Ich will zwei Kilo. Was kostet das Kilogramm ?
- Ein Kilo Weintrauben kostet zwei Lek und 60 Qindarka. Wollen Sie noch ein weiteres Obst ?
-Nein, Danke.

Meine Mutter geht zum Gemüseverkäufer. Sie kauft Tomaten und Paprika. Einen Korb füllt sie mit Obst und einen anderen mit Gemüse. Ich helfe der Mutter, die Körbe zu tragen. Ich gehe oft mit der Mutter auf den Markt.

14.3
Im Restaurant
Gestern sind wir im Restaurant gewesen. Im Restaurant gab es allerlei Speisen: Fleisch mit Reis, Kohlrouladen, Braten, gefüllte Paprika, Fleisch mit Linsen und Kartoffeln, Eintopf (Fleisch mit Kohl und Kartoffeln), Kotelett mit Bohnen, Frikadellen usw. Zu den Speisen gab es auch Salat. Vor dem Hauptgericht haben wir Brühe oder Suppe gegessen. Nach dem Essen haben wir verschiedenes Obst gegessen: Äpfel, Trauben, Birnen, Apfelsinen, Feigen, Wassermelonen, Erdbeeren, Kirschen usw. Außer dem Obst haben wir nach dem Essen auch verschiedene Süßigkeiten gegessen. Beim Mittagessen haben die Eltern süßen Rotwein getrunken, während die Kinder keinen Alkohol getrunken haben. Der Kellner hat ihnen Obstsäfte gebracht.

15.3
In der Finsteren Provinz
Diejenigen, die als erste auf die finstere und märchenhafte Straße aufbrachen, um in den Bauch der Geheimnisse der Finsteren Provinz einzudringen, waren die Kinder selbst. Getäuscht von der Erzählung über die Gärten mit Blumen des Königs der Finsteren Provinz, trennten sich zwei Kinder eines Tages heimlich von ihren Müttern und ihren Häusern und betraten die Finsternis. Das eine wollte rote Blumen sammeln, weil es, wie es seinem Freund sagte, von allen Blumen die roten Blumen am meisten mochte, jene Blumen mit einem großen Stengel, der, wenn man ihn öffnet, einen roten Saft verströmt, der wie Blut aussieht. Das andere Kind hingegen mochte, wie es dem zweiten gesagt hatte, die gelben Blumen sehr, ja es hatte ihm sogar gesagt, daß auch seine Mutter die gelben Blumen mochte. Die gelben Blumen, hatte das Kind fortgefahren, haben am Rande der schönen gelben Blätter auch einen kleinen Kelch, gefüllt mit Saft süß wie Honig, süßer als Honig, hatte das Kind gesagt. Und wenn du jenen Kelch öffnest und den Saft saugst, spürst du eine Genugtuung und einen Duft, der, wie man sagt, dem Duft des Paradieses gleicht. Auch die Blumen, die ich mag und die, wie die Erzählung besagt, viel im Garten des erzürnten Königs wachsen, heißen die Blumen des Paradieses. Die zwei Kinder hatten Hand in Hand die ewige Finsternis der Provinz betreten, und in der Provinz, so sagt man, war damals Finsternis herabgesunken. Vergebens hatten die Mütter ihre Kinder erwartet, sie hatten sich verirrt, und in der Gegend um die Berge herum begannen von neuem Furcht und Wehklagen.

16.3
Auf der Baustelle
Katharina erzählte: Die Baustelle, die wir zu besuchen begannen, war groß und auf einem weiten Platz ausgedehnt. Hier war alles wundersam. Die Eisen kamen überall aus den Betonblöcken, aus den Mauern, aus dem Boden hervor. Sie glichen bald Armen, bald Ellenbogen, bald den Gliedmaßen von einigen märchenhaften Wesen, die von irgendeiner Magie hier eingemauert worden waren. Zwischen den Eisen, Betonblöcken, Winden, Ziegelsteinen, Gräben bewegten sich die Arbeiter.
Wir gingen durch und schauten erstaunt dieses Reich aus Eisen und Beton an. Und dort, unter Eisen und Drähten, sah ich zum ersten Mal Dschewit. Wir schritten unter ein paar dicken Traversen durch, als ich plötzlich den Kopf hob und erstaunte. In einer Höhe von ein paar Metern war ein Mann mit großer und dunkler Brille über ein Rohr gebeugt und ließ ein ums andere Mal einen Flammenstoß auf das Metall her-

vorschießen. Ich blieb mit offenem Mund stehen. Es war das erste Mal in meinem Leben, daß ich einen Menschen sah, der schweißte.

17.3
Die Wehrtürme
Von außen ist der Wehturm schön. Er kommt einem wie eine kleine Festung vor. Er hat zwei flügel, die sich zur Seite erstrecken und mit je einem Erker, der nach vorne ragt, enden, während sich in der Mitte ein kleiner Turm mit gezahnten Kanten wie Zinnen erhebt. Der Stein ist behauen und ist, obgleich Jahre vergangen sind, fast bei seiner ersten Farbe geblieben [hat fast seine ursprüngliche Farbe behalten], der Farbe von Blei, besonders im zweiten Obergeschoß. Die Flächen der Mauern sehen durch die kleinen "Schießscharten" noch größer aus, die dieser herben Harmonie, die an das Mittelalter erinnert, etwas Monotones verleihen. Dies wird auch der Meister empfunden haben, der ihn errichtet hat, denn um die "Schießscharten" der Erker herum hat er sich bemüht, einige Leerflächen, wie falsche Fenster, zu schaffen. Trotzdem ist die Monotonie des Steins ganz wenig beeinträchtigt. Als wir kamen, blieb uns der Kopf oben, als wir den Wehrturm erblickten.

18.3
Im Café
Ich drückte die Glastür des Cafés auf und schlüpfte nach innen. Zwei Reinmachefrauen brachten die Sitze in Ordnung und stellten die Aschenbecher auf die Tische. Das Radio gab gerade die Nachrichten durch. An der Theke machte die Espresso-Maschine, die eben erhitzt wurde, einen angenehmen Lärm. Die Büfettfrau zählte die Päckchen der Zigaretten.

- Guten Morgen, grüßte ich.
- Guten Morgen.

In der Küche brannte das Licht. Es kam ein Duft von frisch gebackenem Gebäck heraus. Ich legte die Handflächen auf die vernickelte Oberfläche der Kaffeemaschine und begann zu pfeifen.

19.3
Im Café (Fortsetzung)
Vor drei Monaten, als ich zum ersten Mal hierher kam, nicht mehr als gewöhnlicher Kunde, sondern als ein Mensch, der Arbeit sucht und bei sich eine Bescheinigung vom Arbeitsamt des Exekutivausschusses hat, beeindruckten mich, wie ich mich erinnere, die Stühle. Nur daß es Sommerstühle waren. Es hatte eben feiner Regen angefangen, und der Kellner zusammen mit den Reinmachefrauen stellten die Stühle und Tische, die draußen aufgestellt waren, auf dem breiten Bürgersteig vor dem Café zusammen. Es war der letzte Tag, daß draußen serviert wurde. Ich schaute zu, wie sie die leichten Stühle aus Aluminium und Kunststoff zusammenstellten, wie sie sie aufeinanderstellten, gelbe, rote, blaue, beige, und sie danach irgendwo hinter den Vorhang hinter die Theke schafften.

- So, nun haben wir Winter bekommen, sagte der Kellner, als er mich bemerkte.

Ich hatte mich unter das Vordach aus Segeltuch gestellt, um mich vor den Tropfen des Regens zu schützen. Ich zuckte mit den Achseln, [weil] ich nicht wußte, was ich sagen sollte.

20.3
Der Straßenfeger
Vor dem Haus Nr. 141 ruhte Rema gewöhnlich ein wenig aus, senkte den Stiel des Besens, um sich mit der Schulter darauf zu stützen und zündete eine Zigarette an. Jetzt war der größte Teil der Arbeit beendet. Es blieben zwei Hauptkreuzungen, von denen eine unangenehm war, besonders im Sommer, wenn die jungen Mädchen die Reste vom Eis oder die Verpackung der Cassata wegwarfen. Während auf dem rechten Bürgersteig hier und da die Eintrittskarten der letzten Vorstellung des Freilichtkinos, noch nicht von den Füßen zertreten, schimmerten. Rema beendete die Zigarette, warf die Kippe vor den Besen und schob sie zu dem Haufen der Kippen hunderter von Zigaretten unbekannter Menschen hin. Es war sehr kalt. Auf dem rechten Bürgersteig bückte sich Rema, hob eine Eintrittskarte vom Boden auf und bemühte sich, indem er sie unter dem Licht des Schaufensters drehte, die Anfangszeit der Vorstellung zu entziffern. Auf der Eintrittskarte war geschrieben 21.15, und Rema las laut: zweitausend einhundert und fünfzehn. Pfui, schimpfte er, nie werde ich diese neuen Uhrzeiten begreifen.

21.3
Ein Schwätzer
Ich schrieb mich zum ersten Mal in die Fakultät ein, sagen wir es offen, so ungefähr vor 8 oder 9 Jahren. Während der Immatrikulation fragte ich den Sekretär:

- Verfügen Sie, bitte sehr, über ein Prüfungsprogramm ?
- Gewiß, antwortete er mir und reichte mir ein hektographiertes Blatt.
- Schön !, flüsterte ich und warf einen raschen Blick auf das Blatt. - Soweit ich sehe, - fuhr ich laut fort, - wenn ich die Prüfungen regelmäßig ablege, bin ich nach fünf Jahren fertig, oder nicht ?
- Sicher. - Der Sekretär begleitete seine Bestätigung mit einem leichten Nicken des Kopfes nach vorne.
- Wenn ich in mir Kräfte finde, in einem Studienjahr nicht nur 6 Prüfungen "abzureißen", wie sie das Programm umfaßt, sondern zwölf, also auch diejenigen des folgenden Studienjahres, was passiert dann, können Sie mir das bitte sagen ?
- Was passiert ? Sie beenden die Fakultät früher als Ihre Kameraden.
- In zwei Jahren, darf ich sie beenden ?
- Warum nicht! Auch in nur einem, wenn Sie es können.
- Ich danke Ihnen sehr! - erwiderte ich ihm schließlich voll Freude.
- Viel Erfolg!, wünschte er mir und gab mir die Hand. Ich drückte sie ihm fest, wobei ich begeistert lächelte.

Also, an jenem Tage beschloß ich definitiv: entweder vollbringe ich Wunde als Student, oder ein anderer Weg bleibt mir nicht offen. Was hinderte mich denn ? Ich hatte alle Voraussetzungen.

22.3
Beim Mittagessen
Besnik kam zum Essen später nach Hause als gewöhnlich. Rabo hatte den Tisch gedeckt und erwartete ihn. Sie aß nie ohne ihn.

- Soll ich dir auch ein wenig Suppe ausschenken? - sagte Rabo.

Besnik machte "Nein" mit der Hand.
Sie setzte die Pfanne mit dem gebratenen Fisch auf den Tisch und legte zwei Stücke auf Besniks Teller. Er hatte keinen Hunger, vielleicht weil er ein paar Kaffee im Laufe des Morgens getrunken hatte, obwohl der Fisch ihm schmeckte.
Am Schluß des Mittagessens zog Rabo aus einer Schublade des Küchenschrankes die Rechnung für Miete und Licht.

- Schau, willst du sie nicht heute bezahlen, denn mir scheint, der Termin ist verstrichen, sagte sie.

Besnik zündete eine Zigarette an und reichte auch Rabo das Päckchen. Er mußte Mira sagen, daß sie es von nun an zur Gewohnheit machen solle, ihn unbedingt zur Zeit des Mittag- oder Abendessens zu erwarten.
Rabo hatte die Dscheswe des Kaffees auf den Ofen gestellt. Während sie den Kaffee in die Schalen goß, schien es ihm, daß sie etwas sagen wollte.
Durchs Fenster der Küche sah man das Dach des Nachbarhauses mit roten Ziegeln, um dessen Schornsteine die Krähen kreisten. Besnik wunderte sich, daß er nicht früher bemerkt hatte, daß jenes Dach soviel Kamine hatte.
Rabo schlürfte den Kaffee ruhig. Von ferne hörte man die Sirene des Notwarztwagens.
Rabo begann schweigend den Tisch zu säubern. Sie stellte die Teller, die Löffel, die Gabeln und dann die Kaffeetassen zurecht. Wenn sie sie im Waschbecken gewaschen hätte, würde sie sich nach der Gewohnheit aufs Sofa setzen und die Stricknadeln in die Hände nehmen, mit denen sie für Ben ein Paar Wollstrümpfe machte.
Verstohlen betrachtete Besnik ihr Gesicht, auf dem Betrübnis gemischt mit Tadel eine besondere Erstarrung hinterließen. Eines Tages muß ich es ihr erklären, sagte er bei sich selbst, und während er sich bemühte, keinen Lärm zu machen, ging er aus der Küche hinaus.

Albanisch <A-3>

23.3
Der Eid
Der Alte von Uc war in die Enge getrieben, er rang nach Worten, blickte zum Priester hin (die Augen des Priesters erschienen ihm klein wie zwei Funken, die einen [=dich] durchdringen), danach blieb ihm nichts anderes übrig und er sagte:

- Die Sitte darf nicht übertreten werden.

- Dann soll Kalosh Cami schwören ! - rief der Priester. - So fangt an, ihr Männer ! Fangt ordentlich an ! Sollen auch die anderen Dorfältesten schwören.

Kalosh wandte sich jäh ihm zu, aber der Priester gab dem Pferd die Sporen, er verbeugte sich, wie er die Gewohnheit hatte, und entfernte sich, indem er jenes Wort zurückließ, wie einen harten Knochen, der einem in der Kehle steckenbleibt.

Seit Jahren hatte niemand Kalosh Cami zum Schwören veranlaßt, sooft er das Amt des Friedensrichters übernahm. Es war ein Recht, das er mit der Rechtschaffenheit der Berge erworben hatte. Der Priester stellte dies nun in Frage.

Kalosh lächelte.

- Weil ich nicht geschworen habe, bin ich nicht gerwechter unter den Alten und Weisen von Kalca gewesen, sagte er. - Soll es geschehen, wie der Priester sagt.

- Nein! - sprang Mark Perkola auf. - Nein! Soll mein Urteil verflucht sein! Es gibt keinen Mann, der Kalosh Cami auf die Probe stellt!

Kalosh machte einen Schritt vorwärts und streckte die Hand auf die Tabaksdose von Mark Perkola aus, die auf dem Schnee liegengeblieben war.

- Bei diesem Gute Gottes, der mir, wie ich es machen möge, Hilfe gewähre, ich werde nicht mein Urteil sprechen mit List und Gewalt, und solange ich bei Vernunft und Bewußtsein bin, werde ich den Kanun und das gerechte Urteil nicht beugen.

Nach ihm streckte die Hand auf das Unterpfand auch der Alte von Uc und die anderen der Reihe nach.

[vgl. im Anhang Artikel 88 des Kanun in der Fassung von St. Gjeçov sowie zum ethnographischen Hintergrund W. Peinsipp (1985)]

24.3
Das Zerwürfnis
A: Sie können das Wort ergreifen, wir hören Ihnen zu.
B: Sie haben uns geladen, der Hausherr muß als erster das Wort ergreifen.
A: Wir akzeptieren die Bedingungen der Albaner. Ich verstehe nicht, was nach meinem Besuch in Albanien im Jahre 1959 passiert ist ! Wenn Sie damals unzufrieden mit uns waren, muß ich schwerfällig und sehr naiv sein, daß ich das nicht begriff. Außer guten Worten wurde damals nichts gesagt, wenn wir nicht die besonderen Scherze erwähnen, wie es jener ist, den ich mit dem Genossen Mehmet Shehu im Zusammenhang mit den Pappeln machte.
B: Wenn dies eine Einleitung für ein Gespräch ist, ist dies eine andere Frage. Der Scherz im Zusammenhang mit den Pappeln gehört nicht hierher.
A: Welchen anderen Grund kann es dann haben, weshalb ihr die Haltung uns gegenüber geändert habt.
B: Nicht wir, sondern ihr habt die Haltung geändert.
A: Ich sage es für uns. Danach will ich Sie fragen: in welchem Ton werden wir sprechen? Wenn Sie keine Freundschaft mit uns wollen, dann sagen Sie es uns.
B: Wir wollen immer Freunde sein, wir wollen in freundschaftlicher Art reden. Aber das bedeutet nicht, daß wir einverstanden sind mit Ihnen über alle Fragen.
A: Wir haben euch drei Mal zu Gesprächen eingeladen, wollt ihr etwa, daß wir die Beziehungen abbrechen ?
B: Ihr seid diejenigen, die den Abbruch unserer Beziehungen nach Bukarest verursacht haben. Wir haben Ihren Genossen viele Fakten gezeigt, sie müssen es Ihnen gesagt haben.
A: Das Problem ist doch, daß ihr auch vor Bukarest nicht mit uns einverstanden gewesen seid, aber so etwas habt ihr uns nicht gesagt. Während wir euch als Freunde betrachtet haben. Die Schuld trage ich, daß ich euch sehr vertraut habe.
B: Aber wißt ihr, was euer Botschafter gesagt hat ? Unter anderem, wenn ich nur eine Tatsache nenne, die mit der Armee zu tun hat. Er hat die Frage gestellt, wem die albanische Armee die Treue halten werde. Dies hat er unseren Generalen auf dem Flugplatz gesagt, in Anwesenheit eures Generals.

C: Brachte etwa dieses Verhalten des Botschafters unsere Linie zum Ausdruck ?
B: Die Torheit eines Toren kann verziehen werden, auch wenn sie politischen Charakter hat, wenn sie sich aber viele Male wiederholt, dann ist dies Linie.

25.3
Das Zerwürfnis (Fortsetzung)
A: Wenn Sie von vornherein hierher gekommen sind mit der Absicht, kein Einvernehmen zu erzielen, sondern zwecks Abbruchs der Beziehungen, sagen Sie es uns, damit wir keine Zeit verschwenden.
B: Auch wir haben unseren Standpunkt, der dem Ihrigen nicht entspricht. Sie haben uns zwei-dreimal die Frage gestellt, ob wir für Freundschaft oder Abbruch der Beziehungen sind. Wir sind hierher gekommen, um die Freundschaft zu festigen. Aber Sie nehmen nichts von Ihren Fehlern an. Sie haben uns gegenüber Kritiken, auch wir haben welche an Ihnen. Sie haben verdeckte und offene Kritiken vorgetragen, vor allen. Sie können auch andere Kritiken haben. Sagt sie uns, auch wir werden sie sagen, damit unsere Zentralkomitees sie wissen. Das Zentralkomitee unserer Partei hat uns gesandt, damit wir unsere Freundschaft festigen.
A: Einer Ihrer Genossen hat zu unseren Soldaten gesagt, daß Chruschtschow kein Marxist sei.
B: Im Zusammenhang mit den Soldaten haben wir zu euren Genossen gesprochen. Welches Interesse haben wir, daß sich unsere Soldaten im Stützpunkt von Vlora zanken! Während Sie "Dokumente" hervorziehen, daß ein Genosse von uns angeblich so und so gesagt habe. Schauen Sie gut Ihre Soldaten an.
A: Genosse Enver, werden Sie nicht laut!
B: Wenn Sie den Stützpunkt zurückziehen, werden Sie einen großen Fehler machen. Wir haben gekämpft auch ohne Brot und barfuß, aber nie haben wir uns vor jemandem gebeugt.
A: Die Unterseeboote sind unser.
B: Euer und unser, wir kämpfen für den Sozialismus. Das Territorium der Basis ist unser. Über die Unterseeboote haben wir unterzeichnete Abkommen, die dem albanischen Staat Rechte zuerkennen. Ich verteidige die Rechte meines Landes.
A: Sie erhitzen sich, Sie haben mich bespuckt, mit Ihnen kann man nicht reden.
B: Ihr sagt immer, daß wir heißblütig seien.
A: Sie verdrehen meine Worte. Kann der Dolmetscher Russisch ?
B: Schieben Sie es nicht auf den Dolmetscher, er kann sehr gut Russisch.

[Zur künstlerischen Umsetzung des Steitgesprächs in Kadares Roman "Der Große Winter" vgl. Münchner Zeitschrift für Balkankunde, 5(1983-1984), S. 172 f.]

26.3
Das schielende Auge
Besnik nahm den Fotoapparat in die Hände, als wenn es eine alte Reliquie wäre. Seit langem hatte er mit ihm nicht mehr photographiert. Seit dem Sommer des vergangenen Jahres, am Strand.
Er schaute das verstaubte Lederetui fast mit Verwunderung an. War es wirklich diesen Sommer gewesen ?
Er schickte sich an, den Fotoapparat dahin zu stecken, wo er ihn gefunden hatte, aber danach knöpften seine Finger, ohne selbst zu wissen warum, das Etui auf. Ohne Hülle schien der Apparat schwerer. Besnik blickte eine Weile die Narbung der Metallverkleidung an und dann das Objektiv. Sein Glas kam ihm wie ein fremdes Auge vor, mit jenem bösen Leuchten, ein wenig bläulich von der Dicke.
Plötzlich schien Besnik der Fotoapparat veraltet. Es war ein Alter, das einen an die Mechanismen vergangener Zeiten erinnerte, die Automobile oder die Nähmaschinen der Vorkriegszeit, die dem Menschen nie nahekommen.
Und doch war der Apparat ein Erzeugnis der letzten Jahre. Besnik drehte ihn eine Weile in den Händen, ohne zu verstehen, woher ihm dieses unangenehme Gefühl der Veralterung kam, gleichsam verlief durch das böse blickende [= schielende] Glas des Objektivs des Fotoapparats die Grenze einer Epoche.
Er knöpfte das Lederetui zu und legte den Fotoapparat in den Schrank. Kurz darauf, während er noch die Bücher und anderen Gegenstände durchwühlte, stieß er ihn noch tiefer, als wenn er wollte, daß er nie mehr nach vorne käme.

27.3
Die unsichtbaren Türme
Wir beide, - sagte Lawdosch, - ich und meine Verlobte hatten beschlossen, daß wir für zwei-drei jahre in irgendeine Gebirgs-Dorfschule gingen, und sei es auch eine Grundschule. Denn nach meiner Ansicht kann ein albanischer Student, der das Bergland nicht kennt, nicht sagen, daß er das Studium völlig abgeschlossen habe. Wir gaben beide das Wort, ich hielt es, während sie in Tirana blieb, beim Mann... Wie ist es möglich, daß ein Mädchen mit Hochschulbildung, mit solch ehrbaren Eltern usw. usw. so endet ? Mir ist es zum Lachen, wenn ich höre, daß es Menschen gibt, die solche Fragen stellen... Es ist noch sehr früh, um solche Fragen zu stellen. Wir alle sind, der eine weniger, der andere mehr patriarchalisch... Auch ich, auch ihr, die ihr Vorträge haltet und gegen das Gewohnheitsrecht öffentlich auftretet, auch meine Ex-Geliebte, auch ihr Vater, der, wenn er auf Versammlungen über die Rechte der Frauen spricht, in die Hände klatscht und sich über die Rückständigen erhitzt... Wir müssen alle noch mehr den Staub des Patriarchalismus von uns schütteln...
Es fiel ihm nicht leicht, seine Jugendträume aufzugeben, die er Tag und Nacht in den Hörsälen der Universität gesponnen hatte, und sich von ihnen loszusagen. Es tat mir leid um seine Liebe, und ich wollte ihm ein gutes Wort sagen. Aber er ereiferte sich und fing Feuer, als hätte ich ihn beleidigt.
- Du irrst dich, - wandte er sich mir zu. - Ich spreche nicht aus Ärger so... Hier im Dorfe habe ich viele Dinge gesehen und habe mir angewöhnt, mit viel schöneren und edleren Dingen zu leben. Heute steht mir nicht mehr der Sin nach meiner banalen Geschichte.... Sie kommt mir wie ein Unfall, eine Erfahrung vor... Aber die Wahrheit ist die Wahrheit: wir haben alle noch viel patriarchalischen Staub in unseren Gedanken, in unseren Häusern, in den Verhaltensweisen und in unseren Worten...
Draußen hatten die Schüler, die Mädchen und die kleinen Jungen begonnen, auf Mandolinen und Flöten zu spielen. Sie hatten seit dem ersten Tag mit ihrer frühzeitigen Reife Eindruck auf mich gemacht. Die Jungen vor allem kamen mir wie kleine Männer vor.
Jede Gesellschaft,- fuhr mein Kamerad fort, - hat ihre eigene Architektur. Der Wehrturm ist das Mittelalter. Aber es sind nicht diese Türme aus Stein, die am gefährlichsten für das Licht sind... In jedem Turm gibt es andere Türme, Türme, die nicht aus Steinen, sondern aus den Vorurteilen der Menschen, den stickigen Gewohnheiten, der feisten Unwissenheit errichtet sind... Diese Türme aus Stein stürzen leicht zusammen. Die Schwierigkeit besteht bei den unsichtbaren Türmen...Und von jenen anderen gibt es nicht nur welche hier in Gruz, sondern auch mitten in Tirana... Ein solcher Turm ist ja auch meine "Mimose" gewesen...

28.31
Der "Barbier"
Hamit, das sollt ihr alle begreifen, hat seine eigenen Prinzipien im Leben. Sicher, er behauptet nicht, Machiavelli gelesen zu haben, aber den machiavellistischen Grundsatz hat er sich wie ein großer Künstler angeeignet.
"Arbeit heißt Geld zu verdienen, - denkt er, - doch, wie und auf welche Weise ich es verdiene, hat keine Bedeutung. Wichtig ist, daß sich meine Taschen ausbeulen."
Und, geleitet von diesem Grundsatz, mit veränderten Aussehen, bestieg er seine Stute und brach zur Wallfahrt auf. Dieses Mal wählte er als sein "Mekka" das Dorf Cukan aus, den Ort, wo man sagt, daß "der Kampf gegen die rückständigen Sitten und den religiösen Aberglauben die höchsten Phasen erreicht hat."
Während der Reise nach seinem heiligen Mekka (Entschuldigung, nach Cukan, wollte ich sagen), dachte er: "Man sagt, daß in Cukan die Fanatiker überzeugt wurden und die rückständigen Sitten aufgaben. Dies ist sehr gut. Das ist genauso, wie wenn man diesen Weg mit Gebetsteppichen belegt hätte. Keinem wird es in den Sinn kommen, daß ich jetzt dorthin zur Beschneidung unterwegs bin. Dann... - Und hier lachte er in sich hinein. - Auch wenn es ihnen einfiele, was sollten sie tun ? Ein Loch ins Wasser werden sie machen. Und zeigt die Lippe nach der Nase ? Niemals !" und, wie um seinen Gedanken zu vollenden, murmelte er entschlossen: "Vorwärts. Cukan heißt Cukan und die Cukaner verraten den Gastfreund nicht. Nichts wird geschehen. Lauf, Krüppel, richte ein Blutbad an, füll die Taschen mit Moneten und die Satteltaschen mit Geschenken und kehre wieder in den Schoß deines Kollektivs zurück und dort, auf der ersten Versammlung, sprich mit Leidenschaft über die Ausbeutung der Arbeitszeit, und auf der Versammlung des Stadtviertels halte eine lange Rede unter dem Titel: "Wie wir das reaktionäre Alte, das sich in neues Tuch gekleidet hat und als das fortschrittliche Neue aufführt, entlarven und schlagen."
So, mit derartigen Gedanken im Gehirn, beschleunigte er seinen Schritt und traf in Cukan bei Sonnenuntergang ein.

Die Nachricht verbreitete sich von Mund zu Mund in Blitzeseile:

- Der Barbier ist da. Der Barbier ist da! Macht euch alle fertig !

- Ohne Lärm, ohne Lärm und Aufsehen. Lärm und Geschrei gehören der Vergangenheit an. Jetzt muß die Einfachheit uns charakterisieren. Brav und sittsam und die Tasche voll, Verzeihung, die Bratpfanne voll, wollte ich sagen.

- Also, also, das Übel sei fern von der Hand!

- Sag: vom Messer!

- Das ist egal. Was das Rasiermesser und was die Hand machte, beides wird von einem Kopf befohlen.

- Die Vorbereitungen wurden in der größten Heimlichkeit getroffen. Später kamen einige und fragten ihn:

- Seid Ihr fertig ?

- Fertig.

Er erhob sich, krempelte die Ärmel hoch, schärfte die Säbel (die Rasiermesser, wollte ich sagen), nahm die Zangen und, wie wenn er im Schlachthof (Verzeihung, im Barbierladen, wollte ich sagen) wäre, rief er, was seine Stimme hergab:

- Der Nächste !

Aber keiner erhob sich. Wie es schien, war diesmal er selbst an der Reihe.

28.3.2
Ein kosovarischer Scherz
Der besagte Nachbar, Muja von Pelan, hatte eine Kuh, die die Stütze seines Hausstandes war; Danjoll von Sherka wußte, daß diese Kuh die Stütze des Hausstandes von Muja war, also hatte er beschlossen, sie auf eine ganz erstaunliche Weise umzubringen. Eines Tages hatt er die Kuh beim Hause gefangen, sie mit dem Vorschlaghammer auf den Kopf geschlagen und, auf diese Weise erledigt, sie an die Mauer des Anwesens des Nachbarn gelehnt. Um seine Komödie möglichst komisch zu gestalten, hatte er dann eine Zigarette [der Marke] "Zeta" genommen, sie der Kuh ins Maul gesteckt und die Passanten hatten die Kuh mit der Zigarette "Zeta" im Maul gesehen und gedacht, der Hausherr sei sicher verrückt geworden. Eine lange Zeit hatte niemand gewußt, daß diesen Scherz Danjoll von Sherka gemacht hate, obwohl alle dachten, daß er sich nicht mit so milden Späßen beschäftigte. Und er, in der Tat, hatte sich nicht mit solchen Späßen abgegeben: er hatte Schulbildung, hatte die Hochschule abgeschlossen, war ein seriöser Mensch geworden, ehrfurchtgebietend, kraftvoll, geehrt und alle Nachbarn fühlten Neid, wie dieser Lump es geschafft hatte, so rasch und so hoch zu kommen, und schließlich lernte, den Wagen mit 50 km/h aus dem Stand loszufahren. Wenn es ihn jetzt gelüstete zu scherzen, dann machte er die Scherze auf andere Weise, so daß keinem in den Sinn kam, daß Danjoll sie verübt hatte.

29.3
Ein paar Worte
"Weder an der Spitze, noch am Ende, [sondern] in der Mitte", sagt Janaq, der die warmen Ecken im Blick hat, in Tirana, in irgendeinem Büro. Mit ihm ist auch Shpresa einverstanden. Dazu gehört auch Bashkim. In einem derartigen Sumpf schwimmen jene Intellektuellen, sei es auch von unserer neuen Intelligenz, wenn sie sich vom Volk trennen und unter dem Einfluß der ausländischen Ideologie stehen. Anfangs ist Bashkim voller Ideen, ist für die Front des Kampfes, träumt von großen Sachen dort, wo es am schwierigsten ist. Aber Shpresa zieht ihn in das leere Leben, er macht Zugeständnisse, verzichtet auf alles, endet fast in einem Nichts. Er verirrt sich zwischen Weiß und Schwarz, fängt an, sie nicht mehr zu unterscheiden. Dies entfernt ihn von seinen Kameraden, von seinen Nächsten... Er verletzt alles, was für unseren Menschen würdig ist: die Ideale, den Mut, das Selbstbewußtsein, den Stolz... Er steht an der Schwelle des Niederganges, der Degenerierung... Er entfernte sich von der Kampfesfront, kann auch nicht mehr in der Mitte bleiben, sondern strauchelt schließlich.
Aber unsere Gesellschaft bleibt nicht gleichgültig. Die Verwandten und Freunde werden in Bewegung gesetzt. Sie lassen ihn nicht fallen. Sie machen ihm kleine Zugeständnisse. Um ihn zu sich zu bringen, verfolgen sie keine leichte Straße, sondern diejenige der "Operation ohne Betäubung", wie Pirro sagt, indem er dort zuschlägt, wo es am meisten schmerzt. Zur gleichen Zeit erwachen bei ihm die erloschenen Träume. Bashkim beginnt, Weiß und Schwarz zu unterscheiden. Die Ideale werden ihm wiedergeboren, der Mut kommt ihm zurück, er gewinnt wieder Selbstvertrauen, findet auch den Stolz wieder. Er lehnt die warmen Winkel ab und geht dorthin, wo es am schwierigsten ist.

Es ergab sich, daß die Kritik über dieses Stück fast ganz schwieg. Bashkim verläßt Tirana und beschließt, in die Produktion zu gehen. Das war nicht leicht zu verdauen vor dem Offenen Brief. Man erwähnte auch eine Art Rationalismus. Warum gehen wir ins Theater: um die reale Welt zu vergessen, um zu weinen, um zu lachen, oder um mit den Ideen und Personen zu leben, die uns zum Denken bringen, nicht nur solange wir im Saal sind, sondern auch wenn wir herauskommen, auf der Straße, zu Hause, bei der Arbeit, in der Gesellschaft ? Ich bin für das Letzte. Die Bühne ist ein großer Kernreaktor (von Ideen), der mit Isotopen (Gedanken) den Saal beschießt und dort auf eine Kettenreaktion der Atome (Gedanken) trifft, der fortdauert...

30.3
Der Vater der albanischen Sprache
Die Bücher, die er übersetzen und die Bücher, die er schreiben wird, werden Konstnatin Kristoforidhi zu einem der geschätztesten, volkstümlichsten und sogar liebsten albanischen Schriftsteller des 19. Jahrhunderts machen. Die Gläubigen werden ihn schätzen und lieben in erster Linie wegen der heiligen Schriften, die er so flüssig in die albanische Sprache übertragen hatte; wegen dieser Übersetzungen wird er besonders in der Toskeria geschätzt und beliebt sein, wo diese Übersetzungen am meisten gesucht waren. Die Bildungshungrigen werden ihn schätzen und lieben in erster Linie wegen seiner Albanischen Fibel; aus diesem Grunde wird er besonders geschätzt und beliebt sein in Mittelalbanien, wo seine Fibel am meisten benutzt wird und wo er schließlich von Zeit zu Zeit selbst Lehrer sein wird. Am meisten wird Konstantin Kristoforidhi geschätzt und beliebt sein wegen der Hilfe, die er der Entdeckung, Bestätigung und Entwicklung der albanischen Sprache hatte zuteil werden lassen, sowohl mit den Übersetzungen, mit der "Grammatik der albanischen Sprache nach dem toskischen Dialekt", als auch mit der Albanischen Fibel und besonders mit der Sammlung der Wörter und der volkstümlichen Phraseologie, die nach seinem Tode im "Wörterbuch der Albanischen Sprache" veröffentlicht werden. Dank seiner Arbeit an der albanischen Sprache, besonders dank der Sammlung der Wörter und der albanischen Phraseologie, wird man Konstantin Kristoforidhi zu Lebzeiten Vater der albanischen Sprache nennen. Die Hingabe an die albanische Sprache, die Reisen durch Albanien bloß um Wörter, Phraseologie und Volks-Etymologie zu sammeln, seine Art der Feldforschung, die Beziehungen mit den Informanten - dies alles wird nicht nur bewirken, daß seine Arbeit, sondern auch sein Name einst zum häufigen Gesprächsstoff derjenigen wird, die ihn kennen, und derer, die ihn nicht kennen. Und, in diesen Gesprächen, die von Ehrerbietung und Liebe zu seiner Arbeit druchströmt sind, wird auch sein Name eines Tages zur Legende werden. So werden seine Bewunderer beispielsweise ernsthaft denken, daß sein Familienname Kristoforidhi mit seiner Arbeit an der albanischen Sprache zusammenhänge: so wie Kolumbus den Namen Christophorus angenommen habe, weil er Amerika entdeckte, so habe auch Konstantin Nelko den Namen Kristoforidhi angenommen, weil er die albanische Sprache entdeckt und bestätigt habe!

SCHLÜSSEL ZU DEN ÜBUNGEN

0.4.1
alfabeti das Alphabet, mali der Berg, drita das Licht, ora die Uhr/Stunde, topi der Ball/die Kanone, telefoni das Telefon, zogu der Vogel, shoku der Genosse, zhurma der Lärm, miu die Maus, ky dieser, aty dort, yt dein.
emri der Name, telefoni das Telefon, studenti der Student, mace Katze, shtëpia das Haus, një ein/eine, është ist, bërë gemacht.
punë Arbeit/Angelegenheit, punëtóri der Arbeiter, fjalë Wort, ditë Tag, pesë fünf, orë Stunde.
shkúar gegangen, duar Hände, dyer Türen, pyetje Frage, tryéza der Tisch, qíelli der Himmel, bíe fallen, krye Haupt/Kopf, kréu das Kapitel, grúaja die Frau, luaj spielen, inxhiniér Ingenieur, Téuta <Eigenname>, kau der Ochs, kroi die Quelle.

0.4.2
pesë fünf, tetë acht, kátër vier, dy zwei, dymbëdhjétë zwölf, búalli der Büffel, karríge Stuhl, grúa Frau, krúa Quelle, zogu der Vogel, gramatika die Grammatik.
kóhë Zeit, koha die Zeit, njoh ich kenne, shoh ich sehe, njihem ich lerne kennen, shihem ich werde gesehen, njóhur gekannt, njóhje Kenntnis, fjala das Wort, vala die Welle, fotografia doe Photographie, familja die Familie, filloj ich beginne, flas ich spreche, fshati das Dorf, vajza das Mädchen, i vógël klein, televizori der Fernsehapparat, vëllái der Bruder, revista die Zeitschrift.
çélësi der Schlüssel, çánta die Tasche, biçikléta das Fahrrad, qeni der Hund, qyteti die Stadt, xhepi die (Hosen-)Tasche, valixhja der Koffer, gjuha die Sprache, inxhiniéri der Ingenieur, gjumi der Schlaf, mëngjési der Morgen, i gjélbër grün, i gjatë lang, kjo diese, shoqja die Genossin, faqja die Seite, gjashtë sechs, karrígia der Stuhl, njoh ich kenne, rënie das Fallen, ndenjje das Sitzen/der Aufenthalt, thënie das Sagen/der Ausspruch.
shumë viel, zhurmë Lärm, kuzhina die Küche, shpejt rasch, vazhdoj fortsetzen, shkolla die Schule, shkrúaj ich schreibe, xhepi die (Hosen-)Tasche, çantë die (Hänge-)Tasche, bashkë zusammen, shamia das Tuch, xhamia die Moschee, xhámi das Glas.
udhë Weg, yll Stern, mollë Apfel, i madh groß, të mëdhá große <f. pl.>, zëri die Stimme, zogu der Vogel, lëviz ich bewege, gaz Gas/Freude, gëzim Freude, thika das Messer, sekonda die Sekunde, sirena die Sirene, them ich sage, mesnatë Mitternacht, thashë ich sagte, dhashë ich gab, djath Käse, dhoma das Zimmer, i bardhë weiß.
njerí Mensch, ora die Stunde, sharra die Säge, gur Stein, burr Mann, guri der Stein, burri der Mann, revista die Zeitschrift, rrethi der Kreis, rrathë Ringe/Reifen, libri das Buch, rrugë Straße, i lartë hoch, rrobat die Kleider, oborri der Hof, karrigia der Stuhl, mali der Berg, malli die Ware/Sehnsucht, malet die Berge, mallrat die Waren, gjella die Speise, mbyll ich schließe, lulja die Blume, llulla die Pfeife, llafi das Wort, lapsi der Bleistift, llagëm die Grube/der Abflußkanal, llapë die Zunge, llamba die Lampe/Glühbirne, llogaris ich rechne, llokúm Lokum <Süßspeise aus Stärke und Nüssen>.

1.5.1
Dies ist ein Arzt. Dies ist eine Arbeiterin. [*Man beachte: Im Albanischen heißt es 'dieser ist ein Arzt', es wird also nach dem Geschlecht unterschieden. Wir setzen im Deutschen beim Prädikatsnomen den unbestimmten Artikel: 'ein Arzt', die Albaner benötigen ihn in diesem Falle nicht*]: Ky është mjek. Kjo është punëtore. Kjo është orë. Ky është telefon. Kjo është fotografi. Ky është punëtor. Ky është Agimi. Kjo është shtëpi. Ky është mi. Ky është qen. Kjo është lule. Kjo është çantë. Kjo është Vera. Kjo është mësuese. Ky është mal. Kjo është mace. Ky është mësues. Kjo është mjeke. Ky është top. Ky është shok. Ky është zog.

1.5.2
Ora është këtu. Shtëpia është atje. Mjekja është këtu. Peshku është atje. Lulja është këtu. Shoku është atje. Punëtorja është këtu. Mali është atje. Mjeku është këtu. Macja është këtu. Çanta është atje. Mësuesja është këtu. Telefoni është atje. Topi është këtu. Qeni është atje. Punëtori është këtu. Fotografia është atje. Shoqja është këtu. Mësuesi është atje.

Albanisch <A-4>

2.5.1
Unë jam larg. Agimi është afër. Ju jeni atje. Ata janë shokë. Ti je murator. Çelësat janë këtu. Ata nuk janë mjekë. Ai është punëtor. Sokoli dhe Fatosi janë studentë. Stilografët nuk janë këtu. Topat janë larg. Ne s'jemi inxhinierë.

2.5.2
Këtu janë tetë stilografë. Ku janë dy çelësa? Këta janë tri male. Atje janë pesë kalendarë. Këta janë gjashtë topa. Katër flamurë janë afër. Dhjetë punëtorë nuk janë këtu. Shtatë shokë janë larg. Ju jeni studentë. Ne jemi shokë. Ata janë mësues. Këta janë inxhinierë. Nëntë topa nuk janë atje. Sa telefona janë këtu? Mjekë janë këta?

3.5.1
Ku janë këpucët? Këpucët janë atje. Sa tryeza janë këtu? Këtu janë tri tryeza. Dritare janë këto? Jo, këto nuk janë dritare, këto janë dyer. Duart janë këtu. Prapa janë dy mësuese. Mësueset janë shoqe. Përpara janë katër shtëpi. Shtëpitë janë larg. Studente janë ato? Po, ato janë studente. Si janë studentet? Djathtas janë çanta, majtas janë orë. Sa mace janë këtu? Këtu janë pesë mace. Atje janëdisa pemë. Këtu nuk janë shumë makina. Majtas janë disa biçikleta. Afër janë shumë lule. Këto janë karrige. Sa kutí janë këtu? Ja dhomat.

3.5.2
Ku është dyshemeja? - Dyshemeja është poshtë. Ku është tavani ? - Tavani është lart. Ku është dollapi? - Dollapi është majtas. Ku janë këpucët? - Këpucët janë djathtas. Ku janë karriget? - Karriget janë atje. Ku janë tryezat? - Tryezat janë prapa. Ku është dera? - Dera është përpara. Ku janë dyert? - Dyert janë përpara. Ku është mjeku? - Mjeku është afër. Ku janë dhomat? - Dhomat janë majtas. Ku është shtëpia? - Shtëpia është atje. Ku janë kutitë? - Kutitë janë poshtë. Ku janë çelësat? - Çelësat janë këtu.

4.5.1
Vera dhe Teuta mësojnë gjermanisht. Studenti kupton pak shqip. Ju shkruani shumë. Ne dëgjojmë mirë. Vajza lexon frengjisht. Punëtorët punojnë shpejt. Nxënësit flasin anglisht. Ç'bëjnë ata? Si flasin studentët? Kush lexon taní? Ti lexon mirë. Ai flet ngadalë. Vajzat luajnë bashkë. Unë nuk kuptoj italisht. Ç'është Agroni? Ai është shqiptar. Kush lan këtu? Ne flasim shqip. Ti kupton turqisht.

4.5.2
Dies ist eine Schachtel. - Dies sind Schachteln. Këto janë kuti. Dies ist ein Füllfederhalter. - Dies sind Füllfederhalter. Këta janë stilografë. Topat janë afër. Ju punoni mirë. Ata mësojnë shpejt. Ato flasin ngadalë. Ne kuptojmë shqip. Ju shkruani shpejt. Vajzat luajnë tani. Nxënësit degjojnë. Ju mësoni anglisht. Ata nuk kuptojnë gjermanisht. Ne lexojmë frengjisht. Ç'bëjnë ata? Si lexojnë ato? Si shkruajnë studentët? Si punojnë mësuesit? Këtu janë [dy] muratorë. Ato janë studente. Ju jeni mjeke. Ne jemi mësuese. Malet janë larg. Çelësat janë atje. Ku janë orët? Si janë fotografitë? Ku janë dyert? Tryezat janë majtas, karriget janë djathtas. Shtëpitë janë përpara, pemët janë prapa. Çanta janë këto? Ku janë këpucët? Këto janë dhoma. Këta janë dollapë. Ku janë qytetet?

5.5.1
Vajza mbyll derën. Nëna hap dritaren. Arbeni hyn në shtëpi. Mjeku është në dhomë. Ajo flet me shoqen në telefon. Ju lexoni një revistë. Ne mësojmë mësimin numër gjashtë. Ti nuk dëgjon mësuesin. Nxënësit shkruajnë me stilograf në fletore. Në mur janë tri fotografi. Agimi vizaton mollën dhe dardhën. Unë shikoj shtëpinë. Librat janë në dollap. Unë shikoj qenin. Kush luan me top? Ajo lan shaminë. Ai shkruan një letër. Kjo mjeke punon në qytet. Teuta fshin dhomën. Çelësi nuk është në derë. Mësuesi nuk është në shkollë. Studenti mbyll librin. Unë shikoj fotografinë. Ne hapim gazetën.

5.5.2
Si flet ai? Si quhesh? Sa karrige janë në dhomë? Ç'është Agimi? Ç'është Teuta? Ku është dhoma? Ku shkojmë? Kush është Genci? Cili është Genci? Kush është Vera? Cila është Vera? Kë shikon? Cilin shikon? Kë shikon? Cilën shikon? Çfarë shikon? Me kë flet ajo? Me cilën flet ajo? Me kë luan ai? Me cilin luan ai? Me se shkruajnë ata?

6.5.1
Wir sprechen über Albanien [*Man beachte: Eigennamen haben im Albanischen gewöhnlich die determinierte Form. Umgekehrt setzen wir bei 'in', 'mit', 'zu' den bestimmten Artikel, die Albaner aber die indet. Form. Bei intransitiven Verben kann das Subjekt nach dem Prädikat stehen. Wenn nach dem Objekt gefragt wird, steht dieses am Satzanfang.*]: Ne flasim për Shqipërinë. Unë shikoj shumë gra dhe burra. Mësuesi flet me Agimin. Tani nuk kam kohë. Këpucët janë nën karrige. Në rrugë kalojnë djem dhe vajza. Librat janë mbi tryezë. Unë po shkoj me autobus. Punëtorët shkojnë me tren në punë. Nëna po shkruan një letër për shoqen. Agimi ka shumë shokë. Në qytet ka shumë njerëz. Jam në dhomë. Kush hipën në biçikletë? Gruaja punon në uzinë. Drita shkon në shtëpi. Djali po luan me top. Ju keni shumë libra. Çanta është mbi dollap. Fëmijët vizatojnë një makinë.

6.5.2
Der Autobus hält an der Haltestelle. Autobusi ndalon në stacion. Studentja mëson shqip. Kush është në dhomë? Njerëzit ecin shpejt. A ti kupton anglisht? Fëmijët shkojnë me biçikletë në shkollë. Mësuesja nuk ka kohë. Në rrugë kalojnë shumë makina dhe njerëz. Ju hipni në autobus. Ti ku po shkon? Ti hyn brenda. Mjekja shkon më këmbë në spital. Mjeku ecën, mjekja shkon me autobus në spital. Nxënësit këndojnë bukur. Nëna del jashtë. Ai shkon me tren në Tiranë. Gratë mbyllin dritaret. Vajzat dhe djemtë flasin për Verën. Sa libra kanë Anila dhe Artani? Ju shikoni në rrugë. Ata bëjnë ushtrimin. Kur dalin djemtë? Nxënësit hyjnë në klasat.

7.5.1
Artan ist Agims Freund. Artani është shoku i Agimit. Sokili është vëllai i Verës. Diana është shoqja e Teutës. Motra i kujt është kjo vajzë? Kjo është biçikleta e nënës. këtu janë këpucët e burrit. Ku është stacioni i trenit? Fotografia e djalit është në mur. Ora e mjekut është mbi tryezë. Libri i gramatikës ka nëntëdhjetë e tetë faqe. Vëllezërit e gruas punojnë në fshat. Ku banon familja e shokut? Spitali i qytetit është afër. Çelësi i dhomës është në derë. Faqet e gazetës janë me fotografi [*bebildert*]. Mekaniku i uzinës punon shumë mirë. Si quhet djali i inxhinerit? Shoqja e studentes ka pesëdhjetë e gjashtë libra dhe shtatëdhjetë e tri revista. Shkolla e fshatit ka tridhjetë e katër nxënës. Shoku i Linditës ka pesëmbëdhjetë lapsa dhe njëmbëdhjetë stilografë. Dhoma e punëtorit ka tri dritare. Albumi i kujt është ky? Ç'thotë nëna e Ilirit?

7.5.2
A ti merr aparatin fotografik? A ju merrni aparatin fotografik? Po, unë marr aparatin fotografik. Jo, unë nuk marr aparatin fotografik. A ecën më këmbë [*Gehst du zu Fuß*]? A ecni më këmbë? Po, unë eci më këmbë. Jo, unë s'eci më këmbë.
merr, merrni; pyes, pyesni; banon, banoni; bën, bëni; flet, flisni; ecën, ecni; shikon, shikoni; shkruan, shkruani; shkon, shkoni; luan, luani; ke, keni; mëson, mësoni; kupton, kuptoni.

8.5.1
Prindërit e Verës banojnë në fshat. Rrobat e nënës janë në dollap. Babai i fëmijëve punon në uzinë. Djemtë e motrës nuk duan kafe. Libri i gramatikës është mbi tryezë. Macja e vajzave është nën karrige. Vera shikon albumin e fotografive. Dollapi e rrobave është majtas. Dollapi i librave është djathtas. A do çaj vëllai i mjekes ? Teuta dhe Drita vënë revistat në sirtarin e tryezës. Mjeku i fshatit shkon më këmbë në punë. Librat e përrallave janë në çantë. Ç'thonë vëllezërit e Agimit? Përsëri bie zilja e telefonit. Çelësat e dhomës janë në kuti. Vajzat e mësuesit pinë kakao. Kutia e penave nuk është këtu. Inxhinierët e uzinës lënë punën shumë vonë. Diana vë lapsat në kutinë e lapsave. Studenti mbyll kutitë e lapsave. Nëpër oborrin e shkollës shëtisin njëqind e njëzet e gjashtë nxënës dhe trembëdhjetë mësues. Në rrugën e qytetit janë pesëqind studentë. Fëmijët e fshatarëve këndojnë bukur. Shokët e djalit vazhdojnë shkollën. Nëna e djemve bisedon me babanë.

8.5.2
Kur vazhdojnë nxënësit shkollën? Nxënësit vazhdojnë shkollën pasdite. Ku punojnë prindërit e fëmijëve ditën? Ditën prindërit e fëmijëve punojnë në fushat e kooperativës. Ku shëtisin disa fëmijë? Disa fëmijë shëtisin nëpër oborr. Kush mëson natën? Prindërit e nxënësve mësojnë natën. Sa tinguj ka gjuha shqipe? Gjuha shqipe ka tridhjetë e gjashtë tinguj. Më kë bisedon nëna? Nëna bisedon me babanë. Kur bie zilja? Tani bie zilja. Sa studentë mësojnë këtu? Këtu mësojnë tri mijë e katërqind e nëntëdhjetë e gjashtë

studentë. Ç'vënë ato? Ato vënë rrobat në dollapët e rrobave. Kush flet lirisht? Shoqet e Verës flasin lirisht. Sa fjalë ka fjalori? Fjalori ka tridhjetë mijë fjalë.

8.5.3
A ti i merr librat e shokëve? A ju e merrni librin e shokut? Jo, unë nuk i marr librat e shokëve. Po, ne e marrim librin e shokut. A ti e sheh telegramin? Po, e shoh telegramin.
shkruan, shkruani; merr, merrni; bën, bëni; mëson, mësoni; vë, vini; sheh, shihni; pi, pini; fshin, fshini; kërkon, kërkoni; hap, hapni; pyes, pyesni.

9.5.1.1
Ç'ngjyrë ka limoni? Limoni është i verdhë. Ç'ngjyrë ka dardha? Dardha është e verdhë. Ç'ngjyrë ka trëndafili? Trëndafili është i kuq. Ç'ngjyrë ka molla? Molla është e kuqe. Ç'ngjyrë ka gjethja? Gjethja është e gjelbër. Ç'ngjyrë ka lapsi? Lapsi është i gjelbër. Ç'ngjyrë ka shalli? Shalli është blu. Ç'ngjyrë ka biçikleta? Biçikleta është mavi. Ç'ngjyrë ka macja? Macja është e bardhë. Ç'ngjyrë ka tavani? Tavani është i bardhë. Ç'ngjyrë ka qeni? Qeni është i zi. Ç'ngjyrë ka çanta? Çanta është e zezë. Ç'ngjyrë ka makina? Makina është e kaltër. Ç'ngjyrë ka qielli? Qielli është i kaltër. Ç'ngjyrë ka miu? Miu është bojë hiri. Ç'ngjyrë ka kutia? Kutia është gri.
Si është tavani? Tavani është i lartë. Si është pema? Pema është e lartë. Si është televizori? Televizori është i ri. Si është shtëpia? Shtëpia është e re. Si është mjekja? Mjekja është guximtare. Si është ushtari? Ushtari është guximtar. Si është qyteti? Qyteti është i bukur. Si është lulja? Lulja është e bukur. Si është vajza? Vajza është e vogël. Si është djali? Djali është i vogël. Si është jastëku? Jastëku është katror. Si është tryeza? Tryeza është katrore. Si është oborri? Oborri është i madh. Si është dhoma? Dhoma është e madhe.

9.5.1.2
Stilografët e zinj janë të rinj. Shtëpitë e bukura janë të reja. Çantat e zeza janë mbi tryezë. Vajzat e vogla luajnë me top. Djemtë e vegjël ecin ngadalë. Dollapët e bukur janë majtas. Tryezat e bukura janë djathtas. Dollapët i librave janë të zinj. Lapsat blu janë në kuti. Biçikletat gri janë atje. Vëllezërit e mëdhenj punojnë në qytet. Motrat e mëdha shikojnë fotografitë. Punëtorët e zellshëm banojnë në fshat. Qershitë janë të kuqe. Dritaret e dhomës janë të larta. Dardhët janë të verdha. Macet janë të bardha. Zambakët e bardhë janë në vazo. Trenat e gjatë kalojnë mbi urë. Shallet e Agimit janë të shkurtër. Shokët e mirë mësojnë shqip.

9.5.2
Teuta vë revistat në sirtarin e tryezës. Fëmijët dalin në oborr. Agroni merr letra nga prindërit. Nëna bisedon me babanë. Shamitë janë mbi tryezë. Këpucët janë nën karrige. Unë pyes një fshatar për spitalin. Ju flisni në telefon me motrën. Fotografia e nënës është në mur. Çelësi i dhomës është te nëna. Ju jeni në shtëpi. Ju shkoni me autobus në Tiranë. Ajo shkruan një letër për shoqen. Kush është në fotografi? Ti ecën ngadalë nëpër urë. Ata qeshin me zë të ulët. Ne flasim pa vështirësi. Ata dalin nga shtëpia dhe shkojnë në uzinë. Unë marr lapsin nga tryeza. Ti merr një libër nga dollapi. Drita hipën ne tren.

10.5.1
Pushimi fillon në orën dymbëdhjetë e gjysmë. Pushimi mbaron në orën trembëdhjetë. ...në orën tetë. ...në orën tetë e gjysmë deri në orën shtatëmbëdhjetë (në orën pesë pasdite). Në orën dymbëdhjetë. Në orën njëzet e katër. ...në orën katërmbëdhjetë (në orën dy pasdite). ...në orën një e një çerek. ...në orën shtatë. ...tre e gjysmë. ... nga ora katër pasdite deri në orën shtatë. Tetë orë. Katër orë. Shtatë orë. Ora është tre pa një çerek, katër e njëzet e pesë minuta, nëntë e pesë, tetë e pesëdhjetë (nëntë pa dhjetë minuta).

10.5.2
Ti sheh limonë të verdhë. Ai ha dardhë të verdha. Ju keni lapsa të gjelbër. Ata presin makinën e kaltër. Ato dalin nga qytetin e bukur. Ne hyjmë në dhomën e madhe. Ai hipën në makinën e re. Ju zbrisni nga biçikleta blu. Ju lini shallin blu në tryezë. Ju dilni nga oborri katror.

10.5.3
Ti zbret në stacionin e tretë. Ata zbresin nga autobusi dhe hyjnë në uzinë. Agimi del nga shtëpia çdo ditë në orën tetë. Punëtorët hipin në këtë autobus. Fëmijët flenë në këto dhoma. Muratori e lë punën në orën dy

(katërmbëdhjetë). Studentët hanë drekën në orën një e një çerek. Ti kë po pret? Prindërit flenë deri vonë në mëngjes. Ato i presin këta mësues. Ju nuk e lini punën në orën nëntë e njezet e pesë. Ju i pyesni këto gra për universitetin. Ne po hapim radion dhe dëgjojmë muzikë. Fëmijët kalojnë nëpër këtë rrugë. Atje kalojnë shumë njerëz. Unë punoj nga ora tetë e gjysmë deri në orën pesë pa një çerek pasdite.

10.5.4.1
Unë ia jap Mehmetit mollën e kuqe. Ti ia tregon Gencit dardhën e verdhë. Fatosi ia lë vëllait makinën e kuqe. Agimi ia tregon motrës përralën e bukur. Teuta i bie violinës. Drita ia tregon babait librin e vogël. Kjo i takon Mehmetit [*Das betrifft Mehmet*]. Ata ia tregojnë derën e madhe. Ju i bini derës [*Ihr klopft an*]. Ju i thoni babait gënjeshtra [*Ihr belügt den Vater*].

10.5.4.2
Para shtëpisë [Abl.] ka shumë pemë të larta. Prindërit e dëgjojnë zërin e Agimit [Gen.]. Nëna i telefonon mjekut [Dat.]. Në çantën e Artanit [G.] ka libra dhe fletore. Teuta merr një letër prej shoqes [Abl.]. I blej nënës [D.] lule të bukura. Stacioni i trenit [G.] është larg. Dritarja është përballë derës [Abl.]. Babai i dhuron djalit [D.] një stilograf. Verës [D.] i dhurojnë një libër. Prapa malit [Abl.] është një fshat i vogël. Vajza e vëllait [G.] quhet Diana. Afër restorantit [Abl.] është stacioni i autobusit [G.]. Shokët e mirë i blejnë motrës [D.] fjalorin shqip-gjermanisht. Agimi e merr këtë aparat fotografik prej babait [Abl.]. Dhoma e studentëve [G.] është e vogël. Sot i shkruaj vëllait [D.] një !etër. Unë jam larg qytetit [Abl.]. Nëna i dhuron vajzës [D.] dy mollë.

10.5.5
Sot është ftohtë, prandaj shkoj pranë sobës [*neben den Ofen*]. Komodina është afër shtratit. Prapa shtëpisë ka male të larta. Pas pranverës vjen vera. Rreth tryezës ka pesë karrige. Anila merr dy libra prej shoqes. Ajo heq batanijen prej shtratit. Dritarja është përballë derës. Pas pushimit mësoj shqip. Në fund të shportës janë dy mollë. Para malit janë dy fshatra. Dhomat tona janë në mes të korridorit. Shtëpia jonë është në fillim të rrugës. Agimi pret pas derës. Ai rri larg televizorit. Ti rri pranë babait. Afër restorantit është stacioni i autobusëve.

11.5.1
Këto janë shtëpitë e reja. Këta janë stilografët e rinj. Çantat e zeza janë mbi tryezë. Vajzat e vogla luajnë. Gjethjet e verdha bien në tokë në vjeshtë. Djemtë e vegjël mësojnë anglisht. Retë janë të bardha. Në pranverë pemat janë të gjelbëra. Dritaret e dhomës janë të larta. Qershitë janë të kuqe. Trëndafilat e kuqe janë në vazo. Lulet e oborrit janë të bukura. Lulishtet e qytetit janë të mëdha. Në verë ditët janë të nxehta. Në dimër ditët janë të ftohta. Në verë ditët janë të gjata. Në verë netët janë të shkurtra. Këta janë librat e studentit. Vëllezërit e mëdhenj hanë drekën në orën dymbëdhjetë e gjysmë. Dollapët e librave janë të zinj. Lapsat blu nuk janë në këtë kuti. Ne nuk shohim biçikletat gri.

11.5.2
Unë shoh një shepi të madhe. Unë shoh shtëpi të mëdha. Muratorët po ndërtojnë një qytet të ri. Muratorët po ndërtojnë qytete të reja. Motra blen një pemë të freskët. Motra blen pemë të freskëta. Babai ka një biçikletë gri. Babai ka biçikleta gri. Në këtë dollap ka një libër të madh. Në këtë dollap ka libra të mëdhenj. Vëllai i madh ka një orë të vjetër. Vëllai i madh ka orë të vjetra. Në dyqanin e këpucëve ka këpucë të bardha (të zeza, të kuqe, blu). Ne blejmë pemë të ndryshme. Ne po lexojmë një libër të mirë. Ne po lexojmë libra të mirë. Sot hamë një drekë të mirë. Sot hamë dreka të mira. Fëmijët vizatojnë një tren të gjatë. Fëmijët vizatojnë trena të gjatë. Flamuri shqiptar ka në mes një shqiponjë të zezë. Flamurët shqiptarë kanë në mes shqiponja të zeza. Fëmija ka një top të vogël. Fëmijët kanë topa të vegjël. Keni një pjeshkë të mirë. Keni pjeshkë të mira.

11.5.3
Genci punon gjashtë ditë në javë. Ai punon të hënën, të martën, të merkurën, të enjtën, të premtën, të shtunën. Të dielën ai pushon. Stinët e vitit janë: pranvera, vera, vjeshta dhe dimri. Muajt e pranverës janë: marsi, prilli, maji. Muajt e verës janë: qershori, korriku, gushti. Muajt e vjeshtës janë: shtatori, tetori, nëntori. Muajt e dimrit janë: dhjetori, janari, shkurti. Në pranverë është koha e mirë. Në verë ditët janë të gjata, netët janë të shkurtra. Në vjeshtë shpesh koha është e keqe. Në dimër ditët janë të shkurtra, netët janë të gjata. Dimri fillon në muajin dhjetor. Dielli ndriçon ditën, hëna dhe yjet ndriçojnë natën.

11.5.4.1
Artani duhet të punojë natën. Iliri duhet të mësojë ditën. Teuta duhet të flasë anglisht. Anila fillon të kuptojë gjermanisht. Drita mund të lexojë libra. Ju mund të luani me top. Ti duhet të shëtisësh nëpër qytet. Ne duhet të shkruajmë letra. Ne duam të flasim anglisht.

11.5.4.2
Le të shkojmë më këmbë në punë. Le të shkojë me autobus në fshat. Desha të ha mollë të freskëta. Deshëm të hamë limonë të feskët. Dua të pi qumësht të ftohtë. Duam të pimë një filxhan kakao të nxehtë. Deshëm të pimë një gotë verë të kuqe. Shoku po shkon të blejë një dhuratë. Shokët po shkojnë të blejnë një palë këpucë.

11.5.5
Unë di se Teuta duhet të mësojë anglisht. Unë shoh se ju filloni të luani me top. Unë dëgjoj se Anila lexon gjermanisht. Shohim se Artani shkruan letra. Dëgjojmë se Artani dhe Iliri duhet të punojnë natën. Ne dimë se Anila do të fillojë të mësojë gjermanisht [*Wir wissen, daß Anila beginnen will, Deutsch zu lernen*]. Po dëgjoj se ju doni të luani me top.

12.5.1
Nëna do të blejë perime të freskëta. Ata do të zbresin në stacionin e katërt. Ato do të hipin në stacionin e tretë. Unë do të shkoj për drekë tek shoqja. Ne do të presim shokët. Gruaja do të lexojë një revistë të re. Agim, ç'do të bësh? Vajza e vogël do të rrijë në shtëpi. Motra dhe nëna do të përgatisin një drekë të mirë. Ata do të hanë drekën në retorant. Burri do të shkruajë një letër për shoqen. Fëmijët do të shëtisin me biçikleta. Vëllai i madh do të shkojë në kinema. Studentët do të takojnë shumë shokë dhe shoqe. Do të hyj në dyqanin e ushqimeve [= ushqimore]. Ti do të punosh në fushat e kooperastivës. Ti do të blesh dy kilogramë rrush të bardhë. Vajzat do të marrin një kilogram fiq. Shitësi do të peshojë një pulë të madhe. Ato nuk do të blejnë as peshk, as mish. Gratë do të pyesin shitësen për pjeshkë. Ne do të mësojmë së bashku. Vëllezërit e Verës do të bisedojnë. Anila do të hapë derën e dyqanit.

12.5.2.1
Sot është ftohtë, prandaj shkoj pranë një sobe. Komodina është afër një shtrati. Para një shtëpie ka male të larta. Pas një pranvere vjen një verë. Rreth një tryeze ka pesë karrige. Anila merr dy libra prej një shoqeje. Ajo heq një batanije prej një shtrati. Dritarja është përballë një dere. Pas një pushimi mësoj shqip. Në fund të një shporte janë dy mollë. Para një mali janë dy fshatra. Dhomat tona janë në mes të një korridori. Shtëpia jonë është në fillim të një rruge. Agimi pret pas një dere. Ai rri larg një televizori. Ti rri pranë një babai. Afër një retoranti është stacioni i një autobusi.

12.5.2.2
Pas dy orësh do të shkojmë në qytet. Do të takoj dy shokë afër një shtëpie. Atje është një dyqan pemësh. Një grup turistësh ha drekë. Do të blej një palë këpucë fëmijësh dhe një palë çorape grash. Majtas është një dollap rrobash. Pa këtij autobusi do të vijë një tjetër. Kjo është orë dore. Artani i tregon Agimit një koleksion pullash. Në rrugë po kalojnë një varg makinash. Ku është një dyqan frutash? Atje është një kuti poste.

12.5.2.3
I dhurojmë asaj mësúeseje disa libra. Dhoma e këtyre turistëve është e bukur. Asaj shtëpie i bie gjithmonë dielli. Atij aktori ia japim trëndafilët e kuqe. Ia paguajmë një shítëseje çmimin e frutave. Rrugët e këtij qyteti janë të drejta. Dritaret e kësaj dhome janë të larta. Mbi tryezë është libri i një shoku. Ua jap disa shokëve biletat e teatrit. Unë marr librin e një studenti. I tregoj një shoqeje një roman të ri. U lexoj disa fëmijëve një libër të bukur. I shkruajmë një vajze një letër të gjatë.

13.5.1.1
Haje mollën. Haji mollët. Hajini mollët. I hani mollët. Pyete shokun. Pyeti shokët. Pyetini shokët. I pyetni shokët. Mbylle telefonin. Mbylleni dritaren. Hape valixhen. Hapeni valixhen. I hapni valixhet. Ndeze dritën në dhomë. Merre revistën. I merrni revistat. Rregulloje dhomën. I rregulloni dhomat. Thirre shoqen. Thirrini shoqet. I thirrni shoqet. Jini këtu. Ejani me tren. Blini një litër qumësht. Lexo me zë të ulët. Shkoni në teatër.

Luani me top. Zbritni nga autobusi në stacionin e pestë. Hip në autobus. Fol shpejt. Shkruaj tani. Dil jashtë. Hyr brenda. Ec ngadalë. Rri në tryezë [Bleib am Tisch].

12.5.1.2
Anila, mos e ndiz dritën. Shoqe, mos i rregulloni dhomat. Pjetër, mos e thirr shokun. Genc, mos e lexo romanin e ri. Mos shkoni nesër pasdite në kinema. Drita, Agron, mos shikoni nga dritarja. Nxënës, mos rrini mbi tryezë. Mos zbrit nga autobusi. Vera, mos bëj zhurmë. Sokol, mos fol ngadalë. Agim, lexo me zë të lartë. Shokët e mi, mos pini ujë të ftohtë. Teuta, mos ia shkruaj vëllait letrën tani. Babë, mos eja më këmbë. Nënë, mos i bli këta peshq. Vëllezërit e mi, mos luani me top. Mësues, mos hyni brenda. Mos flini deri vonë. Fshatarë, mos hipni në autobus. Prindërit e mi, mos dilni nga shtëpia. Mësuese, shko në lulishte për shëtitje. Babë, ec në rrugë. Motrat e mia, mos rrini këtu. Arben, mos mëso keq. Kushërinjtë e mi, mos ejani me tren. Aktorë, mos flisni me zë të ulët. Ilir, mos puno shumë. Muratorë, mos punoni të dielën.

13.5.2
Prindërit e mi banojnë në qytet. Dhoma e tij është e madhe. Shoqet e saja vijnë çdo ditë këtu. Shokët e saj janë në shtëpi. Nëna e tij është mësuese e mirë. Ora ime shkon përpara [geht vor]. Gjellët e tua janë të shijshme. Vëllezërit e mi punojnë në uzinë. Kushërinjtë e tij vazhdojnë shkollën. Ç'është babai yt. Familja ime nuk kupton shqip. Ç'do motra jote? Çanta e saj është e zezë. Stilografi i tij shkruan mirë. Djemtë e saj rrinë këtu. Shoqet e mia gatuajnë gjellë të shijshme. Fëmijët e tua nuk duan çaj të nxehtë me limon. Vajzat e tija duan një kakao me biskota. Shoku im do një kafe me pak sheqer [kafe të mesme]. Nëna ime do të blejë një litër qumësht dhe pesëqind gramë gjalpë.

14.5.1.1
Anila e ka ndezur dritën. Shoqet i kanë rregulluar dhomat. Pjetri e ka thirrur shokun. Genci e ka lexuar romanin e ri. Ju keni shkuar dje pasdite në kinema. Drita dhe Agroni kanë shikuar nga dritarja. Nxënësit kanë ndenjur mbi tryezë. Ke zbritur nga autobusi. Vera ka bërë zhurmë. Sokoli ka folur ngadalë. Agimi ka lexuar me zë të lartë. Shokët e mi kanë pirë ujë të ftohtë. Teuta ia ka shkruar vëllait letrën. Babai im ka ardhur më këmbë. Nëna i ka blerë këta peshq. Vëllezërit e mi kanë luajtur me top. Mësuesit e tu kanë hyrë brenda në shtëpi. Fëmijët kanë dashur të flenë (kanë fjetur) deri vonë. Fshatarët kanë hipur në autobus. Prindërit e mi kanë dalë nga shtëpia. Mësuesja ime ka shkuar në lulishte për shëtitje. Babai ka ecur në rrugë. Motrat e mia kanë ndenjur këtu. Arbeni ka mësuar keq. Kushërinjtë e mi kanë dashur të vijnë (kanë ardhur) me tren. Aktorët kanë folur me zë të ulët. Iliri ka punuar shumë. Muratorët kanë punuar të dielën.

14.5.1.2
Dje kam pasur shumë punë. Ai i ka dhënë shokut një kuti me çokollata. Unë kam folur me fëmijët e tija. Diana e ka takuar vëllanë tënd me shoqen e tij. Turistët kanë fjetur deri në orën nëntë. Ku ai e ka lënë çelësin e dhomës? Ku kanë banuar Anila dhe Vera, kur kanë qenë të vogla? Dje ka rënë shi. Ne kemi ngrënë darkë herët. Teuta ka paguar në arkë dhe po merr ushqimet tek shitësja. Vajzat kanë shkuar në shëtitje. Ne kemi blerë bukë dhe gjalpë. Genci ka hapur radion dhe po dëgjon muzikë. Ne jemi shokë. Ato e kanë lexuar romanin e ri. Dje e kam parë këtë film në kinema. Kush ka pirë cigare këtu? Tezja e ka mbyllur derën e dhomës. Turistët kanë vizituar disa qytete. Gruaja ka nxjerrë rrobat nga valixhja e saj. Burri i ka mbushur gotat me verë. Ne kemi bërë një shëtitje.

14.5.2
Të shtunën Agimi do të bëjë një shëtitje me Arbenin. Agimi do ta lërë punën në orën dy pasdite. Ai do të shkojë në shtëpi dhe do të hajë drekë me Arbenin. Së bashku ata do të dalin nga shtëpia dhe do të shikojnë kalanë. Arbeni do ta sheh qytetin nga lart dhe do të thërrasë: 'Agim, shiko, shtëpitë e qytetit janë aq të vogla!' Pastaj ata do të vizitojnë Teutën. Ajo do ta pyesë Arbenin: 'Sa ditë ti do të rrijë në qytet?' Ky do të thotë se ai do të rrijë një javë tek Agimi. Teuta do t'i pyesë shokët e saj: 'A do të pini kafe?' Ajo do të vërë filxhane në tryezë. Ajo do të nxjerrë fotografitë e saja nga albumi dhe do t'ua tregojë shokëve. Në mbrëmje ajo do të vërë pjata dhe pirunj mbi tryezë. Teuta do të ziejë ujë dhe do të gatuajë çaj. Ata do të hanë darkë. Do të bjerë zilja dhe do të vijë Gëzimi, vëllai i Teutës. Ai do të thotë: 'Nesër do të bjerë shi.' Në orën tetë ata do të shkojnë në kinema. Agimi do t'i blejë biletat dhe do t'ua japë shokëve.

14.5.3
Unë takoj shpesh babanë tënd. Po blej disa dardhë për vëllanë tim. Ajo rregullon çdo ditë dhomën e saj. Ne shohim motrën tënde. Mos hyr në dhomën e tij. Ai luan gjithmonë me djemtë e tu. Unë do të punoj me shokët e mi. Agimi do të shkojë në teatër me nxënësit e tij. Nëna ha darkë me vajzat e saja. Arbeni do të pyesë mjekun e tij. Vera e nxjerr librin e saj nga dollapi. Djali i vogël përshëndet prindërit e tij. Unë ndihmoj shoqet e mia. Sokol, merri revistat e tua. Teuta do të vërë fotografitë e saja në dollap. Në dhomën time nuk hyn dielli.

14.5.4
Unë di se dje ke pasur shumë punë. Kam dëgjuar se ai i ka dhënë shokut një kuti me çokollata. A ti di se unë kam folur me fëmijët e tija? A ke dëgjuar se Diana e ka takuar vëllanë tënd me shoqen e tij? Më kanë thënë se turistët kanë fjetur deri në orën nëntë. A ti di se ku ai e ka lënë çelësin e dhomës? Nuk e di se ku kanë banuar Anila dhe Vera. Kam dëgjuar se dje ka rënë shi. A ti di se ne kemi ngrënë darkë herët? Shoh se Teuta ka paguar në arkë dhe po merr ushqimet tek shitësja. Kam parë se vajzat kanë shkuar në shëtitje. A ti di se kemi blerë bukë dhe gjalpë? Dëgjoj se Genci ka hapur radion dhe unë di se ai po dëgjon muzikë. Unë di se ata janë shokë. Ti di se ato e kanë lexuar romanin e ri. Kam dëgjuar se dje ke parë këtë film në kinema. Nuk di se kush ka pirë cigare këtu. Kam dëgjuar se tezja e ka mbyllur derën e dhomës. Më kanë thënë se turistët kanë vizituar disa qytete. Unë nuk di se a [*ob*] gruaja ka nxjerrë rrobat nga valixhja e saj. Shoh se burri i ka mbushur gotat me verë. Nuk di se a ata kanë bërë një shëtitje.

15.5.1.1
Prindërit e mi banonin në qytet. Dhoma e tij ishte e madhe. Shoqet e saja vinin çdo ditë këtu. Shokët e saj ishin në shtëpi. Nëna e tij ishte mësuese e mirë. Ora ime shkonte përpara. Gjellët e tua ishin të shijshme. Vëllezërit e mi punonin në uzinë. Kushërinjtë e tij vazhdonin shkollën. Ç'ishte babai yt? Familja ime nuk kuptonte shqip. Ç'donte motra jote? Çanta e saj ishte e zezë. Stilografi i tij shkruante mirë. Djemtë e saj rrinin këtu. Shoqet e mia gatuanin gjellë të shijshme. Fëmijët e tua nuk donin çaj të nxhetë me limon. Vajzat e tija donin një kakao me biskota. Shoku im donte një kafe me pak sheqer. Nëna ime donte të blejë një litër qumësht dhe pesëqind gramë gjalpë.

15.5.1.2
Skënderi shihte një film të ri. Shpresa ecte nëpër rrugët e Tiranës. Ju punonit në shkollë. Turistët paguanin në arkë. Unë vija nga qyteti shumë vonë. Ti shikoje herë pas here fotografitë e fëmijëve. Ne dëshironim të vizitonim Shqipërinë. Shoqet tona merrnin një taksi. Shokët tanë ishin shumë të gëzuar. Fëmijët tona kishin dhomën e bukur. Motra ime pinte lëngje frutash. Babait tim pëlqente të fliste shqip. Vëllai im blente një dhuratë. Gratë dilnin nga hoteli ynë.

15.5.2
Familja jonë banon në fshat. Vëllezërit tanë punojnë në fabrikën e bukës. Oborri ynë është i bukur. Në qytetin tonë ka shumë lëvizje. Në shtëpinë tonë ka shumë lule. Dhoma jonë bie nga jugu dhe ka një ballkon. Unë punoj me gëzim në kopshtin tonë. Ne presim prindërit tanë. Fëmijët tona vazhdojnë shkollën. Ne do të shkojmë në teater me shokët tanë. A është i madh apartamenti yt? Cila është adresa jote tani? Adresa ime është kjo: ... Telefoni im nuk punon. Nesër do të vijë tezja ime nga Tirana. Ti bën fotografi të bukura me aparatin tënd. Kur do të takosh shoqen tënde? Shoqja jonë flet në telefon me nënën tonë. Dhoma e Verës ka shumë dritë. Ç'mobilie ka në dhomën e saj? Biçikleta e Gëzimit është e re. Vajzat e tija mësojnë anglisht.

15.5.3
Duke ecur nëpër shëtitoren e qytetit, unë shikoja grumbullin e njerëzve. Duke lexuar revistat e re, Vera mësonte shumë gjëra për këtë qytet. Të gjithë dëgjonin me interes, duke ndenjur në një sallë të madhe. Duke zbritur nga autobusi, Agimi dëgjonte muzikë të bukur. Duke shëtitur nëpër rrugët e kryeqytetit, studentët bisedonin për udhëtimin e tyre. Anila shkruante një letër, duke pritur shoqet. Agimi pinte duhan, duke telefonuar me vëllanë e tij. Shoqëruesja jonë fliste ngadalë, duke kaluar nga njëra sallë në tjetrën. Duke shkuar në restorant, bisedoja me një vajzë të vogël.

16.5.1
Dje shkova në kinema. Të dielën ti bleve një tufë të madhe. Në mbrëmje Vera hapi dy shishe verë. Në orën pesë pasdreke ne hapëm derën. Pastaj ju mbyllët telefonin. Në mëngjes Sokoli dhe Teuta shkruan një letër

të gjatë. Në mbrëmje Vera takoi shumë njerëz. Ne festuam ditëlindjen. Ti lave perimet. Unë hapa librin. Ti mbylle radion. Vera shkroi disa kartolina. Unë takova babanë tënd. [*Aus den angegebenen Satzteilen sind weitere Sätze möglich; dasselbe gilt für 16.5.3*].

16.5.2
Nëna ime punoi në Universitetin e Tiranës. Drita nuk i dëgjoi fjalët e nënës. Në fund të rrugës është shtëpia ime. Artani dhe Iliri banuan në qytetin e Durrësit. Mësuesi bisedoi me prindërit e djalit. Në mes të dhomës është një tryezë katrore. Djemve të shoqes u pëlqeu të luajnë me fëmijët tona. Ia dhurova vajzës së vëllait tim librat e bukura. Shkolla e re është në qendër të fshatit. Agimi e kërkoi motrën e Verës në telefon. Po pres shokun e babait tim.

16.5.3
Vera i dhuroi djalit të saj një stilograf. Vera u dhuroi prindërve të tij një stilograf. Vera u dhuroi shoqevet të saja një stilograf. Sokoli i dhuroi vajzës së tij një stilograf. Sokoli e hapi derën e shtëpisë sime. Sokoli i hapi dritaret e dhomave të tua. Ata rrinë pranë shoqeve të saja. Ata rrinë pranë shokut tënd.

17.5.1.1
Kur merresh me gjimnastikë ? Unë merrem me gjimnastikë në mëngjes. Në ç'orë zgjohesh ? Unë zgjohem në orën gjashtë. Kur merreni me muzikë ? Ne merremi me muzikë në mbrëmje. Kur lahesh me ujë të ngrohtë ? Unë lahem në mëngjes me ujë të ngrohtë. Në ç'orë nisesh nga shtëpia ? Unë nisem nga shtëpia në orën tetë pa një çerek. Kur ngriheni nga shtrati ? Ne ngrihemi nga shtrati në orën gjashtë. Kur argëtohesh me vëllanë ? Unë argëtohem me vëllanë çdo ditë. Kur takoheni me një shok ? Ne takohemi me një shok pas pesë minutash. Kur bëhesh gati për punë ? Unë bëhem gati për punë shumë herët. Kur ktheheni nga pushimet ? Ne kthehemi nga pushimet të hënën. Kur përgatiteni për udhëtim ? Ne përgatitemi për udhëtim pasdreke.

17.5.1.2
Ku janë ulur fëmijët e mi ? Fëmijët e tu janë ulur rreth tryezës. Ku është ulur gruaja ime ? Gruaja jote është ulur në karrige. Ku janë ngjitur njerëzit ? Njerëzit janë ngjitur në majën e malit. Ku është ngjitur babai yt ? Babai im është ngjitur në katin e tetë. Ku është rritur shoqja jote ? Shogja ime është rritur në fshat. Ku janë rritur shokët e tu ? Shokët e mi janë rritur në këtë qytet. Kur janë ndërtuar këto shtëpi ? Këto shtëpi janë ndërtuar njëzet vjet më parë. Kur është ndërtuar ky muze ? Ky muze është ndërtuar para disa vjetësh. Kur është nisur treni për Durrës ? Treni për Durrës është nisur në orën dhjetë e një çerek. Kur është kthyer Agimi nga kinemaja ? Agimi është kthyer vonë nga kinemaja. Kur je ktyher nga pushimet ? Pardje jam kthyer nga pushimet.

17.5.2
Kush hodhi letrën në kutine e postës ? Unë e hodha letrën. Kush hodhi topin në kopsht ? Genci e hodhi topin. Kush rregulloi biçikletën e motrës ? Genci e rregulloi biçikletën. Kush erdhi në bibliotekë ? Ne erdhëm në bibliotekë. Kush doli me Verën ? Unë dola me Verën. Kush hyri në dhomën e gjumit ? Ne hymë në dhomën e gjumit. Kush gjeti librat ? Unë i gjeta librat. Kush mori revistat ? Ne i morëm revistat. Kush flet vetëm shqip ? Genci flet vetëm shqip. Kush arriti i fundit ? Unë arrita i fundit.

17.5.3
Vera ka një mace të vogël. Artani ka disa mace të vogla. Djemtë e vegjël hipin në biçikletë. Pranë restorantit të ri ndodhet një lulishte e bukur. Afër lulishtes së bukur është është ura e re. I shkrova një shoqeje të vjetër nje letër të gjatë. Ne banojmë në katin e gjashtë. Njerëzit janë ulur rreth tryezës së rrumbullaktë. Nxënësit e dhuruan kësaj mësueseje të mirë një tufë me lule. Prej këtij mësuesi të mirë marr shpesh letra. Nëna bleu pemë të freskëta. Vëllai i madh foli me zë të ulët. Ato e shikojnë shfaqen teatrale me vëmendje të madhe. Në këtë dollap ka libra të mëdhenj e të vegjël.

17.5.4
Lexova disa tregime të reja. Ne shkuam në zyrën e pritjes. Fëmijët folën me Gëzimin për pranverën. Studentet kanë biseduar për mësimin e fundit. Më dhemb koka nga lodhja. Pas shëtitjes jemi çlodhur.

17.5.5
Sot është ftohtë, prandaj shkoj pranë sobës sonë. Dhoma e fëmijëvet tonë është me dritë elektrike. Ato janë ulur pranë babait tonë. Anila mori dy libra prej shoqevet tona. Oborri i shtëpisë sonë është plot me lule. I shkrova një letër nënës sonë. Djemtë u dhuruan vajzavet tona trëndafila të kuq. Vëllezërvet tanë u pëlqeu kjo shfaqje. Prej prindërvet tanë marr shpesh letra. Po ia japim shokut tonë biletat e teatrit. Motra e mësuesit tonë punon ne bibliotekë.

17.5.6
Kjo ështe vajza që hipën në biçikletë. Kjo është vajza, për të cilën foli Agimi. Kjo është vajza, të cilës i pëlqeu shfaqja teatrale. Kjo është vajza, me të cilën erdhi Vera. Kjo është vajza, dhoma e së cilës është shumë e bukur. Ky është shoku që bisedon me babanë tim. Ky është shoku, me të cilin nëna foli në telefon. Ky ështe shoku, prej të cilit Artani mori disa libra të rinj. Ky është shoku që e ftova për darkë. Ky është shoku, fëmijët e të cilit janë të vegjël.

Këto janë vajzat që hipin në biçikletë. Këto janë vajzat, për të cilat foli Agimi.
Këta janë shokët që bisedojnë me babanë tim. Këta janë shokët, me të cilët nëna foli në telefon.

18.5.1
Unë piva një gotë qumësht. Ti pive një lëng portokalli. Ai piu një filxhan kafe. Ajo piu kakao.Ne pimë cigare. Ju pitë ujë. Ata pinë duhan me llulle. Ato pinë një gotë verë. Unë hëngra me oreks. Ti hëngre drekën në restorant. Ai hëngri mish me patate. Ajo hëngri sallatë domatesh. Ne hëngrëm supë. Ju hëngrët biskota. Ata hëngrën mish me oriz. Unë ndeza cigaren me çakmak. Ai ndezi dritën. Ju ndezët cigaren me shkrepëse. Unë pashë shoqen në rrugë. Ti pe një film shqiptar. Ai pa filmin e ri. Ne pamë një filxhan kafe. Ju patë një gotë verë. Ata panë dritën. Unë qeshë i lirë. Ti qe i zënë. Ai qe disa ditë për vizitë tek Diana. Ne qemë të zënë. Ju qetë të lirë. Ato qenë të zëna. Unë vura librat në dollap. Ajo vuri orën në dorë. Ne vumë fotografitë në album. Ju vutë librat në dollap. Ato vunë fotografitë në album. Unë pata pushim [frei]. Ti pate etje. Ai pati ditë pushimi [einen freien Tag]. Ajo pati uri. Ne patëm shumë punë. Ju patët pushim. Ato patën ditë pushimi. Unë lashë punën në orën katër e gjysmë. Ti le punën në orën pesë pa një çerek. Ajo la punën në orën pesë të pasditës. Ne lamë punën në orën pesë e një çerek. Ju latë punën në orën katër e gyjsmë të pasditës. Ato lanë punën në orën pesë pa një çerek. Unë desha një kilogram dardha. Ju deshe një kilogram qershi. Ajo deshi një kilogram molla. Ne deshëm një kilogram pjeshkë. Ju deshët një kilogram rrush. Ato deshën një kilogram fiq. Unë rashë në tokë. Ti i re ziles. Ajo i ra telefonit. Ne ramë poshtë. Ato ranë në tokë.

18.5.2.1
A e keni ditur se ne laheshim në det ? Jo, s'e kemi ditur se ju laheshit në det. A e keni ditur se ju uleshit në radhën e parë ? Jo, s'e kemi ditur se ne uleshim në radhën e parë. A e keni ditur se ata ktheheshin shumë vonë në shtëpi ? Po, e kemi ditur. A e keni ditur se studentët tuboheshin para universitetit ? Jo, s'e kemi ditur se studentët tuboheshin para universitetit. A e keni ditur se fëmijët shtriheshin në shtrat ? Po, e kemi ditur se fëmijët shtriheshin në shtrat. A e keni ditur se Vera zgjohej natën nga gjumi ? Po, e kemi ditur. A e keni ditur se kush përgjigjej në telefon ? Jo, s'e kemi ditur. A e keni ditur se mjeku ngjitej në katin e dytë ? Po, e kemi ditur se ai ngjitej. A e keni ditur se unë merresha me sport ? Jo, s'e kemi ditur se ti merreshe me sport.

18.5.2.2
Valixhja ime u mbush me rrobat. Vajzat u regjistruan te [bei] nëpunësja. Babai u vizitua nga [von] mjeku. Ti u kënaqe nga [durch, bei, an] shëtitja. Në këtë vend u gjendën perimet: lakrat, karotat, domatet etj. Netëve të dimrit njerëzit u tubuan, biseduan dhe u argëtuan. Fëmijët u vishën me gëzim. Ky dyqan u hap disa ditë më parë. Djali i vogël u përshëndet me miqtë e tij.
Kur u more me gjimnastikë ? U mora me gjimnastikë në mëngjes. Në ç'orë u zgjove ? U zgjova në orën gjashtë. Kur u morët me muzikë ? Ne u morëm me muzikë në mbrëmje. Ku u lave me ujë të ngrohtë ? Unë u lava në mëngjes me ujë të ngrohtë. Në ç'orë u nise nga shtëpia ? U nisa nga shtëpia në orën tetë pa një çerek. Kur u ngritët nga shtrati ? U ngritëm nga shtrati në orën gjashtë. Kur u argëtove me vëllanë ? Unë u urgëtova me vëllanë çdo ditë. Kur u takuat me një shok ? Ne u takuam me një shok pas pesë minutash. Kur u bëre gati për punë ? Unë u bëra gati për punë shumë herët. Kur u kthyet nga pushimet ? Ne u kthyem nga pushimet të hënën. Kur u përgatitët për udhëtim ? Ne u përgatitëm për udhëtim pasdreke.

18.5.3
Ky qytet është më i madh sesa ai. Ky fshat është më i vogël sesa ai. Kjo ndërtesë është më e vjetër sesa ajo. Kjo shtëpi është më e re sesa ajo. Sot jam më i lodhur se një javë më parë. Nësër do të zgjohem më vonë se sot. Fatosi flet më ngadalë sesa shoku i tij. Fatosi ecën më shpejt nga [sesa] Sokoli. Diana këndon më bukur sesa shoqja e saj. Diana vishet më mirë sesa [nga] Anila.

18.5.4
Agimit i pëlqejnë shumë fotografitë tuaja. Ku luajnë fëmijët tuaj ? Sa dhoma ka apartamenti i shokut tuaj ? Ku punon babai i shoqes suaj ? Telefoni juaj nuk punon. Vajza juaj këndon shumë bukur. Ne u telefonuam shokëvet tuaj. Priteni shoqëruesin tuaj ! Drita u tregoi shoqevet tuaja shtëpinë e pushimit. Jam i kënaqur me mjeken tuaj.
Sot është ftohtë, prandaj shkoj pranë sobës suaj. Dhoma e fëmijëvet tuaj është me dritë elektrike. Ato janë ulur pranë babait tuaj. Anila mori dy libra prej shoqevet tuaja. Oborri i shtëpisë suaj është plot me lule. I shkrova një letër nënës suaj. Djemtë u dhuruan vajzavet tuaja trëndafila të kuq. Vëllezërvet tuaj u pëlqeu kjo shfaqje. Prej prindërvet tuaj marr shpesh letra. Po ia japim shokut tuaj biletat e teatrit. Motra e mësuesit tuaj punon në bibliotekë.

18.5.5
Teuta nxori çelësin nga xhepi dhe hapi derën. Nëna mori ushqimet nga shitësja. Shitësit janë të shpejtë. Mësuesi është ulur përballë nxënësve. Babai ndezi cigaren me shkrepëse. Nëpunësit e postës plotësojnë kërkesat e fshatarëve. Mësueses u foli nxënënesja për udhëtimin nëpër Shqipëri. Ne kënaqemi kur bisedojmë me përkthyesin tonë.

19.5.1
Kur erdhëm në shtëpi, ti kishe marrë një letër nga Genci. Ju kishit vënë pjata mbi tryezë. Vera kishte sjellë gazetat e reja. Prindërit kishin ndezur dritën e dhomës. Kishit filluar të hanit darkë. Vera kishte mbyllur telefonin. Ti kishe zgjuar shumë herët. Prindërit kishin hapur dritaret.
Anila e kishte ndezur dritën. Shoqet i kishin rregulluar dhomat. Pjetri e kishte thirrur shokun. Genci e kishte lexuar romanin e ri. Ju kishit shkuar në kinema. Drita dhe Agroni kishin shikuar nga dritarja. Nxënësit kishin ndenjur mbi tryezë. Ti kishe zbritur nga autobusi. Vera kishte bërë zhurmë. Sokoli kishte folur ngadalë. Agimi kishte lexuar me zë të lartë. Shokët e mi kishin pirë ujë të ftohtë. Teuta ia kishte shkruar vëllait letrën. Babai im kishte ardhur më këmbë. Nëna i kishte blerë këta peshq. Vëllezërit e mi kishin luajtur me top. Mësuesit e tu kishin kyrë brenda në shtëpi. Fëmijët kishin dashur të flinin deri vonë. Fshatarët kishin hipur në autobus. Prindërit e mi kishin dalë nga shtëpia. Mesuesja ime kishte shkuar në lulishte për shëtitje. Babai kishte ecur në rrugë. Motrat e mia kishin ndenjur këtu. Arbeni kishte mësuar keq. Kushërinjtë e mi kishin dashur të vinin me tren. Aktorët kishin folur me zë të ulët. Iliri kishte punuar shumë. Muratorët kishin punuar të dielën.
Dje kisha pasur shumë punë. Ai i kishte dhënë shokut një kuti me çokollata. Unë kisha folur me fëmijët e tij. Diana e kishte takuar vëllanë tënd me shoqen e tij. Turistët kishin fjetur deri në orën nëntë. Ku ai e kishte lënë çelësin e dhomës ? Ku kishin banuar Anila dhe Vera, kur kishin qenë të vogla ? Dje kishte rënë shi. Ne kishim ngrënë darkë herët. Teuta kishte paguar në arkë dhe mori ushqimet tek shitësja. Vajzat kishin shkuar në shëtitje. Ne kishim blerë bukë dhe gjalpë. Genci kishte hapur radion dhe dëgjoi muzikë. Ne kishim qenë shokë. Ato e kishin lexuar romanin e ri. Dje e kisha parë këtë film në kinema. Kush kishte pirë cigare këtu ? Tezja e kishte mbyllur derën e dhomës. Turistët kishin vizituar disa qytete. Gruaja kishte nxjerrë rrobat nga valixhja e saj. Burri kishte mbushur gotat me verë. Ne kishim bërë një shëtitje.
Dje kisha shkuar në kinema. Të dielën ti kishe blerë një tufë të madhe. Në mbrëmje Vera kishte hapur dy shishe verë. Në orën pesë pasdreke ne kishim hapur derën. Pastaj ju kishit mbyllur telefonin. Në mëngjes Sokoli dhe Teuta kishin shkruar një letër të gjatë. Në mbrëmje Vera kishte takuar shumë njerëz. Ne kishim festuar ditëlindjen. Ti kishe larë perimet. Unë kisha hapur librin. Ti kishe mbyllur radion. Vera kishte shkruar disa kartolina. Unë kisha takuar babanë tënd.

19.5.2
Qëndroi një copë herë pa folur. Qëndroi një copë herë pa lëvizur. Pa mbyllur derën. Pa hapur dritaren. Pa ngrënë mollën. Pa pirë çajin. Pa lexuar revistën. Pa shkruar letrën. Pa ndezur dritën. Pa ditur ç'të thoshte.

19.5.3
Aliu shkoi në pazar për të blerë ushqime. Anila shkoi në dyqan për të blerë perime. Ata shkuan në pazar për të blerë një dhuratë. Aliu shkoi në pazar për të blerë pemë. Unë shkova në qytet për të bërë një shëtitje. Ne shkuam në qytet për t'u takuar me shokë. Unë shkova në qytet për të ngrënë në restorant. Ne shkuam në qytet për të parë shfaqje. Unë shkova në bibliotekë për të lexuar revistat. Aliu shkoi në bibliotekë për të mësuar. Anila shkoi në bibliotekë për të shkruar letrat. Ata shkuan në qytet për të punuar në uzinë.

19.5.4
Nisu herët. Mos u nis herët. Bëhu gati, se [*denn*] do të dalim. Ulu në karrige. Mos u ul në karrige. Kthehu shpejt në shtëpi. Ngjituni në katin e dytë. Mos u ngjitni në katin e dytë. Regjistrohuni te nëpunësja. Mos u regjistroni te nëpunësja. Vizitohu nga mjeku. Mos u vizitoni nga mjeku. Merruni me sport. Takohuni me një shok. Zgjohuni herët. Mos u zgjoni herët. Ngrihuni nga shtrati. Largohu nga dhoma. Mos u largo nga dhoma. Mos u vononi. Lahu në lumë. Mos u lani në lumë.

19.5.5.1
Më dhembin këmbët nga lodhja. Mjeku i dha tri ditë pushim. Na pëlqen muzika. Më tregoni, ju lutem, ku është hoteli ! Nuk të pëlqen shfaqja e fundit. Ma jep, të lutem, çantën time. Unë ju bleva disa libra. Do të vij edhe unë me ju në teatër. Ai i bleu revistat para nesh. Prej atyre marr shpesh kartolina. Ju rrini gjithmonë afër atyre. Ejani me mua. Po flasim për ju. Unë të
pashë në kinema. Babai na priti në shtëpi. Kush më kërkoi në hotel ? Uluni përballë meje. Shoqëruesi shkoi me ta në muze.

19.5.5.2
Ty të priti motra jote në oborr. Kush ju ftoi ju për ditëlindjen ? Mua më quajnë Drita. Atij i pëlqen futbolli. Atyre u fola shumë për udhëtimin tim. Fatosi ju dhuroi juve shumë fotografi. Neve na telefonoi nëna. Unë të ndihmova ty në punë. Ç'i tha aktori asaj ? Ku i bleve këto mollë ? Ata më treguan mua pullat e tyre.

19.5.5.3
Agimi, pasi e lexoi librin tonë, na e dha. Agimi, pasi e shikoi vizatimin tuaj, jua dha. Agimi, pasi e përktheu letrën time, ma dha. Agimi, pasi e rregulloi orën e saj, ia dha. Agimi, pasi e mori revistën e tyre, ua dha. Agimi, pasi e barti shportën e tij, ia dha. Agimi, pasi e gjeti çelësin tënd, ta dha. Agimi, pasi i lexoi librat tanë, na i dha. Agimi, pasi i shikoi vizatimet tuaja, jua dha. Agimi, pasi i përktheu letrat e mia, m'i dha. Agimi, pasi i rregulloi orat e saja, ia dha. Agimi, pasi i mori revistat e tyre, ia dha. Agimi, pasi i barti shportat e tija, ia dha. Agimi, pasi i gjeti çelësat e tu, t'i dha.

19.5.6
Kur takova Verën, ajo më tha se dje Fatosi dhe Sokoli kishin shkuar në teatër. Kur takova Verën, ajo më tha se dje kishte blerë disa dhurata. Kur takova Verën, ajo më tha se dje kishin bërë një shëtitje. Kur takova Verën, ajo më tha se dje kishte ftuar disa shoqe për ditëlindjen. Kur takova Verën, ajo më tha se dje ju ishit ulur afër dritares. Kur takova Verën, ajo më tha se ata kishin kaluar pushimet afër detit.

20.5.1
Ku është fotografia e të dashurit vëlla ? Ku është libri i së dashurës motër ? U fola të dashurvet vëllezër. U fola të dashuravet motra. E pret të dashurin vëlla. E pret të dashurën motër. I pret të dashurit vëllezër. I pret të dashurat motra. Mora një letër prej të dashurit vëlla. Mora një letër prej të dashurës motër. Mora një letër prej të dashurvet vëllezër. Mora një letër prej të dashuravet motra.

20.5.2
Në këtë anë të rrugës është ndërtesa e fakultetit të shkencave natyrore. Në gazetat lexojmë lajmet e rëndësishme politike dhe ekonomike të ditës. Në dhomën time të vogël kam shumë lule. Pranë derës së vogël të shtëpisë është dritarja e dhomës së vëllait të madh. Studentët e kursit të parë të filologjisë shqipe janë shumë të zellshëm. Genci është student në degën e filogjisë shqipe të universitetit tonë. Ai mëson fonetikën dhe gramatikën e gjuhës së sotme letrare shqipe. Pallati i madh i Kulturës ndodhet në qendër të qytetit. Hapi dritaret e dhomës së gjjumit ! Këta janë librat e studentes së fakultetit tonë. Djali i vogël i mësuesit të vjetër është mik i dashur i djalit të mjekes së mirë.

20.5.3
Në postë arrijnë letra dhe kartolina nga gjithë bota. Ajo i ka larë të gjitha rrobat. Gjithë familja ishte e gëzuar për orenditë e reja. Të gjitha pushimet i kalova atje. I rregullova të gjithë dollapët e librave. A i bleve të gjitha ushqimet ? Të gjithë udhtëtarët janë ulur në vagonat e trenit. Pasi i mbaroi të gjitha përgatitjet, Vera ra të flejë. Unë do të merrem gjithë ditën me punë. Mua më pëlqejnë të gjitha llojet e sportit. Gjithë fshati punon në fushat e kooperativës. Nuk i kuptoja të gjitha fjalët.

20.5.4
Në këto fshatra janë ndërtuar shkolla të reja. Në postë arrijnë letra nga të gjitha drejtimet. Turistët bisedojnë për udhëtime të bukura. Vera bleu në dyqanin e perimeve zarzavate të freskëta. Sapo mbarova provimet e fundit, shkova në fshat. Agroni nuk ka lexuar këto mësime. Diana ka blerë disa tregime të reja. Fëmijët kanë vizituar disa qytete të mëdha. Afër fshatit tonë janë male të larta. Diana njeh vende të bukura.

21.5.1
Ime motër vjen bashkë me tët mbesë dhe me tët nip. Tyt biri dhe sat mbese u dërgova disa libra. Ime bijë dhe yt bir janë kushërinj. Sime shoqeje i pëlqente të bisedonte shqip me tim kushëri. Herë pas here e shikoja fotografinë e sime ëme. Agimi i dërgoi një telegram tyt shoqi. Im bir dhe jot bijë filluan të bënin valixhet gati. Ti vazhdimisht pyet tët vëlla për gjëra të ndryshme. Shumë njerëz erdhën në shtëpinë e tim vëllai për t'u takuar me time mbesë. Unë gëzohesha, kur lexoja letrat e sat motre.

21.5.2
Drita ka dy motra: njëra quhet Anila, kurse tjetra quhet Diana. Njërës i pëlqen të bëhet mësuese, kurse tjetrës i pëlqen të bëhet mjeke. Teuta mori dy valixhe, njërën të madhe dhe tjetrën më të vogël. Në valixhen tjetër ajo vuri një bukë dhe gjëra të tjera për të ngrënë. Njëri flet, tjetri dëgjon. Njëri prej nesh duhet të ndihmojë nënën, të tjerët mund të largohen. Vera i vë të gjitha rrobat e saja në çantë dhe mendon ç'të marrë tjetër. Mua më pëlqente vera, kurse të të tjerave jo. Unë dola pas të tjerëve.

21.5.3
Nëse është ftohtë, ulem pranë sobës. Po të nisemi nesër, na tregoni ndonjë rrugë më të shkurtër. Në rast se kam kohë, do të të ndihmoj. Nëqoftëse të pëlqen ky libër, do të kënaqem. Po të na lajmërosh për arritjen tënde, do të të presim në aeroport. Nëqoftëse zgjohesh herët, atëherë më lajmëro. Nëse bie borë, unë rri shtrirë në shtrat. Po të bjerë shi, mos dil jashtë. Po të mos vij, më falni. Nëqoftëse nisesh nesër, më lajmëro. Po të zgjohem herët, do të të ndihmoj. [*Es sind noch weitere Sätze möglich*]

22.5.1
Secili nga turistët ka një aparat fotografik. Nuk i fola asnjërit. Disave u dërgoj kartolina, kurse disave nuk u dërgoj. Ata kanë biseduar me dikë për shfaqen e fundit. Vera merr shpesh letra prej dikujt. Dikush të kërkoi në telefon. Tërë natën ka rënë shi, por unë nuk kam dëgjuar asgjë. Nuk njoh asnjërin prej këtyre shokëve. Ne kishim mësuar disa fjalë shqip. Nuk kam lexuar asnjërën nga revistat që më ke dhënë javën e kaluar. Nuk kam takuar asnjërin nga shokët e mi. Nuk e gjeta çelësin në asnjë vend. A ia ke dhënë ndokujt librin që lexova dje ?

22.5.2
Jotja është kjo çantë ? Po, imja është. Jo, s'është imja. Jotja është kjo gazetë ? Po, imja është. Jo, s'është imja. Yti është ky stilograf ? Po, imi është. Jo, s'është imi. Yti është ky laps ? Po, imi është. Jo, s'është imi. Të tuat janë këto çanta ? Po, të miat janë. Jo, s'janë të miat. Të tuat janë këto valixhe ? Po, të miat janë. Jo, s'janë të miat. Të tutë janë këta libra ? Po, të mitë janë. Jo, s'janë të mitë. Të tutë janë këta lapsa ? Po, të mitë janë. Jo, s'janë të mitë.

22.5.3
Më pëlqen vazoja jote. Edhe unë do të blej një të tillë. I kujt është ky stilograf ? Edhe unë kam një të atillë. Vajza këndonte këngë popullore. Këngë të tilla s'i kisha dëgjuar kurrë. Anila mbante një fustan të kuq. Një ngjyrë të tillë s'e kisha parë kurrë. Nëna gatoi shumë ëmbëlsira. Embëlsira të këtilla s'i kisha ngrënë më parë. Studentët udhëtuan nëpër Shqipëri. Edhe unë desha të bëj një udhëtim të këtillë. Agimi ndihmon shokët e mirë në punë. Edhe unë ndihmoj shokë të tillë. Mësuesi kaloi pushimet në fshatin e bukur. Edhe unë dua të kaloj pushime të atilla. Më pëlqejnë vazot tuaja. Edhe unë do të blej të tilla. I kujt janë këta

stilografë ? Edhe unë kam të atillë. Nëna gatoi një ëmbëlsirë. Një ëmbëlsirë të këtillë s'e kisha ngrënë më parë. Studentët udhëtuan nëpër Shqipëri. Edhe unë desha të bëj udhëtime të këtilla.

22.5.4.1
Po të kisha një gramatikë, do ta mësoja mirë këtë gjuhë. Po të qëndroje edhe pak, do të takoje nënën time. Nëqoftëse notonim që tani, do të kishim dallgë në det. Po të mos kapnim autobusin, do të niseshim me autobusin e ardhshëm. Në rast se shkonim më shpejt, do të arrinim me kohë [rechtzeitig] në dyqan. Nëqoftëse ishte kohë e mirë, do të notonim në det. Po të ecje ngadalë, s'do të kapje autobusin e fundit. Po të qëndroja buzë liqenit, do të thirrte motra ime. Në rast se vija tek ju, do të isha lodhur.

22.5.4.2
Nëse ishte ftohtë, do të ulesha pranë sobës. Po të niseshim nesër, do të na tregonit ndonjë rrugë më të shkurtër. Në rast se kisha kohë, do të të ndihmoja. Nëqoftëse të pëlqente ky libër, do të kënaqesha. Po të na lajmëroje për arritjen tënde, do të të prisnim në aeroport. Nëqoftëse zgjoheshe herët, atëherë do të më lajmëroje. Nëse binte borë, unë do të rrija shtrirë në shtrat. Po të binte shi, s'do të dilnit jashtë. Po të mos vije, do të të falnim. Nëqoftëse niseshe nesër, do të të lajmëronim. Po të zgjohesha herët, do të të ndihmoja.
Nëse kishte qenë ftohtë, do të isha ulur pranë sobës. Po të ishim nisur dje, do të na kishit treguar ndonjë rrugë më të shkurtër. Në rast se kisha pasur kohë, do të të kisha ndihmuar. Nëqoftëse të kishte pëlqyer ky libër, do të isha kënaqur. Po të na kishe lajmëruar për arritjen tënde, do të të kishim pritur në aeroport. Nëqoftëse isha zgjuar herët, atëherë do të më kishe lajmëruar. Nëse kishte rënë borë, unë do të kisha ndenjur shtrirë në shtrat. Po të kishte rënë shi, s'do të kishit dalë jashtë. Po të mos kishe ardhur, do të të kishim falur. Nëqoftëse ishe nisur dje, do të të kishim lajmëruar. Po të ishe zgjuar herët, do të të kisha ndihmuar.

23.5.1.1
Udha e mbarë të qoftë. Rroftë miqësia midis popujve. Ju bëftë mirë. Në pastë dëshirë, le të vijë. Iu bëftë dita një mijë. Në fund të shfaqjes të gjithë u uruan fëmijëve: «Ju këndoftë zemra!» Rroftë e qoftë për shumë e shumë vjet.

23.5.1.2
Rrofsh sa malet. Paç faqen e bardhë. Shkofsh e ardhsh shëndoshë. Rrofsh e gëzofsh. Paç jetë të gjatë. Mësofsh mirë mësimin dhe marrsh nota të shkëlqyera. Mbarë paç. Në shkofsh në teatër, ma thuaj edhe mua. I gëzofsh rrobat e reja.

23.5.1.3
Mirë vafshi [vajçi]. Mirë ardhshi. Mbetshi me shëndet. Dalshi faqebardhë. U trashëgofshi. Paçi gëzime dhe fitime.

23.5.2.1
U lodha së foluri. U mërzita së prituri. Mbarova së punuari. Nuk pushova së shikuari. Nuk u ngopa së dëgjuari. U kënaqa së qari. U lodha së qeshuri.

23.5.2.2
Me të arritur në fshat, Zamira shkoi tek gjyshja. Ajo u ndal me të parë Luanin. Me t'u martuar, ndërtova një shtëpi të re. Me t'u martuar, do të ndërtoj një shtëpi të re. Me t'u shtruar mysafiri, Aliu u gëzua fort. Me të dalë në botën e madhe, Mehmeti ndjeu një gëzim të madh. Me t'u mbaruar kënga, të gjithë filluan të hanin drekën. Me t'u mbaruar kënga, të gjithë do të fillojnë të hanë drekën. Me ta dëgjuar emrin e burrit, fshatarët jepnin çdo gjë. Me t'iu afruar shtëpisë së vjetër, fëmijët vërejtën një plakë të varfër me një vajzë të vogël.

23.5.3.1
Dollapi i Agronit është majtas, kurse yni është majtas. Dhoma e fëmijëve është e vogël, kurse jona është e madhe. Në sirtarin e saj Drita ka lapsa dhe stilografë, kurse ne në tonin kemi vetëm stilografë. Në dhomën e tij, Gëzimi ka katër karrige, kurse ne në tonën kemi vetëm dy karrige. Shoqes sate i dhashë trëndafila, kurse sonës i dhashë zambakë. Shokut tënd i dhashë një dhuratë, kurse tonit nuk i dhashë asgjë. Vajza e shoqes

sate këndon mirë, kurse ajo e sonës kërcen mirë. Djali i shokut tënd është në kinema, kurse ai i tonit është në teatër. Dje takova shokun tënd, por nuk e takova tonin. Dje pashë shoqen tënde, por nuk e pashë tonën. Dollapët i Agronit janë majtas, kurse tanët janë majtas. Dhomat e fëmijëve janë të vogla, kurse tonat janë të mëdha. Në sirtarët e saj Drita ka lapsa dhe stilografë, kurse ne në tanët kemi vetëm stilografë. Në dhomat e tij, Gëzimi ka katër karrige, kurse ne në tonat kemi vetëm dy karrige. Shoqeve të tua u dhashë trëndafila, kurse tonavet u dhashë zambakë. Shokëve të tu u dhashë një dhuratë, kurse tanëvet nuk u dhashë asgjë. Vajzat e shoqeve të tua këndojnë mirë, kurse ato e tonavet kërcejnë mirë. Djemtë e shokëve të tu janë në kinema, kurse ata e tanëvet janë në teatër. Dje takova shokët e tu, por nuk i takova tanët. Dje pashë shoqet e tua, por nuk i pashë tonat.
Dollapi i Agronit është majtas, kurse juaji është majtas. Dhoma e fëmijëve është e vogël, kurse juaja është e madhe. Në sirtarin e saj Drita ka lapsa dhe stilografë, kurse ju në juajin keni vetëm stilografë. Në dhomën e tij, Gëzimi ka katër karrige, kurse ju në tuajën keni vetëm dy karrige. Shoqes sate i dhashë trëndafila, kurse suajës i dhashë zambakë. Shokut tënd i dhashë një dhuratë, kurse tuajit nuk i dhashë asgjë. Vajza e shoqes sate këndon mirë, kurse ajo e suajës kërcen mirë. Djali i shokut tënd është në kinema, kurse ai i tuajit është në teatër. Dje takova shokun tënd, por nuk e takova tuajin. Dje pashë shoqen tënde, por nuk e pashë tuajën.
Dollapët i Agronit janë majtas, kurse tuajt janë majtas. Dhomat e fëmijëve janë të vogla, kurse tuajat janë të mëdha.

23.5.3.2
Juaja është kjo çantë ? Po, jona është. Jo, s'është jona. Juaja është kjo gazetë ? Po, jona është. Jo, s'është jona. Juaji është ky stilograf ? Po, yni është. Jo, s'është yni. Juaji është ky laps ? Po, yni është. Jo, s'është yni.
Të tuajat janë këto çanta ? Po, tonat janë. Jo, s'janë tonat. Të tuajat janë këto valixhe ? Po, tonat janë. Jo, s'janë tonat. Tuajt janë këta libra ? Po, tanët janë. Jo, s'janë tanët. Tuajt janë këta lapsa ? Po, tanët janë. Jo, s'janë tanët.

24.5.1
Deti sot qenka i qetë. Sa i bukur u dukka nga larg ky qytet. Ai s'dëgjoka mirë. Në këtë qytet paska shumë gjëra të bukura. Sa bukur vizatoka Arbeni. Më pëlqeka shumë ky vend. Teuta kënduaka shumë mirë. Shoku im punuaka sot. Ju folkeni [flitkeni] shqip.
Treni i fundit u niskej në orën 10. Ato bisedokëshin shqip dhe kuptokëshin mirë njëri-tjetrin. Dje dielli qenkej i vrenjtur. Fatosit i pëlqekej të pinte një cigare nga ditë. Para hyrjes së muzeut qëndruakëshin shumë fëmijë. Para shumë vjetësh luajtkëshim në këtë rrugë.
Mbrëmë paska rënë shumë shi. Sivjet paskanë ardhur shumë turistë në këtë qytet. Sa i kulluar paska qenë uji i detit. Ju qenkeni ngritur shumë herët. Mjeku nuk qenka akoma kthyer nga fshati. Aparati fotografik nuk paska punuar mirë, ai qenka prishur. Paskam harruar rrobat e banjës në hotel. Gjermanishten e paska mësuar vetë, pa mësues.
Sokolit i paskej pëlqyer shfaqja teatrale. Ata paskëshin mbledhur shumë kartolina. Nëna paskej marrë një letër nga babai. Këtë grua nuk e paskësha njohur. Salla e teatrit paskej qenë plot me spektatorë. Me të ju paskëshit punuar në uzinë. Ti i paskëshe kaluar pushimet e verës në fshat. Atje paskëshin qenë edhe dy shokët e tu.

24.5.2
Unë do të shkoj me shokun tim, kurse ai do të shkojë me të tijin. Vajzës sime i pëlqen muzika, kurse së tijës [së sajës] i pëlqen sporti. Motra ime do të shkojë në qytet, kurse e tija [e saja] do të kthehet. Unë mora çelësin tim dhe jo të tijin [të sajën]. Unë mora fotografinë time, kurse të tijat [të saja] i lashë mbi tryezë. Përballë shtratit tim është dera, kurse përballë të tijit [së sajës] është dritarja. Syzet e mia janë për të shikuar larg, kurse të tijat [të sajat] janë për afër. Prindët e mi do të kthehen sot, po të tijtë [të sajtë] kur do të kthehen ?

24.5.3
Kush ju lajmëroi për arritjen e nënës ? Me kë shkove në koncert ? Kë lajmëron Agimi në telefon ? Kujt i telefonoi Drita ? Kush i ka mbyllur dritaret e kuzhinës ? Kë po pret këtu ? Shoqja e kujt është Teuta ? Kë po ndihmon Agimi ? Me kë paske folur sot në telefon ? Apartamenti i kujt është ky ? Për kë po flasin ata ? Kë takove në qytet ? Kë ftoi Vera për ditëlindje ? Ti kë dëgjon ?

Në cilën radhë janë ulur Genci dhe Sokoli ? Cila dramë do të shfaqet sonte ? Për cilën dramë keni blerë bileta ? Cilat pushime fillojnë nesër. Cili sport të pëlqen më shumë ? Nëpër cilën rrugë ecën ato ? Cilën shkollë vazhdon ajo ? Cilët janë muajt e vitit ? Cilat janë ditët e javës ? Me cilin bisedoi motra ? Cilat janë shoqet e saja ? Cili nga shokët e Agimit pi cigare ? Në cilën kabinë telefonike do te flasësh ? Cilin dëgjon ?

24.5.4
Babai u tregoi fëmijëve për të kaluarën. Djalit i pëlqen shumë e zeza, kurse vajzës i pëlqen shumë e bardha. Në të djathtë gjendet një restorant, ndërsa në të majtë ndodhet posta. Të rinjtë dhe të rejat e fshatit po nisen për një shëtitje. Nuk do ta harroj të mirën që më bëtë. Shumë të rinj dhe të reja punojnë në qytet. Sot dita qenka me të vërtetë e bukur. Inxhinieri i uzinës pushon të dielen. Mira kishte shkuar në pjacë bashkë me të fejuarin. Kush i dha të drejtën ta marrë këtë gjë ? Mjeku u përgjigjej pyetjeve të të sëmurit. Kam dëgjuar dy të shtëna.

25.5.1.1
Agimi është i zoti i vetes. I sëmuri e ndien veten mirë. Të sëmurët e ndiejnë veten keq. Ai duhet ta ruajë veten. Gruaja shikon veten në pasqyrë. A ke me vete pasaportën ? Ajo lan veten. Ia bëri të keqen vetes. Babai solli me vete shumë dhurata. Nëna mendon më shumë për të tjerët sesa për vete. Mësuesi i mblodhi nxënësit rreth vetes. Arbenit iu duk shumë më i fortë se vetja. Ai kërkon shumë nga vetja. Mos mendo vetëm për veten tënde !

25.5.1.2
Babai rrinte në shtëpinë e vet. Çdo gjë ishte në vend të vet. Çdo film, roman apo pjesë teatrale ka heronjtë e vet. Teuta pa Sokolin me sytë e vet.

25.5.2.1
Dhoma ime është e vogël, kurse e tyrja është më e madhe. Vajzat janë ulur rreth tryezës sime, kurse djemtë janë ulur rreth së tyres. Unë shkoj tek mësuesi im, kurse ata shkojnë tek i tyri. Prapa shtëpisë sime është një lulishte, kurse prapa së tyres është një rrugë. Unë i falënderova mjekut tim për vizitën, kurse ata i falënderuan të tyrit për vizitën. Agimi rri pranë babait tim, kurse Vera rri pranë të tyrit. Mbi tryezën time është një vazo me lule, kurse mbi të tyren janë gazeta dhe revista. Kjo është fotografia e vëllait tim, kurse ajo është e të tyrit. Kjo është shalli i motrës sime, kurse ai është i së tyres.

25.5.2.2
Unë u telefonova shoqeve të mia, kurse ato u telefonuan të tyreve. Unë takova shokët e mi, kurse ato morën një dhuratë nga të tyrët. Unë mora një telegram prej prindërve të mi, kurse ata morën një letër prej të tyrëve. Unë fola me motrat e mia, kurse ata folën me të tyret. Unë pres vëllezërit e mi, kurse ato presin të tyrët. Ky është qeni i fëmijëve të mi, kurse ai është i të tyrëve.

25.5.3
Shpresa shkoi në qytet bashkë me të jatin dhe me t'ëmen. Artani e ndihmon gjithmonë t'ëmën. Shpresa lau rrobat e të birit. Artani foli për të bijën. Shpresa vizitoi në spital të vëllanë. Artani merr shpesh letra nga i ati si dhe nga e motra. Shpresa mori kartolina prej së mbesës. Artani është ulur pranë të kunatit. Shpresa i dhuroi së kunatës një libër me figura. Shpresa rregulloi dhomën e të gjyshit. Artani i tregoi të kushëririt dhomën e vet.

26.5.1.1
Mjeku bëri gjithçka të mundshme. Mësuesi u foli nxënësve për jetën e sotme. Agimi kupton turqisht. Ajo merret me shkencat shoqërore. Treni kalon mbi urën e hekurt. Studentët biseduan për jetën kulturore. Vëllai i Luanit ka nerva të çeliktë. Ky vizatim ka vlerë të paçmueshme. Eshtë e pamundshme të mësosh mirë një gjuhë të huaj pa fjalor dhe pa gramatikë.

26.5.1.2
Tirana u çlirua më 17 nëntor 1944. Armiku e fundosi anijen. Vajza zbukuroi dhomën me lule. Verës i kuquan faqet. Zamira më së shumti përpunoi lesh. Mësuesja i shqiptoi fjalët qartë. Filmi i ri e tërhoqi interesin e studentëve. Ajo mendoi shpesh për nënën e saj. Më shqetësoi zhurma e furtunës.

26.5.2.1
Vajza, pritni mësuesin në oborrin e shkollës. Djem, vishuni shpejt. Gëzim dhe Artan, mos flini deri vonë. Mira dhe Vera, blini një tufë të madhe me trëndafila të kuq. Vajza, pritni [preni] mollën për motrën e vogël. Teuta dhe Fatos, mos shitni shtëpinë tuaj. Studentë, ngrini valixhet e rënda.

26.5.2.2
Anila dogji letra të vjetra. Babai drodhi një cigare. Ajo hodhi kartolinat në kutinë e postës. Agimi hoqi pallton. Kooperativistët mbollën [*säen*] drithë në arë, kurse në oborrin kooperativist mbollën [*bepflanzen*] tokën me patate dhe perime. Luani mblodhi pulla poste. Nëna nxori pasqyrën nga çanta. Spektatorët ndoqi me vëmendje çdo lëvizje të këtij aktori. Prindërit përcollën fëmijët e tyre. Punëtorët u përpoqën të tejkalonin planin. Lumi rrodhi ngadalë dhe qetë. Kamerieri na solli gjellët. Turistët zgjodhën një vend të qetë. Nëpunësja e bibliotekës solli librat e porositur. Më së shumti Gëzimin e tërhoqi futbolli.

26.5.2.3
Edhe Anila thërret me zë të lartë. Edhe Anilën e vret këpuca e majtë. Edhe Luani flet me fëmijët me gjithë qejf. Edhe Artani e hedh topin. Edhe Drita del nga shtëpia në orën dy. Edhe Teuta merr një telegram. Edhe Zamira troket në derë. Edhe Fatosi merret me sport.

26.5.3
Edhe unë zbres nga autobusi në stacionin e dytë. Edhe unë flas për kushërinjtë e saj. Edhe unë pyes tim vëlla se çfarë ndien. Edhe unë hekuros nga ditë. Edhe unë fus letrën në zarf. Edhe unë pres bukën. Edhe unë pres babanë ne aeroport. Edhe unë më vras dorën. Edhe unë trokas në dritare. Edhe une shes lule në pjacë. Edhe unë shëtis [shëtit] nëpër rrugën kryesore. Edhe unë ujdis biçikletën. Edhe unë përgatis [përgatit] gjellën e mirë. Edhe unë u paraqes lexuesve një libër të ri. Edhe unë braktis punën në uzinë.

27.5.1.1
Nxënëset kënduan një këngë tiranase. Turistët vizituan një shtëpi shkodrane. Futbollistët durrsakë luajtën shumë mirë. Skuadra beratase fitoi. Unë njoh një familje gjirokastrite. Mua më pëlqen veshja popullore korçare. Rinia shkodrane kishte punuar për elektrifikimin e fshatrave.

27.5.1.2
Unë u çlodha pas punës. Unë u shtriva për t'u çlodhur. Turistët shfrytëzuan çdo minutë. Turistët shfrytëzuan kohën e mirë. Turistët shfrytëzuan ditët me diell. Mjeku zhveshi pallton. Mjeku zhveshi xhaketën. Ne qemë të sëmurë nga gripi. Ne ramë të sëmurë.

27.5.2.1
Motrës i dhemb një dhëmb. Motra ime është shumë e vogël. Agimi të pa, kur shkove në hotel. Mos lexo me zë të lartë. Ne kemi vizituar disa uzina të reja. Ajo i ka larë të gjitha rrobat e saja. Po pres të vijnë disa miq. Babai i foli së bijës. Vajzat mësojnë së bashku. Do të blejmë lule. Të gjithë udhëtarët u bënë gati. Besnik ishte shumë i gëzuar. Inxhinieri mori një taksi për për t'u mos vonuar. Shtëpia e Gencit ndodhet afër shtëpisë së nënës së tij. Kush e kërkoi mjeken në telefon ? Ato u ngjitën në katin e tretë. Kur kam kohë, dal të luaj me shokët e mi. Prindërit panë fëmijët së largu.
E hëna i tha së martës që 'i thotë së mërkurës pale e ka dëgjuar e enjtja, kur e premtja i tha së shtunës se të dielën është pushim ?

28.5.1.1
U dhashë dy djemve bileta kinemaje. Të dy interesohen për filma shqiptarë. Dje fola me dy shokë për shfaqjen teatrale. Të dyve u pëlqeu shfaqja e djeshme. Të dy punëtorët shkojnë në uzinë më këmbë. Uzina e të dyve është afër. Dy studentë mungojnë. Të gjithë i presin të dy. Para meje ndenjën dy burra. As njeri prapa të dyve nuk ndenji.

28.5.1.2
U dhashë dy vajzave bileta kinemaje. Të dyja interesohen për filma shqiptarë. Dje fola me dy shoqe për shfaqjen teatrale. Të dyjave u pëlqeu shfaqja e djeshme. Të dy [dyja] punëtoret shkojnë në uzinë më këmbë. Uzina e të dyjave është afër. Dy studente mungojnë. Të gjithë i presin të dyja. Para meje ndenjën dy gra. As njeri [*'kein Mensch, niemand', asnjëra = 'keine'*] prapa të dyjave nuk ndenji.

28.5.2
U nda më dysh. Katra është dyfishi i dyshit. E preva katërsh. Qielli ishte bërë njësh me detin. Mora tresh. Ti more një katërsh. Ai mori një dhjetë. Zbrit një nga treshi. I dhashë dy pesësha. Shumëzoj trenë me pesë. Nxënësit mbledhin dynë me shtatën, pastaj e pjesëtojnë me tre. Mbetëm deri në mëngjesin e njëzet e shtatës. Nga katërmbëdhjeta deri te njëzetetreshi, për dhjetë ditë rresht, udhëtuam nëpër Shqipëri.

28.5.3.1
Sa bëjnë tetë dhe nëntë ? Shtatë dhe gjashtë bëjnë trembëdhjetë. Sa jep njëzet pa pesë ? Zbrit nga njëzetenjëshi dhjetë - sa mbeten ? Sa mbeten, po të zbresësh nga dhjeta tre ? Dyzet e dy pa dymbëdhjetë jep tridhjetë. Gjashta e shumëzuar me tetë jep pesëdhjetë e gjashtë. Jo, është gabim: jep dyzet e tetë ! Dy herë pesëdhjetë e pesë bëjnë njëqind e dhjetë. Gjashta te tridhjeta hyn pesë herë. Tridhjetë e pesë pjesëtuar me shtatë bëjnë pesë. Rrënja katrore e katrës është e barabartë my dy. Rrënja kubike e njëzet e shtatës është e barabartë me tre. Dy ngitur në fuqi të dytë është e barabartë me katër.

28.5.3.2

$$\frac{4(2x + 3) - 12}{x} = 8$$

28.5.4
Prodhimi është rritur dyfish, trefish, katërfish, pesëfish, dhjetëfish.
Në krahasim me vitin njëmijë e nentëqind e tridhjetë e tetë numri i librave të botuar në Shqipëri u mijëfishua. Sasia u trefishua. Tirazhi u dhjetëfishua. Numri i lexuesve u pesëfishua.
Plani i prodhimit industrial u shtua në masën zero presje pesë për qind; tre për qind; tre pikë pesë për qind; nëntë për qind. Punëtorët e uzinës plotësuan planin pesëvjeçar njëqind e gjashtë pikë shtatë për qind. Plani pesëvjeçar u tejkalua njëmbëdhjetë pikë tre për qind. Plani u realizua njëqind e njëmbëdhjetë pikë tre për qind.
Nëse shkalla është një për njëmijë, atëherë përpikmëria maksimale e saj është zero presje dy metra. Ndeshja futbolli përfundoi një për zero për skuadrën vendase, kurse javën e kaluar përfundoi dy për një për skuadrën tiranase.
Tri të katërtat e nxënësve të kësaj klase banojnë në fshat. Dy të tretat e nxënësve janë vajza.
Një e treta, një e katërta, katër të pestat, dy të tretat, tri të pestat, pesë të qindtat, shtatë të gjashtat, dy të njëmbëdhjetat, tri të tetat.

29.5.1.1
Agimi as punon, as mëson. Agimi s'takoi as Verën as Sokolin. Agimi s'ishte as në postë, as në restorant. Agimi nuk përcolli as Arbenin as Artanin në shtëpi. Agimi nuk foli as me Agronin, as me Dritën. Agimi nuk shkoi as në dyqan, as në pjacë. Agimi nuk ftoi as Teutën as Anilën për ditëlindjen e vet. Agimi nuk u dërgoi prindërve as letra as kartolina. Agimi nuk merret as me sport, as me muzikë.

Agimi ose punon, ose mëson. Agimi takoi o Verën ose Sokolin. Agimi ishte o në postë, o në restorant. Agimi përcolli o Arbenin o Artanin në shtëpi. Agimi foli ose me Agronin, ose me Dritën. Agimi shkoi ose në dyqan, ose në pjacë. Agimi ftoi o Teutën o Anilën për ditëlindjen e vet. Agimi u dërgoi prindërve o letra o kartolina. Agimi merret o me sport, o me muzikë.

29.5.1.2
Aparatin tim fotografik e mori Drita, por nuk i duhej. Ajo ishte e mërzitur, prandaj s'i rrihej në shtëpi. Diana kuptonte italisht, por nuk fliste lirisht. Dje desha të të jepja një biletë për në teatër, por e harrova. Djali është i sëmurë, prandaj rri shtrirë në shtrat. Hyr në det, por mos shko më larg se ne. Ju flisni pa gabim, por duhet të flisni më shpejt. Romanin e ri e lexova, por nuk më pëlqeu. Kam ngrënë drekë vonë, prandaj tani s'më hahet. Fryn erë, por nuk është ftohtë. Atje është ftohtë, prandaj ajo duhet të vesh trikon e trashë.

29.5.2.1
Gjersa Drita të kthehet nga puna, unë shikoj nga dritarja. Kur treni niset, unë shikoj nga dritarja. Para se të dilnim, u afrua kamerieri. Sapo arritëm në stacion, udhëtarët zbritën njëri pas tjetrit. Sapo arritëm në

stacion, erdhi treni. Kur ishte i vogël, nëna i tregonte Agronit për të kaluarën. Kur autobusi ndalon, pushojmë pak. Kur bie bora e parë, fëmijët gëzohen fort. Pasi mysafirët u shtruan, hëngrëm drekë.

29.5.2.2
Agimi është shtrirë në shtrat, sepse nuk e ndien veten mirë. Stilografin tim e mori Artani, mbasi i duhej. Do ta mbyll dritaren, meqenëse fryn erë. Nëna e mori të bijën me vete, ngaqë ajo donte të njohej me shoqet e saja. Ky fustan ju shkon shumë mirë, se ka ngjyra të bukura. Lexoji këto revista, sepse janë interesante. Merr pallton, se është ftohtë. S'do ta shtroj tryezën, mbasi s'kanë ardhur as motra, as vëllai. Ndeshja e futbollit filluaka, se dëgjohet zhurmë nga stadiumi.

Agimi s'është shtrirë në shtrat, ndonëse nuk e ndien veten mirë. Stilografin tim nuk e mori Artani, sidoqë i duhej. S'do ta mbyll dritaren, megjithëse fryn erë. Nëna nuk e mori të bijën me vete, ndonëse ajo donte të njohej me shoqet e saja. Ky fustan nuk ju shkon shumë mirë, megjithëse ka ngjyra të bukura. Mos i lexo këto revista, megjithëse janë interesante. Mos merr pallton, ndonëse është ftohtë. Do ta shtroj tryezën, sidoqë s'kanë ardhur as motra, as vëllai. Ndeshja e futbollit nuk filluaka, ndonëse dëgjohet zhurmë nga stadiumi.

Agimi nuk e ndien veten mirë, prandaj është shtrirë në shtrat. I duhej stilografi im, prandaj Artani e mori atë. Fryn erë, prandaj do ta mbyll dritaren. E bija donte të njohej me shoqet e saja, prandaj nëna e mori atë me vete. Ka ngjyra të bukura, prandaj ky fustan ju shkon shumë mirë. Janë interesante, prandaj lexoji këto revista. Eshtë ftohtë, prandaj merr pallton. S'kanë ardhur as motra, as vëllai, prandaj s'do ta shtroj tryezën. Dëgjohet zhurmë nga stadiumi, prandaj ndeshja e futbollit filluaka.

30.5.1
Aeroplani po përgatitet për t'u ulur. Vëllai i madh ecte shpejt për t'u mos vonuar. Ata po flisnin me zë të ulët për t'i mos zgjuar fëmijët. Nxënësit i shkruan fjalët e reja për t'i mos harruar. Agimi shkoi në dyqan për të blerë një kalendar me figura. Në fshat kanë ardhur shumë turistë për të kaluar pushimet. Vera shkoi në qytet për të vizituar prindërit e saj. Shokët më kërkuan fotografitë e vjetra për t'i parë.

30.5.2
Ai flet aq ngadalë, sa e kanë mësuar. Ai flet ngadalë, siç e kanë mësuar. Duhet të punosh aq sa mund të punosh. Ai luan, siç fëmijët e vegjël luajnë. Ai më përqafon aq përzemërsisht, sa nëna ime. Ai më përqafon përzemërsisht, siç nëna ime më përqafonte. Miqtë i dua aq sa më duan. Unë ia kam thënë atij, ashtu si ia ka thënë edhe mësuesja në shkollë. Nxitova sa munda [*Ich beeilte mich, so sehr ich konnte*]. Ashtu si kujtoja, ashtu ju gjeta [*Ich habe euch/Sie angetroffen/gefunden, wie ich es mir vorgestellt hatte*]. Ha sa të duash [*Iß, soviel du willst*].

30.5.3
Bën aq ftohtë, sa të ngrijë lumi. Bënte aq ftohtë, saqë ngriu lumi. Puna është me aq rëndësi, saqë duhet të kryhet shpejt. Zamira hapi dritaren, kështu që Luani gjente dhomën të ajrosur. U bëmë miq aq të ngushtë, sa të mos ndaheshim kurrë. Karrige s'kishte për të gjithë, kështu që një pjesë e spektatorëve shtrohej këmbëkryq. I tregonte ngjarjet aq bukur, sa që njeriu e besonte. Shtëpia e saj nuk rrinte bosh, kështu që ajo s'e ndiente veten të vetmuar. Ai kishte ndryshuar krejt, aq sa nuk e njihje. Stadiumi nuk nxinte më, kështu që mjaft sportdashës mbetën jashtë.

30.5.4.1
ndry-shoj, as-gjë, gjith-një, zhvi-llim, mund-shme, ek-s-pre-si, va-zh-di-misht, për-k-thej, ndo-dhem, po-s-tës, kë-m-bë, zo-nja, mby-lli, ku-rrë, bu-rra, in-te-re-sa-ve, lë-shim, shfa-q-je, po-pu-llo-re, shku-a-dër, sku-a-d-ra, mar-k-sist, shqi-pe, shqip-ta-rë-ve, fshe-sa-xhiu.

30.5.4.2
Nuk e takova as të vëllanë, as të nipin. As më hahet, as më pihet. T'u japim nxënësve jo vetëm njohuri teorike, por edhe njohuri praktike. Sa kërkoi, aq i dhanë. Qytete si: Shkodra, - që kishte më shumë se 40.000 banorë, - Tirana, Dibra, Durrësi, Elbasani, Berati, Vlora, Korça, dhe Gjirokastra, u bënë në atë kohë qendra të rëndësishme tregtare.

Albanisch <A-4>

Sa ta mbaroj këtë që kam në dorë, do të nisem. Librat që më dhe i lexova. Ai që erdhi, ishte shoku im. Si të mos mjaftonin librat që kishte, kërkoi edhe disa të tjerë. Ai i kujtoi shokut kohën kur kishin qenë nxënës. Ajo nuk do ta harronte kurrë ditë që i vëllai kishte sjellë një tufë me lule në shtëpi.
E ndiente që kishte bërë gabim. E di që thua të vërtetën. I vinte keq që nuk e kishte takuar. Nxitonte nga frika se mos vonohej. Mos dil pa pallto, se do të ftohesh. Arbeni dëgjon ç'i thonë. Ai kënaqej që më në fund njerëzit nuk e kishin harruar.

TEXTE ZUR GESCHICHTE DER ALBANISCHEN SCHRIFTSPRACHE

Die ältesten umfangreichen Sprachdenkmäler der albanischen Sprache sind Übersetzungen zum Gebrauch bei den Katholiken Nordalbaniens bzw. Süditaliens. Das Meßbuch von **Buzuku** (1555) und der Katechismus von **Matranga** (Lekë Matrënga, 1592) sind gegisch bzw. (alt-)toskisch; inhaltlich stellen sie keine eigenständigen Leistungen dar, da sie Dogmatik und Liturgie der römisch-katholischen Kirche den albanischen Gemeinden vermitteln sollten. Eine erste originelle theologische Abhandlung legte Pjetër **Bogdani** mit seinem *Cuneus prophetarum* (Padua 1685) vor. Die erste umfangreiche lyrische Dichtung der Albaner, die seinerzeit gedruckt verbreitet wurde, stammt von Giulio **Variboba**, der unter dem Titel *Gjella e Shën Mëris Vírgjër* ein Leben Mariens in Versen verfaßte (Rom 1762). Die genannten Werke und noch einige andere, die in dieselbe Traditionslinie gehören, sind inzwischen in Nachdrucken oder wissenschaftlichen Bearbeitungen zugänglich. Die folgende kleine Chrestomathie setzt sich daher zum Ziel, weniger bekannte Autoren, die auch eine neuzeitlichere Variante der Mundarten benutzten, zur Verdeutlichung der inzwischen zurückgelegten Entwicklung der Schriftsprache dem Lernenden nahezubringen.

Vier gegische und vier toskische Autoren wurden berücksichtigt. Arberesch-Texte wurden nicht aufgenommen. Die Anordnung folgt der ungefähren Chronologie der Abfassung. Da die albanische Sprache erst spät in der heutigen Rechtschreibung niedergelegt wurde, sind die Vorlagen entweder in völlig anderen Alphabeten oder, wie im Falle der Nordgegen, in heute außer Gebrauch gekommenen Spielarten des lateinischen Alphabets veröffentlicht worden. Es ist zu wünschen, daß durch die hier vorgelegte Textsammlung die philologische Erforschung der albanischen Sprach- und Literaturgeschichte belebt werden möge.

1) Dhaskal Todhri	*südgegisch*
2) Daniel Moschopolites	*nordosttoskisch*
3) K. Kristoforidhi	*nordtoskisch*
4) Tefë Curani	*nordwestgegisch*
5) Lumo Skendo	*toskisch*
6) Gjin Kroja	*toskisch*
7) Anton Xanoni	*nordwestgegisch*
8) Shtjefën K. Gjeçovi	*nordgegisch*

Theodhor Haxhifilipi
genannt **DHASKAL TODHRI** *aus Elbasan*

Übersetzung aus der griechischen **Liturgie**
Doppelblatt aus dem Nachlaß des österreichischen Konsuls
Johann Georg **von Hahn** *in der Österr. Nationalbibliothek*
Series nova 3351
vgl. die Edition in *Balkan-Archiv*, N.F. 12(1987), S. 80-85

Mbërthymun më ymbërdhanët [*lebenspendend*] kryq, të mendçmit listí i bane udhë të hymit më xhenet, nde [=*ende 'und'*] me vdekit vdekin e trokove, përdëllé ne gjynafqarët, e qi nuk të jemi kádër [*würdig*] për rop tyj. Se fjyem e u pa-nomëm, e nuk jemi kadër të ngrem syt tonë e të shikojmë më të naltët të qíellit. Sepse e braktísëm udhën e drejtënís tate, e shkum më dashuníat të zembravet tona, po lusëm të pa-matën mirëninë tate. Rujna ne, o zot, ef shumitës mallëngjimit tat, nde sosna ne për emënit tat të shenjtmin , se u-mbarunë me të kota ditët tona. Qitna ne prej durësh [*Händen*] të kundërstarit, nde ndjéna ne gjynafet, nde prishna ne shtatllëknë kujdes, qi si të zveshim njerinë e vjetër, të kemi me veshun njerinë e ri, e të rrojmë bashkë me tyj, urdhënarin tonë, nde kështu si të ndjekim porosít e tua, të kemi me kondisun më huzurtë të pa-sosun, qi atje ashtë konaku i gjith atyne qi janë të gëzumun. Se ti je qi je i vërteti gëzim, nde ngazullim atyne qi të dunë tyj, Krisht Perëndía ynë. Nde më tyj çojmë laftën, bashkë me të pa-fillumin Baba e me gjith shenjtmin, e të mirë, e ymbërbamin [*ledendigmachend*] shpirtin tat, njimé, e kurdo, nde më jetat e të jetëvet. Amin.

*

Krisht, Perëndí qi më çdo kóho nde më çdo sahat zoti nde laftóhe më qíell nde më dhét. O fort-duresës ne shumë-mallëngjésës, nde fort-përdëllésës. O ti qi do të drejtët, nde qi mallëngjén gjynafqarët, e qi thërret gjith më shtëpisë [=*shpëtim, 'Erlösung !'*] ith zotéset të së për t'ardhmevet mirave. Ti, o Zot, pranó nde lútiat tona nashtí nde jetën tonë më porosít e tua. Shenjtënó shpirtënat tonë, shtátnat tonë [*unsere Körper*] pastrój i, mendet qiroji, nde rujna ne [*uns*] prej çdo shtërngese, të kéqi ne [*und*] mundimi. Bashkóna ne me shenjtorët e tu éngjit, qi si të rúhemi e të mësóhem me të mirët e tyne të kemi me kondisun më bashkim të besës [*Einheit des Glaubens*], nde me ngjóftit të së pa-afrumes laftës [*Glorie*] tate. Me i lavduam je, o Zot, me jetat e jetvet. Amin.

Zot mallëngjé [kyrie eleison], laftë më atnë, e më bírrë, e më shpirtit shenjt, njimé, e kurdo, e më jetë të jetëvet. Amin. Të mâ ndérçmen, nde të mâ lavdúamen se heruvimtë nde se serafimtë, atë qi lindi Perëndí fjalën [*Theón Lógon tekúsan*], pa-príshun, të madhënojmë tyj të vërtet Perëndí-lémen [*Theotókon*], më émënit të Zot, bekó, Babá.

Perëndía përdëlléftë ne, nde bekoftë ne, rrëféftë surratin e ti [*sein Antlitz*] më ne, nde mallëngjeftë ne.

Zot, Iisu Krisht, Perëndia ynë, qi u-përdëlleve më gjynafet tona, e na prune ne ndye më këtë sahat [*Stunde*], sa nde qi kur ishje.

Anmerkung:

Die Vorlage ist in einer eigentümlichen Schrift niedergelegt, die im 19. Jahrhundert die Phantasie der Gelehrten anregte. Von Hahn hielt die sogenannte **Todhri-Schrift** für einen direkten Abkömmmling der phönizischen Buchstaben, also ebenso alt wie die griechische Schrift. Inzwischen hat man sich nicht zu einer einhelligen Meinung durchgerungen, aber es überwiegt die von *Georg Pekmezi* geäußerte Vermutung, daß die sogenannte Elbasaner oder Todhri-Schrift aus der griechischen Kursive entwickelt, also recht jungen Ursprungs sei. Neben der Todhri-Schrift, die bis weit ins 19. Jahrhundert hinein in Elbasan von den Einheimischen für privater und geschäftliche Notizen in albanischer Sprache verwendet wurde, gab es noch die Schrift des *Papa Totasi*, die in einem Sprachdenkmal, das vermutlich vom Ende des 17. Jahrhunderts stammt, dokumentiert ist.

Die Papiere, die von Hahn aus Elbasan mitgebracht hat, sind sicher keine Autographen des Dhaskal Todhri, sondern dokumentieren eine handschriftliche Überlieferung liturgischer Texte auf Albanisch, die bei den Orthodoxen im Raume Elbasans gepflegt wurde. Die Mundart, die diesen Texten zugrundeliegt, weist deutlichen Mischcharakter auf, insofern die aus /o:/ hervorgegangengen Diphthonge entweder als /u:/ oder als /ua/ realisiert sind. Die Übersetzung aus der griechischen Liturgie ins Albanische stellt den Übersetzer vor größte Probleme, weil es für die zahlreichen Komposita sowohl substantivischen, als auch adjektivischen Charakters, keine allgemein gebräuchlichen Äquivalente im Albanischen gab. Einige Beispiele dafür wurden oben in eckigen Klammern auf Deutsch übersetzt oder im griechischen Wortlaut der Liturgie eingefügt, um die sprachschöpferische Leistung Todhris ins rechte Licht zu rücken.

Die Person des *Theodhor Haxhifilipi*, genannt Dhaskal Todhri, liegt im übrigen völlig im Dunkeln. Die Meinung *Dh. S. Shuteriqi*s, der in ihm einen urkundlich belegten Handwerker namens Theodoros wiedererkennen wollte, scheint recht abwegig zu sein. Man darf ihn für einen gebildeten Mann des 18. Jahrhunderts halten, und wenn wir uns über die Bildungsmöglichkeiten zu jener Zeit Klarheit verschaffen, dann bleibt eigentlich keine andere Erklärung als die, daß es sich um einen orthodoxen Geistlichen gehandelt haben muß. Die Elbasaner Handwerker beherrschten zwar die neugriechische Umgangssprache jener Zeit, aber dies befähigte sie kaum dazu, die gezierten Wendungen der griechischen Liturgie theologisch in ihrer Tiefe zu erfassen und in die Muttersprache schöpferisch umzusetzen. Das in dem Sprachdenkmal zu bemerkende Übermaß an türkischen Lehnwörtern entspricht der Ausdrucksweise der Zeit, die sich ohne Rücksicht auf die Konfession bestimmter Floskeln aus der Amtssprache des Osmanischen Reiches bediente.

Albanisch <A-5.2>

Aus: **Eisagogike didaskalia** (1802)
von Daniel Moschopolites
nach dem Exemplar der Österreichischen Nationalbibliothek mit einigen Verbesserungen nach Kristophson
(*ZfB*, 10.1974.1, S. 15-89)

Die albanische Spalte des Viersprachigen "Wörterbuchs"

Perëndija bëri qiellt, dhenë, diellnë, hëneznë, yjet. Edhe pastaj urhdhëroi detnë, gjolirat, lumërat edhe nxuarrë peshqit, gjalatë [*die Aale*]. Përsëri tha edhe duallë sipër mbi dhet gjithë drurët edhe eshtë dheu plot pe [prej] dru, pe dushku, pe ahu, pe shelku, pe plepi, pe selvie, pe borikë. Edhe të tjerë gjendenë ndë pyll. Të tjerë janë ndë malet ndë fushë edhe ndë tjerë vise. Përprapa binë luletë, barirat, lakrat, hithrat. Edhe gjithë u bënë prë njeriut. Pas këto u bënë bagëtitë, egrëtirat. Edhe nga këto ca ha[h]enë edhe ca punojnë pre ihtizá [*Nutzen, Bedarf*] tonë. Asllani, ujku, ariu, spriha, dhelpëra, kur dalinë ngaha shtrofka folét, kanë zemërim mbi njerít edhe kërkojnë kohë qi ta prishinë, po perëndia e ruan. Deshtë, dhentë, dhitë, shqerratë, kacëtë janë mirë, se [j]apënë qumësht edhe lesh. Edhe nga këto bëhetë gjalp edhe gjath, gjizë edhe dhall. Po më mirë të ndërtonjsh bulmet pe lopë edhe pe buallicë, se eshtë i bukur. Kúajtë, pelatë, gomarëtë mushkatë vjenjnë fort, se bienë pe së largu drithë, grurë, thekër, misër edhe mbajnë gur, plloça dhe gëlqerë, hekur, perona. Edhe pa këto nukë rrojmë. Púlatë, kur pjellnë ve edhe zogj, na gëzojnë. Edhe këndezi, kur thërret ndë mes të natësë, ngre burratë edhe gratë qi të zienë nga pune. Ata qi kanë ment edhe të njohtur nukë rrinë pa punë, po marrnë qetë edhe venë qi të lerojnë edhe të mbiellnë. Bibilat, dollondrushat ndë verë këndojnë shumë bukur. Kuqea po tre muaj ka ze edhe pasandaj pushon. Pëllumbatë janë të qiruara edhe pjellnë shumë [h]erë ndë mot. Fëlleza, kur rri ndë kafast, këndon mirë edhe do ta dëgjojnë dunjaja. Shqiponja flituron lartë edhe mban pendat krahët shtrirë. Lolekat ndë përndëverë vinjnë edhe si të apikasinë dimër ikënë ndë anatolíë. Patat, rosat janë të rënda edhe më të shumë [h]erë rrinë ndë ujt. Vrabecat janë të vogëla edhe kollaj zienë. Sorra eshtë e zetë [zezë] edhe nukë ushqen zogat e saje. Po brumbulli edhe merimaga edhe miza, kudo hyjnë, zarar bëjnë. Përdhesha shumë bën zahmet edhe mblith thërrime qi të ushqe[h]et, kur eshtë fto[h]et edhe ftohëtir. Molica ha cohërat edhe rrobatë.

Të diel gjan të falesh. Të hënënë të nisesh pre udha. Edhe të martnë edhe të mërkurë të qepish qi të jesh i nveshur. Edhe të enjtenë edhe të premptenë edhe të shëtunë të mblethsh za[h]íre prë gjithë muajt. Edhe ashty je kurdo i bogat edhe kudo i nderçim edhe jo i turpëruar. Kur lutesh feston, eshtë mirë të agjironjsh nji javë edhe të [j]apsh ndë të verbërët buk edhe gjellë edhe të ndihish të varfërit me ata qi mundish. Edhe kur të vesh sofrënë, të thirresh kushërinjt e tu, fqinjtë tu edhe të ndërgonjsh të ngrohët gjellë mbi të sëmurët qi të të ndienjnë përindët tu. Vjet edhe sivjet pemat u bënë kudo mbë të gjitha viset. Po shtrenjtëtir e madhe ndenj mbë drithet. Edhe qajnë të vegjil e të mëdhenj se janë urët edhe s'kanë me se të blenë. Edhe djemtë të vegjilt thërresinë gjir mbë qiellt, se kërkonjnë t'ushqyer edhe nuk u jep asnjeri.

Kemi dy vreshtë edhe janë plot pe rrush, po edhe nuk u arrinë. Edhe do të pres ca zaman gjer t'arrihenë mirë. Edhe atë herë si t'ëmblesohenë do të njom karrutënë edhe vozat qi ta mbush gjir sipër. Edhe si të zienë dyzet dit, do të heth të parenë verë ndë nji voze. Dola ndë pazar edhe pashë shumë meleqét [Menge] pe njerez edhe u shastis[a]. Tashi do të ble nji vare pe fiq taze qi t'i shpie ndë fëmiet të me t'i hanë. Edhe të marr vaj edhe ullinj, grosh edhe qiqerë edhe fasul, shëndosh qi t'i kam prë krezhmët. Edhe ndë të kremtet të mos piemi shumë verë me miqt. I sëmuri, ndë dashtë të shëro[h]et, të mos haj[ë] arra edhe laithí, po të haj bajame, dardha edhe molla. Edhe të ruhet pe gështenjash, pe krastavec, pe pjepërat, pe karpuzish, se gjith këto bëjnë keq. Qepëtë, preshtë zbutinë, grumaznë edhe ngroenë trupnë.

Me dorë të djathtë të zesh gjelperënë edhe gërsherënë. Edhe me të mengjirt [*linken*] të mbash kupënë qi të shtiesh verë edhe raki. Edhe ndëqoftëse do të shtrohesh mbë zanat tende, të mos ecënjsh mbë dasmërat, mbë vallet, ndë prëgostirat, ndë këngërat. Po[r] të unjish kryet tënde posht edhe të mbaronjsh punërat e tu vetem ti.

Mbë buzët të detit gjeta nji gjemi të thyer e u frikësuash të hedh vlak mrezha qi të gjuanj të mëdhenj peshq. Po do të [h]ynj ndë nji kaik qi të shkonj nga anësë gjer të harrinj shokët te mu qi të notojm bashkë edhe të shpitonjmë pe tallazërash edhe pe erash. I urti ashty bën edhe shpiton nga të gjitha. Kam ndë kofshtë tem nji fik, nji arrë, nji dardhë, nji mollë, nji qershi. Kam edhe blet shumë edhe bënj shumë mjalt edhe dyll. Edhe shes ndë mot nga nji anë edhe ruanj edhe prë vete. Tashi vura dy mjeshtër qi të rëmienë dy hendek qi të vjen shumë uje edhe të vaditet kofshta. Më dhemb balla, se më goditi nji plakë me grushtit edhe rroth shumë gjak pe hundet. Mora heqimnë edhe mu [më] pushoi gjaknë. Tani më dhemb nji dhëmballë edhe nji dhëmb edhe do t'i nxjerr, se nukë mund të duronj ngaha të dhemburit. Edhe jam ndë të shtruarit i renë shumë i lik. Me shuplaka të matsh edhe me gishtërat të biesh fyellit edhe me bërryllt të shtrynjsh të këqitë. Kur të dhembëne sytë, goja, gjokësi, kërthiza, eshtërat, gjunjët, pulpat, thembëra, hudhër, të mos hash edhe ashty shëndoshesh.

Kush do mbë kish, gjan të ket frikënë perëndisë edhe të mos vej mbrazit. Po të marr qeri edhe ta ndezne prëpara shenjtit edhe të siell ndë prifti meshra qi të lutet ndë perëndit për gjunahet të ti edhe të marr nafor [*Hostie*] edhe ipsom. Toka ta biesh me çekiçit të rinj qi të mblidhenë gjitha mbë strehë. Edhe pasandaj le të hyjnë mbë thronjtë qi të falen. Po përpara të vesh ndonji hyzmiqar qi të fshien gjith qoshet. Edhe penxheret t'i ngjiç me leng pe krundesh qi të mos shkoliten. Të mos helmoesh pse nukë fitove këtë udhë. Se fitimi edhe zarari ecënjnë bashkë. Po të gëzohesh pse gjete shtëpinë tende të tërë. Edhe shpituanë djemtë tu nga frudhi, nga lia [*Pocken*]. Gratë edhe nuset edhe çupat le të tjerrë me furkë, me boshtit. Edhe mëndafshi edhe fitili le ta bëjnë ndë vekrit [*weben*]. Haramitë vjedhinë natënë. Edhe kursarëte dalinë ditënë edhe shkelinë karvanat. Po kadillarët edhe pashallarët zveshinë jetënë. Edhe koxhabashitë me të mir zanat pinjnë gjaknë e varfëret. Prandaje zëmëroetë perëndia edhe na mundon me sëmundëra, me murtaje, me lëngim, me prënjierë [*unverhofft*] mort.

Kur del dielli të hapenjsh duert e tua me llost edhe ashty nukë pëson gjikafsh. Kur ke koqe mbë krahët, të ndërtonjsh mehlem [*Salbe*] edhe të lyenjsh me tru qi të ikënj ajo qelbësirë. Edhe zgjebeja dboetë me hi, po kur të perëndon dielli. Dega i trandafilësë ka gjemba, po nxjerr bukur pemë edhe bie erë mirë. Pe li edhe pe kërpit dalinë shtupa, mbet tjatëra e qiruar. Ashty janë ca pe së keqe farë edhe ata dalinë të prokopsurë. Prandaj të mos vushtronjsh [vështrosh] farënë, po të mindonesh të vesh të minçim njeri mbë shtëpi tende. Trueli [*Bohrer*] shpon dërrasat. Edhe korshumi [*Blei*] plagos trupnë. Edhe fjala e ligë helmon njerinë. Po ti qi të mos pësonjsh gjikafsh edhe të mos merresh pe sy, të ngjitsh mbë prjak [prag] të sipërmi edhe mbë të trëposhmit pre [për ?] nga nji degë pe dafine edhe pe dellinje qi të dbonjsh gjithë të këqiat. Kur të ndërtonjsh rrobe, të kesh kujdes qi të bënjsh të gjera edhe të mos janë shkurta. Se të bënjsh të gjerë rrobë, rron shumë zaman. Edhe të qepinjsh e ngushtë kapllama, këtëças griset. Edhe e gjera këmishë të bën të pengoesh. Po të çallistis[ë]sh qi të nvishesh me cohënë i nderume. Edhe ndë u grisnë, gjëkunt ti arënonjsh [*flicken*] me penjë të shëndosh.

Breshiri, bryma tek të bjer prish fletë edhe pemnë. Po vesa [j]ep fuqi edhe hin ndë rrënjet qi të mos thaetë. Ndë dash të ndezish furrënë, të shtiesh brenda të thata dru, se të njomat tymojnë. Edhe shtëpia jote ndë pikon, ta mbulonjsh, se pikat gremisnë murë. Sopata çon drutë edhe sqeparë grin, iskëron pishënë copëra copëra. Edhe sharra sharron tranë. Edhe kordha pret njerinë. Edhe të vogëla thika pret thonjtë. Kur të lanjsh të shtruarit tende edhe jorgana tend, ta shtiesh mbë trestil. Edhe ashty lahenë edhe nukë jet asnji balt. Vethëtë ti mvarnimë pe veshit ti gravet edhe sumbullat të janë pe serma të ndërtuara. Edhe ndë mes të kemi nga nji brez pe lesh. Edhe dit pre dit të krehimë leshërat tanë me krehër të ngushtë qi të mos zërë morra kryet tanë. Edhe ndë dashime, qi të mos kemi pleshtë, të mbanjmë pilin [*Wermut*].

Sonte pashë nji ëndërr të lig, si kur ishnja lidhurë me litar edhe me rripa. Edhe me hiqinë pe së prapa edhe nga prëpara dy arap [*Neger*] qi të më shtienë mbë nji hendek. Edhe unë mizi shpitova. Po tani qe u ngriç pe gjumit, lesh më ngri[h]enë ndë trupi im edhe më muar ethja. Lugët, misúrat t'i mbash të lara mirë. Edhe enët e tua t'i kesh mbë vend të ture qi t'i kërkonjsh edhe t'i gjenjsh. Edhe kur të zienjsh ndë poçe edhe ndë tenxhere ndonji gjellë të jesh afër edhe ta kesh ndë kujdes qi të bënetë i shijshim. Po talirat edhe thikat edhe cimbillatë të janë të spastra përpara teje.

Vje[h]rri edhe e vje[h]rra më mirë duanjnë dhëndërin se birë. Po krushku edhe krushka më fort duanjne të bijenë e ture se nusenë. Po të qirtojnë më të mëdhenjtë, më të vegjlit edhe t'i musojnë [mësojnë] mbë të mirat. Këjo eshtë e pleqyrë [pëlqyerë] mbë të gjithë. Edhe sa dëgjojnë më pleqtë, nukë turpëroenë edhe kanë të mirë sosurë. Hipa mbë nji qerrë edhe përsëri zbrita, se ritat ti qerres të ishinë të thyera. Edhe u frikësuash të mos shkas sipër mbë akull. Tashi jakëni [*kommt*] të sjellmë kashtë edhe bar ndë qet qi të hane. Edhe si të ngopenë, le t'i lishonjmë të kullosinë, tek t'i pliqen [pëlqen] të majmëtë të gjitha bashkë.

Albanisch <A-5.2>

Kush ka bir edhe bija, le t'i mblon [*verloben*] mbë kohët, se si të rritenë, mundinë të bienë ndë kurvëri. Edhe ata qi martoenë ndë kohët, nukë vushtronjnë të huaj gra. Po i mbluari edhe e mbluara le të kanë turp, le të ruajnë veten e ture të qiruarë.

Gjimon qielli edhe shkrep se do të bjere shi. Edhe mbë lemë të mos vesh duajt pe kallinjsh, se kalbenë, po të lesh prë tjater herë. Të shish edhe si të mbaronjsh, të ngriesh mëngjes me lopatat, të hedhish drithët, kur fryn era, atëhirë zgjidhet koqja vetëm. Edhe kur të bjer rrufeja, të mos frikësoesh. Ay qi vete ndë mulli qi të mbluanj, le të hjek prëpara grurë bukur, edhe ashty le ta bluanj. Se milonari [*Müller*] fshe[h]ura e vjedh edhe pastaj biesh kokënë tend edhe gjikafsh s'bën. Gruaja qi ka unazë, nukë gjan të gatuanj, të lanj ndë postaf, ndë pus, ndë krua, po të qendis rizëra. Brekërat mbulojnë mishrat edhe barku nxe[h] shumë. Edhe zorrat janë të majmë. Kur mëlçit [*die Leber*] eshte shëndosh, edhe jo i kalburë, bubregit [*die Nieren*] kanë dhjam. Edhe derratë kanë dhjam. Denjtë [*die Adern*] janë të fortë. Edhe brinja kollaj thy[h]etë. Edhe nofulla rri afër ndë pirunj [piguni ?, *Kinn*].

Maceja përze mitë edhe i ha atë ças qi të dalinë pe verra. Ashty edhe çobani ruan tufënë pe ulqish [*Wölfe*]. Edhe ndë stan rri me sy hapët qi të vinj koha qi t'i mjel dhentë edhe qumështit ta gjizinj djath. Ndë përtrip gjellënë ndër dhembët shumë të holl, e kaprëzën fort emble. Edhe ndë fle mbuluar edhe me jastik, përposh ke të ngjallesh. Edhe kur të mërdhinjsh, të shtypsh ndë havan pakëz misk [*Muskat*] edhe ta trazonjsh me të vakët uje. Edhe si të pish menjiherë, merr shëndetnë tende. Edhe kur të ligesh, të hash të zjer zog edhe të pjekur mish. Si të vdes, njeriu ngjan ta vesh sipër mbë rrogoz edhe të rri njizet e katrë sahat [*Stunde*]. Edhe ashty ta groponjsh ndë varr të ri. Edhe të ndash buk edhe të vogëla kuleç, edhe të [j]apsh ndë të veat. Edhe mbë tri vjet të hapënjsh varrin qi ta shosh [shohësh] si eshtë i tërë a i treturë.

Pleqtë qi kanë të madh mjekëri, kur fshinjnë qirrat e ture edhe peshtumrat e ture, të vushtronjne mirë qi të mos u bjer gjikafsh mbë qimet. Edhe gratë, qi kanë greshét [*Zöpfe*] të mëdha, të mos mallëkojnë kot se fajtojnë. Edhe ata, qi kanë ndënë sjetullë topka, pra'shtë ndë gji gjarpër, keq bëjnë. Kur të therinë kasapët, mish të majmë të marrsh pe bishtit. Edhe kur të dërton plevicë, të vesh dyrek [*Pfosten*] të shëndosh edhe të shtiesh shur [*Sand, Steinchen*]. Se nd'u tund dheu nukë gremiset. Edhe kur eshtë i ngrit vendi, të ecënjsh me këpuc. Edhe ndë janë shumë baltëra, të kesh çizma. Si të vesh ndë thesat drithë, ta lidhish shtrënguarë me litarët. Edhe kur ta zgjidhish, të mos nxitoesh, se derdhetë poshtë. Edhe kur korr luadhnë [livadhin], të thanjsh barë mirë edhe ashty ta ngarkonjsh afër kësosh. Kur vushtronjsh ndonji djale, se turpërohet edhe nkuqet ndë faqet, do të prokops [*gedeihen*]. Ay qi zjen bërsitë, le të ket bocënë mbë krahëruar qi të mbush me raki. Edhe me miqt të pushtoesh edhe të luash valle, ti q'je gëzuar ! Po kur ke këmbëtë të enjturit, të mblethsh krëminj edhe breshka edhe t'i çanjsh ndë mes edhe t'i vesh sipër mbi këmbëtë. Coha e kuqe bën prë të rinjt, edhe mavia coha eshtë prë kallogjiricite edhe açik maviu [*hellblau*] eshtë prë nusjat edhe ishili [*grün*] prë turqit. Edhe të tjarat boira gjajnë mbë të gjitha. Po prë Pashkë të nveshish të bardha rrobe. Edhe të gjuanjsh ndë ferrat lepur të hash.

Nji, dy, tri, katrë [...] nji mie, dy mie edhe numirón sa të duash, gjir mbë miliun. Po të pyes, ku qe, ku humbe, ku u mfshe[h]e, ku u barite. Tani jakëni të mbajmë tëspi[h]të edhe të përgjunjemi ndë perëndit edhe të lutemi të marrmë nga ai të ndjerat të gjinahëvet edhe të fitojmë paradhisnë. Ashty të jet.

Anmerkung:

Wie die meisten albanischen Texte in griechischen Buchstaben ist der vorliegende in sehr verderbter Form überliefert. Erstens war der Verfasser des Lehrbuchs, *Daniel aus Voskopoja*, vermutlich Aromune und zweitens sind die griechischen Buchstaben sowieso wenig geeignet, die Laute der albanischen Sprache wiederzugeben. Es gibt eine Parallelüberlieferung von *William Leake* (1814),die dieser einem albanischen Mittelsmann aus Vithkuqi verdankt. Sie gilt als sprachlich besser, wenn auch weniger vollständig als die vorliegende Fassung.

Im einzelnen ist zu beoachten, daß auch nach der Verbesserung der Lesarten noch genügend sprachliche Unebenheiten im Wortlaut verblieben sind. So ist häufig y dort zu lesen, wo u geschrieben steht - und umgekehrt (z.B. *ashty, duert, ture* statt *ashtu, dyert, tyre*). Ferner läßt die schriftliche Wiedergabe von alb. *ë* bei Daniel äußerst zu wünschen übrig. Es scheint so, daß jeder Buchstabe außer o je nach Zusammenhang als ë gelesen werden kann. In einzelnen Fällen wurde verbessert, aber zumeist wurden die merkwürdigen Lesarten belassen (z.B. *vushtro-* 'anschauen' statt *vështro-*).Eine linguistische Interpretation des Befundes stößt wegen der orthographischen Unzulänglichkeiten der Vorlage auf größte Schwierigkeiten.

Da nicht nur in lautlicher Hinsicht die albanische Sprache sich seither verändert hat, wurde in einigen Fällen in eckigen Klammern die deutsche Bedeutung von Wörtern hinzugefügt. Die Mundart von Korça zeichnete sich noch im 20. Jahrhundert durch eine gewisse Anzahl von slawischen und griechischen Vokabeln aus, die nicht zum allgemeinen Wortschatz des Albanischen zählen.

Aus: PSALTIRI. Kthyerë pas Evraïshtesë vietërë shqyp ndë gluhë Toskërishte preï *Konstantinit Kristoforidhit*, Elbasanasit. Konstantinopel 1868

Psallmë 23
(Ps. 22: Kyrios poimainei me)

Zoti është bariu im, edhe nukë dotë më shteretë gjë. Më vuri të rrí ndë kullota të ngjoma: më hoqi udhënë ndë ujëra të prëïturi. Më pruri shpirtinë ndë vënt: më hoqi udhënë ndëpër ruga [*tríbous*] dreïtëríe, për punë të emërit tí. Sepse edhe ndë shkofsha për mes hijesë vdekëjesë, nukë dotë kem frikë për ndonjë të keqe: se ti jé bashkë me mua: purteka jote edhe shkopi yt, ato më ngushullonjënë. Bëre gatí përpara meje tryvezë kundrë atyre që më shtrëngonjënë: leve me vaj kryetë t'im: edhe qefti im dotë derdhetë për buzë. Edhe të mirë e përdëllim dotë më ndiekënë gjithë ditt' e jetësë s'ime: edhe dotë rrí ndë shtëpi të Zotit ditt' e gjata [*eis makrótêta hêmerôn*].

Psallmë 46
(Ps. 45: Ho theos hêmôn kataphygê kai dynamis)

Perëndía është mbështetja jonë edhe fuqía, ndihmë fort e gatijë ndë shtrëngimet. Përandaï nukë dotë kemi frikë, kur të tundetë dhéu, edhe të ndërronjënë vënt maletë ndë kërthizë të detëravet: gjëmonjënë e përzihenë ujërat' e atyreve: tundenë maletë preï lartësísë atí.

Rrëket' e lumit kanë për të gëzuarë qytetn' e Perëndísë, të shënjtëruarinë vëndin' e tendavet të Lartit [*hêgíasen to skênôma autou ho hypsistos*]. Perëndía është ndë mes të atí: edhe nukë dotë tundetë: Perëndía dot' i ndihnjë që shpeït ndë mëngjes. U-përzienë kombe: u-tuntnë mbretërí: dha zën' e tí i Larti: u-tret dhéu. Zoti i fuqívet është bashkë me né: Perëndía i Jakovit është ndihmëtári ynë.

Ejani, e shihni punët' e Zotit: ç'farë punë të manitshime u bëri ndë dhét. Pushon luftëtë gjer ndë anët' të dhéut: copëton hark, edhe thyen armë: edhe diek qerre [*thyreoús katakáusei*] ndë ziar. Pushoni, e ngjihni, se unë jam Perëndía: dotë lartonem ndër kombet: dotë lartonem ndë dhét. Zoti i fuqívet është bashkë me né, Perëndía i Jakovit është ndihmëtári ynë.

Anmerkung:

Es handelt sich um die Psalmen "Der Herr ist mein Hirte" und "Ein feste Burg ist unser Gott".

Das Original ist in einem um Sonderzeichen vermehrten griechischen Alphabet geschrieben, wobei die Betonungsstelle und die vokalischen Längen angegeben sind. In der Umschrift wurde die Länge durch den Gravis wiedergegeben, der expiratorische Akzent blieb unbezeichnet. Den Laut [j] gibt *Kristoforidhi* je nach Stellung im Wort mit **j** oder **i** wieder. Das Passiv-*u* wird von Kristoforidhi wie von anderen Autoren der Zeit mit dem Verb aneinander geschrieben; solche Formen wurden hier durch einen Strich getrennt, so daß der Wortanfang des Verbs ersichtlicher ist. In eckigen Klammern wurde der Wortlaut der griechischen Vorlage eingefügt.

Albanisch <A-5.4>

[Ludwig von Thallóczy]:
Ali Pascha von Tepelena
aus: **T'nodhunat e Shqypnís prei nji Geget qi don vêndin e vet**
(Geschichte Albaniens, übersetzt von Stefan Curani*)*
Skenderie [*recte*: Wien] 1898, S. 127 - 138 passim

(Das Buch wurde anonym von Wiener Behörden veröffentlicht und mit falschem Impressum verbreitet. Die beiden späteren Auflagen erschienen unter dem Namen des Übersetzers in Albanien)

Ali Pasha leu n'1741 n'Tebelen, nji vênd i vogël nja 100 shpísh. I ati, Veli Begu, kje aty der e par, veç kur diq e la Alín tepër t'vogël, e j'u desht ktí me u rrokat shum deri sa u bâ dishka. Qysh n'fminí filloj ky me ndî n'zêmër t'vet gjakun e Shqyptarit, e me dishrue me bâ Tosknín n'vedi si Kara Mahmuti Gegnín. Kto t'dy, bashk me Ahmed Pashën e Ohrid, e panë mir se Shqypnija nuk ká tjetër pshtim, veç se me u bâ nji vênd i lidhun e i shtërnguem n'vedi, e jo nën urdhun t'Stamolls. Nër kto tre Alija ishte mâ i mârruni vesht: aj dite gjithmon kur me i kcye puns n'tê, edhe si me rrêjt Turkun qi i ishte neverit. Aj kje i pari qi n'a diftoj se niri mundet me kên Muhametan, edhe pa ken Turk aspak. Atí nuk i hîte n'krye pse m'e lân fisin e shkëlcyeshmin t'onin, njat fis qi tesh sa mija vjetsh âsht n'Evrop mâ i pari i t'gjithve, me i sherbye nji nirit t'hui e me derdh gjakun për tê. Aj shifte se vêndet tjera t'Evrops jan tui shkue mar, pse nuk kursejn kurgjâ për me msue fmín e vet, e për me çil tregtín e punën n'dhé t'vet; e prei andej xûni aj vet shum giuh. Kur s'mêrrte vesht donjì libër qi dote me kndue, ja nepte kuj me ja kthye n'nji giuh qi dite, sikur ja bâni me libër t'Macchiavelit. Ky Italian pat shkrue tesh nja 300 vjet përmbí shka do t'bâjn nji i par për me ngreh nji mretní, t'cilën do t'a majn masandej me gjith mndyrt, thote, n'dasht edhe me gjaksí. Alija, qi qysh n'e rí kishte mêndime e sendërgjime t'mdhaja nëpër krye, e pat xân at libër për mêç [mendsh] tui e kndue pa ja dá; e aj Italian s'ká pas sakt tjetër shkollar qi m'e mârr mrapa si Alija i jon.
[...]
Shqyptart e njifshin sulltanin për t'par; por tui pá Alì Pasha ku kishte shkue puna e Stamolls, qyri tesh me u shkatrue e m'u bâ kreit n'vedi. Aj díti me i shtî n'pun Francezt, sa me xân vet buzën e dédit t'Tosknís; masandej mori n'1806 Suliott, qi ndoq pa dhim, e mas deket t'sulltan Selimit met zotnija e gjith Tosknís. Vetun Ibrahim Pasha i Vlons mujte me i bâ ball; e për m'e lidh kalin edhe n'kët ân, i mori Alija vajzën e tí t'birit t'vet, Velì Edin Pash Vezirit, për grue. E prei ksaj martes leu njai Ismail Pasha n'zâ, i cili, nën êmën Tebelenzadè Vezir Ismail Pasha, u përmênd n'kët faqe mirit aq si zotnuesi i Misirit, t'cilin e bâni aj vênd n'vedi.[...]

Alì Pasha pat bâ nji ushtrí 8000 vetsh t'armatisun mir, e cila do t'rrîte gjithmon n'kâm. Aj nuk u lodh mâ as me kndue urdhnet qi i çote Stamolla, por, si i mêrrte, mytte Tatart qi i bishin, për me mujt me than, m'e shtërngue puna, qi s'i kan rá n'dor. Hinglizt qi s'e lanë me mârr Pargën, nuk mund t'i shifte me sy. Aj bleu tinz topa e bark, e gjithkush filloj m'e drasht. Dhén e sundote aj si dote vet, e i nimoj gjithmon buqsís e tregtís; ashtù edhè katundart e kshtên i rujte prei t'zotve gjâs, e mâ t'mdhajt nër kto dote me i pá t'përvût nën vedi. E kur s'mujte me ja ul kryet ndryshej, i bâte me u keq e me u kap njêni me tjetrin, deri sa t'bishin t'dy ânt prei vedit. [...] N'kët mndyr hupi edhè Ibrahim Beg Kavaja, qi e mujti Abdyrahman Begu, i cili i mori Tiranën e çoj masandej bylykbashallart e vet gjithkah nër atò âna; e tui u shtrî kshtu ka pak ka pak, mrîti ushtrîja e Tebelenve deri n'Elbasan e u shty kah Dibra; e mêndimi i Alì Pash ishte me bâ Tosknín me Gegní bashk. Masandej kishte aj edhè uzdajt e veda kah *Dalmazia* e Bosnja, e shpnesën qi me bâ nji dhé t'ré e t'madhe n'vedi.
[...]
Mas sa trimnínash qi bâni Napoleoni, n't'cilin Alija avrote t'thujsh, u thye n'e mram ky mret i madh, e n'1815 rá n'dor t'anmiqve, qi e tretnë n'nji nisí t'Afriks. Si e pá dhelpna e Tebelens se t'gjith dheu ishte përzí, u çue edhè aj vet n'kâm bashk me Italian, e sidomos me Grek, t'cilve j'u zotnue qi me i bâ n'vedi. Aj díti kaq me i mârr me t'mir kto e me i mush thesin me fjal, sa u çunë me gjith shpirt m'e mârr mrapa, e i panë edhè sa vet pêng, qi mos me drasht se e lân n'balt. Edhè Miskovt u murnë vesht e u përbetunë me tê. Punt ishin bâ prá kshtu n'1820 t'gjitha gadi, e me nji her krisi gjithkah: Epirja e Shqypnija t'gjith u dha zjerm; Mali Zí u çue n'kâm, e Alija vet tesh thiri e qiti eshkiat prep për fush. T'birt i kishte n'Berat, n'Prevez, n'Delvin e n'Gjirokastër. Grekt u gatunë, e Alija, masì mori gjithkah pênge; masí çoj Jahudít n'Art, e masì mshehi grát, diftoj ndrejt e t'madhe se dote me u bâ i par n'Shqypní. Stamolla u përzie. Atò e dishin mir se m'e lân Alín mâ n'Janin, aj do t'i hate kryet masandej t'gjith Turkís; por Jeniçert ishtin prei tí, e thoshin qi mâ mir i vên pushkën kujdò, se atí. Mas sa fjalsh n'e mram u dá mêndimi, e n'rexhep 1235 (1820) e rxunë Alì Pashën

prei kâmet qi pat si valí asqerijet, e n'vênd t'tí u êmnue vezir Janinet nji far Mahmud Begut. Pos ksaj, hoqnë kreit prei punet t'gjith t'birt e Alís, se atí vet i lanë prep sanxhakun e Janins, por me t'lidhun qi me ndigiue gjithshkà t'thon Stamolla; se me bâ ndryshej nuk falej mâ sakt, por i shkote edhè kryet. Alija thiri at'her Grekt si fjalt qi kishin bâ, sikur diftume përpara, e 12.000 palikar u çunë n'kâm për tê. Kjo pun qi Alija u bâ me Grek, i bori nër né shum dashamir qi pat pas për uzdaj, pse kto fillunë me than qi, me kên se aj lifton për me lirue e me bâ Shqypnín n'vedi, ká arsye; por me hî na n'zjerm për me i nimue Grekve n'pun t'vet, s'e shofim me udh. Veç Alija dfti me prue punën e mos me lân kto me i kcye n'shpind. Aj pat n'déd bark mjeft për me liftue, e kapidanat e tyne ishin Shqyptar. Pat edhè nji pash mâ i mir s'bâhet, Topidì Pashën due me than, i cili kje nji Venediklí i lém e i êmnúm *Caretto*. Stamolla lypi ndimën e pashallarve t'Shkodërs, Ohrid e Elbasanit, e urdhnimin e ushtrís qi do t'shkote përmí Alì Pashën ja dha Kavanazadè Husein Pashs; n'tjetrën ân nisi edhè për déd mí tê Alì Begun me donanma [*Flotte*] o shkuadra. Tesh u pá shka do me than me shkue keq Gega e Toska bashk. At'her ishte pash n'Shkodër Mustafa Bushatlija, i cili dote madhnín jo mâ pak se Alì Pasha, e mâ tepër edhè se Karà Mahmuti. Edhè aj dote me bâ Shqypnín nji rregjiní n'vedi, e t'kishte dft Alija m'u mârr vesht e me rá n'godi me t'part t'on, s'kishte shkue puna qi me n'a u dasht né me than sot tui shâ, se na Gegt e kena rrënue njat Alì Pashën qi qyri me n'a lujt gurt me Slav: pse Mustà Pash Shkodra e qiti ushtrín e Tosks prei Ohrid e Elbasanit, e u shtrî n'gjith Gegnín deri n'Pec [*Pejë*]. Vllaznimi e e mara e Shqypnís nuk mahen tui poshtnue Gega Toskën, o Toska Gegën, por tui shkue mir me shoqi shojn, e tui i njit njêni dorën tjetrit nër nevoj; se kshtu si punumë na at'her s'e pat Turku t'vishtir me prish tesh Alín, e masandej Mustafën. Si e pá dheu se Gegt ishin me mretin, e lanë Alín n'zall, e dy t'birve, Muhtar e Salì Pashs, j'u desht me u dhan n'dor t'anmikut. Osmanllft murnë zêmër, e duhet m'e than edhè qi Pehlivan Babà Pasha kje trim i rrënuem. Bylykbashallart e Alì Pashs, si Grekt ashtù Shqyptart, fillunë me i sjell shpindën e me dal kah âna e ktí Babà Pashs. Donanma e Alís u ndrye n'Prevez, e n'fund j'u dha edhè ajò Turkut n'dor. Parga u rrethue e n'e mram u muer, e kshtu njêna kalá j'u hoq Alís mas tjetërs. S'i metnë ktí mâ prei vedit veç Venediklít e do Genoves, e n'marim t'vjets 1820 e pá mir se puna e tí kishte marue. Prei andej u ndrye n'at kull qi kena diftue, me gjith gjind e gjâ qi i patnë teprue, e i mylli derën e madhe me avulli. Thon qi ari, ergjeni e gurt e kushtueshëm qi ká pas, i kan bâ mâ tepër se 60 milûj rushpe. Turku u Ishue mí Janin e mí kull t'Alís. Ky s'dfti mâ kah me ja majt n'kët shtërngîz, e u bâ me nji ort gjaksorsh qi i thoshin *Carbonari* (Qymyrxhì). Kto ishin Italian, veç edhè n'Janin kishin shok do Shqyptar, Turq e Grek; e puna e tyne ishte me myt kedohin, për me mujt me i çil mâ mir rrug grabís. Nji ksish, i shtîm prei Alijet, myti at Pehlivanin qi urdhnote ushtrín Turkut. Por Stamolla nuk u trêm për kët pun, e nisi mí Alín anmikun mâ t'madhin e tí, Hurshid Pashën. Ky bâni bé qi do t'a përmyzte Toskën, i cili ishte tui qindrue pa e Ishue zêmra, si e ká Shqyptari i mir. Ky rrahi Janinën topa; dfti me gërgá pashallart nër vedi, e shtîni me lyp t'falun te mreti. Por ky s'desht m'e ndî kët fjal, e Alija u egërcue edhè mâ tepër: ndezi edhè nji her Grekt si duhet, e thiri deri anmiqt e vet t'Sulit me i nimue; ja njiti vedit Kostantin, e dau fjalën qi do t'pagzohej e do t'temelote nji Greqí t'ré n'vedi. Kjo kje mâ e mramja mndyr për me shtye Grekt mí Hurshid Pashën. Grekt n'More bânë disa çeta o ketairis [!], si o thon atò, e qitnë gjithkah Turkun jasht.

Kto t'reja i tërbunë aq n'Stamoll, sa dftnë shka me bâ. Ditën e Pashkve u çunë e vornë patriarkën 74 vjeç parà shpís s'tí, e t'veshun me pekta meshtarijet e me kryq n'zêmër. Sadriazemi rrîte me çubuk n'goj tui shikjue si për çud. Por për Alín s'bâni mâ dobí kurrgjâ: aj filloj mâ mos me i xân bes kërkuj, sa deri aj Italiani, *Caretto*ja qi kena përmênd sipri, iku e doli kah ana e Turkut, pse masì pat bjerr njên sy prei calinet, e pá se po i shkote edhè kryet prei Alijet. Kshtu n'e mram met ky me 480 vet vetun, e at'her n'10 kallnuer 1822 j'u desht m'u dhan, por me bes qi mos m'e myt e mos me i mârr gjân. Veç Hurshidi s'desht me dít t'falun as bes, e n'frur qiti me i pré kryet e ja çoj n'Stamoll, ku u bâ nji gazmênd qi s'asht goj m'u diftue.

Tui peshkue jetën e ktí burr me zêmër gurit, shofim me idhnim se shum faje ká bâ; por m'e shikjue t'gjith punën e tí mar, duket sa hollí e sa trimní mrrîjn me dal prej Shqyptarit.

Anmerkung:

Das Original ist im sogenannten Jesuiten-Alphabet gedruckt, das seit dem 17. Jahrhundert von den Shkodranern verwendet wurde. Es sah einige griechische Buchstaben zusätzlich zum lateinischen Alphabet (mit italienischem Lautwert) vor. Lange Vokale wurden dabei doppelt geschrieben. Für die Wiedergabe sind oben die langen Vokale mit einem Akut versehen worden, wie es späterer gegischer Praxis entspricht, während der Gravis den expiratorischen Akzent bezeichnet. Da die Skutariner Mundart kein Phonem /ë/ kennt, können alle oben zur Erleichterung des Verständnisses mit diesem Buchstaben geschriebenen Formen auch mit /e/ gelesen werden.

Für gelegentliches Skutariner *ll*, das etymologischem *dh* entspricht, wurde nach heutiger Schreibweise **dh** gesetzt. Der typische *n*-Laut, der in der Vorlage mit *nn* gedruckt wurde, ist hier durch **nd** wiedergegeben. Sonst entspricht die Umsetzung ins heutige Alphabet weitgehend der Vorlage, die kaum Druckfehler aufweist. Es darf allerdings bezweifelt werden, ob alle Nasalvokale und alle vokalischen Längen in dem Wiener Druck exakt markiert wurden. Dementsprechend wird man noch mehr Zirkumflexe und Akute setzen dürfen, als die Vorlage dies erkennen läßt.

Kursiv geschriebene Wörter entsprechen in der Orthographie der Vorlage. Das Wort *sy* ‘Auge’ ist im Shkodranischen nasal und müßte einen Zirkumflex tragen; aus typographischen Rücksichten wurde hier darauf verzichtet.

Lumo Skëndo [*Mid'hat Frashëri*]

Istori e shkrimit shqip

Aus: *Diturija*, 1.1909.1, S. 1-6

Konsul'i Austrisë Hahn n'udhëtim që bëri ne Shqipëri nga mez'i shekullit që shkoi, gjeti n'Elbasan më një shtëpi ca fletë shkrimesh shqip; këtó ishinë ca copë nga ungjilli, të shkruara me ca letra fare të ndryshme. Hahni kujtoi se këto shkronja janë të marra drejt për drejt nga shkronjat e Finikaset, "janë bijat e finiqishtesë dhe motrat e shkronjavet greqisht". Një i ditur tjatrë, Geitler-i, thotë se ato shkronja kanë të ngjarë me shkronjat kursive latinisht dhe greqisht të shekullit të 10-të.

Nga këta mendime munt të duhetë se Shqipëtarëtë do të kenë paturë që kohe një palë shkronja me vet'he dhe pra do të kenë shkruarë gjuhën e tyre. Për fat të keq gjer më sot s'është gjeturë nonjë shkrim i vjetërë në gjuhë shqip. Nuk' e dimë paskëtaj a do të dalë në shesh no një shkrim mi gur a i humburë në kartëra të vjetra të manastirëvet të moçmë. Po, sido që të jetë, tani munt të themi se atá shkrime të gjeturë n'Elbasan janë shkronja të çpikura jo shumë kohë më parë. Hahni vetë gjetkë thotë se atá shkrime janë përdorurë më parë, dhe mbase çpikurë, pej një të dituri të quajturë Theodor që jetonte nga funt i shekullit të 18-të.

Nga libratë shqip që gjendenë sot më vjetëra është një librë shkruarë pej Pietro Budit, arqipeshk Shqipëtar i lindurë më një fshat afrë Krujesë; kjo është një librëzë kishe e shtypurë në Romë më 1621.

Kjo librëz' e vogëlë dh'e shtypurë 288 vjet më parë, sot për sot është m'i vjetr'i monumentevet të gjuhës s'ënë.

E dyta është fjalëtorja shqip-latinisht pej Frangu i Bardhë.

Po vallë gjuha shqip a s'ka qën'e shkruarë më parë ?

Frangu i Bardhë në parëthënje të fjalëtoresë thotë se librënë po e bën se ka parë që gjuha jonë po prishetë, po vdiretë dhe po bastardhohetë. Edhe kjo na duketë se është një provë që gjuha jonë po shkruhesh në kohë të Frangut, mbase dhe më parë, po shkruhesh pa fjeshtësi dhe me lathime.

Me gjithë këtë s'munt të themi se shkrim'i shqipesë përdoresh pej gjithë njerëzisë si një shkrim praktik. Frangu i Bardhë ish nxënës në Kolezhë të Shënjtesë Fe, në Romë, dhe librën, sikundrë e thotë dhe vetë, e bën më tepër për të ndihur priftërinjet që s'dinë llatinisht. Nga kjo munt të themi se shqipja m'ato kohë shkruhesh dhe përdoresh vetëm pej priftërinjet katolikë.

Kjo pandehje vërtetohetë duke vënë re ç'libra janë shtypurë pas atyre të dyjave që thamë.

E treta librë që dihetë është prap' e Pietro Budit, *Dottrina Cristiana*, e Roberto Bellarmino, kthyerë shqip dhe shtypurë më 1664.

Këto libra mi fet kristiane kanë rëndësi më të madhe se fjalëtor'e Bardhit, se kjo ka vetëm një parëthënje pesë faqesh më gjuhë shqip; të Budit janë tërë në gjuhë tënë, edhe kështu për mësim dhe kërkime të gjuhës s'onë munt t'apën një brumë më të begaçim.

Jo vetëm libr'e Budit është një veprë kishëtare po edhe një librë tjatrë q'është shtypur më pasdaj d.m.th. libra: *Infallibile Verità*... pej Pietro Bodgdano, arqipeshk i Shkupit, edhe ajo është një librë kishëtare. Libr'e Bogdanit është shtypurë më 1691, në Venetik.

Këto rrëfejnë që n'ato kohëra shqipja ish e përdorurë pej priftërisë katolike dhe, n'i zënçim besë istorisë, Bogdani, veç *Infallibile Verità*, do kish shkruarë dhe libra të tjera shqip, po do t'i ketë humburë duke ikurë për në Raguzë.

Ç'u-bë pas asaj mësim'i gjuhësë shqip ? A u-përdor gjuha jon edhe, a po ra në harim ? Po edhe n'u-përdor ku dhe pej cilit ?

Gjer më sot edhe s'është gjendurë nonjë shënjë që të hedhinj pakë dritë mi këto pyetje t'errëta. Sa për sot themi se i tërë shekull i 18-të mbetet i shuarë për ne, se në të s'gjejmë as një drudhe shkrimi shqip. Me gjithë këto s'do prerë shpresa që paskëtaj kërkimetë dhe rrëmimetë nëpër kisha dhe manastirë të vjetërë të na nxjerinë në shesh gjurma të ra që të na qitin në pakë dritë.

Shqipëtarëtë në vënt të gjuhës së tyre kanë përdorurë gjuhët e huaja, gjuhë të huaja si llatinishtenë (më tepërë pej Shqipëtarëvet të veriut), greqishtenë (në Jugë) dhe tyrqishtja pej të parëvet, si gjuh' oficial e mbretërisë. Qindëra dhe mijë vjet kanë shkuarë, pa u-mejtuarë që të përdornjë gjuhën e vet për të vendosurë mejtimetë a për të rrëfyerë dëshiratë.

Që të shohim gjuhënë shqipe të bërë një gjuhë të gjallë dhe të përdorurë, duhetë që të vimë në shekull'i nëntëmbëdhettë, në këtë shekull që një mënçim e quan "shekull' i kombësivet".

Edhe këtu prapë shohim se para librë në gjuhët tënë është një librë bese, Ungjill'i Mattheut ktyerë shqip dhe shtypurë në Korfuz më 1824; tre vjet më pasdaj prapë në Korfuz shtypesh Dhiata e re.

Kjo libr' u-bë si udhëheqëse për shkrimn'e shqipesë, se kjo gjuhë niste që të përdoresh për vepëra të mbëdha dhe të rënda.

Këtá shkrime të shënjtë shtypurë në Korfus sa-do-që kanë një vleftë të madhe për historin'e gjuhës sënë dhe si një vepër e gjerë shqip, gjuhënë s'e kanë fare të qëruarë, se kthyerësi për ató fjalë të rënda dhe që s'dihenë lehtë në gjuhë tënë, ka përdorurë fjalë tyrqisht dhe greqisht.

Nderi që të punojë bukurë dhe me fjeshtësi të madhe gjuhënë shqip ish ruajturë te Konstantin Kristoforidhi nga Elbasani. Ky shkronjës ndënj afëro tridhetë vjet në shërbim të Shoqërisë Ungjillore dhe u-muarr me të kthyerë në gjuhë shqip gjithë shkronjatë shënjte.

Kur mejtohemi [*mend-*] se gjer ahere shqipja kish mbeturë si një gjuh'e egërë, pa shkronja, pa libra, pa literaturë, kur mejtohemi se shqipeja nukë perdoresh përveç se për të kuvenduarë dhe për ca këngë dhe vjersha, dhe për ca libra të rralla, s'munt të mbajmë vet'henë së çudituri për durimnë dhe diturin e thellë të Kristoforidhit.

N'atë veprë të gjerë Kristoforidhi ka rrëfyerë shum' mirë njohjen' e tij të thellë të gjuhës s'ënë, dhe me anë të shkrimevet të tij u-tregua se gjuha jonë qënka e volitshime për t'u-përdorurë si një gjuh'e gjallë.

E par'e libravet të kthyera pej Kristoforidhit është shtypurë më 1868, në Stamboll.

Pas kësaj Kristoforidhi ktheu me radhë gjithë librat e dhjatës'së re, dhe këta kthime e bën më të folë toskërisht dhe gegërisht, duke përdorurë thesorin e fjalëvet, thesor që nj' udhëtim në të tërë Shqipërit j'a kish begatuarë.

Tek merresh Kristoforidhi në Shqipëri me të lëruarë gjuhënë tënë, një tjatër punëtor i palodhurë, G. de Rada, po mirresh m'at'an' Adriatikut, në mes të Shqipëtarëvet t'Italisë, me kërkime dhe me mësime mi gjuhët tënë.

G. de Rada jetën e gjatë të tij dhe diturin'e thellë e ka përdorurë për të nxjerë në dritë vepëra literare, vjersha istorike, këngë popullore, kërkime shkronjëtoreje. Vepërat e këti Shqipëtari na kanë bërë shërbim të math për të njohurë gjuhënë tënë në të huajtë, për të zgjuarë merakun për kërkimet mi shqipen.

Shkrimet e Kristoforidhit kishinë gatuarë gjuhënë, kishinë gatuarë dhe mëndjen e Shqipëtarëvet. Këta shkrime na kishinë çelur rrugënë. Po ajo rrugë po pritte udhëtarëtë.

Se me gjithë këto vepëra të mbëdha, me gjith'ata shkrime të gjerë, shqipeja edhe s'ish bërë një gjuh'e gjallë.

Një gjuhë bëhet e gjallë kur përdoretë pej popullit, kur përdoretë çdo ditë, kur përdoretë në shkollë, në letrëkëmbim, pej djemet dhe pej pleqet.

Eshtë vërtet që në Shkodrë priftërinjtë që në mes të shekullit që shkoj kanë paturë një shtypshkronjë dhe kanë shtypurë libra shqip; po këto kanë qënë vetëm libra feje që s'dilnin jashtë kishësë.

Albanisch <A-5.5>

Kështu edhe provim i Veqilharçit për të bërë gjuhënë tënë një gjuhë të gjallë, kish mbeturë pa pëmë, se librëz'e tij e shtypurë me ca shkronja të ndryshme kish mbeturë si e haruarë.

Po një shkëndijë, një shkak i vogëlë duhësh. Me pakë mundim edhe gjuha shqip do të ngjallesh.

Edhe ky nder i vjen shoqëris' s'Stambollit.

Pas "Kanonizmë [*Satzung*, kanonismós] shoqërisë të shtypuri shkronja shqip" që kemi para syvet, kjo shoqëri u-themelua në Stamboll të tridhetën e Vjeshtës' parë 1879. Në funt të kësaj kanonizmeje (faqe 15 dhe 16) shohim një radhua 28 emërash të shoqërisë.

Pa u-ndruajturë, pa paturë frikë se mos lajthitemi themi se ajo shoqëri është shkëndija që ndezi të përhapurit e gjuhës'sënë. Ajo shoqëri është shkëndija q'i vuri zjarë pirgut q'ish gatiturë që kaqë koh'e tëhu.

Shoqëri e Stambollit ish themeluarë mi reziket e mbëdhenj q'ishin ngrehurë përnjëhere përpara kombit t'ënë.

Pas luftës'së Rusisë, pas tratatit të Shënt Stefanojt dhe të Berlinit një rezik i math u tregua për vëndin tënë ng'an'e Sllavëvet.

Gjer m'ahere Shqipërija kish rezik të math ng'an e grekëret që përpiqeshin të na humbasinë gjuhënë dhe të na prishinë kombësinë. Po na se ku tani zuri të na çfaqetë dhe një gremin'e re: sllaverit me Rusinë pas tyre, po na ngriheshin si një luvgat i tmeruarë !

Sinisi e Ballkanëvet po bëhesh si një shesh lufte: gjithë kombet po lëftonin një luft'të pshehtë dhe të shurdhërë, jo me armë dhe me zjar, po me libra, me shkolla, me gjuhë.

Shqipërija kish mbetur'e rrethuarë në mes t'armiqëvet, kish mbeturë më një rezik të math se ish në një gjumë të thellë. Ish pra nevojë që të zgjuhetë, dhe të mprojë vet'hen e saj duke përdorur armët e ra e armiqet të saj.

Shoqëri e Stambollit më parë zuri të ndreqnjë një palë shkronja të volitshime për shkrimn'e gjuhës'sënë. Gjer m'ahere libratë fetare të katolikëvet kishinë përdorurë shkronjat e Budit; po për ato libra të shtypura në Toskëri ishinë përdorurë më tepërë shkronja greqisht. Shoqëri e Stambollit bëri këto shkronja që kan'emërin'e ati qyteti, dhe të cilat po përdorim dhe ne sot.

Abetareja e Stambollit dolli në dritë më 1879 dhe në shtënçin një sy n'emërat të shkronjëset që kan' nënëshkruarë, do të kupëtojmë se shoqëri e re ish një shoqëri me qëllime kombiare dhe të përgjithëshm: ajo abetare u-përnda q'atë çast në të gjith anë të Shqipërisë, u-vu në të tëra duart dhe nuk u-mbajt vetëm për disa njerës si shkrimet e mëparshim shqip.

Duhet të kupëtojmë këtu se kjo shoqëri e Stambollit s'kish për qëllim të shtypurit vetëm të një vepëre, të nxjerët në drit'e një libre, po donte që të themelosë gjuhën, të vendosnjë dhe të përhapnjë mësimn'e kësaj gjuhe.

N'është pra se sot shqipes'i dëgjohetë zëri, këtë j'a kemi hua asaj shoqërisë' s'Stambollit që ka qën'e para punë kombiare.

Mi atë themel të hedhurë duhësh ngrehur një godi, dhe një godi të bukurë që të ftojë njerëzit dhe të heqnjë zëmrat e tyre, me një fjalë shqipes i duhësh një shkronjës , një vjershëtor. Ky njeri u-gjent te Naim Frashëri.

Shërbimet q' i ka bërë Naim beu gjuhës' s'janë për literaturët sa janë më të përhapurë të kësaj gjuhe. Naimi kupëtoj mirë dëshirat e popullit dhe diti të shkrojë gjërra që të këndohenë me shijë të madhe pej të gjithë shqipëtarëvet: vjersha për djem, për pleq, për fe, për trimëri, për moral si dhe shkrime shkolla, as një nga këto dega nuk'i haroj. Naimi shkroj në gjuhë tënë aqë sa munt të shkrojë një njeri, dhe aqë sa munt të shkruhetë për një komp që zë të zgjuhetë. Edhe q'atë ditë mësim'i gjuhës u-ngreh mi themele të patundurë, se kjo gjuhë më s'ishte, si më parë, në dhomë të njerëzet të diturë, në librëtore të mësonjëset: tani hyri në kasolle të bujkut, hyri në stan të bariut, ish nëpër duart'e djemet, të gravet.

Pas kësaj nisje të lumturë, sa do që pakë vonë dhe me mundim, e shohëm se gjuha jonë merr një vënt në mes të gjuhëvet të tjera, zë rrënjë në kompt tënë. Hovi u-dha, rruga u-çel, edhe përparimi nisi, mendimi u-hap, sa arriti në këtë ditë ku kurrgjë s'munt t'a ndalojë dhe ku na duhetë që të punojmë me më të math kurrajo që të fitojmë kohënë që kemi humburë gjer më sot.

Anmerkung:

Das Original ist im Stambuler Alphabet gedruckt (Lateinschrift mit einigen griechischen Buchstaben). Der Text enthält Druckfehler, die hier auch nicht alle beseitigt werden konnten.

Albanisch <*A-5.6*>

Aus: *Gjin Kroja*: **Mirësia dhe Ligësia.**

[Güte und Bosheit]

Paris: S. Heymann, 1910, S. 12 - 22

(Der Name des Verfassers ist ein Pseudonym; möglicherweise verbirgt sich dahinter *N. Lako*. Auf alle Fälle handelt es sich um einen Korçaren, wie sein Dialekt ausweist. Die gelegentlichen Gegismen, die darin auch verstreut vorkommen, entsprechen einer Mode der Zeit, die sich um Überbrückung des Mundartgegensatzes in der Literatur bemühte.)

Sotiri dhe Mitka, asht'e ditur se mejtoninë të themelojnë një farë restaurant, me furrë pas zakonit të Shqypënisë, në një nga ato qytete ku rojnë Shqypëtarë, si Jamestown, Boston, Natik e gjetk'e gjetkë, po të dy kishinë një mënyrë të ndryshme për tregerinë. Sotiri, që ishte shum'i urtë, besonte se ishte më mirë që të nisinë punë më parë më një dyqan të vogëlë, dhe pastaj pak nga pak, në tregeria vjen mirë, ta madhojnë, po Mitka, i cili ishte njeri me kuxim, besoj se do të jetë më mirë që të bëjnë gjëra të mbedha përnjëherë, i tha Sotirit:

- Sikur neve jemi n'Amerikë duhet të bëjmë gjëra pas zakonit të vendit dhe jo si në Shqypëni.

- Mirë, mirë, i tha Sotiri, unë n'Amerikë a gjetkë jam Shqypëtar dhe do të punoj Shqyptarisht nga dalë nga dalë kurdoherë dhe kudo. Ti je njeri trim në tregëri, unë jam frikanak për të hollatë të mija, përandaj duhet në këtë botë se çdo njeri të punojë pas naturësë të tij, ti me kuximin dhe unë me urtësinë.

Pas pakë ditt "Qytet'i Bostonit" arriti në New York shëndosh'e mirë, si kur dhe Sotiri me Mitkën, të cilët ca miq ishinë duke priturë. Përandaj të dy miqtë u-ndanë njeri tjatrit, sepse Sotiri kishte në mënt që të vejë në Boston dhe Mitka vajti në Jamestown.

*

Sotiri hapi në Boston një Hôtel-Restaurant, të cilin për kujtim miqësie e emëroj: "Princ Kastrioti", ku të gatuarit e gjellëvet dhe paqësia ishinë me regullë të veçantë, dhe me pak kohë të gjithë Shqyptarët e atjeshmë zun'e vinë që të hanë gjellëra mëmëdhetarishte dhe ç'do farë gjëjë si për të ngrënë a për të pirë. Dhomat'e Hotellit ishinë stolisurë dhe pastruarë mirë, po pa ndonjë madhështi, dhe pajtimi isht'i lirë, sepse njerës që po vininë atje nukë ishinë të pasurë. Po me gjithë këto, Sotiri ç'do dit përparonte dhe tregeria u-shtua aqë shumë, sa isht'i shtrënguarë që të ndërtonjë ca dhoma më shumë. Po pas qëllimit që njofimë, i bëri të gjitha ga dalë nga dalë dhe me urtësi.

Mitka me nj'an'e tij bëri si kur i tha Sotirit dhe mori me qira një shtëpi të madhe, hapi një Hôtel-Restaurant dhe Kafe të cilinë e emëroj: "Skënderbeg", dhe e stolisi bukurë dhe me shumë madhështi si për njerës të pasurë. Të gatuarit e gjellëvet ishte bërë prej një artisti frënk dhe shërbëtorët ishinë pa-shoq. Mobillat e dhomavet ishinë të rea dhe të pasura, po pajtimi ishte i shtrenjtë edhe si në Hôtelet më të dëgjuarë në New-York. Po me gjithë këto, Mitka fitonte shumë të holla dhe ç'do dit bëri gjëra të rea për të shtuarë tregërinë me një kuxim që po çuditënë edhe Amerikanët.

Herë herë Sotiri bëri vizita tek Mitka, dhe ay vajti edhe në Boston, sepse sa-do-që ishinë dy njerës të ndryshim farë, miqësia në mes t'atyreve ishte shum'e shtrenjtë, dhe flisninë njëri tjatrit me zemërë të hapurë për ç'do gjë.

Një dit Sotiri vajti në Jamestown dhe kur ishinë të dy vetëm, Mitka i tha:

- Dua të të them një të re të veçantë.

- Fole, u-përgjiq Sotiri.

- Mirë, po ashtë se dua të mar grua, pse kam nevojë për një shoqe që më shokërohet dhe të më ndimonjë në punënë time.

- Më duket mirë, dhe aqë mirë sa unë kam në mënt që të bëj ashtu edhe.

- Unë kam xgjedhurë për të martuarë një vajzë të bukurë dhe të mëntshime shumë, të cilënë dua me mish dhe shpirt.

- Vallë , cila âshtë ? Pse dua që ta njoh fytyrisht dhe që ta uronj.

- Ti e njeh, pse âshtë këtu në shtëpi. Ashtë Miss Simpson që âshtë kryetareja në pjesë të Hotelit ku shitinë të pira. Vërtet ç'âsht'e bukurë ? Leshat të saj janë si floriri, fytyra si trëndafili...

- Goja si filxhan dhe hunda si kiri, si kur thomi në vënt tonë, tha Sotiri duke prishurë fjalën; sa për të bukurë âsht'e bukurë, po unë në vënt tande nukë do të martohem me një vajzë Amerikanishte, pse sa-do-që neve Shqypëtarëtë jemi burra të mirë dhe të ndershimë dhe duamë shumë shoqetë tona, po me gjithë këto natyra nukë bashkohet mirë, veç me gratë Shqypëtarka. Ato gratë këtu janë tjetër lloj; unë nukë thom se janë a më të mira a më të keqe se gratë tona, po një grua Shqyptare âshtë më bindurë dhe ka më zemërë se gratë Amerikanishte.

- Perëndia na ruajtë që të mar një vajzë këtu !

- Po prej ku do ta març ? tha Mitka.

- Prej Shqypënije, prej vëndit tonë ! Kur lashë Korçënë kisha në mënt që të mar Sofonë, të bijënë të Thanas Berberit, e cila që po ndimonte babanë që të ndrekonte leshatë e zonjëravet më të para në qytet. E mjera ! Kur ika e lashë dyke qarë, dhe më dha besën që nukë do të ketë tjetër burr veç mua, dhe në këto ka qëndruarë, pse e di se e kanë kërkuar njerës të mirë, dhe ajo ka thanë kurdo-herë se: "Jo"; përandaj sot vura në mënt që të shkroj babajt që të ma dërgojë Sofonë për martes.

- Ti do n'Amerikë të martohesh një vajzë Shqyptare ? E gjora ! Ç'munt të bënjë këtu ? Ajo do të jetë si një peshk jashtë ujësë.

- Ajo ? Mos e beso, pse Sofoja âshtë një vajzë e diturë dhe e qytetuarë; flet grekisht dhe italianisht, dhe tani âshtë duke mësuarë inglisht me një shërbëtorë të Konsulit Englés. Sa për dhelpëri, ti e di se gratë tona janë pa-shoqe dhe sikur ti e di, më të shumët e shërbëtorëvet të mijtë janë Shqypëtarë dhe ashtu njerëzia që po vijnë në Hôtel; përandaj ajo nukë do të jetë si peshku jashtë ujësë.

- Ti ke të drejtë Sotir, unë donja që të bënja ashtu, po Hoteli tim âshtë tjetër lloj dhe Miss Simpson âshtë për mua ç'më duhet, si për ty âshtë Sofoja.

- Mirë, tha Sotiri, letë flasimë me Miss Simpson, pse dua që t'a uronj dhe t'i them se: në do, do të jem i lumturë me qënë kumbar.

- Kjo âshtë e diturë, pse unë dua me qënë edhe kumbar tânt, tha Mitka.

Pastaj vajtinë tek Miss Simpson, e cila ishtë në vënt të saj duke shiturë venën, rakinë dhe ç'do farë pira që pinë n'Amerikë. Sikur do-herë ajo isht'e rotulluarë me njerës të cilët ishinë të tërë në dashuri për atë. Po Miss Simpson, a për dhelpëri, pse donte që të martoheshe me të Zotin e shtëpisë, a pse me të vërtet isht'e ndershime, nukë donte ndonjë nga ata. Foli, qeshi, piu me të gjithë po jo tjetër gjë. Që kur ajo ishte atje tregeria kisht'e shtuarë shumë, pse ç'do njeri në Boston donte të njeh [!] fytyrisht vajzën më të bukurënë të qytetit. S'ishte për çudi se i mjeri Mitkë u-bë i mar në dashuri, nga ajo !

- Miss Simpson ! Na Sotiri që po vjen të t'urojë dhe do me qënë kumbari tonë, tha Mitka.

- Mirë se erdhe, me të vërtet do të jem e kënaqurë në Zoti Sotir do të marë piésë në dasmënë tonë, dhe kam shpresë që do të jemi aqë miq se ju jini me Mitkën të dashurin dhëndërin tim.

- Oh ! pa dyshim; sepse ti je një ëngjëll dhe Sotiri një njeri shumë i ëmbël dhe zemërbardhë. Po ti e di se ay edhe po martohet me një vajzë Shqyptare me të cilënë âsht'i vluarë që shumë kohë.

- Mirë, mirë gëzohem shumë: "u-trashëgofshinë e u-mpljakçinë !" tha Miss Simpson me një zë aqë t'ëmbëlë që për një herë Sotiri ishte i fituarë, dhe besoj se Mitka ishte një njeri i lumturë, duke qënë buri i këti thesari që të tërë njerëzitë në Boston po dëshironinë.

Pas ca dit Mitka i Shetros u-martua me Miss Florënë Simpson. Dasma qe pun'e madhe, pse të gjithë njerëzit të mirë dhe të pasurë, dhe shumë Shqyptarë nga ç'do vënt i Amerikës qënë të ftuarë.

Nuseja dukeshe si ylli, duke ndriturë me guriçkatë të cilatë i ishinë falurë nga tufa e njerësvet që ishinë në dashuri me atë, dhe vininë ç'do dit për të pirë në Hotel dhe për të parë dhe për të folurë me atë: po të gjithë kishinë zili për Mitkën, i cili ishte aq'i lumturë si kur ishte në qell.

Sotiri edhe u-gëzua fort, pse me të vërtet donte shumë Mitkën.

Të nesërmen të tërë gazetatë e Jamestownit flisninë gjer'e gjatë për atë dasmë, e cila pa dyshim qe shum'e bukurë dhe të tërë që ishinë të ftuarë u-dëfruanë me të tepërë.

Anmerkung:

Im Original ist das Buch in einer Orthographie gedruckt, die ohne die Zeichen ë, ç auskam. Dementsprechend wurde offenes *é* immer mit einem Akut geschrieben, das unmarkierte *e* als *ë* ausgesprochen. Statt *ç*, *gj* schrieb man *ch, gh*. Obwohl dies den Typensatz erleichtern konnte, liegen recht viele Druckfehler vor, die vor allem auf der Verwechslung von e/ë beruhen. Sie wurden zum größten Teil im obigen Text beseitigt. Andere Besonderheiten der Orthographie entsprechen der Vorlage.

Neuntes Kapitel des Matthäus-Evangeliums,
aus: **Unjilli i Jezu Krishtit mas Sh'Mateut**
übersetzt von *Anton M. Xanoni S.J.*
Shkodra: Druckerei der Unbefleckten Empfängnis 1915, S. 98 - 108

E hîni prep n'lundricë e duel n'breg t'ndejshëm, e shkoj n'gjytet t'vet. E qe i prûnë para nji ulog rát mí shtrat. E si e pá Jezusi fén e tyne, i tha ulogut: Uzdatu, o bír: t'u falnë fajet e tua. E qe disá prej Skribave thanë me vedi: ky po blasfemòn.

E si e pá Jezusi mêndimet e tyne, tha: Po pse po mêndoni ju keq n'zêmër t'uej ? Çka âsht mâ kollaj me thanë: T' falnë fajet e tua; a me thanë: Çou, e ec ?

Teshtì qi t'a dini, se i biri i njerit ká pushtedë mí dhé e me falë faje: Çou, i tha at herë ulogut, merre shtratin t'ând e shko n'shpí t'ânde. E aj u çue, e shkoj n'shpí t'vet.

Gjindja tuj e pau kët punë u friguenë e lavduenë Perëndín se pushtedë kaq t'madhe u kishte dhanë njerzve. E si u hoq andej Jezusi, pá nji njeri, êmnit Maté, tuj ndêjun n'duganë [*Zollstation*]. E i tha: Eja mas mejet. E aj u çue e shkoj mas tí.

E ndodhi, qi tuj kênë aj n'buk n'shpí që erdhnë shum publikâj [*Zöllner*] e mkatnorë e u ulnë n'buk me Jezusin, e me dishepujt [*Jünger*] e tí. E Farizejt kuer pánë kshtû, u thojshin dishepujve t'tí: Po pse mjeshtri i juej ha e pi bashkë me publikâj e me mkatnorë !

Por Jezusi si ndjeu kshtû, u tha atyne: S'kan nevojë për mjekës atà qi janë shndosh, por atà qi kan keq. Por shkoni, e xêni [*lernt*] çka don me thanë: E kam mâ për zêmër mshrírën [*Barmherzigkeit*], se kurbanin; sepsè un s'kam ardhun me i thirrun t'drejtit n'pêndim, por mkatnorët.

Atbotë [*da*] i u qasnë dishepujt e Gjonit, e i thanë: Po për çka na, e Farizejt njinojm [*fasten*] shpesh, e dishepujt e tú nuk njinojn ? E u tha atyne Jezusi: A thue mundën shokët e dhandrrit me majtun zí [*Leid*], deri sá t'jét dhandrri [*Bräutigam*] me ta ! Por kan me ardhun ditt, kuer t'hiqet dhandrri prej tyne, e at herë kan me njinue.

Kërkush nuk vên arnë pëlhurë t'ré mí petk t'vjetër: sepsè ajò copë e shtueme i hjek diçka petkut, e shkyemja del edhè mâ zí. As nuk shtîejn vênë t'ré n'rrshiqa t'vjetër: ndryshej rrshiqat shkyhen, e vêna derdhet, edhè rrshiqat hupin [= *humbin 'gehen verloren/zugrunde'*]; por shtîejn vênë t'ré n'rrshiqa t'rí, e njêna e tjerët qindrojn.

Ndërsá aj u thote [*illo loquente*] atyne kto sênde, që i u afrue nji paranik [*princeps unus*], e adhrote [*adorabat*] e i thote [*dicens*]: Zot, ême bí vdiq tash: por eja, e vên dorën t'ânde mí ê, e ajò ká për t'kênë gjáll. E Jezusi u çue e i shkote [*sequebatur*] mrapa me dishepujt e vet.

Kuer qe nji grue, e cilla tash dymdhet *[12]* vjet hiqte keq prej t'shkuemit t'gjakut, i u afrue mrapa e i preku kindin e petkut: Sepsè thote [*dicebat*] n'zêmër t'vet: Mjeft t'ja përkas kindin e petkut, e un po shndoshem. Por Jezusi u suell, e tek e pá i tha: Kí zêmër, o bí, feja e jote t'ká pshtue, e ç'm'at ças grueja e pshtue.

E si mrrîti Jezusi n'shpí t'atí paranikut, e i pá atà qi u bishin fyllave [*die auf der Flöte bliesen*] e gjinden tuj bâ gjâmë, u thote [*dicebat*]: Shmangniu [= *shmanguni*] : pse vajza s'ká dekë, por ká rá n'gjûm. [1]) E atà i a bâjshin fjalën gaz [*verlachten ihn*]. E si kjenë gjindja xjerrë jashtë, aj hîni e e kapi për doret. [2]) E u çue vajza. E duel ky zâ nëpër gjith at dhé [*terram illam*] .

E Jezusi tuj u largue andej, i vojtue mrapa dy t'verbët tuj bërtitë e tuj thanë: Kí mshrír për né, o biri i Davidit. E kuer aj mrrîti n'shpí, t'verbtit i erdhnë pranë. E u tha atyne Jezusi: A besoni ju, se mundem me u bâ kët punë ? Atà i thonë [*dicunt*] : Po, Zot. Atbotë jau [= *ua*] preku syt, tuj thanë: U bâftë m'jú mas fés s'uej. E u çilnë syt e atyne: e Jezusi u kërcnue atyne tuj thanë: Shikjoni, mos t'a dín kush. Por atà si u larguenë andej, i a hapnë zânin nëpër gjith at dhé.

Si duelnë kta, i prûnë para nji njeri shurdhë t'djemnuem. E si u xuer djalli, shurdhi foli e u mrekulluenë gjindja e thojshin: Kurr s'âsht pá kshtû n'Izrael. Por thojshin Farizejt: Ky i xjerrë djemnit [*die Teufel*] me ânë t'parit t'djemnëvet. E Jezusi shkote rrreth gjith gjyteteve e katundevet, tuj msue nëpër sinagogat e tyne e tuj predikue Unjillin e rregjinís [*regni*] , e tuj shndoshun ç'do smundje e ç'do lngatë [*Gebrechen*] . E tuj pá gjinden, pat dhimë [*Mitleid*] [3]) për ta: sepsè ishin prî keq e lânun [*vexati et iacentes*; Luther: *verschmacht vnd zurstrewet*] si dhent qi s'kan barí. At herë u tha dishepujve t'vet: T'korrët âsht përnjimênd shum; por puntorët janë pak. Lutniu [= *lutuni*] prá t'zotit t'korrit, me xjerrë puntorë për t'korrët t'vet.

---

1 - Tuj pasë para sysh çka dote me bâ Krishti, ishte e vërtetë, se deka e ksajë vajzë [!] s'ishte por [*nur*] nji gjûm i shkurtë.

2 - Si âsht zakoni m'u bâ kuer dona me e çue ndokênd prej gjûmit; kshtû diftohet, sá kollaj e kishte Krishti me veprue kso mrekullinash [*Wie es die Gewohnheit ist zu tun, wenn wir jemand aus dem Schlafe aufwecken wollen; so zeigt es sich, wie einfach Christus es hatte, derartige Wunder zu vollbringen*.]

3 - Ká dhimë sidomos për t'zezat e shpirtit, qi e mlojshin at popull, e mâ e randa ndër to ishte, se s'kishin prîs [*Führer*] ; pse me pasë barí t'mrapshtë âsht mâ zí se me kênë faret pá ta.

Albanisch <A-5.7>

Anmerkung:

Die Orthographie der Vorlage wurde mit drei Ausnahmen beibehalten: erstens wurden Trema-Pünktchen dort gesetzt, wo die heutige Schriftsprache dies vorsehen würde, zweitens sind die Langvokale mit einem Akut bezeichnet (statt Doppelschreibung der Vokale). Die Betonungs-Akzente (Gravis) sind aus der Vorlage übernommen. Einmal wurde **ll** durch **dh** ersetzt (*ndodhi* 'es geschah').

Es gab bereits seit dem Ende des 19.Jahrhunderts ein Neues Testament auf Gegisch, übersetzt von *Konstantin Kristoforidhi*. Diese Fassung war für die Skutariner Katholiken aus zwei Gründen nicht akzeptabel: erstens schrieb der *'Babai i shqipes'* (Vater des Albanischen) Elbasaner Südgegisch, zweitens handelte es sich um eine unkommentierte Übersetzung. *Xanoni* übersetzte hingegen aus der lateinischen Vulgata (statt des Griechischen) und fügte in Kleindruck ausführliche Anmerkungen hinzu, die mindestens die Hälfte des Drucks ausmachen. Sie sind hier ausgelassen; nur zu Mt. 9, 24 f. und 9, 36 wurden Originalanmerkungen übernommen, um deren Charakter vorzuführen. Unter sprachlichen Gesichtspunkten sind die Anmerkungen sogar interessanter als der Haupttext.

In einigen Fällen wurde oben zu Vergleichszwecken der lateinische Wortlaut in eckigen Klammern eingefügt.

Aus: **Kanuni i Lekë Dukagjinit**
gesammelt von *Shtjefën Gjeçovi*
Shkodra 1933, 148 S.

Artikel 96: **Der Gastfreund**
Miku

§ 602. «Shpija e Shqyptarit âsht e Zotit e e mikut».

§ 603. Miku nuk mund të hîjë në shpí, pá bâ zâ n'oborr.

§ 604. Si të bâjë zâ miku, i zoti i shpís a kush i shpís i përgjegjet e i del përpara.

§ 605. Falet me mik, armën ia mêrr, e i prîn në shpí.

§ 606. Armën ia varrë në krrabë, edhè e çon në krye të vendit ke votra.

§ 607. Përpushet zjarmi, lypen edhè drû. «Miku don drû».

§ 608. Miku do t'i bâhet nderë: «Bukë e krypë e zêmër».

§ 609. Buka e krypa e zêmra, zjarmi e trungu e do firi për shtrojë do të gjindet gadi për mik në çdo kohë të natës e të ditës.

§ 610. Mikut të lodhun do t'i vîhet rreth me të pritun me nderë. Mikut i lahen kambët.

§ 611. Për çdo mik duhet buka si han vetë.

§ 612. Për mik të mirë duhet kafja, rakija e buka e shtrueme me ndo 'i send mâ tepër.

§ 613. Për mik zêmret duhet duhâni, kafja e ambël, rakija e bukë e mish.- «Mikut të zêmrës i lshohet shpija».

§ 614. «Tuj hî në shpí, mikut do t'i mbajësh armën».

§ 615. E mbajtmja e armës âsht: a) shêj burrnije e nderje, edhè knaqesh se t'erdh miku; b) âsht shêj roje, sepsè tuj i thânë: «Mirë se erdhe», aj do të rrîjë pá droje, e se gjindesh gadi me i dalë zot për çdo rrezik; c) âsht shêj urtije për vedi, pse, 'si t'i mârrish armën, edhè në pasët ndo 'i mende të keqe miku, nuk ká shka të bân, 'si t'a çarmatosish.

§ 616. «Mikut i lshohet kryet e vendit».

§ 617. Mikut i lshohet kryet e vendit, po kje në shpí si edhè po kje në kuvend nuk ká zâ.

§ 618. Mikut i lshohet kryet e vendit si për nderë, si edhè qi të jét mâ në të pám e në shêj, si edhè të mos të përzihet ndër robët e shpís.

§ 619. Si të hîjë miku në shpí, të ká lá detyrën.

§ 620. Po të hîni miku në shpí, gjak me të pasë, do t'i thuejsh: «Mirë se erdhe!» -

§ 621. «Miku do të përcjellet deri kû të lypë me e përcjellë».

§ 622. «Miku, edhepsè xên kryet e vendit në shpí a kûdo, kurr s'prîn, por do t'i prîjsh».

§ 623. Miku përcjellet edhè me nji fmí, po kje djalë a vajzë, gjithnji si nji burrë a grue.

§ 624. Si t'a përcjellish mikun deri kû desht vetë me shkue, e solle shpinën me shkue në pûnë t'ande, krisi pushka n'at hov e edhè e vrau, ty nuk të pritet mik.

[...]

Artikel 140: **Blutsbrüderschaft**

Vllaznimi (Me pi gjak)

§ 988. Si t'u pajtohen zêmrat shpijavet të dorërasit e shpís së të vramit, pijn gjakun e shoqi-shoqit.

§ 989. Mârrin dy gota të vogla, i mbushin përgjymsash me ujë e me rakí; çohet ndonji prej dashamirësh e u lidhë dy gishta të vogjël, i shpojn me gjylpanë, tuj bâ me lshue ká nji pikë gjak veçmas ndër dy gota.

§ 990. Mbasi t'a përziejn gjakun ase, mbasi t'a tundin mirë, i shndrrojn gotat, e, me duer kryqzue, ia kojn shoqi-shoqit, tuj e pí gjakun e njâni-tjetrit. - Ndër njimí përgzime qesin pushkë e bâhen si vllazën të rí njij nânet e babet.

Artikel 88: **Der Eid**

Beja

§ 529. Beja âsht nji sjellje besimtare, për mjet së cillës njeri, tuj dashtë me dalë së keq prej nji zhgarkimi të dhûnshëm, do të përkasë me dorë nji shêj besimi, tuj e grishë êmnin e Perëndís në dishmí të së vërtetës.

§ 530. Kjo dorë beje âsht e pëlqyeme prej kanunit të Malevet të Shqypnís si për të dlirun prej zhgarkimesh, si edhè për të lidhun bese.

§ 531. Bén nëgojësh kanûja as s'e pëlqen, as s'e tumirë; e për të dlirun prej zhgarkimesh lypet doemòs qi të bâhet beja mbë nji shêj besimi e të përkitet me dorë.

§ 532. Beja e Shqyptarit ká dy pûnë para sysh:

a) thrret Perëndín në dishmí të së vërtetës;

b) i nënshtrohet randimit të ndëshkimevet të përjetshme e giobës së kohshme kah kanûja.

Artikel 89: **Arten der Eidesleistung**

Beja mbë "Gúr" e beja mbë Kryq e mb'Ungjíll

§ 533. Beja e Malevet të Shqypnís âsht dy mndyrësh:

a) beja mbë "gúr", me Kanû;

b) beja mbë Kryq e mb' Ungjíll.

§ 534. Beja mbë "gúr" kah kanûja âsht ndër mâ të randat e mâ të mndershmet bé, qi njef Shqyptari i Malevet.

§ 535. Kanû âsht qi, po desht me u dlirë prej njij zhgarkimi mohuesi, do të bâjë bé a mbë "gúr", a mbë Kryq e Ungjíll.

§ 536. Betarë a Poronikë njehen disá "dorë bejet", qi do të përkasin Ungjillin, e disá tjerë lêhen për me ndigiue bén në Kishë. (Dukagjini)

§ 537. Bét mbë "gúr" bâhen: a) për me u dlirë prej njij zhgarkimi; b) për me u lidhë me besë kundra hjeksive e trathtive të vendit; c) për me ndêjë gati me u bâ báll kërcnimeve e rreziqeve të përbashkta.

Artikel 152: **Die Dorfältesten**
Pleqt e katundevet

§ 1161. Se i cilli katund ká Pleqt e fisit.

§ 1162. Pleqt e katundit kan tagër me mbledhë katundin në kuvend.

§ 1163. Pleqt e katundit nuk kan tagër me giobitë a me lëçitë kend, pá pëlqim të Stërpleqvet e të Vogjlís.

§ 1164. Pleqt e katundit nuk përjashtohen prej zyrevet të katundit, as prej angarijet e prej pûnve të përbashkta.

§ 1165. Pleqt e katundit nuk përjashtohen prej ushtrijet.

§ 1166. Me rá në faj Plaku i katundit, do t'ua shtrojë pêngun Stërpleqvet e Vogjlís.

§ 1167. Po iu randue katundi me Pleq ndonjij fisi, Plaku i të randuemit ká tagër me e mprojët edhè me krenë të fisevet tjera.

Anmerkung:

Die Orthographie der Vorlage wurde nur unwesentlich verändert. Dazu gehört vor allem, daß *ë* statt *e* dort geschrieben wurde, wo die heutige Sprachnorm dies vorsieht. Bei den langen oder nasalierten Vokalen wurden keine zusätzlichen diakritischen Zeichen angewandt.

Man vergleiche die Bearbeitung der *Kanun*-Auszüge bei Max Lambertz (1955), S. 37 - 47. Die Paragraphen sind dort teilweise wörtlich übersetzt.

Aus: *Shtjefni Konstantini Gjeçov*
Agimi i Gjytetniis [*Morgenröte der Zivilisation*]
Shkodër: Nikaj, 1910, 144 S.

Besimi e Atëdheu

§ II. Besimi i t'Krishtênit âsht nji votër, kû ndezet flakë dashtnija e pastër e mâ e gjânshme ndaj atdhén: «Dashtnija ndaj atdhén âsht nji ndîsí [*Gefühl*] e përflakshme e ndezun n'zêmër t'njerit mun prej t'madhit Zot». - Janë fjalët e Kardinalit G. Bona. - Prá, si ja u bajti ftyra atynve t'patinëzonve [*Gottlosen*] me thânë se - Atdhedashtnija nuk pajton me besim t'Kristhênit - , ashtû edhè nà jena n'detyrë m'u përgjegjë se - atdhedashtnija e njimêndët nuk pajton me besim t'shtrêmbët. Qe, nji pasqyrë. E Lumja - Joanna d'Ark, e quejtun edhè - Vashëra e Orleans-it, mos me pasë [*'wenn sie nicht ... hätte'*] dashtë Zotin e vet me gjith zêmër, nuk kishte mujtë me dashtë atmen [*Vaterland*] e vet sá e desht, as nuk kishte mujtë me punûe [!] sá pûnoi për pshtim t'atmes s'vet. - Aq i pat flakrue zêmra Joannës ndaj Zotin e atdhén, qi kjo dashtní kje, e cilla e çoi mje'n'flakë t'turrës s'drûve.

T'gjith atà qi guxuenë me vû m'shagatë êmnin e ksaj Trimneshë, jânë njerz t'poshtër, e korija, shnjerzimi e rrênimi i atdheut. - Mâ i madhi llaptuer e faqezí, qi s'mujti me ja ndîe êmnin Vashëzes kje Voltaire-i. - Voltaire-i, shpifësi i ksaj, s'cillës, t'tâna pjesët e botës i prûnjohen [*verbeugen*], kishte mujtë me vû vedin për pasqyrë, e me i diftue njerit, se atdhedashtnija e njimêndët [echt] nuk mûndet me pasë vênd m'nji zêmër t'pabesë, n'zêmër t'rrasme prej mbrapshtísh e shëmtimesh [...].

§ III. Kû e pshtesin arrsyen vet kundërshtarët e êmnit t' Krishtênit, kúr thonë se - nji i Krishtênë i mirë nuk mûndet me kênë m'nji hov edhè atdhetár i mirë as nuk mûndet me dashtë kombin e vet ? - Sá për me na u shpifë e me na rândue me fjalë, qe shka thonë: - Shkaf â i Krishtênë, do t'u rrijë m'kâmbë urdhnave t'Sûndimtarit t'përgjhithshëm t'Kishës e tuj i ndêjë me krye t'ulët ktí, sûndimit shekullár [*weltlich*] i duhet me ja kthye shpinën, mbasì, sod për sod qeverija kishtare e shekullare nuk bân fjalë t'mira ndërmjevedi. Edhè mâ: për mbas t'mbledhunit t'përgjithshëm t'Vatikanit [*I. Vatikanisches Konzil*], u gërcnohet dnimi i pasosun, n'kjoftë se nuk do t'i shtrohet kush zânit t'Xêvêndësit [*Statthalter, vicarius*] t'Jezu Krishtit qi âsht Kreu e Perandori i Kishës; prá t'Krishtênët jânë n'detyrë me ulë kryet urdhnave t'Papës do e mos, dashunimi i tyne âsht n'dorë t'Papës, shkurt: jânë robët e Sûndimtarit t'Kishës.

Giuha

§ IV. Çfarë detyrash ká Shqyptari ndaj giuhën e t'Parve ?

Nji athdetár i njimêndët [*wahrhaftig*] â n'detyrë me xânë giuhën e vet me e folë pá gabim, m'u rrekë [*sich bemühen*] me gjith dije t'mêndes për me e lulzue, me e zbukurue, e me qirue fjalësh t'hueja. - N'detyrë âsht me e njoftë për t'veten! -

Kû lulzon giuha e t'Parve e kû mûndohen me e qitë n'dritë, jeta e atij kombit âsht e lume edhè e âmbël!

Pûnë e ndérshme edhè e vjefshme âsht me dijt giuhë t'hueja, porsè na duhet m'u ruejt qi mos t'na zotnohen zêmrës, e mos t'ftofena [*ftohemi*] kah e jona. - Giuhët e hueja t'i xâmë [*nxëmë*] për nevojë t'tregtís, për nevojë, a muermë vesht! e giuhën t'onë t'a xâmë, pse âsht e jona e pse na urdhnon natyra! Si na là me t'shkrueme Dorëpraruemi [*Goldhand*] i Frashërit:

«Giûhën e mêmëdheut mësò;
Ajo mûnd të të ndritonjë
Edhè të tjera ti këndò
Po atê t'a késh për zonjë!»

Nji atdhetár qi nuk vêhet qysh n'vocrrí me xânë giuhën e vet, e nuk ja thithë rrâjën me at kândje e shije qi e pat thithë tâmblin [*Milch*] e krahnorit t'nânës, atí i huejtohet giuha, e besa edhè kombi e atdheu. - Detyra e jote âsht, o vllá i dashtun i atdheut t'êm, qi t'a ruejsh fmín t'ânde, e sá t'jét m'kâmbë t'vogla, mos t' lâsh me marrë mbrapa msime ndër aso msojtoresh, kû nuk xêhet giuha Shqype, përsè ká me i ndodhë djalit t'ând, shka i pat ndodhë atí djalit «t'Anzave t'Parnasit!..»

Anmerkung:

'Agimi i gjytetnís' ist die umfangreichste eigenständige Arbeit Gjeçovs; sonst veröffentlichte er zu seinen Lebzeiten kleinere Artikel oder Übersetzungen, z. B. die Biographie der *Jeanne d'Arc*. Es handelt sich um ein Buch über Werte und Normen mit den vier Hauptstücken: Gesellschaft, Glaube und Vaterland, Patriotismus, Sprache. Der Zeitpunkt des Erscheinens noch vor der Gewinnung der Unabhängigkeit Albaniens erklärt die Betonung des muttersprachlichen Schulunterrichts.

Die Auszüge sind S. 35 - 37 und S. 108 f. der Originalausgabe entnommen. Wie bei den früheren Textauszügen wurde die Originalorthographie leicht den heutigen Lesegewohnheiten angenähert, so z. B. *nd, mb, dh* statt **nn, m, ll** bei Gjeçov. Der Akut wurde als Bezeichnung der vokalischen Länge statt der Doppelschreibung von Vokalen eingeführt.

QUELLENNACHWEIS UND WEITERFÜHRENDE LITERATUR

1. SPRACHDENKMÄLER

Bardhi, Frang: Fjalor latinisht-shqip 1635. Përgatiti Engjëll Sedaj. Prishtinë: Rilindja 1983, 385 S. (*Biblioteka Linguistikë*) *Faksimile-Druck mit Einführung*

[*Bogdani, Pjetër*]: Cuneus Prophetarum a Pietro Bogdano. Patavii MDCLXXXV [1685]. München: Trofenik 1977, 19, (50), 182, 162, (20) S.

Budi, Pjetër: Poezi <1618-1621>. Parathënia, tejshkrimi, komentet: Rexhep Ismajli. Prishtinë: Rilindja, 1986, 288 S. [*ab S. 46 Faksimile mit Transkription*]

[*Buzuku*]: Il «Messale» di Giovanni Buzuku. Riproduzione e trascrizione (hrsg. u. bearb. von Namik Ressuli). Città del Vaticano 1958, 19, 406 S. (*Studi e testi, 199*)

[Codex Cryptoferrensis]: *Rexhep Ismajli*: Gramatika e parë e gjuhës shqipe. Botim kritik, me studim e transkriptim. Prishtinë: Rilindja 1982, 286 S. (*Biblioteka Linguistikë*)

[*Kyçyku-Çami, Muhamet*]: Armin Hetzer: Der Wortschatz und die Orthographie der "Erveheja" von Muhamet Kyçyku-Çami, *Balkan-Archiv* N.F. 6(1983), S. 199 - 289, *mit vollständigem Faksimile des Gedichts nach der Handschrift III F 36 (An/28.b) aus der Nationalbibliothek Tirana*

[*Kyçyku-Çami, Muhamet*]: Osman Myderrizi: Erveheja. (Transkription des Gedichts in) *Buletin për Shkencat shoqërore*, 1957, No 1, S. 253 - 278

[*Matranga, Luca*]: Fadil Sulejmani: E mbsuame e krështerë e Lekë Matrëngës. Prishtinë: Instituti Albanologjik 1979, 294 S.

Variboba, Giulio: La vita die Maria [1762]. Prolegomeni, trascrizione, traduzione, glossario e note di Italo Costante Fortino. Cosenza: Brenner 1984, 357 S. (*Biblioteca degli Albanesi d'Italia, 1*)

2. QUELLENTEXTE

2.1 AUS DEM ÄLTEREN SCHRIFTTUM DER ALBANER

[Biblia, Novum Testamentum]: - Dhjata e Re e Zotit edhe Shpëtimtarit t'ënë Jisu Krisht. Kthyerë prej Elinishtesë Shqip Ndë të folë Toskënisht [von *Konstantin Kristoforidhi*]. Manastir [Bitola]: Shtypëshkronja «Bashkim'i Kombit», 764 S.

- Unjilli i Jezu Krishtit mas Sh'Mateut. [übersetzt von] *Anton M. Xanoni*. Shkoder: Shtyp. e Zojës s'Paperlyeme, 1915, 329 S.

[Psalmi]: - Psalltiri. Ktyerë pas evraïshtesë vietërë shqip ndë gluhë Toskërishte preï *Konstantinit Kristoforidhit*, Elbasanasit. Konstantinopol: Ndë shtypa-shkronjë të A. H. Bojaxhianit. 1868. 122 S. (*in griech. Buchstaben*)

[*Daniel Moschopolites*: Doctrina introductoria]. Eisagōgikē didaskalia. o. O. [Wien] 1802, *Edition des Viersprachigen Wörterbuchs* daraus von Kristophson, *Zeitschrift für Balkanologie* 10(1974), H. 1, S. 15 - 89

Frashëri, Mid'hat (*Lumo Skendo*): Istori e shkrimit shqip, *Diturija*, 1(1909), No 1, S. 1 - 6

Gjeçovi, Shtjefën (Bearb.): Kanuni i Lekë Dukagjinit. Shkodër 1933. [Nachdruck:] Me biografi dhe parathënje të Prof. dr. *Syrja Pupovcit*. Prishtinë: Enti i teksteve dhe i mjeteve mësimore i KSA të Kosovës (1972), 110, 148 S.

Gjeçovi-Kryeziu, Shtjefën: Vepra. 1 - 4. Prishtinë: Rilindja, 1985 [Bd. 1 enthält den *'Kanun'* in verkleinerter Reproduktion, Bd. 2 *'Agimi i gjytetnís'* und andere Schriften]

Kroja, Gjin [N. Lako ?]: Mirësia dhe Ligësia. Paris: Heymann 1910, 158 S.

[*Todhri*]: Edition eines handschriftlichen Doppelblatts aus dem Nachlaß des Konsuls J. G. **v. Hahn** von *Armin Hetzer* in: Armenier und Albaner, *Balkan-Archiv* N.F. 12(1987), S. 80 - 85

[*Thallóczy, Ludwig von*]: T'nollunat e Sccypniis prei nji Geget qi don vênnin e vet. (übersetzt von *Tefë Curani*). Skenderie [*recte*: Wien] 1898, 5, 148 S.

2.2 MODERNE VERÖFFENTLICHUNGEN

[Biblia. Novum Testamentum]: Besëlidhja e Re. Përktheu nga teksti origjinal Don *Simon Filipaj*. Zagreb: Kršćanska sadašnjost, Ferizaj [Uroševac]: Drita, 1980, 24, 1066 S.

Drini, Skënder: Shembja e idhujve. Roman. Tiranë: Naim Frashëri 1975, 386 S.

Hamiti, Sabri: Njëqind vjet vetmi. Roman. Prishtinë: Rilindja, 1976, 136 S. (*Biblioteka Romani Shqiptar*)

Hoxha, Enver: Vepra. Bd. 19. Tiranë: Mihal Duri 1975, 608 S.

Kadare: Ismail: Dasma. Roman: Prishtinë: Rilindja 1967, 146 S. (*Libër xhepi, 5*)

Kadare, Ismail: Emblema e dikurshme. Tregime e novela. Tiranë: Naim Frashëri 1977, 400 S.

Kadare, Ismail: Dimri i madh. Roman. 2. Auflage. Tiranë: Naim Frashëri 1977, 612 S. [deutsche Übersetzung von *Johannes Faensen*:] Der Große Winter. Roman. Aus dem Albanischen. Kiel: Neuer Malik Verlag 1987, 444 S. ISBN 3-89029-018-3

Lako, Tashko S.: Novatori me takije <Tregime dhe skica humoristike>. Tirana: Shtëpia Botuese «Naim Frashëri», 1976, 92 S.

Lambertz, Max: Lehrgang des Albanischen. Teil II: Albanische Chrestomathie. Berlin: VEB Deutscher Verlag der Wissenschaften, 1955, 12, 251 S. [enthält Texte vom 15. Jahrhundert bis 1953, darunter auch Auszüge aus dem *Kanun* in der Ausgabe von Shtjefën Gjeçovi]

Mata, Ruzhdi: Shtjefën Gjeçovi. Jeta dhe vepra [1874-1929]. Tirana: Shtëpia botuese e librit shkollor, (1982), 180 S. [*Nachdruck in der Werkausgabe von Gjeçovi, Prishtinë 1985, Bd.* 4, S. 181 - 332]

Paçrami, Fadil: Tri drama. 1. Shtëpia në bulevard. 2. E bardha dhe e zeza. 3. Rrugëve të pashkelura. Tirana: Shtëpia Botonjëse «Naim Frashëri», 1968, 218 S.

Pano, A[ristotel], F. Londo, S. Kërçuku: Analiza e veprimtarisë ekonomiko-financiare të ndërmarrjeve industriale. Pjesa e parë. Dispensa II. Tiranë: Universiteti i Tiranës, 1985, 170 S. masch.

Pasmaçiu, Ramadan M.: Ju flas me zemër të hapur. Tregime humoristike. Tiranë: Naim Frashëri 1975, 164 S.

Qosja, Rexhep: Vdekja më vjen prej syve të tillë. «Trembëdhjetë tregime që mund të bënin një roman. <Botim i dytë>. Prishtinë: Rilindja, 1976, 295 S. (*Biblioteka Romani Shqiptar*)

Zheji, Gjergj: Kullat. Roman. Tiranë: Naim Frashëri 1976, 172 S.

3. LITERATUR- UND KULTURGESCHICHTE

[*Bala, Vehbi u. a.*]: Historia e letërsisë shqiptare që nga fillimet deri te Lufta Antifashiste Nacionalçlirimtare. Tirana: Akademia e Shkencave e RPSSh, 1983, 629 S., Abb.

[*Bihiku, Koço*, Red.]: Historia e Letërsisë shqiptare të realizmit socialist. Tiranë: Akademia e Shkencave e RPS të Shqipërisë 1978, 423 S.

Bihiku, Koço: Histoire de la littérature Albanaise. Tirana: 8 Nëntori 1980, 275 , (2) S.

Desnickaja, Agnija V.: Albanskaja literatura i albanskij jazyk. Leningrad: Nauka, 1987, 294 S.

Hetzer, Armin: Aspekte der Subjektivität in der albanischen Kulturpolitik (1965-1975). Bremen: Übersee-Museum 1979, 16, 163 S. (*Veröffentlichungen aus dem Übersee-Museum, Reihe D, Bd.5*)

Hetzer, Armin: Die "Erveheja" von Muhamet Kyçyku-Çami. Eine Untersuchung zur albanischen Literatur in arabischer Schrift und deren Bedeutung im Rahmen der Nationalbewegung des 19. Jahrhunderts, Südost-Forschungen (München), 43(1984), S.181 - 239

Hetzer, Armin: Geschichte des Buchhandels in Albanien. Prolegomena zu einer Literatursoziologie. Berlin: Osteuropa-Institut an der FU Berlin. In Kommission bei Otto Harrassowitz, Wiesbaden 1984, 212 S. (*Balkanologische Untersuchungen, 10*)

Hetzer, Armin: Griechisches in Südalbanien im Zeitalter der Aufklärung. Untersuchungen zu der einem Priester namens Konstantin zugeschriebenen Berater Handschrift vom Ende des 18. Jahrhunderts, *Münchner Zeitschrift für Balkankunde*, 4(1981-1982), S. 169 - 218

Hetzer, Armin: Der sogenannte Kodex von Berat. II. Untersuchungen zu einer anonymen griechisch-albanischen Handschrift vom Ende des 18. Jahrhunderts, *Südost-Forschungen*, 41(1982), S.131 - 179

Historia e Letërsisë shqiptare të realizmit socialist. Tiranë: Akademia e Shkencave e RPS të Shqipërisë 1978, 423 S.

Kambo, Enriketa: Zhvillimi i Revolucionit kulturor në Shqipëri gjatë viteve 1944 - 1948. Tiranë: Akademia e Shkencacve e RPS të Shqipërisë 1982, 204, (2) S.

Lambertz, Maximilian (Hrsg.): Die geflügelte Schwester und die Dunklen der Erde. Albanische Volksmärchen. Übersetzt und herausgegeben von Prof. Dr. *M. Lambertz*. Eisenach: Röth 1952, 201, (23) S.

Lambertz, Maximilian: Die Volksepik der Albaner. Halle (Saale): Niemeyer 1958, 184 S.

Mann, Stuart Edward: Albanian Literature. An outline of prose, poetry, and drama. London: Quaritch 1955, 5, 121 S.

Peinsipp, Walther: Das Volk der Shkypetaren. Geschichte, Gesellschafts- und Verhaltensordnung. Ein Beitrag zur Rechtsarchäologie und zur soziologischen Anthropologie des Balkan. Wien u.a.: Böhlau, 1985, 303 S.

Pipa, Arshi: Albanian Folk Verse: Structure and Genre. München: Trofenik 1978, 191 S. (*Albanische Forschungen, 17; Trilogia Albanica, I*)

Pipa, Arshi: Albanian Literature: Social Perspectives. München: Trofenik 1978, 292 S. (Albanische Forschungen, 19; Trilogia Albanica, III)

Pipa, Arshi: Hieronymus de Rada. München: Trofenik 1978, 319 S. (Albanische Forschungen, 18; Trilogia Albanica, II

Pipa, Arshi, Sami Repishti (Hrsg.): Studies on Kosova. New York: Columbia University Press (i. K.), 1984, 13, 279 S. (*East European Monographs*, Boulder, No. CLV) ISBN 0-88033-047-3

Qosja, Rexhep: Dialogje me shkrimtarët. I. Prishtinë: Rilindja (2.Aufl.) 1979, 294, (2) S. (Biblioteka Hejza)

Qosja, Rexhep: Historia e letërsisë shqipe. Romantizmi. I - II. Prishtinë: Rilindja 1984, 441 S.

Qosja, Rexhep: Prej tipologjisë deri te periodizimi. Prishtinë: Akademia e Shkencave dhe e Arteve të Kosovës 1979, 379 S.

Qosja, Rexhep: Shkrimtarë dhe periudha. Prishtinë: Instituti Albanologjik i Prishtinës 1975, 407 S.

Raifi, Mensur: Mbi prozën bashkëkohëse shqiptare. Prishtinë: Rilindja 1978, 134 S. (*Biblioteka Spektri*)

Reuter, Jens: Die Albaner in Jugoslawien. München: Oldenbourg, 1982, 140 S. (Untersuchungen zur Gegenwartskunde Südosteuropas. 20)

Rugova, Ibrahim: Vepra e Bogdanit 1675-1685 (*Cuneus Prophetarum*). Prishtinë: Rilindja 1982, 313 S. (*Biblioteka Hejza*)

Seliščev, Afanasij Matveeevič: Slavjanskoe naselenie v Albanii. *Nachdruck besorgt von R. Olesch*. Köln, Wien: Böhlau, 1978, X*, 8, 352 S.

Uçi, Alfred: Labirintet e Modernizmit. Kritika e estetikës moderniste. Tiranë: Naim Frashëri (2.Aufl.) 1987, 417 S.

Uçi, Alfred: Mitologjia. Folklori. Letërsia. Tiranë: Naim Frashëri 1982, 402 S.

Zheji, Gjergj: Vëzhgime metrike. Tiranë: Naim Frashëri 1980, 270 S.

Zheji, Gjergj: Vargu i këngëve të kreshnikëve. Studim. Tirana: Naim Frashëri, 1987, 136 S.

4. NACHSCHLAGEWERKE

Daka, Palok (Bearb.): Bibliografi e studimeve dhe e artikujve për gjuhën shqipe. <1945-1974>. Tiranë: Akademia e Shkencave e RPSH, Instituti i Gjuhësisë dhe i Letërsisë, 1975, 8, 361 S.

Drejtshkrimi i gjuhës shqipe. Prishtinë: Instituti Albanologjik i Prishtinës, 1974, 323 S. [*Lizenzausgabe des Regelwerks der Rechtschreibung*]

Elsie, Robert: Dictionary of Albanian literature. New York u.a.: Greenwood, 1986, 8, 170 S.

Fjalë të urta të popullit shqiptar. Tiranë: Akademia e Shkencave e RPSSh 1983, 1074, (4) S.

Fjalor enciklopedik shqiptar. Tiranë: Akademia e Shkencave e RPSSh 1985, 1246 S.

Fjalor i Filozofisë. Përgatitur nga Shkolla e Partisë «V. I. Lenin». Tiranë: 8 Nëntori 1982, 485 S.

Fjalor me emra njerëzish. Tiranë: 8 Nëntori 1982, 197 S. *(Wörterbuch der albanischen Vornamen)*

Fjalori drejtshkrimor i gjuhës shqipe. 32000 fjalë. Tiranë: Akademia e Shkencave e RPSS, 761 S. [*Rechtschreibungswörterbuch, enthält auch geographische Namen*]

Hetzer, Armin; Viorel S. Roman: Albanien. Ein bibliographischer Forschungsbericht. Mit Titelübersetzungen und Standortnachweisen. München, New York u.a.: Saur 1983, 653 S. *(Bibliographien zur Regionalen Geographie und Landeskunde, 3)*

Rregullat e pikësimit në gjuhën letrare shqipe. <Projekt>. Tirana: Akademia e Shkencave, 1981, 76 S.

5. LEHR- UND WÖRTERBÜCHER

Albturist (Hrsg.): *Deutsch-albanischer Sprachführer*. Tirana: Naim Frashëri 1972, 158 S.

Bardhi, Mehdi; Rexhep Ismajli: Cours de langue albanaise. Prishtinë 1976, 241 S. *(hektographiert)*

Buchholz, Oda, W. Fiedler, G. Uhlisch: Wörterbuch Albanisch-Deutsch. Leipzig: Enzyklopädie 1977, 739 S.

Camaj, Martin: Lehrbuch der albanischen Sprache. Wiesbaden: Harrassowitz 1969, 10, 136 S. (gegisch)

Camaj, Martin: Albanian Grammar with Exercises, Chrestomathy and Glossaries. Collaborated on and translated by Leonard Fox. Wiesbaden: Harrassowitz, 1984, 16, 337 S.

Drizari, Nelo: Spoken and written Albanian. A practical handbook. New York: Ungar (3. Auflage) 1975, 18, 188 S.

Ėjntrej, Gertruda I.: Albanskij jazyk (grammatičeskij očerk s tekstami i kommentarijami). Učebnoe posobie. Leningrad 1982, 192 S.

Fjalor i gjuhës së sotme shqipe (me rreth 41.000 fjalë). Tiranë: Akademia e Shkencave e RPS të Shqipërisë 1980, 2273 S. [*eine zweibändige Lizenzausgabe erschien 1981 in Prishtina*]

Fjalor i shqipes së sotme (me rreth 34.000 fjalë). Tiranë: Akademia e Shkencave e RPS të Shqipërisë 1984, 1515 S. [*einsprachiges Wörterbuch, sehr handlich, mit morphologischen Tabellen*]

Fjalor rusisht-shqip. Russko-albanskij slovar'. 25000 fjalë. (Red. *Androkli Kostallari*). Moskau 1954. Nachdruck Prishtinë: Rilindja 1966, 636 S.

Fonetika dhe gramatika e gjuhës së sotme shqipe. Tiranë: Akademia e Shkencave e RPSSh. [*bisher 3 Bände in 5 Lieferungen*]: I. Fonetika <Maket>, 1983, 214 S. masch., II. Morfologjia, 1976, 400 S., III. Sintaksa

<Sintaksa e Periudhës>, 1976, 246, 296 S. masch., <Sintaksa e fjalisë>. <Maket>. 1, 1983, 242 S. masch.

Gjini, Niko: Fjalor shqip-greqisht. Tiranë: Shtëpia Botuese e Librit Shkollor 1971, 551 S.

[Golletti-Baffa, Vincenzo]: Flet Tirana... Eine Einführung in die Sprache und das Selbstverständnis der heutigen Albaner. Von *Enxin Arbëreshi* unter Mitwirkung von Mustafë Kosovari. Bd. 1: Schlüssel und Übungsheft. 72 S., (Bd. 2.) 84 S. Frankfurt a. M.: G. Uhl, o. J.

Kacori, Thoma: A handbook of Albanian. Sofia: University "Kliment Ohridski" 1979, 292 S.

Kiçi, Gasper: Albanian-English Dictionary. Tivoli 1976, 448 S.

Kiçi, Gasper; Hysni Aliko: Fjalor anglisht-shqip. Roma: Edizione Romana 1969, 11, 627 S.

Kokona, Vedat: Fjalor shqip-frëngjisht. Rreth 25.000 fjalë. Tiranë: 8 Nëntori 1977, 591 S.

Lambertz: Max: Lehrgang des Albanischen. 3 Bde. [Bd. 1: Alb.-dt. Wörterbuch, Bd. 3: Grammatik mit Lesebuch]. Berlin: Verlag der Wissenschaften, 1954-55; Bd. 3: Halle (Saale): Niemeyer 1959.

Luboteni, Gani; Hasan Vokshi: Mësojmë shqip për klasën I të shkollave të mesme. Prishtinë: Enti i Teksteve dhe i Mjeteve Mësimore i KSA të Kosovës, 1976, 95 S.

Mann, Stuart E.: An historical Albanian-English dictionary. Published for the British Council. London (u.a.): Longmans, Green & Co, 1948, 9, 601 S.

Mazi, Zef: A guide-book to Albanian. Libër bisedimesh anglisht- shqip. Tirana: 8 Nëntori 1983, 299 S.

Newmark, Leonard; Ismail Haznedari u.a.: Spoken Albanina. Ithaca N.Y.: Spoken Language Services 1980, 348 S. *(mit Kassetten)*

Newmark, Leonard u. a.: Standard Albanian. A reference grammar for students. Stanford, Cal.: Stanford University Press, 1982, 17, 347 S.

Pekmezi, Georg: Grammatik der albanesischen Sprache. Laut- und Formenlehre. Wien: Dija 1908, 4, 294 S.

Pipa, Fehime: Elementary Albanian. Filltar i shqipes. o. O. o. J. [ca. 1965] Published by «Vatra», Printed in Italy, 20, 414 S.

Radovicka, Lumni; Z.Karapici, A.Toma: **Gjuha shqipe**. 1 - 3. Tiranë: Shtëpia Botuese e Librit shkollor 1975 - 1981

Rrecaj, Kajtaz ; Demush Shala: Mësojmë shqip për klasën V të shkollës fillore. Prishtinë: Enti i Teksteve dhe i Mjeteve Mësimore i KSA të Kosovës, 1978, 119 S.

Simoni, Zef: Fjalor gjermanisht-shqip. Rreth 25000 fjalë. Tiranë: 8 Nëntori 1978, 9, 564 S. *(Deutsch-albanisches Wörterbuch)*

Solano, Francesco: Guida alla conversazione albanese. Udhëzues për të biseduar shqip. Corigliano Calabro: Zjarri 1974, 109, (5) S. (Radhonjtë e Zjarrit, 1)

Voci, Hysen: Fjalor italisht-shqip. Rreth 15000 fjalë. Tiranë: 8 Nëntori 1980, 371 S.

Zajmi, Abdullah; Mehdi Bardhi u.a.: Fjalor shqip-serbokroatisht. Prishtinë: Instituti Albanologjik i Prishtinës 1981, 1065 S.

6. ABHANDLUNGEN ZUR SPRACHE

Boretzky, Norbert: Die Morphologie des albanischen Verbs. Zeitschrift für Balkanologie, 13(1977), S. 20 - 56

Boretzky, Norbert: Sur la substitution des noms de profession d'origine turque en Albanais, *Cahiers Balkaniques* (Paris: INALCO), No 2 (1981), S. 77 - 102

Buchholz, Oda: Zur Verdoppelung der Objekte im Albanischen. Beiträge zur Balkanlinguistik II. (Berlin:) Akademie der Wissenschaften der DDR, 1977, 228 S. (Linguistische Studien. Reihe A. Arbeitsberichte 34)

Buchholz, Oda u. a.: Zur Rektion der Verben in den Balkansprachen. In: Syntaktische Kontexte des Verbs in den Balkansprachen. Beiträge zur Balkanlinguistik III. (Berlin:) Akademie der Wissenschaften der DDR, (1977), S. 1 - 115

Buchholz, Oda, Wilfried Fiedler: Zur Herausbildung des modernen gesellschaftlichen Wortschatzes im Albanischen. In: Zur Herausbildung des modernen gesellschaftlichen Wortschatzes in Südosteuropa. Beiträge zur Balkanlinguistik IV. (Berlin:) Akademie der Wissenschaften der DDR, (1979), S. 102 - 178

Çabej, Eqrem: Studime etimologjike në fushë të shqipes. Bleu I. Tiranë: Akademia e Shkencave e RPSSH, 1982, 8, 341 S. [S. 135 - 289 *enthält die französ. Übersetzung der albanischen Studien*]

Desnickaja, Agnija V.: Gjuha shqipe dhe dialektet e saj. Prishtinë: Enti i teksteve dhe i mjeteve mësimore i KSA të Kosovës, (1972), 314 S.

Desnickaja, Agnija V.: O sintaksičeskich osobennostjach kodeksa obyčnogo prava severnoalbanskich gorcev <*Kanun Leki Dukadžina*>. K tipologii sintaksičeskich struktur rannepravovych tekstov, *in*: Sintaksičeskie osobennosti literaturnych jazykov na rannich ėtapach ich formirovanija. Leningrad: Nauka, 1982, S. 159 - 212

Etnia albanese e minoranze linguistiche in Italia. Atti del IX Congresso Internazionale di Studi Albanesi. Palermo 25-28 Novembre 1981. Palermo: Università di Palermo, (1983), 446 S.

[*Fiedler, Wilfried*] Fidler, V.: Uslovnye predloženija v albanskom jazyke <*Na materiale Meshari Buzuka*>, *in*: Problemy sintaksisa jazykov balkanskogo areala. Leningrad: Nauka, 1979, S. 226 - 249

Fiedler, Wilfried: Zur Arealtypologie des Konjunktivs in den Balkansprachen. In: Studien zur Morphologie und Syntax der Balkansprachen. I. Beiträge zur Balkanlinguistik V. (Berlin:) Akademie der Wissenschaften der DDR, (1987), S. 69 - 100

Fiedler, Wilfried: Der Konjunktiv Imperfekt der Balkansprachen <*Zur Frage der Consecutio temporum und verwandter Phänomene*>, *in*: Studien zur Morphologie und Syntax der Balkansprachen. I. Beiträge zur Balkanlinguistik V. (Berlin:) Akademie der Wissenschaften der DDR, (1987), S. 101 - 123

Gretler, Sarah: Die verbale Kategorie Evidenz im Albanischen und Türkischen. Zürich 1987, 105 S. masch. (*Arbeiten des Seminars für Allgemeine Sprachwissenschaft der Universität Zürich, Nr. 7*)

Hetzer, Armin: Die strafrechtliche Terminologie in der albanischen Sprache. Eine philologische Wortschatzuntersuchung [...], *Zeitschrift für Balkanologie* **[ZfB]**, 16(1980), S. 25 - 60

Hetzer, Armin: Wortkundliche Probleme bei Sprachbünden unter besonderer Berücksichtigung des südosteuropäischen Areals, *ZfB*, 19(1983), S. 16 - 47

Huld, Martin E.: Basic Albanian Etymologies. Columbus, Ohio: Slavica Publishers, 1984, 10, 213 S., masch.

Janson, Bernd: Etymologische und chronologische Untersuchungen zu den Bedingungen des Rhotazismus im Albanischen unter Berücksichtigung der griechischen und lateinischen Lehnwörter. Frankfurt a. M. (u. a.): Lang, 1986, 269 S. (*Studien zur klassischen Philologie*, 21)

Joseph, Brian D.: The synchrony and diachrony of the Balkan infinitive. A study in areal, general, and historical linguistics. Cambridge (u. a.): Cambridge University Press, 1983, 14, 341 S., masch.

Jokl, Norbert: Linguistisch-kulturhistorische Untersuchungen aus dem Bereiche des Albanischen. Berlin, Leipzig: de Gruyter, 1923, 11, 366 S.

Orel, Vladimir E.: Proto-Albanian verb: problems of reconstruction, *ZfB*, 22(1986), S. 76 - 85

Orel, Vladimir E.: Albanian nominal inflexion: problems of origin, *ZfB*, 19(1983), S. 121 - 130

ABKÜRZUNGEN

A	Akkusativ
Abb.	Abbildungen
Abl.	Ablativ
act.	Aktiv
Adj.	Adjektiv
adv.	Adverb
Akk.	Akkusativ
Akt.	Aktiv
AO	Akkusativ-Objekt
Aor.	Aorist
Bd.	Band
conj.	Konjunktiv
D	Dativ
d. h.	das heißt
Dat.	Dativ
det.	determiniert
DO	Dativ-Objekt
f.	folgende
f.	feminin
fpl.	feminin Plural
fsg.	feminin Singular
G	Genitiv
geg.	gegisch
Gen.	Genitiv
ggf.	gegebenenfalls
H.	Heft
hrsg.	herausgegeben
i. K.	in Kommission
Impf.	Imperfekt
Ind.	Indikativ
indet.	indeterminiert
Konj.	Konjunktion
L.	Lektion
m.	maskulin
mpl.	maskulin Plural
msg.	maskulin Singular
N	Nominativ
N. F.	Neue Folge
Neg.	Negation, Verneinung
Nom.	Nominativ
O	Objekt
Opt.	Optativ
P	Prädikat
P.	Person
pass.	Passiv
Pl.	Plural
Plqpf.	Plusquamperfekt
Pr.	Präsens
Präs.	Präsens
Ps.	Psalm
pt. pf.	Partizip Perfekt
Red.	Redaktion
S	Subjekt
S.	Seite
Sg.	Singular
tosk.	toskisch
u.	und
v. H.	von Hundert, %
vgl.	vergleiche
z. B.	zum Beispiel
ZfB	Zeitschrift für Balkanologie

Buske — Lehr- und Wörterbücher

ARMENISCH

Lehrbuch der armenischen Sprache
Von Margret Eggenstein-Harutunian
1993. 306 S. und eine Falttafel. 3-87548-044-9. Kart.

GEORGISCH

Kleines Wörterbuch
Georgisch-Deutsch / Deutsch-Georgisch
Von Wolfgang Lange
1987. XII, 161 S. 3-87118-850-6. Kart.

SCHONA

Pamberi nechiShona
Lehrbuch der Bantusprache Schona
Von Harald Vieth
3. Auflage 1993. 250 S. mit zahlreichen Abbildungen.
3-87548-038-4. Kart.

SOMALI

Somali Wörterbuch
Deutsch-Somali / Somali-Englisch-Deutsch
Von Mohamed Ali Farah und Dietmar Heck
2., überarb. Auflage 1993. 302 S. 3-87548-055-4. Kart.

VIETNAMESISCH

Lehrbuch der vietnamesischen Sprache
Mit Übungen und Lösungen
Von Duy-Tu Vu
1983. 195 S. und 1 Karte. 3-87118-582-5. Kart.

Begleitkassette. 70 Min. 3-87118-583-3.

Gesamtverzeichnis bitte anfordern!

Helmut Buske Verlag · Richardstraße 47 · D-22081 Hamburg